장흥 談論담론 1

그 香[향], 여전히 香이다

김선욱 시사칼럼집

에코미디어

장흥 談論 1

그 沓, 여전히 沓이다

김선욱 시사칼럼집

2022년 8월 10일 인쇄
2022년 8월 20일 발행

지은이 | 김 선 욱
펴낸이 | 정 찬 애
발행처 | 도서출판 에코미디어
등 록 | 1994년 6월 10일 제 05-01-0155호
주 소 | 광주시 동구 양림로119번길 21-1(학동)
전 화 | (062)224-5319
E-mail | jcapoet@hanmail.net

ISBN 978-89-97482-57-3 03810

값 20,000원

· 지은이와의 협의로 인지를 붙이지 않습니다.
· 잘못된 책은 구입하신 서점에서 바꾸어 드립니다.
· 이 책은 한국복지재단 창작준비금에서 제작비 일부를 후원받았습니다.

공급처 ■ 한국출판협동조합
경기도 파주시 적성면 적성산단3로 10 (적성일반산업단지 내)
주문전화 (02)716-5616, 070-7119-1740

장흥 談論담론 1

그 香향, 여전히 香이다

길게 흥하는 땅 장흥, 굽은 허리 펴고 다시 일어서리라

따뜻한 남녘에 청정한 득량 바다를 연하고 있는 땅.

고지 5백m 이상의 15개 산봉우리가 지천으로 누워있는 땅.

연해 개펄이 여기저기 펼쳐지고 깊지 않은 수심으로 각종 어패류가 풍족하고 높은 산들이 있어 깊은 계곡과 큰 강이 만들어지고, 크고 작은 강 따라 드넓은 벌이 펼쳐져 먹거리가 풍요로운 땅.

그리하여 선사시대에는 대한반도에서 가장 많은 사람들이 그 산기슭과 강기슭에 옹기종기 모여 살아 당대 삶의 경쟁력이 가장 높았고, 그것을 증명하듯 대한반도에서 고인돌이 가장 많았던 땅.

삼국 이래 저 '선진 중국'에서 피난 온 중국인들이 천관산 삼비산 기슭에 새 삶터 삼아 새로운 성씨로 세거하며 장흥임(任)·장흥마(馬)·장흥위(魏) 씨의 본향이 되었던, 오랜 토속의 전통이 중국의 선진문화(한자 문화)와 융합되면서 문화적 토양이 더욱 단단해지며, 고려시대엔 호남 최남부 유일의 부사고을로 입지하여 호남 서남부 요충지가 되고 10여 명의 재상급 인물을 배출시켰던 땅.

조선조엔 장흥 가사문학이 발기하여 호남의 문학고을이 되고, 정유재란 때는 이순신의 재기에 주도적으로 참여하고, 장흥동학을 발흥시키고, 판소리 서편제의 본향이 되며 '문림의향'이 되었던 땅.

그 땅, 덕지(德地)요 지지(智地)인 장흥이 이제 '복지(福地)로 길게 흥하는 땅, 다시 흥(興)으로 일어서는 장흥(長興)'이요 '정남진 장흥'이 되려 하고 있으니….

장흥은 본디 덕지(德地)요 지지(智地)였다

공자는 "지혜로운 사람은 물을 좋아하고(知者樂水), 어진 사람은 산을 좋아한다(仁者樂山)" 《논어》 雍也)고 했다. 예부터 장흥에는 물(강, 바다)이 많고 산이 많아 지혜롭고 어진 사람들이 떼지어 살았다.

예로부터 장흥은 본디 지혜로운 땅 곧 지지(智地)요, 덕스러운 땅 곧 덕지(德地)였다.

왜 장흥이 지혜로운 땅인가. 동적(動的)인 강과 바다에서 지혜를 체휼했기 때문이리라. 그 지혜를 닮고 익혔기에 고래로 빼어난 인재(人才)가 많이 배출되었으리라.

왜 장흥이 덕지인가. 정적(靜的)인 산의 인덕을 닮고 배웠기 때문이리라. 산과 강, 바다에서 거둬들인 먹거리가 풍요롭고, 기본적인 의식주가 쉬이 해결되어 마음에 인정이 넘치고 너그러웠기 때문이리라.

이 땅에서 숨쉬고 살았던 우리의 선인들은 그처럼 의기롭고 지혜로웠으며 덕스럽고 인자했으리라. 바다와 강이 일깨워준 삶의 양식은 의기

(義氣)였으며 지혜였던 것이다. 높은 산들이 가르쳐준 처세와 깨달음은 덕(德)이고 인(仁)이었으며 자비(慈悲)였으리라.

몇십 세기가 흐른 지금, 이 땅 어디를 가나 그 어디서나 우리는 선인들의 그 흔적들을 더듬을 수 있다. 어느 산의 정상을 올라도, 장흥인은 참으로 축복받은 땅에 산다는 감흥을 지울 수 없다.

장동 신북리 후기 구석기 유물에서, 여기저기 지천으로 산재한 고인돌 유적에서, 부산 지천리 일대에서 출토되었던 철기시대와 삼국시대 유물에서 그리고 용산 월송리 조선백자 유적에서 우리는 장흥 땅에 살았던 그 넉넉한 선인들의 아름다운 삶의 양식을, 그 찬란한 문화를 읽게 된다.

탐진강을 거슬러 오르다 선인들의 숨소리가 들리는 듯한 정자에 앉아 보면, 강태공이 되어 암울한 시절을 낚고 인생의 허무와 사나이의 의기를 강학(講學)으로 시문(詩文)로 달래고, 창(唱)으로 노래했을 법한 선인들의 그 꿈과 정한(情恨)도 능히 가늠하게 된다.

장흥을 답사한 중앙지 어느 기자가 "장흥의 아름다운 산하를 둘러보고, 장흥이 문학의 고장이 된 까닭을 절로 알게 되었다"고 토로한 적이 있었다.

여기저기 드높이 솟은 산을 우러르고 강을 굽어보고 바다를 둘러보며 사색하고 성찰하며, 두 눈이 아찔할 만큼 투명하고 맑게 부서져 내리는 남녘의 햇빛을 받으며 높은 이상과 고고한 그리움도 배울 수 있어 장흥 고유의 장흥문학 태동이 가능했을 법하다.

하여 사자산 기슭의 기산리에서 기봉의 가사문학이 움트고, 천관산 기슭에서 존재의 가사와 실학이 솟구치고, 회진 진목리에서 이청준의 '천년학' 전설이 움트고, 용산 포곡리에서 송기숙의 민중문학이 싹트고, 관산 신동리에서 세계를 관통하는 이승우의 세계문학이 태동하고, 안양 여닫이에서 한승원의 바다문학이 새로운 전설로 잉태되었으리라.

이처럼 과거의 독특한 장흥의 역사적 전통과 향맥(鄕脈)은 사림(士林)·문림(文林)의 선비정신으로 계승되며 발현되었으니, 그 학문의 궁구(窮究)는 천방과 반곡 등 한시문학과 기봉 등 가사문학인을 거쳐 오늘날 지성작가로 대표되는 이청준 이승우 한강 등 문학인의 발현으로, 선비정신 중 의기(義氣)와 저항정신은 장흥동학을 거쳐 오늘날 송기숙 한승원의 민중문학의 발현으로, 또 다른 치세(治世)의 정신은 오늘날 고영완 김옥두 이영권 임종석 등 정치인의 발현으로 이어져 오고 있는 것이리라.

21세기 '환경의 세기', 장흥이 '생명문명' 선도한다

8세기 동안 호남의 중서남부 유일의 부사고을로서 호남의 중심축으로 전통을 쌓으며 서남해안의 요충지로, 호남 시인 묵객들이 모여드는 문림(文林)으로, 호남 의기(義氣)를 선도한 의향(義鄕)으로 자리했던 장흥이 조선 말, 대한제국, 일본합병, 광복, 근대화 등 근 1세기 가까이 도시권의 최변두리로 전락하며 소외되고 낙후지역으로 쇠락을 멈추지 못했지만, 이제 21세기 새로운 생태문명권의 개막과 함께 비로소 눈을 뜨고 힘찬 비상을 예비하고 있다.

본디 가지고 있었던 이 땅의 성정이, 지지(智地)로서 빛났던 전통이,

덕지(德地)로서 면면이 이어져온 뜨거운 혈맥이 이 땅 본디의 그 우월한 천연의 생태와 결합되며 새로운 부활을 잉태하며 '복지(福地)의 새 땅 장흥'으로 발돋움하고 있다.

바야흐로 '환경의 21세기' 그 첨두에서 본디의 우월한 생태 자원이 오늘의 시대적 요청인 생태문명의 흐름과 맥을 같이 하며 다시 일어설 수 있는 동력이 되고 부활할 수 있는 동기가 되어가고 있다.

이 땅의 본연의 모습이었던 그것은 바다요 산이요 강이요 벌판이요 계곡이었다. 그리고 그 자리에 그들과 함께 호흡하며 이 땅을 지켜온 당당한 그대들(장흥군민)이었다. 그렇다. 그대, 당신은 언제나 그 자리에서 장흥 땅을 지켜왔다. 해서 당신은 지금도 당당할 수 있는 것이다.

'길게 흥興하는 땅'으로 축복받은 장흥

그 흥興으로 다시 일어서며 복지(福地)가 되려 한다

당초부터 '길게 흥하는 땅'으로 축복 받았던 장흥이었다.

당초부터 축복받은 이 땅의 바다요 강이요 산이요 당신이었다. 그 축복을 우리가 여태 찾아내지 못했을 뿐이다. 이제 우리는 그것을 확인하고 찾으려 한다. 아니, 당연히 찾을 것이다. 우리의 축복이므로 당당하게 우리 것으로 만들 것이다. 그리하여 이 땅이, 그 바다가 그 강이 있고 그 산이 있어 더욱 광휘롭고, 더욱 당당한 당신이 있어 축복이니 … 기어코 그 축복으로 결실을 맺게 될 그대 당신이, 이 땅의 강과 바다가 오늘과 내일의 주인공이다.

이제는 갈등도 좌절도 딛고 일어서자. 이제는 오랜 갈등도 잊자. 눅눅한 옷일랑 훌훌 벗어 던지자. 벌거숭이가 되더라도 당당하게 바라보며 바로 서자. 그리고 함께 이해하고 함께 아파하고 함께 공유하고 공감하며 함께 환하고 맑게 웃자. 호탕하게, 말갛게 웃고 또 웃자. 그 웃음은 우리의 꿈, 길게 흥하고, 흥으로 우뚝 일어서는 우리의 꿈이 되리라.

우리는 그 희망을 놓지 말아야 한다. 희망이 우리를 살리는 길이다. 그 희망의 의지로 한 마음이 되고 동체가 되는 것이다. 방관자가 아닌 주인이 되는 것이다. 그 희망과 우리 모두가 공유하는 빛나는 꿈이 있기 때문이다.

강과 호수, 바다와 산 …, 그 자리에 당신이 밝게 웃고 있어 우리의 희망은, 우리의 꿈은 현실이 되리라. 그 희망도 지속 가능한 희망이 되고 찬연한 비전으로 밝혀져 우리와 함께 영원하리라. 당신이 있어 이 땅의 바다가 더욱 정겹고 이 땅의 산들이 더욱 광휘롭고 자존 넘치는 당신의 모습도 아름다운 것이다. 축복도 희망도 자존도 함께 나누고 공유하는 바다가 되고 산이 되고 당신이 되길 기도한다. 영원히.

2022년 7월

『장흥 談論 -그 향(香), 여전히 향(香)이다』를 펴내며

장흥군 안양면 삼비산 기슭인 신촌마을에서 태어나 유소년 시절, 초등·중학교까지의 학창 시절을 장흥에서 보낸 후, 1969년 광주로 고등학교 유학을 떠났고, 이후 내내 광주, 서울 등지에서 살다 1997년 12월 '장흥신문'을 인수하면서 장흥으로 귀향, 이날까지 장흥에서 살고 있으니 올해(2022년)로 나의 '장흥살이'가 26년째이다.

장년 이후 가장 역동적인 시기를 고향 장흥에서 살아오고 있는 것이다.

장흥으로 귀향은 1997년 12월, 장흥신문을 인수하면서였으나, 기실 장흥과의 질긴 인연은 1992년 2월 '장흥신문' 창간 때부터였으니 '장흥인연'은 6년을 더하면 32여 년 째이다.

'장흥신문' 창간부터 1997년 12월 신문 인수 때까지, 필자가 줄곧 서울에서 매월 2회씩(당시 장흥신문은 격 주간으로 발행했다), 장흥에서 우편으로 부쳐온 기사들을 다듬고 정리·편집하고 인쇄하여 장흥으로 보냈으니, 장흥과 실질적인 인연은 1992년부터였다고 해도 지나침은 없다.

'장흥신문'과의 인연은, 1992년 창간부터 이른바 '편집 대행역(재경 향우들 취재 포함)'으로 참여하며 시작되었다. 이후 장흥신문이 신평근 사장의 장기 외유로 폐간 위기에 몰리게 되었고, 부득불 필자가 장흥신문을 인수한 후 장흥으로 귀향, 1997년 12월 사장으로 취임하여 신문을 운영해 왔다. 그 후 급성뇌질환으로 2001년 2월 전남대병원에 입원하면서 신문 운영에서 손을 뗐지만, 2003년 1월부터 '장흥신문 법인 준비위원장'으로 다시 참여하게 되었고, 동년 8월 14일 법인신문으로 출범과 함께 대표이사로 취임하여 ㈜장흥신문을 운영하게 되었다. 2004년부터는 김창남, 최정옥 씨 등을 연이어 대표이사로 선임하고 편집인으로 재직하다 2018년 1월 장흥신문을 떠나면서 장흥신문과의 질긴 인연이 종결됐다.

이후 2018년 5월 장흥의 인문지지(人文地誌) 성격의 '장흥투데이'를 창간, 오늘에 이르고 있다.

필자는 올해로 만 칠순이다. 옛날 같으면, 사는 마을에서 제법 장수노인으로 긴 수염이나 매만지는 노익장(老益壯) 역할을 했을 법한 나이다. 그러나 그 칠순의 세월이 무색하게도 여전히 지금도 마음만은 50 줄이다.

일전에 한승원 선생이 망구(望九)임에도 자서전 《산돌 키우기》를 펴내고 지금도 소설 출간을 준비 중이라는 말에, '저 나이쯤엔 나도 한 선생의 반만큼이라도 된다면 무척 다행이리라'는 생각을 했지만, 요즘 들어 부쩍 '이젠 나도 칠순 노인이구나'는 맥없는 생각에서 벗어나질 못하고 있다.

그래서였을까, 그동안 30여 년 간 몸담았던 '장흥신문' '장흥투데이'에서 내 흔적의 일부나마 정리해야겠다는 생각이 들었다. 그동안 전혀 생각도 해 보지도 않았는데….

돌아보면, 장흥에서 30여 년은 '불민(不敏)한 신문편집자'로 살았던 힘겨운 세월이었다. 2001년 전남대학병원에서 6개월 입원했다가 퇴원한 후 마동욱 씨와 러시아를 한 달 다녀온 뒤, 아내의 '로비 덕'으로 직분이며 대우도 생각 밖으로 훨씬 나은 일터에서 일 할 수 있었지만, 그렇게 힘겨웠던 '장흥살이'를 끝내 잊지 못하고 다시 장흥으로 내려와 아내와 2, 3년간 거의 절연하다시피 했다.

그동안 장흥살이 하며 '신문편집자'로 숱하게 써왔던 글들은 더는 빼고 더할 수도 없는 나의 홍건한 '장흥 살이'의 흔적들이다. 그 흔적들 중, '신문편집자'로서 주로 필자의 의견과 생각이 더해진 글들(사설·칼럼)만 모아 그 일부를 2권의 책으로 출간한다.

글을 모으다 보니, 절로 부끄러워지고 많이 겸연쩍고 망설여지기도 했다. 신문과 관련된 지난 일들이 되새겨지며 후회스럽기도 하고 자괴감도 들고, 앞으로 해야 할 숙제들을 떠안게 되기도 했다.

그럼에도 그런저런 글들이, 내가 장흥에서 '신문편집자'로 살아온, 그러나 한 치 더하고 한 치 뺄 수도 없는 내 유일한 흔적임에는 분명하므로(이미 記錄으로 남겨졌으므로), 그 '허술하기 짝이 없었던 장흥 26년의 삶'(여기에 '칠순의 삶'의 의미도 더해서)의 일단을 정리한다는 마음으로, 부끄러움을 무릅쓰고 세상 밖으로 훌훌 내보낸다.

이번 '장흥담론①②' 출간이 내 삶에서 보다 진득한 성찰로 이어지기를 기대하고 있다. ('장흥담론③'은 장흥 인물 편으로 준비하고 있다).

장흥의 '신문편집자'로 살아온 기자의 '나의 생각과 고뇌의 흔적들'이 다소나마 몇몇 지인·선후배·이웃들과 공유되고, 그들의 장흥인으로서 당당한 삶의 그 깊이와 넓이에 한 톨의 도움이나마 보태지기를 바랄 뿐이다. 더불어, 동시대를 살아가는 모든 장흥인의 당당한 꿈이 더욱 환하게 성취되길 기원한다.

"동시대 모든 장흥인이여, 당신을 사랑합니다!"

-억불산 기슭에서

2022. 7.

隱草 金善旭

차례 _ 장흥 談論

1장 ·

비전

2장 ·

정치

3장 ·

관광

4장 ·

환경

5장 ·

문화

6장 ·

문학

1장

비전

"정남진, 통일 시작의 땅 될 수 있다" … 그 당위성

— 정남진=중강진=하얼빈=동경 126도 일직선상 …정남진 통일 시작점 될 수 있어

안 의사 의거정신은 '통일한국' … "정남진서 그 통일정신 분기(奮起)시켜야 한다"

— 장흥투데이/2022.07.20

지난 6.1 지방선거 때 김성 군수의 주요 선거공약 중의 하나가 "정남진 타워를 통일기원탑·통일역사관으로 개축하고 '통일기원동산'을 조성하여 정남진을 '통일 시작의 땅'으로 변화시키겠다"였다. 당시 김성 군수 후보는 대한반도 최남단인 정남진 장흥을 '통일 시작의 땅' 즉 '남북통일 시원(始元)'으로 만들겠다는 웅대한 비전을 밝힌 것이다.

김성 군수의 이같은 공약은 지난 6.1 지방선거 때 전국 226개 기초자치단체 선거에 나선 400~500여 명의 모든 단체장 후보들의 공약에서 거의 유일한 공약이었다. 다시 말하자면 이 공약은 전국 모든 기초자치단체장 후보들 중 그 누구도 구상하지 못한 비전이었다는 것이다. 그것도 지역성을 초월하고 우리나라(남한)도 초월한 '한반도 통일을 대비한 비전'의 하나여서, 내용 자체만으로 참으로 원대한 비전이었다고 할 수 있다.

혹자들은 장흥이 경기도나 강원도의 북한과 대치한 경계 지점의 땅도 아니고 오히려 북한과는 가장 원거리인 반도 최남단의 땅인데, '남북통일을 시작하는 땅'이라니, 이건 너무 얼토당토않은, 전혀 엉뚱한 것이 아니냐고 반문할 수도 있을 것이다.

그러나 결론으로 말하면, 이는 아주 신선한 발상일 뿐만 아니라, 장흥군으로서 역사적 근거와 당위성를 가지고 있는 공약이라고 할 수 있다.

정남진=중간진=동경 126도 의미

장흥군의 '장흥'이라는 이름에서는 '대한반도의 통일'과는 다소 거리가 있다. 그러나 장흥의 이명(異名)이며 상징어인 '정남진(正南津) 장흥'이면 그 의미가 사뭇 달라진다. 정남진은 서울 광화문에서 대한반도 정남쪽 끝에 위치한 나루라고 해서 붙여진 이름이다. 서울 도로원표(서울 광화문 사거리)와 서울 중심점인 표지돌 좌표점이 동경 126도 58분(126°58') 이고, 여기서 정남진 좌표도 동경 126도 58분이다. 또 서울에서 다시 직선거리로 대한반도 최북단이요 정북진(正北津)인 중강진도 동경 126도 58분이다.

정남진은 반도 최남단이고 정북진(중강진)은 최북단이다. 그러므로 정남진과 정북진(중강진)은 대한반도 정중앙의 일직선상에서 하나로 연결되는 두 극점(최남단과 최북단)으로, 이 두 극점을 연결하면 남북화해와 민족통합이라는 함의(含意)를 지닌다.

2008년 7월 31일 19시, '제1회 정남진 장흥 물축제' 개막식 때 장흥군은 '통일과 화합의 물 합수식'을 가졌다. 즉 이때 장흥군은 정북진(중강진) 물을 비롯하여 정동진(正東津), 정중앙(서울 광화문), 정남진의 물을 함께 취수해 와 '통일과 화합의 물 합수식'을 가짐으로써 "정남진 장흥은 남북통일과 동서화합 근원지다"라는 메시지를 대내외에 널리 알린 바 있다.

또 제1회 정남진 물 축제 때(2008.7.31), 탐진천변 무대에서 중강진에서 취수한 물과 정남진 물로 2008마리(2008년 의미)의 탐진강 은어로 죽을 끓여, 남북통일과 동서화합의 의미를 생각하며 시식하는 '통일어죽 시식회'를 개최하기도 했다.

또 2008년 5월 4일 장흥군민회관에서 개최한 '정남진 장흥 물 축제의 방향'이란 주제의 학술토론회에서 이무용 교수(전남대학교 문화전문대학원)는 '장흥 물 축제 기획 및 축제마케팅 전략 수립'이란 주제 발표에서

"정남진(장흥) - 정동진(강릉) - 정북진(중강진) - 정중앙(광화문, 양구) - 땅끝(해남)"등 입지적인 관련 지역을 연계한 관광 패키지 프로그램을 개발해야 한다"고 주장했다. 그는 정남진 장흥 물축제에서 '정남진' 의미와 결부시킨 '중강진(북한, 자성군)'을 연계한 프로그램 개발을 주문했던 것이다.

이처럼 제1회 정남진 장흥 물축제 때부터, 장흥은 중강진을 연계하며 정남진에서의 통일의 의미를 부여한 문화 행사를 펼친 것이다.

정남진=중강진 연계사업은 지지부진

이후 2012년 6월 25일, 민주평화통일자문회의 장흥군협의회의 2분기 정기회의 때 당시 협의회장 박업두 씨는 "우리는 정남진이기에 정남진의 민주평통이 통일운동을 주도하고 안보의식 고취 등 평화 통일운동을 선도할 책임과 사명이 있다"고 강조하였고, 이어 이명흠 장흥 군수도 "정남진 장흥은 북으로 직선거리인 정북의 중강진과 특별한 관계가 있으므로 정남진의 이미지에 통일과 통합의 지정학적 함축적인 이미지를 보강하고 이를 더욱 강화할 필요가 있다"고 주장, 정남진 의미에 중강진을 결부시켜 통일의 의미를 강조하긴 했지만 그와 관련된 구체적인 행사나 사업은 더는 진척되지는 않았다.

또 2018년 10월 초에는 민주평화통일자문회의 장흥군협의회가 정남진과 중강진 관련의 사업으로 '정남진-중강진 자매결연' 추진을 모색하며 정남진과 중강진의 연결고리가 다시 쟁점화 되는가 싶었지만 더 이상은 진척하지 못했다.

정남진(해동사)=정북진(중강진)=하얼빈=동경 126도

그런 과정을 거친 이후, 본격적으로 더욱 확충된 의미로서 '정남진이 통일 시작의 땅'이 될 수 있는 역사적 단초는 안중근 의사 사당인 해동사로부터 비롯되기에 이른다.

장흥군은 2018년부터 70억 원의 사업비를 들여 '안중근 문화관광 자원개발 조성사업'을 추진하는데, 이 사업은 이미 민선 6기 김성 군수 때의 추진 계획에 의하여 국비를 확보하였던 사업으로 민선 7기 들어서 본격적으로 추진된 사업이었다.

이 사업을 계기로, 장흥의 해동사가 대한민국에서 유일하게 안중근 의사의 사당으로 이미 1955년부터 안 의사의 위패를 모시고 제사를 지내왔다는 사실이 대내외에 널리 알려지게 되었으며, 장흥에서도 안 의사 사당인 해동사를 적극 홍보하기에 이르렀다.

'전남일보' 이건상 기자는, 2018년 8월 12일 '남도(南道) 안중근 루트'라는 컬럼에서 "(안중근 의사) 의거 현장인 중국 하얼빈 역은 자오선 축선으로 동경 126도(동경 126도 38분)이고 장흥 해동사(126도 56분), 정남진 동상(정남진타워, 126도 58분) 등이 …한 축선에 자리한다. 장흥 정남진에서 정북 방향으로 직진하면 하얼빈 역이다. …"라는 내용으로, 정남진과 안 의사 의거 현장인 하얼빈역이 일직선상(동경 126도)에 위치한다는 하얼빈과 정남진의 기이한 인연설을 발표했다.

이후 장흥군은 2019년 5월, '정남진 장흥'을 상징하는 새로운 일러스트로 '동경 126도'의 '정남진과 일직선으로 연결되는 서울 광화문, 중강진, 중국 하얼빈'을 포함하는 새로운 일러스트를 개발하여 사용하게 된다. (기존의 일러스트는 서울 광화문을 중심으로 최남단 정남진 장흥과 최북단 북한의 중강진이 일직선상으로 연결되는 일러스트였다).

이로써 정남진의 의미는 중강진을 넘어 안 의사 의거지인 하얼빈까지 연결되며 정남진의 '통일'의 의미가 보다 확충·확대된 의미로 승화되기에 이르게 된다.

그리고 이후 2022년 6.1 지방선거에서 김성 후보가 정남진 장흥을 '통일 시작의 땅'으로 만들겠다는 선거 공약을 발표하기에 이른다.

그리고 6.1 지방선거에서 당선된 김성 군수는 장흥군수 당선인 자격으로 지난 6월 28일 광주 kbc와 인터뷰 때 "정남진 타워를 통일기원탑으로 재리모델링하고, 건너편에 통일 기원 동산을 건립하겠다. 그리고 중강진과 자매결연을 통해서 우리 정남진을 말 그대로 '통일 시작의 땅'으로 장흥을 각인시키겠다"고 보다 구체적인 실행 방향도 제시하기에 이른 것이다.

장흥군의 민선 8기에 '정남진 = 통일시작의 땅'에 대한 프로젝트가 추진된다면, 북조선의 자강도 중강군(中江郡)과의 자매결연뿐만 아니라 여기에 덧붙여 중국 헤이룽장성의 성도 하얼빈시와 자매결연도 추진해 볼 만할 것이다.

정남진이 중강진을 넘어 하얼빈까지 연결되면, 정남진의 '통일 시작'의 의미를 넘어 안 의사의 소원이었을 만주벌을 포함한 고토(古土) 회복 의미까지 함유하게 되는 것이다.

안 의사가 독립운동에 투신한 곳도 연해주(블라디보스톡)와 북만주 일대였다. 특히 북만주 일대에서 항일운동을 펼쳤던 안 의사의 대한독립에 대한 의지는 한반도는 물론 북만주 등 우리의 고토에 대한독립이었을 것이다.

그러므로 정남진의 하얼빈과의 연대는 하얼빈이 이토 히로부미를 척살한 안 의사 의거 현장이기도 하지만, 안 의사의 우리 고토 회복 정신 구현을 위한 시발점일 수도 있다는 점에서 의미가 있다. 물론 고토 회복이 현실성은 없더라도 그 정신 구현만큼은 얼마든지 가능하다. 또한 우리의 고토 회복은 단순한 남북통일 정신보다 상위에 속하는 의미이므로 우리의 '통일'의 의미는 단순히 남북통일에서 더 나아가 고토 회복의 정신까지 이어지게 된다. 그러므로 결국 정남진이 갖는 통일의 의미는 보다 원대한 의미를 함유한다고 할 수 있다.

안 의사 의거정신은 '통일한국'이었다

황해도 해주 태생인 안중근은 대한제국의 독립운동가였다. 대한제국은 1897년 10월 12일부터 1910년 8월 29일 강제로 일본제국에 병합되기 전까지 조선을 계승한 국가이자 한반도의 마지막 군주국으로 그 영역은 지금의 북한, 만주 일부까지 포함한 대한반도였다.

안 의사의 하얼빈 의거 정신은 곧 대한제국, 지금의 남북한의 독립이었다. 즉 통일한국의 독립을 염원했던 정신이 바로 안 의사의 하얼빈 의거 정신이다. 그리고 그 대한독립의 정신에는 우리의 고토 회복의 염원도 담겨 있다. 그리고 그러한 안 의사의 정신을 기려온 곳이 중국과 남북한에서 유일한 사당이 있는 정남진 해동사인 것이다.

이는 곧 대한독립, 통일한국의 독립을 결사 항쟁으로 갈망하며 이토 히로부미를 격살했던 안 의사의 하얼빈의 광대심오하고 순정한 의거 정신, 곧 안 의사의 대한반도의 독립정신이요 통일남북의 독립정신이 깃든 곳이 바로 정남진이라는 말에 다름 아니다.

안 의사를 기리는 것은 안 의사의 의거 정신을 기리는 일이다. 이는 곧 남북통일을 실현하는 일이다. 이러한 안 의사의 통일정신이 정남진에 안착된 것이다. 그리고 이 안 의사의 통일정신을 정남진에서 분기(奮起)시켜 중강진까지, 중강진을 넘어 하얼빈에 이르게 하는 이른바 통일을 넘어 고토(古土) 회복까지 가는 길이야말로 진정으로 안 의사의 정신을 기리는 일이다.

정남진 장흥이 '통일 시작의 땅'이 될 수 있고, 필히 되어야 하는 이유이고 당위성인 것이다.

이처럼 정남진 장흥은 '대한반도 통일정신'이 깃든 곳이므로 '통일 시작의 땅'이라는 구상과 비전이 반드시 실현되어 장흥의 희망적인 미래를 밝혀주길 기대한다.

마지막으로 백수인 시인(조선대학교 명예교수)의 '정남진에서 하얼빈까지'라는 시를 첨부한다.

정남진에서 하얼빈까지

정남진 해동사
청년 안중근 의사가 살아계시는 곳
하얼빈의 총소리가 사자산 골짜기를 쨍쨍하게 울리네

하얼빈 동경 126도
중강진 동경 126도
광화문 동경 126도
정남진 동경 126도
하얼빈의 총소리 정남진에서도 울리는가

지금 우리 고향 정남진 장흥에는 기찻길 건설이 한창
다리를 놓고 터널을 뚫고 철로를 새로 놓고 있네

우리는 어느 날
'정남진하얼빈역'에서 기차를 타네
사자산 머리를 돌아 제암산 터널을 지나 부산역
해운대 모래밭에서 태평양 건너오는 파도소릴 듣네
다시 기차에 올라 대구역에 도착
달성공원 옛 토성에 올라 코끝 스쳐가는 달구벌 바람을 맞네
다시 기차에 올라 서울역
남산타워 꼭대기에서 한강 물줄기를 바라보네

우리가 탄 기차는 도라산역을 거쳐 개성역이네
선죽교 돌다리에 뿌려진 정몽주의 단심가
박연폭포 무지갯빛 물보라에 황진이 얼굴 어른어른
만월대 계단에 앉아 늙은 소나무 그림자에 젖어보네

평양역에 내려 대동강변 걷다가
기봉 백광홍의 '관서별곡' 자취 따라
연광정 → 부벽루 → 능라도 → 금수산 → 풍월루 → 칠성문 → 백상루를 돌아보고
신의주에 도착
압록강 푸른 파도, 비파곶, 파저강, 구룡소, 통군정을 돌아보고
단둥으로 건너가네

우리 기차는
창춘을 지나 어느덧 목단강, 흑룡강을 따라 올라 하얼빈역에 당도하네
거기 우뚝 서 계신 안중근 의사,
또 한 발의 총소리가 만주벌 지나 한반도를 쩡하게 울리네

-2019 통일시집 《통일은 사랑입니다》, '메아리' 발표.

세계 유일의 '어머니 테마공원', 추가해야 할 것

— 장흥의 위대한 여성 공예태후·장흥동학 여전사 이소사 역사성·상징물 더해져야

— 장흥투데이/2022.07.27

민선 6기 때인 2015년 12월, 김성 군수는 여러 언론 매체와 인터뷰에서 "장흥군의 슬로건이 '어머니 품 같은 장흥'이다. 장흥군은 이 슬로건을 구체화하는 방향으로 공예태후를 모티브로 한 '어머니 테마공원 조성'을 추진할 계획이다. 관산에 효자송이 있다. 그 효자송 아래 소공원도 만들고 어머니 시(詩)를 모은 시비며 다양한 어머니 조각상도 세워 어머니에 대한 추억이며 향수, 어머니 정신을 향유하게 하는 '어머니 테마공원'을 조성하겠다"며 새로운 구상을 밝혔다.

그리고 2016년 1월 1일 신년사에서는 "공예태후 생가, 장천재, 효자송을 연결한 '어머니 테마공원'을 조성하겠다"며 군정 방향을 밝혔다.

이후 '어머니 테마공원'은 2016년부터 2020년까지 총 사업비 30억 원이 투입된 가운데 공예태후의 사당이 위치한 천관산 자락(관산읍 옥당리 89-1)에 조성되기에 이른다.

이 공원에 조성된 주요 테마는 공원 내 '가족의 유대감과 정'을 주제로 유년기, 아이들, 사춘기, 연애, 결혼, 가족, 황혼 등 총 6개 테마로 구축된 인생 조형물(동상)과 그 6개 테마의 의미를 설명한 표지석으로 구성하여 어머니와 연관되는 옛 향수와 추억을 이끌어내는 공원으로 조성되었다.

그런데 중요한 것은 당초 '어머니 테마공원'의 모티브는 공예태후였는데, 이렇게 완공된 공원에는 눈을 씻고 봐도 공예태후의 흔적도 없이 조성됐다는 점이다. 그런 연유로 '어머니 테마공원'은 '어머니'를 주제로 조성됐을 뿐 별다른 특색도 없는 평범한 공원이 되고 말았다.

김성 군수는 2022년 6.1지방선거 때 선거 공약은 물론 군수로 당선된 후 여러 차례 언론 인터뷰 등에서 "위대한 어머니를 담은 '어머니 조각공원', '어머니 전시관', '어머니 힐링로드길'을 조성, 공예태후 생가의 성역화와 연계하여 세계 유일의 '어머니 테마공원'을 완성할 계획"이라고 밝혔다.(대표 언론, 전남매일 인터뷰/2022년 7월 19일자).

어머니 테마 공원의 당위성

지역에 조성되는 무슨 기념공원이나 무슨 기념물을 조성하는 등의 다양한 형태의 기념사업이며 대규모 문화·관광단지 조성사업 등에서 반드시 전제되어야 하는 것이 있다. 그것은 바로 그 지역의 전통성·역사성이다. 해당 지역에 전승된 역사적인 전통이며 해당 지역의 문화적인 전통을 기반으로 한 '전통의 역사 문화'가 전제되지 않으면 그 기념사업 등은 뿌리 없는 것으로써 필히 경쟁력이 허약할 수밖에 없기 때문이다.

단순한 '어머니 테마공원'이라면 다른 어느 지자체에서도 분별력 있는 아이템이나 넉넉한 재원 투입만으로 어렵지 않게 조성할 수 있다.

왜 장흥에 어머니 테마의 공원이어야 하는가? 여기에는 당연히 그 당위성이 전제되어야 한다. 즉 역사성이며 문화적 전통이 그 배경에 깔려 있어야 한다는 것이다.

장흥의 '어머니 테마공원' 조성 이전에 이미 어머니를 주제로 한 공원이 조성된 곳이 있었다. 경북 안동시에서 2015년 4월에 개원한 '원이엄마 테마공원'이 그것이다.

이 공원은 남편의 병구완을 위해 자기 머리카락으로 만든 미투리와 한글 편지를 남편의 관 속에 넣어 '조선판 사랑과 영혼'으로 알려진 안동시 정하동의 '원이 엄마'를 소재로 조성한 공원이었다. 원이 엄마라는 여성은 430년 전 안동시 정하동의 고성이씨(固城李氏 = 안동이씨) 귀래정파 문중 며느리로 31살 때인 1486년 남편 이응태가 사망하자 애틋한 사랑을 담은 편지와 남편 병구완을 위해 머리카락을 잘라 만든 미투리를 남편의 관 속에 넣었다. 그런데 이 편지 등이 매장 420년이 지난 1998년 정상동 택지 개발 과정에서 출토되었다. 이에 따라 안동시는 원이 엄마의 특별한 사연이 시대와 공간을 초월해 감동을 주는 메시지라고 인식하여 '가족과 연인들이 소중한 사랑을 확인하는 의미'를 담은 '원이엄마 테마공원'을 조성하여 현재까지도 외지에서도 수많은 사람들이 찾는 명소가 되어 있다.

당초 '어머니 테마공원'을 구상한 김성 군수도 '어머니 테마공원'의 모티브를 공예태후로 삼았다. 그런데 정작은 그 중요한 모티브가 사라진 '어머니 테마공원'이 되어버린 것이다.

이에 김성 군수는 그 공원을 미완성의 공원으로 인식하고 있다. 그리하여 지금의 '어머니 테마공원'에 시대별 어머니상, 세계의 위대한 어머니상 등을 모은 어머니 조각공원, 어머니 전시관 그리고 어머니 힐링로드길 조성 등으로 '세계 유일의 어머니 테마공원'을 완성하겠다는 구상을 가지게 되었을 것이다.

장흥의 위대한 두 여성-공예태후·이소사

'어머니 테마공원', 그들 역사성·정신 반영해야

민선 8기에 새롭게 태어날 '어머니 테마공원'의 완성품은 어떤 모습일까.

그 작품이 어떤 모습이건 이 완성품에는 장흥의 위대한 여성이요 어머니인 공예태후와 장흥동학 이소사 여전사가 담기게 되기를 바란다.

당초 '어머니 테마공원'의 구상에서 공예태후는 기본적인 모티브였으므로 그 완성품에는 당연히 공예태후의 정신과 상징물 등이 제대로 구현될 것으로 믿는다. 다만 기왕에 첨언하자면, 인구절벽의 시대에 소중한 가치로 인식이 되는 다산(多産)의 의미가 공예태후의 다산(多産)과 연결되면서 이 공원에 상징적으로 담아지길 기대한다.(공예태후는 5남4녀를 두었다 : 18대 의종, 19대 명종, 20대 신종, 장남 대령후 경, 4남 원감국사 충희, 승경·덕녕·창락·영화군주).

장흥의 위대한 여성인 이소사(李召史, 1874?~1895)는 한국 동학의 역사 속에서 유일한 여성 전사라는 점에서 특별한 역사성을 갖는다. 동학 역사에서 유일한 여성의 전사라면, 바로 조선조 500년 역사에서 가장 위대한 여성이었다는 의미도 함께 함유되어 있다고 할 수 있다.

(이소사 이후 독립운동가인 유관순은 조선조 이후인 대한제국과 일제 강점기의 여성이었다. 유관순이 3 · 1만세운동의 대표적 인물이 된 데는 독립운동을 하다 후에 변절한 이화여고 신봉조 교장, 이화학당 출신 박인덕 등의 유관순 미화운동 덕분이기도 했다).

그러므로 사실인즉 이소사는 유관순을 능가하는 여성 항일 운동가였다고 평가할 수 있다. 일각에서는 이소사를 잉글랜드와 프랑스의 백년 전쟁기에 프랑스를 구한 영웅이었던 소녀 잔다르크에 비견할 수 있는 동학의 대표적인 전사로 평가하기도 한다.

그 여성이 바로 장흥 동학의 여전사였다.

소설가 송기숙은 1990년 5월《역사와 현장》(남풍) 1권에 쓴 '장흥지역 동학농민전쟁 관계 구전조사'라는 논고에서 이소사라는 인물의 중요성을 처음 언급한 적이 있었다.

이소사는 과부 등 결혼한 여성을 뜻하는 말이었으므로 이소사는 결혼했던 여성, 곧 어머니였을 것이다.

최근 들어 이소사가 장흥동학에서 주역의 인물로 급부상하고 있다.

2021년 12월 19일 '창작공간 해우'는 (사)장흥동학농민혁명기념사업회 후원으로 '석대들을 내달린 아름다운 꽃, 이소사'라는 4분짜리 동영상을 제작해 발표한 바 있다.

문화체육관광부와 한국문화예술위원회의 지원으로 제작한 이 영상은,

현재 '린가 린가 혜린가 TV'에서 유튜브에 올려놓아, '석대들을 내달린 아름다운 꽃, 이소사(李召史)'로 검색하여 시청할 수 있다. (사)장흥동학농민혁명기념사업회는 향후 '창작공간 해우'와 함께 장기적으로 이소사를 소재로 창작음악극을 완성하여 서울 등 수도권을 비롯해 동학혁명의 격전지인 전주·공주·정읍 등지를 찾아 무대에 올릴 예정이라고 한다.

또 2022년 3월에는 이소사를 주인공으로 내세운 소설 명혜정 작《깊은 강은 소리없이 흐르고》(장흥 편)의 개정판(모시는사람들刊)이 재출간, 이소사 열풍을 이끌면서 관심을 모으고 있다. '여성동학다큐소설' 중 마지막 13권째 '장흥편'으로 발간된 이 소설은, 여자 동학군 이소사의 행적을 따라가며 구성한 장흥 동학사의 내용이기도 하다. 이 소설은 지난 2015년 출간했지만, 최근 이소사에 대한 영상물이 제작되는 등 장흥동학에서의 이소사에 대한 재조명 움직임이 활발해지고 있는 흐름에 맞춰, 지난 3월 15일 개정판이 재출간되며 이소사 열풍을 선도하고 있다.

이소사의 소설《깊은 강은 소리없이…》이전에도, 소설가 최혁 씨에 의해《갑오의 여인, 이소사》(2014)라는 제목으로 이소사의 소설이 출간된 바도 있다

이소사, '어머니 테마공원' 주역의 한 인물로 표현돼야

장흥 출신의 여성으로서 '강인하고 영특했던 동학여성 지도자였던 이소사'가 이처럼 소설 등으로 재조명되면서, 그가 장흥뿐만 아니라 국내에서도 민중혁명(동학혁명)의 지도자로서 급부상하고 있는 점을 우리는 주목해야 한다.

이점 때문에 장흥의 역사에서도 이소사가 당연히 새롭게 재조명되어야 하지만, 장흥의 위대한 여성상인 어머니를 상징하는 '어머니 테마공원'에서 공예태후와 함께 주역의 여성으로 존치되고 상징화되어야 것은 너무나 당연한 일이 아닐 수 없다.

위의환 (사)장흥동학농민혁명기념사업회 이사장은 “장흥동학이 한국 동학사에서 역사적 의미와 가치가 큰 것은 장태장군인 이방언을 비롯해 이인환·이사경·구교철·문남택 대접주 등 동학 지도자들의 큰 활약과 역할도 컸지만, 22세 여성동학군 지도자 이소사를 위시하여 13세 농민군 소년 장수 최동린, 동학군 피신을 적극적으로 도운 16세 소년 뱃사공 윤성도 등 남녀노소를 가리지 않은 인물들이 있었기 때문이었다. 특히 이소사는 프랑스를 구한 소녀 영웅 잔다르크와 비견할 수 있는 한국의 위대한 여성 전사였다”고 강조한 바 있다.

장흥의 위대한 여성인 공예태후와 동학여전사 이소사가 ‘어머니 테마공원’에서 주역으로 표현된다면, 장흥의 ‘어머니 테마공원’은, 말 그대로 세계에서 유일한 어머니 공원으로서 당위성은 물론, 그 역사성·정체성을 확보하게 될 것이다.

장흥 농업의 비전, '농업의 디지털화' 육성에 있다

— 도시 청년 유입가능, 농업의 지속성 창출 위해

— 장흥투데이/2021.09.08

우리 농촌마을이 비어가고 사람들은 갈수록 늙어가면서 고령화되고 또 부녀화 되면서 농촌마을의 붕괴 위기뿐 아니라 농산물의 생산과 수확 등 농업 전반에 걸친 위기를 만나고 있다.

특히 인구감소와 농촌의 고령화는 심각한 수준이다. 농촌의 65세 이상의 고령 인구 비율이 2000년 21.7%에서 2020년 42.5%까지 치솟았으며 이런 가파른 고령화 추세는 갈수록 심해지면서 농촌·농업의 위기를 더욱 부채질하고 있다.

정부는 물론 각 지자체들마다 농업·농촌의 존립 위기를 극복하기 위해 청년농을 유입하는 등 도시 청장년들의 귀농 등 다양한 정책을 추진하고 있지만 별 실효를 거두지 못하고 있다.

그런 연유로, 보다 실효 있는 도시 청년들의 귀농, 특히 도시 청년들의 농촌 유입을 위해서는 근본적으로 도회지 젊은이들도 선호하고 고수익도 담보되는 농업의 전환이 절실히 요구되고 있는데 이의 최선은 바로 농업의 디지털화이다.

특히 갈수록 심화되는 기후변화로 식물의 생태 시계마저 빨라지고 있다. 그리하여 앞으로는 생산·유통·소비에 이르기까지 보다 급격한 환경 변화가 예상되고 있어 이의 대책도 시급한 실정이다. 이러한 전망은 새로운 농업시대를 요구할 수밖에 없다. 즉 농업의 생산성, 편리성, 품질향상 등에 대한 요구와 대응이다. 이것이 바로 지속 가능한 미래 농업의 길이며, 또한 시대적인 요청이기도 하다.

장기적으로 생태문명시대에서의 생태농업이 실현되어야 하지만, 지금 당장 시급한 현안은 농촌 인구 감소와 농업인 고령화 추세에서의 농업이다. 하여 이미 디지털에 익숙해진 도시 젊은이들의 귀농, 고수익이 담보되는 선진농법으로 전환이 최선인 것이다.

농업·농촌의 미래 주역은 바로 청년농이어야 한다. 많은 청년을 농촌이라는 무대로 불러들여야 농업·농촌 발전이 가능하다는 얘기다. 물론 그동안 청년농 유입과 육성을 위해 다양한 정책이 시행 중이지만 그 성과는 그리 만족스럽지 못했다. 40세 미만 청년경영주는 2000년 9만 가구에서 2019년엔 7,000가구 이하로 급감했다. 또 청년농은 전체 농가의 0.7% 수준에 불과하다. 최근 5년간 매년 17%씩 감소했을 정도다. 이에 따라 2000년 58.3세이던 농가경영주 평균 연령은 2020년 66.1세로 높아졌다. 이것은 아직도 농가의 세대교체가 제대로 이뤄지지 않고 있다는 것을 의미하고, 이런 현상으로 미래농업의 위기에 대한 우려를 심화시키고 있는 것이다. 도시 청년을 농촌으로 불러들이는 일, 그리하여 농업·농촌의 세대교체를 촉진하기 위해서도 농업의 디지털화는 필수적이다.

이와 관련, 지난 8월 26일, 농촌진흥청이 '디지털시대! 식량안보, 농업기술혁신으로'를 주제로 온라인으로 개최한 '제1회 농업기술혁신포럼'에서 가장 쟁점이 됐던 것은 '디지털농업의 중요성'이었다.

이날 포럼에서 기조 발표를 한 김창길 서울대학교 특임교수는 "극심해진 이상기후와 인구 증가로 식량안보의 중요성이 더욱 부각되고 있다. 디지털농업을 활용하면 안정적이고 효율적인 작물 생산이 가능해진다. 벼·노지채소·시설원예·과수·축산 등 분야별 선도농가의 영농법(강수량·일조량·온습도 변화에 따른 변동성에 적절히 대응하기 위해 이미 검증된 영농 노하우에 대한 정보 등)에 대한 데이터 구축을 서둘러야 한다. 선진 선도 농가 별 데이터화·디지털화하는 작업이 시급하다"고 주장했다.

이경환 전남대학교 교수도 "우리나라 식량안보를 지키는 동시에 종자·농약·비료 투입량의 낭비 없이 생산량을 극대화하려면 소농과 노지농사 위주의 '한국형 데이터 관리 모델'을 마련해야 한다. 벼 같은 주식작물 외에도 다양한 작물을 디지털농업으로 길러낼 수 있는 시스템을 갖춰야 한다"고 주장했다.

현재 국내의 농업은 대부분 소농과 노지농사 위주로 이뤄지고 있다. 그러므로 농업의 디지털화는 종자·농약·비료 투입량에 대한 낭비 없이 생산량을 극대화할 수 있다는 점에서, 거기다 보다 안전한 고수익을 담보할 수 있다는 점에서 장점이 있다. 특히 과학적인 데이터가 바탕이 되므로 작물의 생산성과 농작업의 편리성도 획기적으로 높일 수 있다.

지속 가능한 장흥 농업의 성패도 농업의 지속성 여하에 있다. 그런데 우리는 급속히 진행되는 농촌의 고령화로 농업이 지속될 것이냐는 과제에 직면해 있다. 그리고 이 과제 해결에 청년농의 유입, 즉 도시 청장년들의 귀농이고, 이를 위한 최선의 방안 중의 하나가 도시 청년들의 농촌 정착과 농업참여를 위한 디지털농업인 것이다.

내년 6.1 지방선거에서 장흥군수 후보들이 장흥의 비전으로 고민해야 하는 부분의 하나도 장흥 농업의 디지털화인 것이다. 따라서 이제부터라도 장흥의 지도자들은 고령화, 농촌 소멸, 기후변화 등으로 위협받는 농촌·농업의 위기, 식량안보의 중요성을 인식, 이를 위한 해결 방안으로 ① 농업 관련 부서에 디지털화 담당 팀 구성 ②도시 청년농 유입책 강구 ② 농업 디지털화에 대한 관련 예산 확보 ③ 농민·농가를 대상으로 한 디지털화 교육과 기술 보급 등에 총력을 기울여야 한다.

그리하여 장흥군의 농업이 디지털화 농업을 선도할 수 있게 되기를 기대한다.

‘뉴 노멀시대 관광 장흥’ 비전 도출해야 한다

ㅡ‘지속 가능한 장흥’, 코로나 팬데믹 이후 ‘관광 장흥’ 육성이 답이다

— 장흥투데이/2021.09.01

지난 6월, 서울관광재단이 ‘코로나19 발생 이후 여가·관광의 트렌드 변화’를 분석한 자료에 따르면 ①전국적인 집콕 현상 장기화로 다양한 신조어(홈코노미, 홈캉스, 홈오피스, 홈쿡 등) 의 언급량 1,040% 증가 ②‘여행’ ‘관광’이라는 키워드 대신 ‘산책’, ‘캠핑’, ‘등산’, ‘자전거 여행’에 대한 언급량 증가 ③대중의 여행 형태(양상)가 해외여행을 포함한 장거리 여행에서 가까운 교외형, 근교형 여가를 중심으로 변화 ④집콕 현상의 장기화로 ‘슬기로운 집콕 생활’이라는 키워드로 집콕생활 후기의 공유와 요리에 대한 관심 확대 언급량 급증으로 나타났다.

또 ‘여행’, ‘관광’, ‘여가’ 등과 관련된 모든 언급량이 대부분 감소하였으나, ‘산책’, ‘캠핑’, ‘등산’, ‘자전거 여행’에 대한 언급량은 급증하였는데, 이로써 코로나 이후의 여행 형태가 해외여행 등 장거리 여행보다는 지리적으로 가까운 교외형, 근교형 여가를 중심으로 변화될 것임을 시사한 것으로 분석되었다. 또 여행 테마 키워드로 1위는 ‘드라이브’, 2위는 ‘캠핑’, 3위는 ‘호캉스’, 4위는 ‘카페투어’, 5위는 ‘사진여행’, 6위는 ‘즉흥여행’, 7위는 ‘도보여행’ 순으로 확인되었다.

한국문화관광연구원은 최근 ‘코로나19의 관광산업 영향과 대응방안’이라는 정책연구서에서, 지난해 다른 산업의 BSI(기업경기실사지수)가 평균적으로 전년대비 30% 하락한 것에 비해 관광산업은 57.3%가 하락하면서 상당한 피해의 영향을 받은 것으로 분석했다.

또 한국문화관광연구원은 이 정책연구서에서 코로나 이후 관광 활성화를 위한 지자체의 역할로 ①관광시장 상황에 대한 정확한 진단과 조정을 위한 노력의 선행 ②지역(지자체)마다 위기관리 대응 지원 대책과 지원 범위 등 지역 관광 위기관리 시스템 정비와 교육 ③관광시장의 수요 변화에 따른 지자체 차원의 관광시장 정책 지원 필요 ④관광 환경의 트렌드 변화에서 청정한 자연환경·야외 공간 선호도가 증가하고 있으므로 이런 상황 변화를 객관적으로 분석하여 관광지원 정책의 근본적인 모색 필요 등을 주문했다.

또 광주전남연구원은 2021년 2월 2일 발간한 '코로나 블루에 대응한 청정·힐링·언택트 관광 활성화 방안'(광주전남 정책 브리프 202호)에서 "관광산업이 팬데믹 직격탄을 맞아 위기상황임과 동시에 코로나19보다 더 심각한 '코로나블루(Crona Blue : 코로나로 인한 우울감)'를 겪는 사람이 늘면서 '명상 앱 트라우마'가 확산하고 있다"고 진단했다.

또 "지난해 국민의 47.5%가 '불안감, 우울증 등 코로나블루 증상을 경험한 적이 있다고 답변할 정도로 국민의 멘탈데믹(mentaldemic : 코로나19로 인한 사회경제적 손실과 경제위기로 인해 정신적 트라우마가 전염병처럼 유행하는 현상) 상황은 심각한 수준에 이르러, 이를 치유할 효과적인 대안 마련에 신경을 써야 한다"고 지적하고 이의 효과적인 대안으로 새로 대두된 관광트렌드인 '청정·힐링·언택트(Untact : 사람과의 접촉을 지양한다는 의미, 비대면) 관광'을 미래 관광산업의 청사진으로 제시했다.

청정관광 활성화 방안으로는 ①국제청정·안전여행 인증스탬프 획득 및 지자체가 인증하는 자체 인증마크 개발 ②남도 청정전원 기반의 자연친화적 그린 투어리즘의 관광거점 조성 등을 제시했다. 힐링 관광 방안으로는 ①차별화된 건강치유자원에 기반한 지역 특화 힐링·웰니스 복합관광 거점 조성 ②포스트 코로나 시대의 핵심 트렌드가 결합된 뉴 노멀

시대를 준비한 관광프로그램 개발 등을 제시했다.

돌아보면, 코로나19 이후 거의 2년여 동안 우리는 그동안 한 번도 겪어 보지 못한 전 세계적인 팬데믹 속에서 거의 좌초된 처지로 방향성을 잃어버렸다고 할 수 있었다. 특히 관광산업의 경우, 많은 사람들이 함께 모여 어울리고, 여가를 즐기던 형태에서 이동과 모임 자체가 금기시되며, 말 그대로 관광이 패닉 상태에 빠져 이제는 그 출구조차 가늠할 수 없는 지경에 이르렀다.

그렇다고 코로나19 이후엔 관광문화가 아주 사라지고 말 것인가. 아니다. 새로운 트렌드로 되돌아올 것이다. 특히 요즘은 건강 100세 시대이고, 관광을 통해서 힐링하기를 요청하고 있는 시대여서, 이러한 시대적인 흐름과 함께 뉴 노멀 시대, 언택트 시대가 요구하는 관광문화가 도출될 것이다.

이점에서 최근 들어 많은 지자체들도 코로나 이후 뉴 노멀 시대의 새로운 관광문화 활성화 방안을 주제로 용역을 추진하거나 그와 관련한 학술연구 심포지엄 등을 치루며 새로운 관광산업의 길을 모색하거나 새로운 관광 트렌드의 전략을 모색하고 있는 것이다.

이제 장흥도 코로나19 이후의 관광문화, 관광산업을 내다 봐야 한다. 변화된 관광 트렌드의 수요에 맞춰 포스트 코로나19에 변화될 여가·관광의 트렌드를 전망하고, 뉴 노멀 시대에 맞는 새로운 장흥 관광 콘텐츠를 개발, 발굴해야 한다는 것이다.

특히 내년 6.1지방선거에 입후보 하는 주자들은, 급변해가는 새로운 관광 트렌드에 적합한 장흥관광의 진로와 활성화 방안 등 장흥관광의 비전을 제시해야 한다. 이러한 뉴 노멀의 장흥형 관광 활성화 정책 수립과 비전 창출만이 장흥 관광의 새 지평을 열 수 있게 될 것이다.

'생태문명' 선도하는 '장흥의 비전' 모색해야 한다

— 우월한 생태자원 확보한 장흥, 생태문명 선도할 수 있다

— 장흥투데이/2021.08.25.

코로나와 기후변화

많은 전문가들은 점차 세계는 코로나19를 기점으로 올드 노멀(Old Normal : 선진국 위주의 경제질서)에서 벗어나 이제 감염병 시대의 '뉴 노멀(New Normal : 시대변화에 따른 새로운 표준이나 기준)'을 준비해야 한다고 역설하기도 한다.

코로나19와 같은 바이러스의 확산을 가속화시키는 세계화, 도시화, 자연파괴, 기후변화 같은 현상이 지속되는 한 이번의 코로나19 대재앙이 종식되더라도 그 이후에 또 다른 감염병 사태나 지금의 코로나보다 더 강력한 대재앙이 발생할 가능성이 높다는 것이다.

그런데, 코로나19 팬데믹을 겪으면서 인류가 가장 중점적으로 성찰하는 것은 바로 환경, '환경 문제'이다. '경제 성장'이 과거에서 지금까지는 '올드 노멀'이었다면 이제 '지속 가능성'이 전제되는 뉴 노멀이고, 그 뉴 노멀의 중심에는 환경이 자리한다는 것이다.

많은 과학자들이 코로나19의 확산은 기후변화가 연관되어 있다고 증언한다.

환경파괴가 재앙 촉진

지구촌의 이상 기후 변화로 인해 잦은 대형 산불, 가뭄, 수몰 등 극단적인 기상현상이 빈번하게 발생하면서 서식지를 잃은 야생동물이 사람이 거주하는 지역이나 목축지로 이동하게 되어 사람들이 자연스럽게 바이러스에 감염될 가능성이 더 높아졌으며, 이번 코로나19도 이러한 상태에서 비롯되었다는 것이다.

'수의학 저널'(Veterinary Science)에 따르면, 지난 80년간 유행한 전염병들은 대부분이 인수공통 감염병으로, 약 70%가 야생동물에 의한 것이라고 한다. 80년대 유행한 에이즈 바이러스는 유인원, 2004~2007년에 발생한 조류인플루엔자는 새(조류), 2009년에 발생한 신종플루는 돼지, 사스(SARS)와 최근 유행한 에볼라 바이러스는 박쥐에서 옮겨왔다는 것이다.

전문가들은 지구의 생태환경의 파괴는 제쳐두고, 일상의 현실에서의 급변을 주목한다.

즉 사회적인 소비 추세가 이제는 모든 영역에서 '친환경'으로 크게 변할 것이라는 분석이다. 이는 미세먼지와 코로나19 등 인간의 인위적 영향으로 발생하는 환경 위협에 대처하여 자연과 친환경으로 시선이 옮겨질 것이라는 의미이기도 하다. 실제로 최근 들어 건강과 환경을 고려한 친환경 소비문화가 급속히 확산하고 있는 것으로 나타나고 있다.

최근 자연 소재의 컵, 셔츠, 포장용기 제품에 대한 주문량이 대폭 늘고 있으며, 1회용 PET 용기에서 뽑은 실로 만든 친환경 의류, 전기차와 하이브리드 등 친환경 자동차에 대한 소비도 증가 추세라고 한다. 특히 사회적 거리두기 운동으로 인한 온라인 쇼핑이 늘면서 친환경 인증제품(상품) 소비가 급증하고 있다. 이런 현상들은 바로 친환경 상품의 소비시대가 도래하고 있다는 것에 다름 아니다.

환경의 세기= 생태문명의 세기 도래

더불어 지구촌, 인류의 지속 가능성이 주목받으면서 코로나19 같은 바이러스 극복의 대안으로 환경을 성찰하게 되면서 앞으로의 인류 문명의 대세는 '환경문명'이 주도하게 될 것이라는 예견이다.

최근 전 세계에서 발생한 폭우와 홍수, 화재 등 극단적인 기후 재난은 지금처럼 온난화가 지속될 경우 발생할 '기후 대재앙'의 예고편에 불과하다는 게 전문 학자들의 공통된 의견이다.

전문가들은 또 지난 20세기가 눈부신 과학기술의 발전과 경제 성장으로 대표되는 '경제·성장의 세기'였다면, 지금 우리가 만나고 있는 21세기는 지난 세기 인류가 '경제·성장'을 위해 파괴·훼손하였던 그 자연을 복원하고 보존·보호하는 가운데 '지속 가능한' 발전을 이루어가지 않으면 안 되는 '환경의 세기'여야 한다는 데도 동의하고 있다.

다시 말하자면, 21세기의 인류는 20세기의 첨단기술문명에서 생태문명으로의 전환을 요청받고 있는 것이다. 환경이 우선시 되고 중시되는 생태문명만이 오늘날의 팬데믹과 기후위기를 막을 수 있다는 데도 전문가들은 동의하고 있다. 결국 인류의 생명선인 지구호의 좌초를 막기 위해선 불가피하게 '지속 가능성'에 주안점을 둔 개발과 발전, 생태문명으로의 전환이 이루어져야 한다는 게 거의 절대적인 요청인 것이다.

환경의 세기는 곧 '생태문명의 세기'에 다름 아니다. 그러므로 앞으로의 21세기 문명은 '생태문명'이 대세를 이룰 것이다. 이는 누구도 거스를 수 없는, 거의 절대적인 흐름일 것이다. 인류의 생존, 지구호의 좌초 여하와 직결되는 핵심적인 요소이기 때문이다.

이러한 생태문명은 생태자원 등 생태계를 머리에 두는 데서 비롯된다. 이처럼 생태자원의 보존과 활용, 생태문화의 창출, 생태 중심의 개발 등으로 이루어지는 새로운 문명이 바로 생태문명이기 때문이다.

그러므로 마땅히 장흥군의 지속 가능한 비전도 생태문명의 토대를 쌓는 생태도시로의 전환을 요청받고 있다고 할 수 있다. 결국 지속 가능한 장흥군의 비전 역시 생태문명의 선도여야 한다는 것이고 지역 생존과 직결되는 경제, 관광, 문화, 산업도 생태경제·생태관광·생태문화·생태산업으로 가지 않으면 안 된다는 것이다.

장흥의 생태환경 경쟁력 있다

이런 상황에서, 장흥군의 생태환경 자원이 타지와 월등히 비교 우위라는 점은 참으로 다행스럽다. 근년 들어 장흥읍 우산리와 평화리 일원에 귀촌인이 몰리고, 신주택들이 날로 증가 추세인 것은, 바로 마을 뒤에 치유의 숲인 우드랜드와 억불산이라는 산림자원이 있기 때문이다.

인근의 고을 중 500M 이상의 높은 산들이 14~15개나 산재한 곳은 장흥뿐이다. 게다가 섬진강, 영산강과 함께 호남의 3대강인 탐진강이 장흥 땅을 가로 지르고 있으며, 인공호수이긴 하지만 장흥호도 있다. 또 2개읍 3개면이 청정해역 득량만을 연하고 있다. 참으로 우월한 생태자원을 가지고 있는 고을이 아닐 수 없다.

이러한 비교우위의 생태자원, 우수한 환경을 지닌 장흥에서 코로나19 이후의 '빛나는 비전'이 있어야 한다면 그것은 이처럼 우월한 생태자원을 활용한 생태관광 육성, 친환경 먹거리 창출, 친환경 문화 활성화, 친환경 농업 확대 등 이른바 '환경 문명'을 육성하는 길일 것이다.

장흥의 생태비전 창출해야

따라서 생태 문명의 세기에 맞추어 장흥군에 주문하고 싶은 것은 첫째, 장흥의 고유한 생태환경과 독특한 환경자원을 집대성한 '장흥환경 백서'를 만들라는 것이다.

이 백서는 ①탐진강·장흥호, 장흥 남해 연안의 지리적, 역사적, 생태 조사 ②장흥의 모든 산림 자원 현황 ③장흥 전 지역 동식물의 분포도 ④장흥 전 지역의 취락구조 및 취락문화 현황, 취락의 변천사 ③장흥 인구, 장흥 주요 산업의 현황과 변천사 등 장흥의 '모든 생태적 환경을' 생태학적인 고찰과 인문학적 조명으로 장흥의 환경과 생태계를 집대성한 '장흥

환경백서'가 될 것이다.

그리하여 정책 입안자나 군민들이 자부심으로 경쟁력 있는 장흥의 생태 환경을 제대로 이해하고 숙지하면 보다 효율적으로 보존, 활용할 수 있게 될 것이며, 나아가 장흥의 모든 생태 자원을 빅 데이터화, 자원화하게 되면 이것이 장흥의 새로운 문화 경제 산업 발전의 중요한 모멘텀이 될 것이다.

둘째, 이러한 환경자원을 바탕으로 '지속 가능한 장흥의 환경 비전' 창출을 위해 행정 당국과 군의회, 군민, 사회단체, 전문가, NGO 등이 함께 참여하는 '생태 문명을 선도하기 위한 사회적 거버넌스(Governance)'를 구축하는 일도 적극 주문하고자 한다.

기존의 군정 위주 정책과 몇몇 유력 인사들만 참여하는 군민 참여 프로세스를 넘어, 다양한 계층의 군민이 함께 공유하고 함께 제안하고 함께 숙의하고 함께 결정하는 거버넌스 구축을 통해 장흥의 진정한 환경 비전을 창출할 수 있어야 한다는 것이다.

장흥, 생태문명 선도할 수 있다

장흥군은 지리적으로 한반도 최남단과 전남의 서남부에 속하는 전형적인 농촌 지형이다.

이러한 지형적인 요소로 인해 20세기 산업화와 개발이, 인구집중 등 도시화가 도시권과 교통 요충지에 근거되면서, 장흥은 전남의 광주·나주시, 목포시, 순천·여수시 등 소위 3핵3축에서 가장 원거리에 위치한 지역이 되었다. 이러한 지리적인 위치로 장흥은 1990년대 초반에는 '아껴놓은 땅'이라는 별칭이 붙었을 만큼 근현대적 개발이 더디고 지역경제의 낙후와 침체의 과정을 거쳐올 수밖에 없었다.

물론, 장흥은 20세기 이전 고려·조선조의 8세기 가까이 호남(전라도)

의 서남부에서 유일한 중심고을(부사고을)로서 찬란한 역사와 문화적 전통을 누려오긴 했다. 그러나 그것은 과거의 영화일 뿐이었다. 그리고 그 영화의 시절 이후, 산업화 시대에서 지정학적인 위치로 소외되며 침체돼 오다가, 20세기의 첨단기술문명시대를 거친 후 21세기의 환경의 세기의 생태문명을 맞으면서 장흥은 비로소 그 생태문명의 수혜를 받을 수 있는 전기를 맞고 있다.

언급했듯, 장흥이 본질적으로 당초부터 가지고 있는 생태 자원, 생태적인 우월성을 십분 활용한다면 얼마든지 생태문명을 선도할 수 있다는 것이다.

생태문명의 비전과 그 '생태문명'을 선도해 가는 길만이 '지속 가능한 장흥'이 될 것이다.

'지속 가능한 장흥'— 인구정책 전담부서 신설이다

— 인구 감소율 위험하다, 인구 감소 극복 위한 정책에 올인해야

— 장흥투데이/2021.08.04

지금 거의 모든 지자체들이 인구 소멸에 대하여 관심을 가지고 인구감소 극복을 위한 정책에 올인하고 있다고 하여도 과언이 아니다.

인구 관련 전담 부서를 신설해 가동하는 등 인구 관리에 적극적으로 나서고 있는가 하면, '귀농·귀촌 유치'를 위한 방안으로 '귀농·귀촌 담당'을 신설하는가 하면, 청년 전담 부서를 만들어 청년들의 취업 문제를 다루고 청년들의 유입과 외지 유출을 막는 등 청년문제를 적극적으로 대응하고 있다.

이러한 현상은 저출산에 따른 출생아 감소, 급격한 고령화, 청년층 유출 등으로 인한 인구 감소 위기에서 벗어나기 위한 목적에서이다. 이를테면 생산 가능 인구(15~64세)가 급속도로 줄어드는 이른바 '인구절벽'의 현실화를 막기 위한 목적에서인 것이다.

지자체의 인구정책은 그 지자체의 지속 가능성과 연결된다. 보다 효율적인 인구정책이 실현된다면, 그 지자체의 지속성은 더욱 확대되기 마련이기 때문이다.

인구정책의 중요한 요소인 출산율에서 장흥군의 경우, 긍정적인 측면이 있긴 하다. 지난 2021년 2월 4일 통계청이 발표한 '2020년 인구동향조사—출생·사망통계 잠정 결과'의 '전국 시군구별 출생아 수 및 합계출산율(여성 1명이 가임기간인 15~49세에 낳을 것으로 기대되는 평균 출생아 수)'에서 장흥군이 전국 시군구 합계 출산율에서 1.77명(국내 합계출산율 0.84명/전남도 합계 출산율 1.15 명/1위 영광군2.46명, 3위 해남군 1.67명)으로 2위를 차지했기 때문이다. 그러나 장흥군이 출산율이 호전되었다는 것만으로 장흥군의 인구정책이 제대로 이루어지고 있다고 볼 수 없다.

지난 2017년~2019년의 전국 인구 증감율에서 장흥군은 -1.76%로 전국 165개 지자체 중 32위권, 전남권에서는 5위권을 차지했기 때문이다 ('2017~2019년 지방공무원 정원 및 인건비 현황자료').

그동안 장흥군은 다양한 출산지원 정책과 귀농·귀촌 정책, 청년 일자리 정책 등 정착 인구 유입을 위해 다양한 인구 정책을 추진하고 있으나, 출산율은 갈수록 저조하고 대신 빠르게 고령화 되어가면서 지역 인구구조를 개선하기에는 역부적이다.

그러므로 보다 종합적이고 근원적이며 실효성 있는 인구 정책이 필요한 시점이다. 그러기에 장흥의 미래를 책임질 장흥군수 입후보자들의 인구 정책에 대한 고민과 실효성 있는 비전 마련이 더욱 중요해지고 있다는 것이다.

이제 장흥군도 인구 정책을 전문적으로 수립하고 시행하는 일을 총괄하는 전담부서, 즉 임신·출산 등과 관련한 계획을 세우고 지원하는 업무에서부터 육아교육, 청년층의 정주여건 조성, 미혼 근로자 결혼지원 사업, 귀농·귀촌 업무, 고령화 시대의 치매 관리 등 노인건강 정책 등 종합적인 인구 정책의 효율성 제고를 위해서 그리고 인구 시책 발굴, 인구 늘리기 지원 조례 제정 등 인구 감소 현상에 전문적이고 적극적으로 대응해나갈 수 있는 인구 전담 부서 신설이 절실한 실정이다.

전남 중남부권에 속하며, 전남의 3핵3축에서 가장 원거리에 위치한 그 독특한 지정학적인 위치에 속한 장흥군만의 특성, 고유성을 반영한 맞춤형 인구정책이 필요한 시점이다.

각 부서마다 연결되는 인구 관련 정책들이 시너지 효과를 낼 수 있어야 한다. 즉 일자리, 아동 교육과 복지, 귀농·귀촌인 정착, 청년 일자리, 출산 장려, 여성·노인 정책들이 선순환 체계를 구축하고 부서 간 협업을 강화하여 보다 실효 있는 인구정책이 필요해진 시점이다.

무엇보다 미래의 희망인 청년들이 장흥을 떠나지 않고 정착하게 함으로써 장흥에서 취업하여 장흥에서 결혼·출산하고 장흥에서 교육시키고, 이러한 것들이 인구증가로 이어지는 선순환 구조를 마련해야 한다.

도시 은퇴자들의 유입을 위해, 우드랜드 편백 숲의 '치유의 숲'으로서 기능을 살려 '치유의 도시 장흥'을 홍보하고, 강(탐진강), 호수(장흥호), 바다(득량만) 등 수자원이 풍부하고 산자수려한 '무공해 생태도시 장흥'을 홍보하여 도시 많은 은퇴자들이 정착지로서 최적인 장흥을 찾도록 홍보해야 한다.

이러한 종합적인 인구 정책들을 수행할 수 있는 인구 전담부서 신설이 그래서 더욱 필요한 시점인 것이다. '지속 가능한 장흥'— 인구 감소 극복을 위한 인구정책 전담부서 신설은 향후 장흥군의 정책에서 가장 중요한 현안이 될 것이다.

농촌 장터의 새로운 혁명 '용산 마실장'을 주목하는 이유

— 장흥 북부·남부에 추가로 마실장 3,4곳 운영해보길 당부한다

— 장흥투데이/2020.02.20.

농어촌이 죽어가고 있다. 인구가 급감하고 젊은이들이 떠나면서 출산율이 저조하고, 갈수록 고령화가 심화되면서 시골 농촌은 갈수록 활기를 잃어가고 있다. 현 추세대로라면 앞으로 30년 후쯤이면 장흥군은 소멸되어 갈 것이라는 진단이다. 이러한 현실에서, 지금부터라도 가장 중요한 비전의 덕목은 '지속 가능성'이 되어야 한다.

그런데 정작은 이런저런 현실적인 문제로 갈수록 농촌에 활기가 사라져 가고 있다는 사실이다. 도시민 유입이나 도시민의 귀농에 대한 적극적인 장려도 농촌의 환경이 문제가 된다. 육아, 교육 환경이 아직은 많이 낙후되어 있고 농촌 지역민으로서 문화적 수혜에 대한 열악한 사정도 걸림돌이 되고 있기 때문이다. 더구나 지금 농촌은 침체되어 있고, 특히 아이들, 육아의 환경도 열악하여 도시 젊은이들이 농촌으로 이주하거나 귀농하는 데는 장애요인이 되고 있기 때문이다.

농촌이 변화되어야 한다. 농촌의 환경이 '사람답게 살 수 있는 공간'으로서 변화되어야 한다.

귀농한 젊은이들이, 농촌으로 돌아오는 도시 청년들이 농촌에서의 삶의 보람과 긍지도 가질 수 있도록 농촌이 혁신되지 않으면 안 된다. 이런 점에서, 우리는 '용산 마실장'을 주목하고자 한다.

장흥의 마실장, 즉 농민들이 직영하는 직거래장터가 장흥에서 처음 시작되었다는 점에서 '용산 마실장'은 더욱 주목되어야 한다. 올해로 개장

7년째를 맞이하고 있는 용산 마실장은 사실상 농촌시장에서 혁명적인 운동에 다름 아니다. 기존의 시장과 전혀 다른 개념의 시장이기 때문이다.

농촌에서의 문화행사, 문화 잔치라면 군민회관 같은 공간에서 구태의연하게 보여주기 식으로 치러지는 행사가 대부분이다. 그리고 그 행사장의 참석자는 으레 얼굴이 거의 다 알려져 있는 지역의 노령 인사들이 대부분이다. 전국적으로 크게 성공했다는 장흥의 토요시장의 경우도, 외지 관광객이거나 필수 생활용품을 마련하기 위해 시장을 보는 노령의 지역민들이 대부분이다. '장흥삼합'을 먹으려 토요시장을 찾는 지역민들도 비교적 여유 있는 지역민들이기 십상이다. 그리고 가장 중요한 것은 어떤 문화 행사장이건 토요시장이건 공통적인 점은 정(情)이 메말라 있다는 것이다.

마실장, 거기에는 우선 귀농인이건 다문화 가정이건, 지역의 젊은 층이건 '젊은이들'이 모여든다. 가족이 함께 하고, 아이들도 함께 찾는 것이다. 토요시장 같은 곳에는 보기 힘든 수제 공예품이며, 직접 치성을 들여 만든 먹거리들이 팔 거리가 되어 모여든다. 함께 가져온 반찬도 나누면서 한 끼나마 한 식구가 된다. 예전 같은 물물교환도 이뤄진다. 어느 식당으로 들어가지 않아도 늘어진 좌판 앞에 앉아, 면면이 아는 친구며 지인이며 선후배들이 막걸리 한 잔씩 나누고 살아가는 이런저런 이야기도 나누는 공유와 소통이 이뤄지는 시간도 갖는다. 부모와 함께 온 아이들은 아이들끼리 어울리며 활기차게 노닌다.

아마추어 민화가의 고양이 그림전이며 아마추어 사진가의 풍물사진전, 100돌 기념 전시회 등 별의 별 전시회도 열린다. 풍물 굿도 펼쳐지는 등 시골에서 보기 드문 문화공간으로서 역할도 해낸다. 이들 모두는 농민들이며 특히 젊은 아낙들과 청장년들이다.

마실장의 성격 중 하나가 적정기술의 공유다. 적정기술은 첨단기술보다 해당 지역의 환경이나 경제, 사회 여건, 실제생활에 맞도록 만들어낸 기술을 가리키는 말이다. 그리하여 큰 자본도 들이지 않고 누구나 쉽게 배워서 응용할 수 있다. 그 기술을 사용하게 될 주인공의 사정에 맞도록 이용되는 기술이기 때문이다.

마실장에서는 이러한 실용적인 적정기술의 체험과 공부도 이루어진다. 즉 수저 만들기 시연·판매, 고재를 활용한 거울, 시계, 칠판 만들기, 빗자루 공예 등 자급자족하며 생활에 필요한 것들이나 소품들을 직접 만들어본다는 이른바 '실용정신'이 마실장을 지배한다.

한마디로, 마실장은 도시민의 소비적 문화 형태, 현대인의 수익을 목적으로 열리는 시장이 아니다. 함께 나누고 함께 놀고 함께 어울리는 세상, 공유와 공존, 소통의 정신이 지배하는 시장이며 문화공간이 바로 마실장인 것이다. '용산 마실장'은 이처럼 이웃사람들과 지역민과 함께 소통하고 공유하며, 실생활에 필요한 것들을 배울 수 있는 새로운 개념의 장터로서 전통 농촌의 정신을 되살리는 혁명적인 시장인 것이다. 이러한 마실장이 전국에서, 장흥에서 처음 개장하였다는 것은 참으로 대견스럽고 다행스럽다.

우리가 주목한 이유가 여기에 있다. 새로운 시골 농촌 장터 벤치마킹 1순위로 꼽히고 있는 이 마실장이 왜 용산에만 있어야 하는가. 군에서, 여러 행정적인 편의와 지원을 통해서, 용산뿐만 아니라 장흥의 북부 장평쯤에도, 남부 회진 대덕쯤에도 두서너 개쯤의 마실장이 생겨나 지역의 활기를 불어넣을 수는 없을까.

시골 장터의 새로운 혁명으로 불리는 마실장의 운용— 젊은 도시민의 유입 정책, 장흥으로 귀농 정책이 바로 이러한 데에도 이어지길 기대해 본다.

앞으로 추진되어야 할 장흥의 교통 인프라

— 남부고속 장동IC-봉림 삼거리 4차로 개설 추진해야

— 장흥신문/2016.10.06

'광주-강진' 고속도로가 올해 말 착공된다고 한다. 이 고속도로가 완공되면 강진에서 광주까지 40분 거리로 단축된다고 한다. 광주에서 장흥읍-회진(노력항)까지 4차로 고속도로가 뚫렸다면 어찌되었을까.

아마 노력항-제주 뱃길 승객도 줄지 않아 노력항은 지금도 호황을 누렸을 것이고, 노력항의 연안항 지정도 이루어져, 노력항의 개발이 순차적으로 이루어지면서 노력항·회진에 활기가 넘치고 있을 것이다.

그러나 실제 현장에선 광주-장흥 회진간은 물론 광주~장흥읍까지의 4차로 개설은 꿈같은 일이라고 한다. 원래 '장흥읍~대덕간' 23호선 도로는 4차로로 계획되었지만, 경제성 등의 조사에서 2차로 확포장 선형개선 사업으로 추진되었고, 그나마 가장 일찍 추진되었던 용산 우회도로 확포장 공사는 무려 10여 년이 경과되어서이다.

'광주~화순 이양~유치'(피재)간 지방도 839호선 4차로는 또 어떠한가. 지난 2005년 착공한 '유치~이양'간 지방도 4차로 확포장공사는 지금도 진행 중이고, 앞으로 2, 3년은 더 경과될 것으로 예측되고 있다. 이처럼 도로 하나에 엄청난 재원과 많은 시간이 소요된다.

그렇다고 언제까지 방관하고 있을 순 없다. 지금 필수적인 교통망 확충을 추진하지 않으면 고령화, 인구 감소 등으로 경제성은 갈수록 취약해지면서 도로 개설 추진은 더 어려울 수밖에 없기 때문이다. 앞으로 장흥의 교통 인프라를 위해 순차적으로 추진되어야 하는 과제들을 생각해 본다.

지금 장흥남부의 교통 인프라를 보면, 현재 장흥읍 '덕제-대덕'간 23호선 공사가 한창 진행 중이다. 이 공사가 마무리 되면 '관산 관흥 삼거리-회진-노력항'까지의 도로 정비가 과제로 남는다. 이 도로에 대한 정비는 아직 생각도 않고 있는데, 도로개설 등에 많은 재원과 시간이 소요된다는 점을 감안한다면, 지금부터라도 '관흥 삼거리~회진'간 군도의 지방도 승격과 함께 노력항까지의 2차로 선형개선사업이 본격 추진되어야 한다는 지적이다.

이 도로의 정비가 이루어져야 노력항이 산다. 특히 노력항에 다시 뱃길이 열리고, 이로 인해 장흥군이 역점적으로 추진하고 있는 노력항 연안항 지정이 이루어지면서 노력항이 물류항으로, 국제항으로 도약하기 위해선 '국도 23호선-노력항'까지의 도로 정비는 필수적이다.

북부의 도로망은 어떠한가.

내년에 '유치~금정'간 도로에 대한 선형개선사업이 시작된다고 한다. 아마 이 사업은 '유치~금정'간 도로가 '광주-강진'간 고속도로의 금정IC와 연결되면, 그만큼 교통 편의를 제공할 수 있다는 점에서 추진하고 있는 사업으로 보인다.

그럼에도 불구하고 '광주~강진' 고속도로 금정IC에서 장흥까지는 2차로에 그쳐 아쉬운 점은 남는다. 이러한 까닭에 일각에서는 지방도 839호선 4차로 유치 피재 기점에서 장흥호 늑룡리 삼거리까지 4차로를 연결하는 방안을 검토하고 있는 것으로 알려졌다.

이 도로는 장흥댐 건설 당시 기타도로가 되며 문제가 됐던 구간이었다. 그런데 그 이후 이 구간이 지방도로로 승격되었지만, 여전히 구불구불한 굽어진 도로여서 지방도 839호선 피재에서 유치로 오는 도로의 병목 현상을 우려했었다. 그러나 지방도 839호선인 4차로가 늑룡 삼거리까지 이어진다고 해도, '늑룡 삼거리-장흥읍' 구간은 여전히 2차로여서 이것 역시 아쉬움을 남긴다.

하여 제기되는 주장이, 바로 남부고속도로(목포~강진~장흥~보성) 구간의 장동교차로에서 지방도 839호선 봉림 삼거리 장평교차로까지(10여킬로미터) 4차로 개설을 추진하자는 것이다.

유치 피재~부산면~장흥읍까지 4차로 개설은 터널 등 난공사인 데다 막대한 재원이 필요해 추진하기가 아주 어렵지만, 10여 킬로미터 남짓의 '장동교차로~봉림삼거리 장평교차로'까지는 재원도 훨씬 덜 소요되므로 충분히 추진해 볼만 하다는 지적이다.

이 도로가 개설되면 '장흥읍~남부고속도로~장동~장평~곰치재~화순이양~광주'로 이어지는 '장흥~광주'간 고속도로를 확보하게 되는 셈이다. 물론 여기서 장동~장평 우회도로 선형개선 공사에 많은 재원이 투입되었는데, 다시 장동교차로~장평교차로 4차로 개설 추진에 과연 전남도가 지원해주겠느냐에 대해 회의적이다.

그럼에도 불구하고, 장흥의 장기적 발전을 위해서는 반드시 실현되어야 할 도로가 '장흥~광주'간 4차로 개설이고 여기서 최선은 '장동교차로~장평교차로'까지 연결하는 4차로 개설이 최선이라는데 이론을 재기할 수는 없을 것이다.

지금 입장에서 무엇이 선결과제이고 우선순위인가부터 고민해 봐야 한다.

2장

정치

지속 가능한 '고흥·보성·장흥·강진' 정책을 추진해주길

—김승남 당선인에게 바란다

— 장흥투데이/2020.04.23.

지난 4.15 총선의 고흥·보성·장흥·강진 선거구에서 승리한 김승남 당선인에게 진심으로 축하드린다. 김승남 당선인에게 패배한 황주홍 후보와 김화진 후보에게도 격려와 위로를 보낸다.

제20대 국회의원선거부터 고흥·보성·장흥·강진군 4개 군이 동일한 선거구로 획정된 이후, 2016년 제20대 총선에서는 당시 야당이었던 국민의당(현 민생당) 황주홍 후보가 당선되었지만, 이번 제21대 총선에서는 여당인 더불어민주당 김승남 후보가 당선, 김승남 당선인은 고흥·보성·장흥·강진군민의 큰 여망을 책무로 떠안게 되었다. 모쪼록, 부디 제21대 국회에서 고흥·보성·장흥·강진 4개 군민의 진정한 대표로서, 4개 군의 발전을 견인하고 선도하는 참된 일꾼이 되어주길 바란다.

김승남 당선자에게 특히 당부 드리고 싶은 것은, 향후 정치활동에서 첫 번째 주안점으로, 고흥·보성·장흥·강진 4개 군을 초광역 지역으로 생각하고, 이들 4개 군의 상생·공존을 위한 중장기적 비전을 모색하며, 4개 군의 지속 가능한 발전책을 적극 추진해달라는 것이다.

지난 제20대 국회의원선거에서, 선거구 인구 하안선은 14만 명, 상한선은 28만 명이었다. 당시 획정된 고흥·보성·장흥·강진 선거구 총인구는 19만3,714 명이었다. 또 이번 제21대 국회의원 선거에서 인구 하한선은 13만9,027 명, 인구 상한선은 27만7,912 명이고, 고흥·보성·장흥·강진군 선거구 총인구는 17만9,620 명(2020.2 기준)이었다.

그동안 선거구 획정 과정이나 향후 예상되는 국내정치 환경 및 농촌인구 감소 등으로 인한 행정 구역 변화 등을 유추해 보면, 앞으로 4년 또는 8년 후인 제22대·제23대 국회의원 선거구도 고흥·보성·장흥·강진군이 동일 선거구로 획정될 것이 거의 확실시 되고 있다.

그렇다면, 고흥·보성·장흥·강진군은 최소 16년, 최장 20년간은 동일 선거구로 묶이면서 정치적인 연대를 이루게 될 것이고, 나아가 이와 같은 향후 정치적 지형은 향후 각 지자체 인구 급감에 따른 전면적인 행정구역 개편에 결정적인 영향을 미치면서, 결국 고흥·보성·장흥·강진이 '동일 행정권'으로 묶일 가능성도 능히 담보하게 된다고 할 수 있다.

그런데 중요한 것은, 전국 8개 도(道)에서 재정자립도가 가장 열악하고 지역경제가 가장 침체된 곳이 전남이고, 향후 30년 후 지역 소멸 지수마저 가장 높은 도(道) 역시 전남이며, 전남의 10개 국회의원 선거구에서 재정자립도 및 지역경제 침체도가 가장 높은 곳이 바로 고흥·보성·장흥·강진 선거구라는 것이다.

김승남 당선인은 다른 그 무엇보다 이점을 깊이 생각해야 한다. 한 마디로 고흥·보성·장흥·강진 4개 군이 전국에서 '가장 못 살고, 가장 침체돼 있는 지역'이고, 김승남 당선자는 바로 이 4개 지역을 대표하는 국회의원이라는 사실이다.

한국고용정보원이 지난해 10월 발표한 '지방 소멸지수 2019'에 의하면, 17개 전국 광역시도 가운데 소멸 위험이 가장 높은 지역은 전남이었다. 전남도에서도 소멸 위험도가 가장 높은 '고위험 지역'은 4곳으로 함평, 신안, 보성, 고흥이었다. '고위험 지역' 다음 단계인 '위험 진입' 지역에는 전남의 5개 시(순천·광양·여수·광주·나주)와 담양을 제외한 장흥 강진 등 전남의 대부분 지역이 포함되었다. 특히 고위험 지역에 포함된 보성, 고흥군 중 특히 고흥군은 전국에서 소멸 위험도가 가장 높은 순위에서 경북 군위·의성군에 이어 세 번째로 소멸 위험도가 높은 지역으로 나타났다. 그러므로 결국, 고흥·보성·장흥·강진 4개 지자체 중 전국에서 세 번째로 소멸 위험지구가 된 고흥군과 역시 고위험 지구 중 하나인 보성군이 포함되어 있으며, 강진·장흥군도 '소멸 위험 진입'지구에 속하고 있어, 앞으로 30년 후쯤이면, 전남도에서 '고흥·보성·장흥·강진' 지역이 맨 먼저 소멸될 수 있다는 것이다.

이처럼, 전남에서 아니 전국에서 지자체 소멸 지수가 높은 지역이 고흥·보성·장흥·강진 지역이라는 말은, 곧 고흥·보성·장흥·강진 지역이 '인구의 고령화며 인구 감소 지수가 전국에서 가장 높고, 그만큼 지역경제가 침체돼 있으며, 그만큼 가장 못사는 곳'이라는 말에 다름 아니다.

그러므로 김승남 당선인에겐 보다 획기적이고 마치 기적과도 같은 고흥·보성·장흥·강진 지역의 발전책이 요구된다는 것이다. 즉 각 지역 별로 추진할 발전 정책이며 구상도 당연히 실천해야겠지만, 이와 더불어 어차피 정치적으로 연대가 된 이들 4개 군을 초광역 지구로 생각하고 이들 4개 군이 소멸되지 않고 지속적으로 공존하고 상생할 수 있는, 초 광역권의 비전과 정책을 강구하고 이를 실현하기 위한 노력을 기울여야 한다는 것이다.

다시 언급하지만, 김승남 당선인이 지속 가능한 고흥·보성·장흥·강진 4개 군을 만드는 비전을 심각히 고민하고 그 문제의 해법을 제시하고 실현할 수 있는 제21대 고흥·보성·장흥·강진 국회의원이 돼 주길 바라는 것이다. 이것이야말로 엄정한 시대적인 요청이요, 정명(定命)이라는 사실을 필히 기억해 주길 바란다.

초광역권 경제 활성화·관광문화 육성 비전 제시해야

— 4.15 총선 후보들에 당부드린다

— 장흥투데이/2020.02.06.

4.15 총선에서 '고흥·보성·장흥·강진군'은 한 선거구로 선거를 치른다. 여기서 선출된 국회의원은 당연히 어느 1개 지역의 국회의원이 아니라 '고흥·보성·장흥·강진군'의 국회의원이다.

지금의 선거구역이 당분간은 지속될 전망이고, 15년 또는 20년 후쯤이면 인구 급감으로 인해 필연코 행정구역의 통폐합이 이루어질 것이고, 십중팔구는 오랫동안 정치적인 연대에다 역사·문화의 뿌리를 같이 해 온 고흥·보성·장흥·강진 4개 군이 동일 행정구역이 될 가능성이 크다.

그렇지 않아도, 고흥·보성·장흥·강진 4개 군의 지자체는 지난해부터 '득량만 강진만권 행정협의회'를 만들어 4개 군이 상생 협력으로 4개 군 연안 즉 득량만 강진만권 연안 보존개발을 위한 사업들을 추진해오고 있기도 하다.

이처럼 4개 군이 연안 중심의 보존 개발을 모색한 것은 '초광역개발권' 개념의 도입이라고 할 수 있다. '초광역개발권(超廣域開發權)'이란 2008년, 이명박 정부가 지역경제 활성화, 4대강 살리기 운동 등을 추진하면서 제시된 국가 비전의 하나로, 국토 균형 발전과 지속 가능한 개발을 위해 해안권을 중심으로 접경 지역 간의 연계 사업을 수립할 수 있도록 계획된 권역이란 말이었다.

이후 이 용어는 지방 정부에서 행정구역을 초월, 지자체간 연대·공동사업을 추진하면서 곧잘 사용되고 있다.

'득량만 강진만권 행정협의회'가 추진하려는 상생사업은 '득량만 강진만권 연안보존개발조합(지방자치단체 조합) 설립 추진을 비롯, 4개 군 대표 축제 개최 시 공동 농수특산물 판매장 운영, 대규모 국가사업 공동 유치 및 추진 등이다. 그런데 아직은 가시적인 효과가 드러나지 않고 있는 실정이다. 그러므로 다소 지지부진한 '득량만 강진만권 행정협의회' 사업에, 정치 쪽에서 적극적으로 힘을 실어주면서 선도할 필요가 있다. 향후, 상당 기간 정치적으로 연대해야 하고, 미래 통합 행정구역의 가능성을 고려한다면, 더욱 그렇다.

즉 이제는 연안 중심의 공동 개발에서 한 걸음 더 나아가, 경제·문화·사회 부문에서 초광역권 개발을 추진해야 한다는 것이다. 이것은 시대적인 요청이 아닐 수 없고, 이러한 구상과 단초를 제공해야 하는 사람이 바로 고흥·보성·장흥·강진 선거구 국회의원이어야 한다. 즉 이번 4.15 총선에 나서는 국회의원 후보들은 중요한 정책공약으로서 고흥·보성·장흥·강진 4개 군을 초광역경제권, 초광역문화관광권 등으로 묶고 이의 구축을 위한 비전을 제시해야 한다.

4개군 지자체간 협력 산업 및 관광 활성화, 지역 상생 균형발전 등 경제공동체 구축에 따른 교통 인프라 확충, 문화공동체 구축에 따른 해양·문화관광 산업 활성화 등의 정책을 구상하고 이의 실현을 위한 공약과 비전을 제시해야 한다는 것이다.

한마디로 '4개 군 초광역 경제·문화권'을 구축, 고흥·보성·장흥·강진 4개 군의 인구감소 억제와 각 지자체의 GRDP(지역내총생산) 증가 효과를 기대할 수 있는, 고흥·보성·장흥·강진 4개 군의 지속 가능한 발전을 담보할 수 있는 비전을 제시하라는 것이다.

더불어 만주당 당내 경선을 치르고 있는 김승남, 김수정, 한명진 세 후보들의 '4개 군 초광역 경제·문화권'에 관한 정책 공약들을 보면 김승남은 ▶귀농·귀촌인의 유입 위한 젊은 층의 정주 공간 확보 ▶득량만 청정해역특구 활성화 ▶부산·경남권, 전남 동부권의 관광객 유입 위한 관광 벨트 조성 ▶장흥 수문~득량도~고흥녹동 잇는 연륙교 건설 추진 등을 공약으로 내걸고 있다.

김수정 후보는 ▶미래 지향의 유기농·자연 순환형 농업, 농업의 6차산업화, 농촌 생태관광사업 등 추진 ▶해안 관광 일주도로 중심축으로 지역별 스마트 시티 조성 ▶답사문화 1번지-미래 관광산업 메카로 집중 발전 등을 내세웠다.

한명진은 ▲23호선(장흥 유치~금정IC, 강진~마량)개량·확포장, 장흥 득량도~고흥 간 연륙교 개설 등 4개 군 교통 인프라 개선 ▶드론·항공우주산업, 식품·의료·바이오산업, 스마트팜밸리산업, 농어촌 융복합 6차 산업 육성 ▶기업들의 관내 산업단지내 입주 적극 추진 등을 선보였다.

그런데 이들의 초광역 경제·문화권 구축에 관련된 공약들은 대부분 부분적이고, 또 실현 가능성이 취약한 공약들이다. 자칫 선거 구호를 위한 공약으로 그칠 수 있는 공약들이라는 것이다. 그런 점에서, 바른미래당 김화진 후보의 초광역 경제·문화권 구축에 관련된 공약들이 아주 관심을 모은다, 이와 관련된 비전들은 아주 구체적이고 통합적이며 세분화된, 그야말로 명실상부한 초광역권의 비전을 밝히고 있기 때문이다.

고흥·보성·장흥·강진군의 국회의원은 이들 4개 군의 행정구역을 초월한 초과역권 국회의원이다. 그러므로 당연히 초광역권의 비전을 제시해야 한다. 그러한 정책과 비전만이 소멸 위기에 놓인 고흥·보성·장흥·강진군을 지속 가능한 지역으로 탈바꿈 시킬 수 있기 때문이다.

이것은 너무나도 엄정한 시대적 소명이다. 이러한 소명의식에 투철한 국회의원이 되어주길 거듭 당부 드린다.

고향세 도입 추진 …향우들과 유대는 더욱 강화돼야

— 장흥장흥투데이/2019.04.18.

세계에서 고령화 속도가 가장 빠른 나라가 일본이다. 2014년 일본창성회의는 2040년까지 전체 지자체 중 절반 가까운 896 곳이 사라질 것이라고 경고할 정도였다. 농촌 중심의 지방정부 소멸은 곧 지방의 노동력 감소와 고령화, 저출산 등 인구 급감과 세수부족 등의 재정 악화 상태를 의미한다.

지방의 저출산, 고령화 현상이 급증하고 있는 우리나라는 어떠한가. 2018년 한국고용정보원은 '한국의 지방 소멸'이라는 보고서에서 30년 내에 기초 지자체 228 곳 중 85 곳이 사라질 것으로 예상했다. 이제 우리도 수도권의 집중화를 극복하고 지방과 중소도시의 활기를 되찾는 일이 발등의 불로 다가온 것이다 .

일본이 지방소멸 극복 대안으로 들고 나온 것이 '고향세' 도입이었다. 2006년부터 '고향 기부금' 문제가 본격적으로 공론화되기 시작했고, 이에 대해 '고향세'로 도농 간 심각한 세수(稅收) 격차를 줄여야 한다는 찬성론과 주민세의 수익자 부담 원칙에 어긋난다는 반대론이 맞섰지만, 결국 지역소멸을 해결해야 한다는 국민적 여론으로 2008년 4월 고향세가 도입됐다.

일본의 경우, 2008년 고향세 도입 이후 지방재정 확충과 농촌경제 활성화, 농촌인구 증가라는 긍정적인 성과를 창출하면서 국내에서도 고향세를 도입해야 한다는 목소리가 갈수록 커지고 있고 많은 국회의원들도 이에 적극 동조하고 있는 실정이다.

특히 제20대 국회에 들어서 고향세 성격의 법안이 14건이나 발의된 상태다. 14건의 법안 중 10건이 기부금 형태를, 4건이 조세 이전 방식을 취하고 있다. 기부금의 형태는 일정 금액까지 조세감면의 혜택을 주면서 유인을 하는 반면, 조세 이전 방식은 지자체 주민세의 일정비율 이내에서 고향세를 지불하는 형식을 띠고 있다.

또 '고향세' 제도는 문재인 정부의 국정과제 중 하나로 추진되고 있는 상황이기도 하다.

문제는 입법화 가능성이 불투명하다는 데 있다. 첫 법안이 발의(2016년 7월)된 지 3년이 다 돼가지만 이 법안들이 고향세 소관 상임위인 행안위의 법안심사소위원회 문턱조차 넘지 못하고 있기 때문이다. 그리고 현행의 '기부금품의 모집·사용에 관한 법률'이 국가 및 지방자치단체 등의 기부금품 직접 모집·접수를 제한하고 있어 논의에 걸림돌이 되고 있기도 하다. 결국 '고향세(고향사랑 기부제)' 도입은 말만 무성하고 구체적인 실행 움직임은 아직은 지지부진한 형국인 것이다. 그럼에도 불구하고 고향세는 특히 소멸위기에 놓인 농촌 지자체에겐 오랜 가뭄 속에 단비와 같은 제도이고 그만큼 절박하고 시급한 현안이 아닐 수 없다.

그런데 현실은 아직도 불투명하다. 무엇보다 20대 국회에서 통과되어야 하는데, 시간이 별로 없다. 20대 국회는 내년 5월 29일이면 막을 내린다. 또 관련 법안도 모두 자동 폐기되고 만다. 더구나 올 상반기가 지나면 7월부터는 거의 모든 의원들이 총선 준비에 매달려야 하기에 고향세는 관심 밖으로 밀려나기 십상일 것이다. 물론 고향세 법안이 행안위 법안소위에서 의결되면 올 상반기 국회 본회의 통과도 기대할 수 있지만, 현재의 정국 상황으로 보아 만만치 않아 결국 20대 국회에서도 고향세는 변죽만 올릴 수 있다는 것이다.

그러나 앞일은 누구도 모른다. 아직 시간이 있으므로, 의욕을 가진 몇몇 국회의원들이 상반기 행안위 법안소위에서 의결되도록 하면 본회의 통과도 가능할 수 있기 때문이다. 그러므로 우리도 고향세 법안 통과를 예측하여 이와 관련한 대비를 할 필요가 있다.

우선은, 향우들과 유대 강화이다. '고향세' 이전에도 향우와 유대는 절실한 문제였지만, 고향세를 전제하면 이 문제는 더욱 절실한 과제가 될 수밖에 없다. 거의 모든 지자체도 같은 입장이겠지만, 장흥군의 경우 지난해 불거진 향우들 예우 문제가 법정으로 비화되면서, 향우회 등과 다소 껄끄러운 관계에 있어 장흥군으로서는 향우회와 유대 복원은 보다 심도 있게 숙고해야 하는 문제인 것이다.

농촌은 곧 모든 향우들, 도시민들의 고향이다. 그들에게도 농촌 인구의 감소 등으로 피폐화되어가는 농촌은 가슴 아픈 일이다. 이제 2, 30대 젊은이들은 농촌 실정이 안중에도 없겠지만, 최소 5, 60 대 이상은 자기 뿌리인 농촌과 자기 고향을 외면할 수 없게 돼 있다. 그러므로 우리는 이들 도시 사람들 즉 향우들이 자기 고향에 대해 어떤 식으로든 공헌할 수 있는 구조를 만들 필요가 있다.

고향세 문제는 입법화를 기다려야 하므로 그 문제는 일단 제쳐두고라도 이번에 장흥군 조례로 제정된 '향우 지원 조례'에 준해서 그들에게 고향의 정을 나누어주는, 이를테면 봄나물 보내기 등 고향사랑 전하기 운동을 더욱 확대하고 확충할 필요가 있을 것이다. 또 구조적으로 시도별 향우회와 군청 부서간 자매결연을 민간단체들의 참여로까지 확대하는 등 그 유대 강화를 더욱 확충한다든지 고향 장흥군의 발전상과 주요 현안들과 자랑스러운 장흥의 문화·역사·인물을 조명하는 등 공익적 측면에서 '장흥 홍보'를 매체 발간을 통해 향우들에게 배포, 장흥인으로서 자긍심을 제고해 주는 일도 숙고해 볼 필요가 있을 것이다.

향우회, 향우들과의 연대와 유대강화는 이제 장흥군의 중요한 현안이 되고 있다. 이제 장흥군 발전의 모멘트로서 그들의 역할이 더욱 중요해지고 있기 때문이다.

장흥군의회 … 이대로는 안 된다

— 장흥투데이/2018.09.20

지난 7월 1일 개원한 제8대 군의회에 대해 말들이 많다.

그 중 최근 들어 문제가 되고 있는 공식석상에의 모 의원의 발언에 대해 비난과 원성의 말들이 많다. 지난 7월 12일 제40회 장흥군의회 임시회 4차 회의 주요업무 추진상황 보고에서 모 의원의 여성 비하·폄하 발언이 최근 뒤늦게 알려지면서 크게 문제가 되고 있다.

이날 모 의원은 농업기술센터소장에게 여성 과장 직무대리를 "남자 공무원으로 바꾸든 전보해야 한다"고 말하고 이를 행하지 않는 소장에게 "소장 역량이 부족하다"고 질책을 한 것을 비롯, "…필리핀 여자가 됐든 일본 여자가 됐든 외국인 여자가 됐든 애를 낳을 수 있는 여자만 데리고 와라"며 마치 여성을 아이 낳는 도구로 인식하는 듯한 부적절한 가치관을 드러내면서 심각한 '여성 비하·폄하 발언'을 한 것으로 알려졌다.

이 같은 사실에 대해 군내 여성단체회원들이 해당 의원의 의원직을 제명해야 한다고 강력하게 주장하고 나서기도 했다.

문제는 이처럼 공식석상에서 행해진 모 의원의 여성 발언도 문제이지만, 이에 대해 군의회 차원에서 자체적으로 징계 등 아무런 조치를 취하지 않았다는 데 더 큰 문제가 되고 있다. 그리하여 군의회의장 등 의장단과 모든 의원들의 자질마저 현안으로 대두되는 실정이다.

장흥군의회도 '윤리특별위원회'(2007년 8.10 제1012호 규칙제정)가 있다. 그러므로 이번 사태에 대해서 장흥군의회는 그 어느 곳보다 여성의 지위 향상이 잘 돼 있는 전국 군단위 최초의 '여성친화도시'이고 양성평등 등 여성 위상 정립이 잘 돼 있는 장흥군이기에 여성 비하 발언은 자칫 심각한 사태를 야기할 수 있다는 점을 고려, 곧바로 윤리특별위원회를 열었어야 했다는 것이다. 그리하여 하다못해 해당의원의 공식적인 사과라도 받아내면서 이번 사태를 사전에 수습하고 다시는 이런 언행이 재발되지 않도록 했어야 했다는 지적인 것이다.

그런데도 군의회는 의장 부의장을 포함, 재선 여성의원이 있었음에도 '나 몰라라' 방관했고, 군의회의장도, 다른 군의원들도 '우리는 전혀 상관없다'는 식으로 일관하여 지나갔고, 결국 뒤늦게야 문제가 터지게 했다는 점이다. 그런데 들리기로는 군의회의 의장이며 부의장 등 전체의원 7명 중 5명이 민주당 소속으로 문제의 모 의원과 같은 소속 정당이어서 문제 삼지 않았을 것이라는 후문이기도 하다.

지금은 지방분권 시대를 앞두고 있다. 지방분권시대에서 가장 중요한 몫을 담당하는 곳이 기초의회이므로 기초의회의 능력과 위상 정립의 강화가 더욱 중요하지 않을 수 없다. 물론 장흥군 의회뿐만이 아니다. 전국적으로 기초의회는 의원들의 부정적인 언행을 비롯 성추문, 이권개입 등 각종 비리 연루, 외유성 연수 등으로 끊임없이 잡음을 내며 지역민들의 분노를 사고 있는 실정이기도 하다.

지방분권 시대를 제대로 맞이하기 위해서는 지방의원들의 각성과 함께 특단의 대책 마련이 절실하다. 물론 지방의원들의 되풀이되는 토착비리나 부정적 언행 등은 현 정당정치가 초래한 폐단의 일면이라 할 수 있다.

유력 정당이 곧잘 함량 미달의 인사들을 공천, 이들의 등원을 뒷받침하고 있는 게 현실이기 때문이다. 이로 인해 다수당의원들이 원구성의 중심이 되면서 부적절한 원구성이 이루어지기도 하고 설혹 비리의원이 나와도 제대로 징계하지도 못하는 악순환까지 낳고 있다.

장흥군의회도 여기서 자유롭지 못하다. 지난번 원 구성에서 초선의 여성 비례의원이 부의장이 된 경우가 그 사례이다.

기초의회 의원들의 자질 논란과 추문이 근절되지 않는 이유는 의원들의 특권의식 때문이다. 기초의회 의원들은 지역에선 유일하게 견제 받지 않는 특권을 누리고 있다. 더욱이 책임은 없고 권리만 누리다 보니 도덕적 해이감에 빠져 자율적인 통제가 제대로 이뤄지지 않기 일쑤이다. 기초의회 의원들의 거듭된 일탈과 위법, 비도덕적 언행을 근절할 수 있는 방안이 강구돼야 한다. 의장 등 의장단부터가 자정운동에 솔선수범해야 한다.

우선 자체적으로 윤리위원회 활동을 강화, 스스로 자정운동을 적극 추진하고 자질 향상을 위해 함께 노력하는 모습이 필요하다. 특히 윤리위원회 구성에서 현행의 규칙상 군의원만 참여하도록 돼 있는 윤리위원회 구성을 시민단체나 관련 전문가를 포함시킬 수 있도록 개정해야 한다.

윤리위원회가 동료의원들에게 면죄부를 주는 상례에서 벗어나, 실제적으로 해당 의원에 대해 보다 엄정한 조사와 처리가 이뤄질 수 있도록 하고, 심각한 품위 위반자에 대해서는 '원스트라이크 아웃제'를 적용할 수 있도록 함으로써 윤리위원회가 보다 바람직한 군의회상 정립을 선도해 갈 수 있도록 해야 한다.

장흥인 3인 국회진출, 장흥의 큰 자랑이다

ㅡ김경협, 백혜련, 위성곤 당선자를 지켜보며

— 장흥신문/2016.04.29

한국 헌정사상 장흥출신의 국회의원들은 모두 10명에 이른다. 장흥 출신의 지역구의원은 ▶제1대 김중기 ▶제2대, 5대 고영완 ▶제3, 4대 손석두 ▶제6, 7, 8, 9, 10대 길전식 ▶제12, 13, 14대 이영권 ▶제14(전국구), 15, 16대 김옥두 씨였고, 외지 장흥인으로서는 서울 성동구를 지역구로 한 제14대, 15대 임종석 씨가 그 주인공들이다.

이들 중 제14대 때 지역구에서 이영권 씨와 전국구에서 김옥두 씨가 동시에 국회에 등원했고, 제16대 때는 장흥에서 김옥두, 서울에서 임종석 씨가 역시 동시에 국회에 등원, 2회에 걸쳐 2명의 국회의원을 배출하기도 했다.

그러나 아쉽게도 제16대 이후부턴 장흥 출신의 국회의원은 출현되지 않았다. 그리고 이번 4.13총선 제20대 국회의원 선거에선 장흥지역이 아닌 외지에서 3명의 장흥 출신 국회의원들이 당선, 국회에 등원하게 됐다. 장흥 역사상 처음 있는 일이다.

현재 우리나라 전체 지방자치단체 수는 250개, 이 중 군 단위 자치단체는 88군에 불과하다. 장흥군도 이 중 한 곳에 속한다. 장흥군의 인구는 2016년 1월말 현재로 42,165명. 전형적인 시골이며 농촌 지역이다. 그런데 대한반도 최남단, 그것도 근현대사 한국 정치사에서 그리고 근대화며 산업화 과정에서 가장 소외될 수밖에 없었던 전남의 중남부 지역의 아주 작은 시골의 군 단위 지자체인 장흥군에서 이번 제20대 국회의원 선거에서 3명이나 국회의원을 배출한 것이니 참으로 경사스러운 일이 아닐 없다.

이번 제20대 국회의원은 모두 253명(비례대표 47명). 그런데 이들 중 3명이 장흥 출신의 국회의원으로 국회에 입성하게 됐으니, 장흥의 자랑이고 장흥군민의 자부요 긍지가 아닐 수 없다.

더불어민주당 부천시 원미구갑 김경협 당선자(제19대 국회의원), 더불어민주당 수원시을 백혜련 당선자(전 수원지방검찰청 검사), 더불어민주당 서귀포시 위성곤 당선자(전 제주특별자치도의회 8, 9, 10대의원)가 그 주인공들이다.

이들 3인 외에도, 이번 총선에서 더불어민주당 순천시 후보로 입후보, 당선이 확실시 됐던 노관규(전 순천시장) 후보는 호남 전 지역에 불어 닥친 이른바 '녹색바람' 영향으로 고배를 마셔 아쉬움을 남기기도 했다.

지난 4.13총선에서 입후보한 장흥출신 후보들은 모두 5명이었고 이들 중 서울시 부시장 출신의 임종석(더불어 민주당) 씨는 경선에서 석패한 바 있다.

하여튼, 제20대 국회에서 활동하게 되는 3인 모두에게 축하를 보낸다. 그리고 그분들의 의정활동 중 고향 장흥발전 등에 관심과 애정에 기대를 걸어본다.

4개 군, 새로운 '강-장보고' 시대 열어야 한다

— 장흥신문/2016.04.29.

지난 4.13 총선에서, 고흥·보성·장흥·강진 선거구의 경우, 선거전 초반에 발호하기 시작한 소지역주의에 대한 우려가 제기되었으나 결과적으로는 워낙 크게 불어 닥친 이른바 '녹색바람'이 소지역주의를 적잖이 잠재운 것으로 드러났다.

그러나 총선의 경우 고흥·보성·장흥·강진 선거구에서 소지역주의는 완전히 극복된 것은 아니므로, 이 문제를 고민하지 않을 수 없다. 이 선거구의 경우, 이질적인 기 2개의 선거구가 결합된 상태이고 이 선거구가 당분간은 지속될 것이기 때문이다.

선거구 재획정이 인구수에 좌우되는 만큼 이번에 재획정된 고흥·보성·장흥·강진 선거구는 최소 8년~12년은 지속될 것으로 보인다. 그러므로 4개군 간의 이질적인 정서 등을 극복할 수 있도록 지역민간의 화합과 공영을 위한 행정 및 정치 행위가 불가피하게 필요해진다.

지난 28~29일 서울시청 광장에서 장흥·강진·영암군이 함께하는 '한마음 254 농부장터' 개최를 계기로 장흥·강진·영암군이 함께 추진해온 이른바 '아름다운 상생' 사업이 지역발전의 모델로 평가받고 있다.

이들 3개 군은 2014년 '3군 상생협력정책협의회' 구성 이후 ▶수도권 기숙사 공동 설치, 세종사무소 공동 운영 ▶지역 농·특산물 직거래 장터-'한마음 254 농부장터' ▶'2015전국 학교클럽 리그 왕중왕전' 분산 개최 등 공동 스포츠 마케팅 ▶'상생나무 행복디자인사업' (국비 24억원 확보)

▶상생협력의 '미혼남녀 주선행사' 공동 추진 등 3개 군의 공동사업 추진을 통한 상생협력이 '지역 발전의 본보기'로 평가받고 있다.

지난 2월 16일, 장흥·보성·고흥 3개 군수는 '득량만권 장보고행정협의회'를 창립, 3개 군이 상생·협력 발전 전략을 공동 추진하기로 했다.

이제 이 3개 군에 강진군이 결합된 한 선거구로 획정되었으니 이들 3개 군에 강진군을 포함한 '4개군 행정협의회'를 재구성, 새로운 '강-장보고'(강진 장흥 보성 고흥)시대를 열어 4개 군의 공영 상생을 위한 선진모델을 창출해나가야 할 것이다.

다행이 이들 4개 군은 바로 이웃한 강진만과 득량만이라는 연안 즉 바다로는 하나된 지역이다. 그러므로 공영 상생을 위한 발전 전략을 세울 수 있고 4개 군민 간의 화합을 위한 다양한 공동사업들을 추진할 수 있으며 장차 소지역주의를 극복하는 계기도 만들어 갈 수 있게 될 것이다.

1950~1960년 장흥출신 국회의원은 …

ㅡ 초대 김중기, 2대 고영완 씨 국회 진출

— 장흥신문/2016.04.21.

장흥출신의 국회의원들, 근현대사에서 대한민국 국회에 등용한 장흥인들은 누구 누구였을까.

우선 제헌국회부터 살펴보자.

해방 이후 미군정 하에 있던 대한민국은 47년 9월 17일 열린 제83차 유엔총회에서 미국 대표인 마샬 국무장관의 제의로 정부수립의 길이 열렸다. 마샬의 제안은 '유엔 감시 하에 남북한 총선거를 실시하는 동시에 그 국회가 정부를 수립하도록 유엔임시한국위원단을 한국에 파견한다'는 내용이었지만 북한 주둔 소련군의 반대에 부딪쳐 결국 남한만의 단독선거가 1948년 5월 10일 치러졌다. 이것이 우리나라 최초의 제헌국회였다. (총 198명 선출, 전남은 29개 선거구, 총선거인수 110만6천397명, 투표율 104만4천171명으로 94.4%).

당시 정당은 한국민주당(한민당)을 비롯 대한독립촉성국민회, 대동청년단, 조선민족청년단, 대한독립촉성농민총연맹, 단민당, 대성회 등이 있었다.

장흥지역에서는 이 선거에서 2명이 출마했다. 장흥군 초대 군수를 역임하고 있던 한민당 소속의 고영완 씨와 무소속으로 초대 장흥읍장을 역임하고 있던 김중기 씨가 그 주인공이었다. 선거 결과 김중기 씨가 2만2천979표를 득표해 고영완 씨를 1만여 표 차이로 누르고 당선되었다.

김중기(金仲基, 1901년생) 씨는 누구인가. 1945년 8·15 광복 후 여운형이 중심이 되어 조직한 최초의 건국준비단체가 바로 조선건국준비위원회(건준)였다. 그리고 건준의 지방조직이었던 장흥읍의 책임자가 바로 김중기였다.

장흥 출신으로 대한민국 제1대 국회의원이었던 그의 이력을 보면, 광주사범학교를 졸업하고 장흥읍장(초대)을 역임했으며, 1950년 5월 30일에 치러진 제2대 국회의원선거에서 재선을 노리고 출마했으나 낙선했다. 그 이후 한국전쟁 때 월북하였고, 1956년 7월 재북평화통일촉진협의회 중앙위원을 지냈지만 1957년 3월경 순안농장에 배치되고 1959년 초 숙청 작업 때 함북 무산방면으로 추방된 것으로 알려져 1959년이 그의 사망 연도로 표시되고 있다.

제2대 대한민국 국회의원선거는 1950년 5월 30일 치러졌다. 1950년 1월 이전 당시 정계는 내각책임제 개헌안과 차기 의원선거를 놓고 파쟁이 격화되었다가, 선거를 치르지 않으면 대한군사경제원조를 하지 않겠다는 미국 정부의 강요에 의해 치러진 선거였다.

1950년 선거는 제헌 국회의원 선거(제1대 국회원의 선거)와 달리, 공산주의 세력을 제외한 모든 정당·사회단체 및 정치인들이 참여했고, 의원 정수 210명에 입후보자만 2,209명(무소속 등 39개 정당·사회단체 참가)으로, '10.5 : 1'이라는 역대 선거 중 가장 높은 경쟁률을 보인 선거였다. 특히 당시 무소속이 입후보자 총수의 68.5%에 해당하는 1,513명으로서, 무소속 후보자만 하더라도 의원 정수의 7.2배의 난립 현상을 보였다.

제1대 국회의원(제헌의원) 선거에서 낙마한 고영완은 이때 민주국민당 후보로 출마해 설욕을 노렸다. 이 선거에는 제헌의원 김중기를 비롯 12명이나 출마하여 후보 최다 진기록을 보였다. (선거 도중 김대배와 안

규일 등 2명이 사퇴해 최종에는 10명이 겨뤘다). 이 선거에서 고영완은 1만5천40표를 얻어 7천923표를 얻은 2위 이세옥을 크게 누르고 당선되었다. 제헌의원 김중기는 3천여 표를 얻어 4위에 그쳤다.

국회 등원 직후 한국전쟁이 터지자, 고영완은 부산의 피난국회에서 이승만 독재에 맞선다. 특히 발췌개헌안과 국민방위군 사건에 연루돼 갖은 고초를 겪기도 했다. 국민방위군 사건은 1·4후퇴 후 길거리에서 죽어가는 군인들의 실상을 폭로함으로써 진상을 파헤치는 계기가 되었다고 알려졌다. 그러나 고영완은 자유당의 부정선거가 극에 달했던 제3대와 제4대 선거에 잇따라 출마했지만 자유당의 손석두에게 연패하는 불운을 겪었다. 특히 이승만 정권의 부정선거와 폭정은 4·19혁명으로 막을 내렸고, 이후 치러진 제5대 선거에서 고영완은 민주당으로 옷을 갈아입고 출마, 김형배 이양래와 함께 3파전을 벌인 끝에 전국적으로 확산된 민주당의 강세를 업고 압도적인 표 차이로 재선에 성공했다.

고영완의 재선 국회의원 활동기간은 그리 평탄치 않은 기간이었다고 할 수 있었다. 초선 때인 제2대 때는 한국전쟁이 발발했으며 재선 때는 5·16 군사쿠데타로 인해 임기도 채우지 못한 채 옷을 벗어야 했기 때문이다. 특히 군사쿠데타로 정권을 잡은 군사정권의 정치규제법에 발이 묶여 일정기간 정치활동을 금지당하기도 했다. 그리하여 결국 고영완은 "이제 정계를 은퇴하겠다. 국방의 임무를 수행해야 할 군인들에 의해서 헌정이 유린되었으니 이제 무슨 면목으로 국민 앞에 나설 것인가"며 친구들의 만류를 뿌리친 채 고향인 장흥으로 귀향했다.

고영완이 정치를 재개한 것은 1971년 제8대 국회의원 선거에서이다. 야당 당수 유진산의 권유로 출마하지만 군사정권의 혁명주체세력으로 6

대, 7대 국회의원을 지낸 길전식에 밀려 기어이 국회 재등원의 꿈이 좌절되고 만다. 결국 고영완은 제헌에서 제8대 국회에 이르기까지 여섯 차례에 걸쳐 국회 등원 문을 두드려서 겨우 두 차례 당선된 셈이다.

(후기 : 한편, 고영완 이후 장흥출신의 국회의원은 ▶제3·4대 손석두 ▶제6·7·8·9·10대 길전식 ▶제12·13·14대 이영권 ▶제14(전국구)·15·16대 김옥두 ▶제14대·15대 임종석 ▶제19·20대·21대 김경협/제20대·21대 백혜련/제20대·21대 위성곤 ▶제21대 김남국 ▶제21대 문진석 등이다)

김성 군수 대법판결 연기에 대해

— 대법 상고심-2심 파기환송 아니면 올 말까지 연기되는 게 낫다

— 장흥신문/2016.03.21

오는 4월 13일 총선에서 장흥군수 재선거는 치러지지 않게 됐다.

장흥군수가 지난해 2월 12일, 공직선거법 위반 등의 혐의로 2심에서 당선 무효형을 받은 이후 대법원 판결이 '마지노선'인 지난 2월 14일을 넘기면서 4월 총선에서 장흥군수 재선거는 치러지지 않게 됐다.

그래서 앞으로의 대법원 판결일에 대한 문제를 우리는 다시 생각하지 않을 수 없게 됐다.

이제는 재선거가 있다면 내년 4월이므로 이를 고려하면, 대법 판결일이 이르면 이를수록 장흥군으로서는 손해가 되기 때문이다. 즉, 이제는 대법 판결이 1년 기간을 넘겼다고 해서 빨리 판결해달라고 요구할 수 없게 되었다는 것이다.

지난 2006년 법원은 당선무효에 해당하는 불법행위를 저지르면 1, 2, 3심 재판을 각각 2개월 안에 종결하기로 하는 '선거범죄사건의 신속처리 등에 관한 예규'를 만든 바 있다. 그러므로 이 예규에 의하면 벌써 장흥군수 사건은 지난해 벌써 마무리가 됐어야 했다.

장흥군수의 대법원 상고의 경우, 지난해 2월 25일 대법원에 상고서가 접수된 이후 변호인 측 참고 자료 제출과 의견서 제출 등의 절차가 계속 진행되면서 이례적으로 선고가 미뤄지긴 했지만, 그 기간이 1년을 넘기면서는 일각에선 최소 지난 3월 이전엔 판결이 있을 것으로 예상하기도 했다. 그리하여 그 일각에서는, 대법 판결이 4.13 총선 1개월 이전인 3월

14일 이전에 이루어지고 아웃으로 판결이 날 것을 예상하고 4.13 총선일에 군수 재선거를 예상하며 물 밑에서 암암리에 수선을 피우며 선거운동을 펼치기도 했다. 그런데 대법 판결이 3월 14일을 넘기면서 4월총선에서의 군수 재선거는 치러질 수 없게 됐다.

이젠 앞으로가 중요하다.

대법 판결은 여전히 반반이다. 그러나 분명한 것은, 여전히 파기환송 판결이든 당선 무효형이든 재판은 진행될 것이며 그 재판 여하에 따라 군수직이 유지되든 면직되든 할 것이다. 만일 항소심 파기 환송의 판결이라면 오늘 내일이라도 대법 판결이 진행되어야 마땅하다. 그 결과로 이제까지 모든 불안 요인들이 일시에 가셔질 것이기에 더욱 그러하다.

그러나 당선무효형의 판결이라면, 최소 올 연말까지 연기되는 것이 장흥군으로서는 절대 이익이다. 그 판결이 '당선 무효형'으로 확정되는 경우, 1년에 한 차례만 재·보궐선거를 치를 수 있어 내년 재선거일까지 부군수가 직무를 대리해야 하고 그 기간 동안 지역의 굵직 굵직한 현안들이 좌초될 수 있기 때문이다. 만일 5, 6월이나 7, 8월에 재판이 진행돼 당선 무효형으로 판결이 난다면 어찌 될 것인가. 부군수 체제가 거의 길게는 1년 가까이, 짧게는 7, 8개월 가까이 진행되면서 장흥군의 최대 위기를 맞이하게 될 것이다.

장흥군으로서는, 군수 대법 상고심이 '항소심 파기 환송'으로 결판이 나며 현 군수의 군수직이 유지되는 게 최선이다. 이미 오는 7월이면 군수임기 2년을 채우게 된다. 그러므로 기왕 임기 반을 채웠으므로 남은 반을 채우는 것이 군수 본인에게나 장흥군 전체의 입장에서도 군력(郡力)의 낭비를 없앨 수 있다는 점에서 최선이라는 것이다. 그러나 판결이 '군수직 아웃'으로 판결이 난다면 그것 역시 대법의 판결이므로 어찌 할 수 없을 것이지만, 그럼에도 불구하고 어떤 형태로든 그 판결이 장흥군의 불이익을 최소화하는 점에서 이루어져야 한다는 것이다.

더구나 7월 말~8월 초 정남진 물축제라는 대형 축제도 그렇거니와 10월에는 장흥군 개군 이래 최대 국제행사인 국제통합의학박람회가 치러지는데 그 행사들이 군수 지휘로 치러지는 것과 부군수 지휘로 치러지는 것은 천양지차가 있으리라는 것은 삼척동자도 아는 일이어서이다.

대법 상고심에서 당선 무효형으로 확정된다면 군수 재선거는 치러진다. 그런데 그 재선거가 내년 4월에 치러지므로 장흥군의 행정 공백을 최소화하기 위해서는 기왕에 늦어져 버린 판결이므로, 최소 올해 말이나 내년 초까지 대법판결이 연기되는 게 장흥군으로서는 최선이요 그것만이 또 장흥군의 이익이 된다는 점을 우리 모두 생각해야 한다.

우리 모두는 군수의 대법 판결이 내년 2월까지 연기된다는 믿음을 가지고 마음을 모아야 한다. 먼저 내년 4월 군수재선거를 위해 준비하는 예비 후보들은 자중해야 한다. 대법 판결일이 확정될 때까지 이전과 같이 암암리에 행하는 선거운동도 자제해야 된다. 공직자들 역시 맡은 바 업무에 더욱 최선을 다해주길 바란다.

특히 올해 국제통합박람회는 절체절명의 위기요, 대성공의 기회이므로 이를 성공시켜 장흥군이 크게 도약할 수 있도록 군수도, 군수 재선거 예비 후보자들도, 공무원들도, 군민들도 모두가 한 마음이 되어 국제통합의학박람회도 성공시킬 수 있도록 해야 한다는 것이다. 아니 그렇게 되길 기원하고 그렇게 되길 바라는 마음 간절하다.

‘고흥·보성·장흥·강진 선거구’ 획정

— 연담적 자치권역 위해 수문-녹동 연륙사업 추진해야

— 장흥신문/2016.03.10.

4.13 총선에 적용될 선거구 획정안이 확정, 장흥군 강진군이 고흥군 보성군 선거구에 통합되며 ‘고흥·보성·장흥·강진 선거구’가 됐다.

과거는 장흥군, 강진군, 영암군이 한 선거구가 되며, 이들 3개 군이 이웃 군을 넘어 정치적으로 교류가 잦으며 가까워졌고, 행정적으로도 3개 군이 상생 발전을 위한 사업들을 추진하였듯 이제는 ‘고흥·보성·장흥·강진군, 4개 군이 이전과 같은 전철을 밟으며 정치적 교류는 물론 행정적인 면에서도 상생 발전하는 사업들이 추진될 것으로 예측된다.

지난 2월 16일, 역사적 변화의 궤(軌)를 함께 해 온 장흥군(군수 김성)·보성군(군수 이용부)·고흥군(군수 박병종)은 가칭 ‘득량만권 장보고 행정협의회’를 구성, 득량만권의 현안 문제를 해결하고 상생 발전전략을 공동 추진키로 협의 한 바 있다.

장흥, 보성, 고흥군은 득량만을 중심으로 오랜 시간 동안 지리·문화적 동질성을 유지하며 행정구역의 변경이 있을 때도 지리적으로 상호 통폐합을 반복하는 등 생활권을 공유해 왔다. 조선조에서는 지금의 보성군 웅치면과 회천면이 장흥부에 속했었고, 고려조에서는 장흥부가 회주목(悔州牧)으로 승격되었을 때 지금 고흥군의 일부가 장흥에 속했었다.

이들 3개 군 외 강진군까지도 바다로는 득량만에 연한다.

장흥·보성·고흥군이 이같은 공통점에 착안해 지역의 공동번영과 우호 교류 확대를 위한 행정협의회를 구성하며 손을 잡은 것이다. 이와 관련, 이용부 보성군수는 "득량만권 르네상스가 개막되면 3개 지자체간 우호 증진 및 지역 공동번영 협력체계가 구축되어 지역 경쟁력이 높아지고 주민들의 삶의 질 향상이 기대 된다"고 말하기도 했다.

그리고 이어, 3월 초에는 강진·장흥·보성·고흥군이 한 선거구가 되어 강진을 포함한 4개 군의 상생발전을 위한 광역단위 공동사업은 탄력을 받을 것으로 전망된다.

연담도시(連膽都市 conurbation)라는 말이 있다. 이 용어는 연합도시와 같은 의미를 가진 용어로 주로 일본에서 많이 사용하는 '집합 도시'의 성격을 갖는다. 도시가 거대해지면서 대도시와 그 주변지역을 망라하는 광역도시권이 형성되고 그로 인해 연속된 시가지가 나타나는 것이 특징이다. 메갈로폴리스(megalopolis)가 대도시들 간의 연합이라면, 연담도시는 큰 도시와 주변의 작은 도시들 간의 연합이라고 볼 수 있다.

우리나라에서도 청주~청원, 전주~완주, 천안~아산, 마산~창원~진해, 군산~익산, 포항~경주 등 여러 연담도시가 있다.

이번 선거구 획정에서 '고흥·보성·장흥·강진군'은 한 선거구가 되며 연담도시 같은 기능을 할 수 있게 되었다.

지자체는 정치권과 밀접하다. 특히 자생력이 없어 국가로부터 재정(예산)을 확보 받아야 하므로 더욱 정치권과 밀접할 수밖에 없다.

한 소식통에 의하면 새누리당 중진의원이 속한 어느 지자체가 전남도 전체예산과 맞먹는 예산을 확보했다는데, 이는 지자체의 예산이 그만큼 국회의원에 의해 좌지우지될 수밖에 없는 현실성을 보여주는 대목이 아닐 수 없다.

'고흥·보성·장흥·강진군'은 정치적으로 밀접하게 연관을 맺을 수밖에 없으므로 행정력 또한 그에 영향을 받을 수밖에 없다는 것이다.

정치적으로 한 권역이 되었던 장흥·보성·고흥군은 이제는 3개 군의 '득량만권 장보고 행정협의회' 사업 수준을 넘어 강진군도 포함되는 4개 군의 행정권, 생활권에서 이른바 연담적인 자치권으로 발전할 구상을 모색해야 한다.

그런데, 장흥군의 입장에서는 강진이나 보성은 바로 인접한 지역이고 교통편으로도 2, 30분간 거리에 속하지만 고흥의 경우는 확연히 다르다.

고흥이 보성 너머의 지역이기도 하지만 장흥에서 고흥까지 거리가 장흥에서 광주간 거리보다 멀다. 그러므로 강진-고흥간의 거리는 더 멀 수밖에 없다.

여기서 강진, 장흥과 고흥간의 거리 좁히는 공동사업이 필요하다.

바로 수문-녹동간 연륙교 사업이다. 보성과 장흥 경계지점인 수문에서 고흥 녹동간의 연륙이 이뤄지면 강진, 장흥-고흥간의 거리는 지척간이 되며, 한 권역의 공동 관광산업 등 실제적인 연담적 자치권의 다양한 공동사업도 더욱 탄력을 받을 수 있게 될 것이다.

몇 년 전에 장흥의 한 민간단체에서 수문-녹동간 연륙교 사업을 추진한 적이 있었다. 그러나 정치권의 외면으로 계획 단계에서 그치고 말았다.

이제는 장흥, 고흥이 한 정치권역에 속해 이전과 많이 달라진 환경이고 행정적으로도 이미 '득량만권 장보고 행정협의회'를 구성, 광역 공동 사업들을 추진하기로 한 상태이다.

그러므로 진정한 의미에서 '고흥·보성·장흥·강진군'이 연담적 자치권역으로 발전하기 위해서는 거리를 좁히는 수문~녹동의 연륙교 사업이 필히 추진되어야 하는 것이다.

국회의원 후보들, 지역의 미래를 고민하라

— 장흥신문/2011.12.15.

한미 FTA 비준안 통과로 자칫 농업이 고사될 지도 모르는 위기를 맞고 있다.

영암군은 최근 한미 FTA로 인한 향후 15년간 손실에서 농업 총생산액은 약 1,247억 원(축산 1,020억 원, 과수 118억 원, 원예특작분야가 109억 원)으로 연평균 83억 원의 생산 손실이 나타날 것이라고 자체 검토됐다고 밝힌 바도 있다. 이처럼, 한미 FTA 발효로 지금의 우리 농촌 농업은 중대한 위기 국면을 맞이하고 있다. 그리고 한미 FTA 비준안 통과 이후, 내년 4월 총선이 우리를 찾아오고 있다.

국회는 국가의 법률을 개정, 제정하는 입법기관이다. 그러므로 국회의원은 엄연히 국회에서 법률을 개정, 제정하는 일에 종사하기 마련이다. 그러나 이것은 어디까지나 원칙적론인 역할일 뿐이다. 즉 국회의원은 그 지역민을 대표한 사람이라는 점에서 필연적으로 그 본령의 역할 외에도 다른 여러 가지 역할도 맡을 수밖에 없다. 더구나 지방화시대의 지방 자치단체가 운용되는 우리나라에서는 더욱 그렇다.

특히 현재 우리나라 지자체의 경우, 각 지자체는 지자체운영 및 투자비용의 일부분이나 혹은 거의 대부분을 중앙정부로부터 지원받을 수밖에 없는 현실이기 때문이다. 국회의원이기 때문에 각 지자체(지방정부)와 중앙정부와의 그 연결에 필연적인 역할을 수행하지 않을 수 없고, 나아가 자신의 지역구 지자체의 발전과 개발, 민원 등에도 일정 부분 역할을 수행할 수밖에 없다. 그러므로 국회의원으로서 가장 중요한 역할 중의 하나가 바로 지역구 지자체의 발전, 즉 그 지역과 지역민의 미래에 대한 비전 모색인 것이다.

국회의원은 지역구인 지자체의 미래에 대해 많은 고민을 해야 한다. 그 지역민이 자신을 선택했기 때문에 그 지역민의 현재적 삶, 미래의 삶에 대해 심각히 고민해야 한다는 것이다.

지금 우리 지역의 내년 총선 후보들 중 현직의원만 제외하고 거의 대부분이 지역 언론 등을 통해 소견 및 지역발전에 대한 공약 등을 대략적으로 제시한 바 있다. 지금까지 밝혀진 각 후보들에 대한 소견이나 정치적 소신, 미래의 비전 등에 비추어볼 때 우리 지역의 미래에 대한 고민들이 부족하다는 느낌이다.

지금 우리 지역은 농촌이고, 대부분 지역민들이 농업에 종사하고 있다. 지금 그 농민들의 농업에 중대한 위기가 닥쳐오고 있다. 또 인구감소와 고령화로 갈수록 활력을 잃어가고 있다. 이러한 우리 지역에 과연 미래는 있는가, 우리 지역 농업에 과연 진로는 있는가, 진실로 이점들을 고민하고 또 고민해야 한다. 하여 우리 지역 미래의 비전을 당당히 밝힐 수 있어야 한다는 것이다.

장흥군의회, 고민하고 또 자성해야

— 장흥신문/2004.07.16.

제4대 장흥군의회가 후반기에 접어들며 된통 몸살을 앓으며 온갖 잡음이 끊이지 않는 등 후유증이 여간 만만치 않아 보인다.

지난 5일(월) 실시된 의장 선거 이후 9일, 의원 6명이 의장단 사퇴를 요구하며 등원거부 선언을 한데 이어 실제로 12일 열린 제111회 정례회 본회의에는 이들 의원들이 등원하지 않아 본회의를 무산시키는 '추태'가 연출됐다.

또한 일부 의원들의 의장단 사퇴주장과 등원거부 원인의 하나가 되었던 의장선거에서의 금품수수 문제가 의장선거를 전후해 논란이 되더니 기어코 14일에는 의원 4명이 의장선거와 관련해 금품수수 혐의로 사전구속영장이 신청되고 또 다른 의원 2명도 같은 혐의로 불구속 입건되는 초유의 사태에 이르게 됐다. 아직은 혐의 상황이긴 하지만 전체 의원 10명 중 6명이나 무더기로 경찰에 입건되었다는 점에서 이는 또 하나의 '추태'임에는 분명하다 할 것이다. 분명 부끄러운 일이 아닐 수 없다. 부끄러움은 그들에게만 그치지 않는다. 그들을 우리가 선택했으므로 바로 우리들의 부끄러운 자화상이기도 하다.

이 같은 우리의 부끄러운 자화상은 비단 오늘의 모습만은 아니다. 어느 인터넷 신문은 최근년 장흥군의회의 불명예스러운 자화상을 조목조목 열거했는데, 그 제목만 살펴보면 ▲전남 최초 고급승용차 체어맨 구입사건 ▲부정 비리로 인한 현역 의장 구속사건 ▲부정선거로 인해 전국 최초로 당선자 구속과 의원직 사퇴사건 ▲전국 최초 기초단체 핵 폐기장 부지

조사 요청사건 ▲의원이 직접 시공한 공사의 부실공사 사건 ▲전국 최초 기초단체 정례회 등원거부 사건 등이다.

부끄러운 우리 군의회의 자화상이 아니 수 없다. 이번 6명 의원의 입건이나 정례회 등원거부 사태도 따지고 보면 과거의 그 '추태'의 연장선에서 이루어진 것이라 할 수 있다. 그러나 이번 사태와 관련, 일각에서 의회 무용론이 대두되기도 하고 장흥군의회부터 제일 먼저 없애야 한다는 식의 여론도 확산되고 있다니, 간단히 지나갈 일이 아닌 듯싶다. 의원들은 물론 우리 군민 모두 이 문제와 관련, 깊이 자성하고 심각히 고민해야 할 문제가 아닌가 싶다.

기초의회 의장단 선출을 둘러싼 금품수수나, 매표행위 등의 비리가 비단 우리 군 의회에 국한된다고 믿는 사람은 없다. 거의 전국적인 현상으로 봐도 무방하다. 더러 이런 현상을 잘못된 지방자치법에서 그 원인을 찾기도 한다. 지방의원들의 의식이 먼저 바뀌어야 하지만, 현행 지방의회 의장단 선출 방식이 선거운동의 투명성을 저해하는 요인이 되고 있다는 주장이다.

즉 현행 지방의회는 지방자치법(제42조)에 명시된 '회의규칙'에 따라 입후보자 없이 바로 투표하는 이른바 '교황선출 방식'으로 의장단을 선출하고 있다. 그런데 이러한 방식은 원초적으로 의장단 자질을 검증할 기회를 차단, 금품수수 선거를 부추긴다는 지적인 것이다.

그런 이유에서 학계 등에서는 의장단 선거과정이 주민들에게 사전에 공개되는 방식으로 개정되어야 한다고 주문하기도 한다. 이를테면, 지방자치법 관련규정 개정을 통해 의장단 입후보자 등록, 정견 발표, 입후보자 정책 토론회, 의장단 선거 등으로 의장단 선거절차를 관련법에 구체적으로 명시할 것을 주문하고 있는 것이다.

이처럼 제도적으로 문제점을 안고 있다고 하더라도 우리 군의회의 경우, 타지에 비해 유난히 부끄러운 모습을 자주 보여 온 것은 숨길 수 없는 사실인 바, 이것은 우리군 의회 의원들의 자질이나 도덕성에서 그 원인을 찾을 수도 있을 것이다. 이번에 일부의원들이 의장단 사퇴를 주장하며 등원거부를 선언한 것도 마찬가지다.

선거가 부정적이었다면, 바로 선거 직후에 문제를 제기하며 재선거를 치를 수 있도록 했어야 마땅하지만 며칠이 지난 이후에야 마치 몇몇이 단합하듯 '부정선거'를 제기한 것은 단합과 작위성이 농후하다는 지적을 피할 수 없게 되었다. 금품수수 의혹 혐의에 6명이나 연루되었다는 것도 그만큼 그 당사자들의 도덕성을 의심케 하는 대목이 아닐 수 없는 점도 간과할 수 없는 대목이다. 다행이라면, 이번 사태에서 충분히 예견할 수 있는 '폭력성'이 없었다는 점인데, 이것은 아마 '문림의향'의 출신으로서 '선비적인 처신'을 견지해서가 아닐까 싶다.

그러나 그 '선비'라는 것도 겉치레보다 내면의 정신성, 곧 도덕성이라는 그 정신이 중요하다. 자신들이 그 자랑스러운 문림의향의 의원들이라면, 바로 이점을 결코 잊어서는 안 될 것이다. 때만 되면 벌어지는 감투싸움, 자신을 뽑아준 유권자는 아랑곳하지 않는 안하무인격의 태도, 의원이 되었다고 해서 자신이 '지역에서 최고'라고 치부하는 권위의식…. 이것들은 진정으로 선비적인 의원의 모습이 아니다. 겸허하고 또 겸허해도 부족할 판이다. 공부하고 또 공부해도 부족할 판이다. 지금 할 일이 얼마나 많은가. 집행부 역시 얼마 전에는 전국 최초로 군수실이 점거 당하는, 참으로 부끄러운 모습을 보여주었다.

지금 우리 장흥군은 과연 어떤 모습인가. 진정으로 부끄러운 우리의 자화상에 가슴에 손을 얹고 자성해야 한다. 특히 이번 '사태'를 계기로 군의원들이 진정으로 가슴앓이 하면서 자성하고 또 자성하고 고민하여 새로운 장흥군의회의 위상을 재정립해주길 바란다.

부정 공사 발주 근절 대책은 없는가

— 모 군의원의 공사 부정 수주사태와 관련해서

— 장흥신문/2003.09.03.

최근, 건설공사 부정 수주와 관련된 한 군의원의 문제로 여론이 여간 시끄럽지 않다. 진위 여부를 떠나 이 문제는 두말할 것도 없이 과거부터 다반사로 있어 온 건설관련 공사 수주의 비리문제로 여겨져 새삼 군의원의 본분과 역할을 생각하게 한다. 또 아직도 건설 분야의 비리는 끝이 없는 것이 아닌가 하는 우려를 자아낸다. 특히 이 문제가 농민회 등에서 제기한 것처럼 사실이라면 그동안 암암리에 관행처럼 굳어져 온 의원들의 공사알선 수주비리가 비로소 확인된 것일 터여서, 우리 군의 최고 지도층으로 공인되는 의원마저 건설업계의 로비에서 자유로울 수 없었다는 점에서 더욱 충격적이다.

따라서 이번 사안은 지도층의 자정 노력과 함께 공사의 전자입찰 등 건설 관련 관행과 제도개선을 위한 근본적인 검토가 필요함을 다시 한 번 일깨워주고 있다.

아직은 문제가 되고 있는 모 의원의 비리가 명백히 드러난 것은 아니다. 당사자도 오해의 소지를 만든 것은 인정하지만 발주 과정에 개입하거나 행정기관에 압력을 행사한 적은 없다고 분명하게 밝히고 있기도 하다. 그러나 이 사안과 관련, 관련 의원에 대한 사퇴를 주장하고 있는 농민회 측의 성명서 발표, 군 의회의 관련 의원 징계 계획, 군 공무원노조의 자체진상조사위원회 구성 계획, 농민회 측에 관련 의원의 과일 선물과 농민회 측의 반납 소동 등 일련의 사태과정을 지켜보면, 모 의원은 이번 공사 수주 비리에서 결코 자유로울 수 없는 입장이라고 생각된다.

이번 사태가 제기하는 의미는 두 가지로 생각할 수 있다.

우선 지금 제4대 군의회와 의원들의 책임과 자성에 대한 문제이다. 4대 의회는 출범 초부터 순조롭지 않았다.

지난 6·13 지방선거와 관련, 공직자 선거법 위반으로 당선된 한 의원은 사퇴하고, 그로 인해 전국 지자체 중에서 우리 장흥군만이 의원선거를 두 번 치르는 불명예를 안았다. 또 당선된 의원 중 두 의원이 공직자 선거법 위반으로 벌금형을 선고받는 등 선거 위반에 대한 후유증이 여간 크지 않았다. 결국 출범부터 산뜻하지 못한 모양새를 보여준 것이 지금의 제4대 의회였으며 이러한 일련의 일들이 군민들로 하여금 우려감을 가지게 했던 것은 숨길 수 없는 사실이었다.

그러나 4대 의회는 그동안 한 의원을 제외한 전의원이 초선의원임에도 불구하고 열심히 의정활동을 한다는 평가를 들을 정도로 긍정적인 평가를 받기도 했다. 그러는 한편으로 올 들어 핵폐기장 유치 관련 문제로 집행부 및 시민단체 등과 갈등을 빚으며 군력(郡力) 소모에 일조를 하기도 했고, 이어 모 의원의 공사 부정 발주의혹이 불거지는 사태에 직면하게 됐다.

특히 이번 모 의원의 건설 알선 수주문제는 비단 모 의원 뿐만 아니라 몇몇 의원들도 완전히 자유로울 수 없으며 대외적으로 군의회의 위상문제와도 직결되는 문제여서 군의회의 자성이 절실히 요구되는 사안이 아닐 수 없다.

옛 중국의 고전에 "오이 밭에서 신을 고쳐 신지 말고(瓜田不納履), 오얏나무 아래에서 갓을 바로잡지 말아야 한다(李下不整冠)"(《문선文選》, 악부樂府·고사古辭 '군자행君子行') 고 했다. 의원이라는 공인이기에 그런 오해를 살 만한 일에는 더욱 조심스럽고 크게 신경을 써야 할 것이 아닌가.

두 번째로 이번 사태와 관련한 책임에서 집행부 측도 완전히 자유로울 수는 없다. 그동안 집행부에서도 1억 원 이하의 공사는 상당부분 수의계약으로 발주, 이번 사태와 같은 관행을 방치, 묵인해왔다는 지적을 면할 수 없기 때문이다. 그러면서 이번과 같은 사태의 예방책으로 1천만 원 이상의 모든 공사도 이제는 전자입찰을 해야 한다는 주장이 강하게 제기되고 있다. 그렇다고 전자입찰만이 최선은 아니다. 물론 전자입찰이 건설관련 비리를 근절하는 데는 큰 몫을 하겠지만, 한편으로 외부대형업체의 발주 독점이 가능, 영세한 지역 업체의 고립과 그로 인한 지역경기 침체에 일조할 수도 있기 때문이다.

예컨대, 1천만 원~5천만 원 정도의 사업이나 공사마저도 광주 등지의 대형 외지업체들이 독점해간다면 지역 업체들은 어찌될 것인가 하는 문제도 생각해 볼 일이다. 따라서 최선은 말할 것도 없이 전자입찰이겠지만 사안에 따라서는 집행부에서 자율적으로 발주하되 전문성을 바탕으로 공정하게 평가하여 지역 업체들도 발주될 수 있는 제도적인 장치 마련도 필요하다는 지적이다.

현재 장흥군에서도 전자입찰제 시행을 위해 고심을 하고 있는 것으로 알고 있다. 이 제도의 시행에 앞서 군 당국과 민간인이 함께 참여하는 전문위원회 같은 기구를 설치, 각계각층의 의견을 보다 폭넓게 수렴해 전자 입찰 및 수의계약 요건 등을 규정해 나가야 하지 않을까 싶다.

한편 이번 사태가 관련 의원뿐만 아니라 군의회와 모든 군의원에게 자성의 계기가 되고 집행부에서도 전자입찰 도입의 활성화와 지역 업체들의 전문성 향상이 동시에 이루어지는 계기가 되어지길 바란다.

3장

관광

방촌유물전시관, 박물관다운 변신 절실하다

— 명칭 변경 등 군조례 개정, 박물관 위상 걸맞는 사업 추진돼야

— 장흥투데이/2021.02.18.

공립박물관으로 승격된 '방촌유물전시관'의 변신이 요구되고 있지만, 여태 침묵이다.

호남 실학의 대가 존재 위백규 선생의 유물과 장흥 위씨 집성촌으로 고려 말 고읍지였던 방촌 마을의 유물을 보존·관리하기 위하여 조성, 2005년 9월 6일에 개관한 이래 오랫동안 장흥의 유일한 전시관으로 큰 역할을 해 온 '방촌유물전시관'이 지난 해 2월 초에 공립박물관으로 등록됐다.

이처럼 전시관이 박물관으로 승격됐지만 여태 큰 변화 없이 1년여의 시간이 지났다. 그동안 변화가 이루어진 것이라곤 지난해 장흥군이 문화체육관광부 주관의 '2020년 공립박물관(미술관) 실감콘텐츠 제작 및 활용사업' 공모에 최종 선정돼 올 2월 말까지 4억 원의 실감콘텐츠(영상화사업) 사업(올 2월 말 완료)을 추진한 것이다. 올 3월부터 조금은 변신이 될 것으로 기대되고 있지만 박물관 위상에 걸 맞는 변신, 즉 박물관으로서 위상 정립을 위한 다양한 사업 추진이며 그에 적합한 내용의 전시 등을 위한 군 조례개정 등의 변신이 아직 이루어지지 않고 있는 실정이다.

그래서 박물관으로서 위상과 그 기준에 최적화된 박물관으로 거듭나야 한다는 목소리가 높아가고 있다.

이에 대해 위성 씨(명예박물관장)는 "우선 조례개정을 통하여 ①박물관으로서 걸 맞는 명칭 변경 ②문림의향의 역사와 전통을 계승하는 산실로서 역할을 하는 박물관으로 변신 ③장흥의 모든 역대 유문집(遺文集, 복제품일지라도)을 수습·보존·관리·전시기능을 수행하는 박물관으로 변신돼야 한다"고 주장했다.

위성 씨는 "박물관 개명은 '천관박물관' '장흥박물관' '문림의향박물관' 등 여러 이름이 논의 될 수 있고, 여기에 '장흥 고문학실' 등 특별실을 구성하여 장흥이 대내외에 크게 내세울 수 있는 가장 경쟁력 있는 '문림(文林)' 등을 주제로, 비록 복제품의 유문일지라도 역대 장흥의 모든 선비·문인 등의 유문집(200여 명으로 추산)을 집대성하여 보관·전시하고 최소 매년 정례적으로 특별전 등을 여는 등 박물관으로서 위상을 정립해나가야 한다"고 주장했다.

방촌유물전시관이 명칭 변경 등 박물관으로서 품격 있고 다양한 사업 추진 등을 통해 문림의향을 상징하는 박물관으로 거듭나기를 기대해 본다.

체육인교육센터 유치 - '스포츠 메카' 도약의 기회다

— 장흥체육회, 출향 향우들 조력이 빛났다

— 장흥투데이/2020.02.13

정종순 군수의 선거 공약 중 하나가 '품격 있는 문화·관광·체육도시 육성'이었고, 그에 대한 세부 공약 중 '체육도시'의 하나로 '정남진 종합 스포츠타운 조성(중장기, 2019~, 국·지방비, 다목적 교육·훈련·휴양·체험·경기장 등을 갖춘 입체적 타운 조성)이었다.

이른바 장흥을 체육의 도시, 체육의 메카로 조성하겠다는 것이었고, 정종순 장흥군수는 군수에 취임한 이래 실제로 군민과 약속했던 체육도시로서 구상을 실현하기 위해 스포츠 산업 육성에 큰 공을 들이고 특히 장흥군에 전국단위 대회 유치를 통한 스포츠 마케팅 강화 등에 주력해오기도 했다.

스포츠의 메카로 육성하겠다는 정 군수에게는 대한체육회가 2018년 5월, 전국 지자체를 대상으로 전국 체육인 연수·보수교육과 국가대표 등의 거점 혹한기 훈련으로 활용하게 될 전국 규모의 체육인교육센터 부지 선정공모는 아주 적절한 호기였고, 당연히 장흥군도 체육인교육센터 유치에 본격 뛰어들었다.

지난 2018년 5월 대한체육회는 2019년부터 2023년까지 5년간 국비 약 450억 원을 들여 부지면적 16만㎡, 건축규모 2만5000㎡ 규모로 교육시설, 편의시설, 다목적체육관, 체력 단련실, 운동장 등의 실내·외 체육시설인 체육인교육센터 부지를 공모했다. 이에 전남에서 여수·순천·고흥·장흥·강진·영암·영광·완도 등 8개 시군과 함양·하동 등 경남 2개 시군이 경쟁에 참여했다.

그 후 2019년 4월 초 전남의 고흥과 경남 함양·하동이 유치를 포기하면서 체육인교육센터는 사실상 전남지역으로 확정된 상황이었고, 2019년 4월 19일 대한체육회 이사회에서 체육인교육센터 2차 후보지 선정 평가 결과, 장흥군과 완도군이 후보지로 최종 압축되기에 이르렀다.

이후 지난 2월 11일 서울 올림픽파크텔에서 열린 체육인교육센터 유치 최종평가 제안 설명회에서 결국 장흥군이 2차 후보지 평가를 거쳐 사업지로 최종 선정되기에 이른 것이다.

장흥군의 체육인교육센터 선정 기여에는 정종순 군수 등 당연히 장흥군 공직자들의 헌신적인 노력과 수고가 많았다. 이 외에도 밖에서 조력한 사람들도 있다.

특히 장흥군체육회(윤영환 회장, 임형기 고문) 관계자들의 집념어린 홍보와 설득이 크게 주효했다는 후문이다. 이들은 수차례 체육인교육센터 장흥 유치를 위해 서울 대한체육회 등을 방문한 것으로 알려졌다. 또 이들 외에 장흥출신 향우로 이기남 전 법무장관, 임종석 전 대통령 비서실장, 기업인 김동석 회장, 경기대학교 안황권 교수 등이 문화체육부와 대한체육회를 상대로 홍보·설득하는 등 큰 역할을 한 것으로 알려지고 있다.

물론 이처럼 향우 4인, 장흥군체육회 관계자들의 헌신적인 조력이 뒷받침되긴 했지만 체육인 교육센터 유치에서 가장 결정적인 역할은 정종순 군수가 해냈다. 유치에 대한 강한 의지도 있었고 그에 대한 열정적, 실천적 행정도 그러했지만, 특히 대한체육회 이사회 당일(2월 11일) 대한체육회에서 정종순 군수가 발표한 '장흥 유치 타당성'의 내용과 발표의 순발력에서 압도적 우위를 보여 결국 완도군을 따돌리는데 결정적 역할을 해냈다는 후문이다.

결국 체육인교육센터 장흥 유치는 군수와 공무원, 체육회와 사회단체, 출향 향우 등이 한데 힘을 모으고 정성을 모아 최선의 결과를 일구어 낼 수 있었던 결과물이었다.

장흥군의 전국 유일의 체육인교육센터 유치는 큰 의미가 있다. 이는 민선자치 이래 장흥군이 거둔 가장 큰 성과 중 하나로 평가되고 있기 때문이다. 바이오산단, 수소전지 발전소 유치 등이 장흥 지역 경제 동력으로서 큰 역할을 할 수 있겠지만, 특히 체육인 관광과 지역경기 활성화 기여에는 그리고 장흥의 미래비전을 밝혀주는 것으로는 이만한 것도 없다는 생각이기 때문이다.

당장 체육인들의 교육, 방문에 이어 관광객이 급증할 것이고 이에 따른 관광산업의 활기가 이어질 것이기 때문이다. 또 각 서울 수도권 초중학교 동계 훈련지로서 성과가 커질 것이고, 전국 단위의 스포츠대회 유치에도 크게 기여할 수 있게 될 것이다.

결국 이번 체육인교육센터 유치는 장흥을 전국 스포츠 메카로서 입지는 물론 스포츠 관광 활성화도 크게 강화시켜갈 것이다.

향후에도 이처럼 장흥의 미래 비전을 획기적으로 밝혀 줄 사업들이 계속 추진되고, 실현되어지기를 기대해 본다.

회령진성, 복원 서두르자

— 장흥투데이/2019.09.19.

최근 장흥군이 '2020년 전남형 지역성장 전략사업'공모에서 최종 선정, 장흥읍의 중심인 예양공원에 100억 원이 투입되는 '역사 향기 숲 테마공원'을 조성하게 되었다. 이는 참으로 경사 중의 경사가 아닐 수 없다. 이로써 장흥의 오랜 역사의 흔적과 문화적 전통을 고스란히 담고 있는 핵심적 지표로서 예양공원이 새롭게 거듭나게 되었으니 말이다.

장흥군이 설계에 준거하여 예양공원이 변화되고 다듬어질 경우, 장흥군은 동학농민혁명 격전지 석대들의 장흥동학의 자원과, 장동 해동사 주변에 조성되는 안중근 의사 성지로서 역사적 자원에 이어, 조선조 500년 역사와 전통을 고스란히 담고 있는 예양공원의 '역사 향기 숲 테마공원'이라는 또 하나의 역사적 자원을 가지게 된다.

여기서 아쉬운 점이 있다.

과거의 장흥 역사에서 타 지역과 분명히 비교 우위를 점하고 있는 임진·정유재란 시 '의병의 고을'로서 장흥의 역사와 전통이 아직도 뚜렷이 부각되어 있지 않고 있다는 사실이다. 당시 역사적 산물인 회령진성이 남아 있는데도 말이다.

회진면 면사무소 뒤편인 회진리 1755번지 일원에 회진 앞바다를 굽어보고 있는 회령진성(會寧鎭城)은 조선조 초기에 왜구를 소탕하기 위해 설치된 성벽 길이 총 616m로 구축된 산성으로, 지금은 많은 부분이 훼손돼 있는 실정이다.

그럼에도 불구하고 그 역사적 가치는 크다. 특히 지난 1987년 1월 15

일 전라남도문화재자료 제144호로 지정된 장흥군의 중요한 역사적 유물이요 자원일 뿐만 아니라, 정유재란 때 성웅 이순신 장군의 해상 전투 전진 기지가 되었던 곳이기 때문이다. 그러므로 장흥의 역사적 전통, 특히 '의병의 고을 장흥', '의향(義鄕) 장흥'의 입지를 위해서 회령진성의 복원이 더욱 절실한 상황이다.

그런데 현재에 이르기까지 회령진성의 복원 사업이 지지부진한 실정이다. 그리하여 본지는 지난 8월 14일자 제52호 본란에서 회령진성의 복원을 서둘러 추진할 것을 주문한 바 있었다.

이번에 본지의 '특별기고'로 게재된 논문에서 향토학자 위성 씨는, 회령진성의 역사적 고찰을 통해 회령진성의 복원과 회령진성의 국가 사적지 지정 추진을 강도 높게 주장했다.

위성 씨는 "…격변의 시대를 거치며 사라질 운명에 놓인 역사적 현장(회령진성)의 복원은 우리의 숙명일지도 모른다. 우리는 이런 역사적 의미의 현장에 있으며 그 의미를 모르면 자손 된 도리를 다하지 못한 직무유기(職務遺棄)가 된다. 이와 같이 회령진성은 매우 중요하고 국가 존망에 해당되는 발단지(發端地)이기 때문이다. …하여 필자는 회령진성을 국가 사적지로 지정하고 복원할 것을 제안(提案) 한다. … 조금 더디고 돌아가더라도 꼭 그렇게 해야 할 일이다."

지난 8월 일본의 경제도발로 국내에서 '일본산 제품 불매운동'이 전국적으로 확산되었을 때, 장흥에서도 사회단체를 중심으로 일본제품 불매운동이 적극적으로 펼쳐졌다. 특히 거리 곳곳에 일본제품 불매운동을 선도하는 플래카드가 곳곳에 넘치도록 부착되었는데, 이 플래카드들의 주요 문구는 '의병의 고을 장흥' 등 장흥이 의병의 고을임을 상기시키는 문구들이 대다수였다.

이러한 현상은 당시 전남도에서 추진하는 '남도 의병공원' 조성에 대한 뉴스나, 장흥이 의병 고을이었음을 상기시키는 본지의 보도 내용 등의 영향을 감안하더라도 이제는 장흥이 의병고을이었음을 그만큼 이해하는 군민이 대다수라고 생각해도 무방할 것이다.

그래서 장흥이 의병의 고을이었음을 방증하는 역사적 산물로써 회령진성의 복원은 더욱 절실하다고 생각되는 것이다.

특히 회령진성이 앞으로 단계적으로 복원·정비된 후 임진-정유재란 때의 의병고을로서 입지가 구축되면 이러한 역사 문화관광 인프라로 인하여 회령진성은 또 하나의 장흥의 역사테마 관광 명소로 급부상하게 될 것이다.

장흥동학의 요람이었던 석대들의 동학농민혁명기념관 그리고 앞으로 추진될 예양공원의 '역사 향기 숲 테마공원' 조성 그리고 안중근 의사의 성지 조성 사업에 이어 회령진성의 복원까지 추진이 된다면, 가히 장흥은 '호국의 땅', '의병의 고을'로서 이미지 구축에 크게 탄력을 받을 것이며 호국관광·역사문화 체험 관광 메카로서 입지를 구축할 수 있는 토대가 될 것이다.

특히 이러한 일련의 사업추진으로 장흥의 호국, 의병으로 지칭되는 '의향 장흥'은 단순히 수사적인 이미지를 넘어 실체적으로 역사적 사실로서 증언이 되고 그 증언이 재조명되는 고을로서 도약하게 될 것이다.

'청태전 홍보 판매관' 위치 잘못됐다

— 제2 홍보판매관 토요시장 등에 조성하거나 현 판매관 이전해야

— 장흥투데이/2019.09.05.

지난 7월 24일, 전국적인 장흥의 명소 우드랜드 향기원 내에 '청태전 홍보 판매관'을 개관했다. 이날 개관한 청태전 홍보 판매관은 관광객과 지역민이 청태전을 구입하거나 직접 시음도 할 수 있는 복합 공간으로 조성됐다. 카페에서는 블렌딩(blending) 청태전 음료(다양한 맛을 내기 위하여 다양한 청태전 음료를 뒤섞어서 한데 합해 제조된 청태전), 청태전 함유 디저트를 다양하게 맛볼 수 있도록 했다.

그동안 국내에서 유일하게 개발된 발효차인 청태전의 구입·판매 그리고 시음할 수 있는 일원화 된 공간이 없어 장흥 청태전 생산자협회, 청태전 보전연구회가 지속적으로 협의해 왔고, 군민들도 이러한 청태전 홍보 판매관 조성을 지속적으로 염원해 와, 청태전 홍보 판매관은 장흥군의 숙원사업이었다고 할 수 있었다. 그리고 이번에 군민 숙원사업이었던 그 청태전 홍보 판매관이 조성된 것이다.

지난 2018년 11월 30일, 장흥의 청태전이 농림축산식품부에 의해 국가중요농업유산으로 지정되었다. ('장흥 발효차 청태전 농업시스템', 국가중요농업유산 제11호). 청태전이 국가중요농업유산으로 지정되면서 장흥군은 15억 원(국비 10억5천, 군비 4억5천만 원)의 사업비를 지원받았다. 이 지원으로 군은 청태전 농업유산자원의 복원, 주변 환경 정비, 관광자원 활용 등에 필요한 예산으로 활용하게 되었다. 청태전 홍보 판매관도 이 지원금이 투입되어 조성된 것으로 알려졌다. 그런데 당초부터 이 사업 추진 과정에서 투명한 사업진행을 요구하는 청태전보존연구회원 등의 반발 등 갈등이 있어 왔던 것으로 알려졌다.

결국 우드랜드 안에 2억 7천만 원을 들여 조성되었던 홍보관은 지난 5월 20일 경 공사를 마쳤으나 ①면적이 좁아 전시 공간이 수납공간으로 변질되었고 ②입지 장소가 일년 중 동절기를 중심으로 약 6개월 간은 유동 인구가 급감하는 장소였고 ③건물 천정이 낮게 시설되는 등 여러 문제점을 안고 있었다.

그런데 납득하기 어려운 점은 어찌하여 굳이 이 홍보관이 우드랜드 안에 조성되었느냐는 것이다. 물론 우드랜드 내에 조성되었으므로 당연히 우드랜드를 찾는 관광객들에게 판매도 하고 홍보도 할 수 있을 것이다. 그런데 일반 군민들은 우드랜드에 들어가려면 입장료를 내야하고 자동차로 바로 홍보관 앞까지 쉽게 출입할 수 없어, 이 홍보관을 찾는 군민은 거의 없을 것이다. 우드랜드를 찾는 관광객을 위해서는 좋은 일이지만, 한편으로 장흥군민을 외면한 홍보관이 되고 만 것이다.

굳이 우드랜드에 조성하려고 했다면, 우드랜드 안이 아니라 우드랜드 입구의 주차장 부근이나 전남도목재문화체험관 목월대 부근에 조성하였다면 관광객은 물론 일반 군민들도 쉽게 이용할 수 있는 일석이조의 효과를 노릴 수 있는 홍보관이 되었을 텐데, 왜 굳이 우드랜드 안쪽에 조성되었는지 도무지 이해할 수 없다.

아직은 청태전이 국민들에게 널리 홍보돼 있지 않은 형편이다. 보성, 하동의 녹차만큼 홍보되려면 아직도 갈 길이 멀다. 그러므로 청태전 홍보에는 앞으로도 군민들의 지원과 힘이 많이 필요하다. 필자도 청태전을 상시 애용하는지라, 명절 때면 귀한 분께 드리는 선물로 청태전을 구입하여 보낸다. 많은 군민들도 그러할 것이다. 그러므로 청태전 홍보관은 군민 누구나 쉽게 애용할 수 있는 곳에 위치해야 마땅했다.

그런데 우드랜드 안에 입지했다. 응당 토요시장이나 우드랜드 입구 등에 위치해야 마땅했다.

이건 아주 상식적인 일이 아닌가. 그러므로 우드랜드 안에 조성한 홍보관은 이 상식을 벗어난 일에 다름이 없다. 즉 우드랜드에 조성된 청태전 홍보 판매관은 군민들에게는 무용지물이 돼 버렸다. 한 개인이 사비를 들여 조성한 것도 아니다. 군비(국비)로 조성한 것이다. 그런데 이를 무용지물로 만들어버린 것이다. 이유를 불문하고 그 누군가 책임을 져야 마땅하다.

장흥의 청태전은 구멍 뚫린 동전 모양으로 빚어 발효시킨 1,200년 전통을 이어 온 전통차로 그 맛도 구수하고 특유의 깊은 향으로 유명하며, 세계 유수 명차대회에서 여러 차례 명차로 수상한 대한민국의 대표적인 발효차이다.

장흥군도 지난 2007년부터 군비를 들여 청태전 상품화에 노력해왔고 청태전 제다업체들의 끈질긴 노력으로 전통 제조방법을 체계화한 끝에 이제는 보편화된 청태전 상품으로 만들어냈다.

이 청태전의 2018년 국가중요농업유산 지정은 삼국시대부터 천년을 이으며 장흥 지역민과 함께 해 온 청태전이 그 역사성을 인정받은 결과였다고 해도 과언이 아니다.

장흥군도 이 청태전에 대해 체계적인 보전 관리, 입맛 통일 등 명품으로 상품 관리 등을 통해 청태전을 장흥군의 수익성 높은 관광자원으로 활용하고, 지역 농업인 소득 향상으로 이어지도록 노력해야 한다. 이것은 당연한 일이다. 그런데 이러한 일련의 사업의 첫 단추라 할 수 있는 홍보관 조성부터 잘못됐다니 너무 아쉽고 아쉽다.

회령진성, 호국 역사성 크지만, 아직도

— 회령진에 백의종군비, 백비(白碑) 세워, 호국 성지화 하자

— 장흥투데이/2019.08.14

전남도가 추진하고 있는 '남도의병역사공원'의 공모에서 평가기준 항목은 사업추진 여건, 입지 여건, 균형 발전, 역사성 등이다.

남도의병역사공원은 전남도가 지난 4월 9일 공모를 발표했으며, 5월에 기본계획 타당성조사 연구용역 추진과 연구 용역 착수보고회를 가졌다. 그런데, 장흥군이 남도 역사공원 공모에 본격적으로 뛰어든 것은 4, 5, 6월도 아니고 한참 뒤늦은 7월 말이었다.

선정 평가기준에서 한 부분을 차지하고 있는 '사업추진 여건' 중 '지역민의 협력의지(10점)'가 있는데, 이를 위해 타 시군은 대부분 이미 5, 6월에 주민들의 강력한 의지를 보여주는 추진위원회 발족식, 추진위창립식, 지역민결의대회 등을 마쳤지만, 장흥군은 뒤늦게 추진하다 보니 지난 7월 26일에야 '남도의병역사공원 장흥 유치 추진위원회 발족식'을 가질 수 밖에 없었다.

이번 전남도의 '남도의병역사공원 공모'에서 장흥군이 탈락된다면 기민하게 대처하지 못한 채 '뒤늦게 공모에 뛰어든 늑장 행정'이 주요 패인의 하나가 될 것이다.

이번 전남도의 '남도의병역사공원' 추진과 관련하여, 새삼스럽게 제기된 것이 과거 전남도의 이순신 수군재건로 사업과 장흥군 회령진성의 역사적 의미였다. (여기서 전남도의 수군재건로에 대한 역사적 과오에 대한 언급은 피하기로 한다).

장흥의 회령진성의 복원은 오래 전부터 제기해 온 주요 현안이었다.

지난 민선 6기에서 회령진성을 복원해 역사 테마관광의 명소로 개발하겠다고 하였고, 민선 7기에 들어와서도 이 문제는 '회령진성 복원·정비사업'이라는 이름으로 명시된 주요 공약이었다. 그런데 이러한 회령진성의 복원 계획은 이미 지난 2008년 3월 17일에 '장흥 회령진성 복원·정비 기본계획'이라는 이름으로 세워져 있었다.

이 복원 계획에 따르면, 총 19억4천4백만 원((복원·정비 198, 토지보상 1,746)을 들여 회진면 755번지 일원인 62,810㎡ 부지의 회령진성을 복원한다는 것이다. 구체적으로는 ▲잔존 성벽길이 : 616m(복원 119, 미복원 497) ▲성벽 전체길이(추정) L=1,168m / 성벽 미잔존 추정길이 552m ▲문지 개소 : 3개소(북문지, 동문지, 남문지) 등을 복원한다는 계획이었다.

이후 지난 2008년~2011년 2월까지 '회령진성 문화재 시굴조사 및 복원(1차)'(복원 119m)이 이루어졌다. 이 1차 시굴조사 과정에서는 성벽의 전체 둘레 약 610m 중 북문지에서 마을 뒤편의 완만한 산정상부로 이어지는 북벽에 대해서만 복원이 이뤄졌다.

이후 2017년 3월 24일에 2차 성벽 시굴조사 용역(추정 성벽 552m 중 동벽 120m 구간)이 이루어졌다. 그리고 2차 시굴조사를 한 전남문화재연구소는 2017년 7월 15일, 장흥 회령진성(전남도 문화재자료 114호) 문화재 시굴조사 학술자문위원회의와 현장 설명회를 가졌다.

이때 전남문화재연구소 이범기 책임연구원은 "장흥군과 전남문화관광재단에서 이번 시굴조사를 시작으로 회령진성이 단계적인 복원·정비 후 문화관광 인프라를 구축하여 역사테마 관광의 명소로 개발할 예정"이라고 말하고 "회령진성이 역사테마 관광명소로 개발되기 위해서는 지역민과 관련 전문가, 지자체의 적극적인 관심이 필요하다"고 주문한 바 있다.

이후 회령진선은 ▲회령진성 복원 정비에 따른 공유재산 군의회 승인(2017.9.4) -27필지 8,959.44㎡/1,752백만 원(물건포함) ▲편입 토지(물건포함) 감정평가 완료(2017.12) ▲성벽(120m), 객사지, 동헌지 보상-27필지/19명/1,741백만 원(명시이월) ▲편입 토지(물건포함) 협의 및 보상비 지급(2018.2~'19.1)-10필지/7명/420백만 원) 등을 거쳐 왔다.

현재 물건 포함된 토지보상 주민 협의를 추진 중이지만 해당 주민과의 의견 차이로 보상이 지연되고 있다고 한다. 이처럼 보상이 끝나지 않음으로써 현재도 회령진성 복원을 위한 기본계획 및 타당성 연구 용역이 발주되지 않는 상태이다.

그러므로 이제라도 회령진성 복원 정책 및 계획 변화를 고려한 현명한 결정이 필요한 시점이다. 회령진성은 남도의병역사공원과 상관없이 장흥군이 절대적으로 시급히 추진해야 하는 현안이기 때문이다.

회령진성 복원과 관련하여 양기수 사학자는, 회령진성 내에 백의종군비, 즉 큰 백비(白碑)를 세우고 백미 뒷면에 이순신 막하에서 활동하였던 모든 의병들, 정유재란 때 참여한 호남 의병들의 이름을 명기할 것을 강력히 주문한 적이 있었다.

회령진정 복원과 회령진성에 이순신 장군을 상기하고, 정유재란 시 호남 의병들의 국난극복을 위한 애국정신을 기리는 백비가 세워진다면 그러한 회령진성은 성웅 이순신과 임진·정유재란의 호남의병 정신이 깃든 호국 성지로 탈바꿈하게 될 것이다.

그리고 이 호국의 성지는 동학농민혁명의 의병이 깃든 석대들의 장흥 동학농민혁명유적지, 독립운동의 영웅 안중근의사의 해동사 등 '3각점의 호국 애국 성지'로 연결되면서 장흥은 국내 유일한 호국 애국성지로 거듭날 것이다.

‘안중근 성역화 사업’ 부당성 제기, ‘어불성설(語不成說)’
— 장흥투데이/2019.04.25

지난 2월 26일자 유력 모 지방일간지에서 “장흥 안중근 의사 관광개발 사업 논란”이라는 제목과 “지역적 연고성 없어 애물단지 전락 우려”등의 부제목으로, 장흥군이 추진하는 안중근 의사 관광개발 사업의 문제점을 지적하는 보도를 낸 적이 있었다.

이후 몇몇 사람들로부터 이 보도에 동조하는 듯한 발언과 그 사업의 부당성을 제기하는 전화를 받은 적이 있어, 이에 대해 본지에서 명백한 견해를 밝히고자 한다.

즉 모 신문은 이 보도에서 “일각에서는 안 의사 관광개발사업이 장밋빛 청사진에 불과한 애물단지로 전락하지 않을까 하는 우려의 목소리가 나오고 있다. 이들은 군이 추진하는 장동면 만년리 해동사는 안중근(순흥 안씨) 의사 고향이 아닌 죽산 안씨 선열을 기리는 ‘만수사’ 제각이라는 점에서 지역적 연고성이 없다고 주장하고 있다. 또 현재 안 의사 위패가 봉안된 ‘해동사’에는 안 의사의 유품 한 점도 없고 영정사진만 있어 안 의사를 상징하는 역사적인 가치가 떨어지는 것도 문제라는 지적이다”면서 안 의사 관련 관광 개발에 대한 부당성을 제기했다.

이 보도는 ‘일각에서’ 라는 전제를 달아, 일각에서 이 사업의 부당성을 제기한다는 논지로 이른바 ‘안중근 의사 관광개발사업’(이하 ‘안 의사 성역화 사업’으로 표기)이 부당하다는 보도를 하였다. 결론적으로 말하면, 이는 터무니없는 잘못된 보도이고, 더구나 부당성 등의 제기는 어불성설이나 다름없다.

첫째, '안 의사 성역화사업'은 민선 7기 들어 추진한 신규 사업이 아니다. 이 사업은 이미 민선 6기부터 추진해 와 지난 1월 문체부로부터 총 70억 원(국비 42억 원, 군비 28억 원)이 확보됨에 따라 오는 2021년까지 3개년 계획으로 추진하고 있는 사업인 것이다.

그런데 새삼스럽게 이제와 이 사업에 문제점을 지적한 이유가 뭔가?

이제와 본 사업을 중단하고 국비를 반납하기라도 하란 말인가? 타 지자체는 국비 확보를 위해 필사적인데 우리는 정부가 승인해 준 사업을 역사적 연고 운운하며 되레 국비를 반납한다? 참으로 웃기는 일이 아닌가.

둘째, "…만년리 해동사는 안중근(순흥 안씨) 의사 고향이 아닌 죽산 안씨 선열을 기리는 '만수사' 제각이라는 점에서 지역적 연고성이 없다"고 주장하고 있는데, 이 기사를 쓴 기자는 해동사를 가 보았는지 묻고 싶다. 물론 해동사가 만수사의 제각 안에 있는 것은 사실이다. 그러나 안 씨 선열을 모시는 독립된 만수사 제당과 별도로, 이웃에 해동사라는 사당이 독립적으로 존치되어 있다. 거기는 분명히 안 의사의 영안과 위패를 모시고 해마다 별도로 제사를 지내왔던 것이다. 그런데도 이런 해동사가 안 의사와 연고가 없다니….

셋째, "안 의사의 유품 한 점도 없고 영정 사진만 있어 안 의사를 상징하는 역사적인 가치가 떨어진다"고 제기했는데, 중국 등지의 안 의사 관련의 대부분 기념시설 등에도 안 의사의 실제 유품이 한 점도 없기는 마찬가지다. 그리고 이 사업을 이제 시작하므로 앞으로 일본 등지에서 안 의사 유품 등을 구하면 될 게 아닌가.

이 모 신문의 '안 의사 성역화 사업'에 대한 문제 제기는, 터무니없는 보도요, 어불성설(語不成說)의 주장에 지나지 않는다.

장흥군의 '안 의사 성역화 사업'은 참으로 획기적이며 향후 장흥의 애국적 이미지를 가일층 드높일 수 있는 사업임에 분명하다. (이 사업과 관련, 본지는 본란에서 언제인가 본 사업의 의의를 밝힌 적이 있어, 다시 이 부문만 게재함으로 원고를 마무리 하고자 한다).

"…역사상 국란의 위기 순간에 영웅들이 나서 역경 극복을 선도하여 나라가 바로설 수 있었다. 조선조 가장 위대한 인물은 충무공 이순신이었다. 그 성웅의 명량대첩의 신화를 일군 전진기지가 바로 장흥에 있었다. 바로 조선함대의 12척(10척)으로 조선수군을 재건한 육로의 종점이자 수로의 시점이었던 호국의 영지(領地)였던 회령포(지금의 회진면)가 그곳이었다. 장흥에 그 회령포가 있어 성웅 이순신이 탄생할 수 있다. 성웅 이순신을 만들어낸 호국의 영지가 입지했던 장흥에 또 한 사람의 근세사 영웅인 안중근 사당이 있는 해동사 일대가 안중근의 성지로 개발된다.

그러므로 안중근 의사 성지로서 추진되는 '안 의사 성지화'가 회령진성의 복원사업과 연계된다면, 장흥은 가히 명실상부 '애국·호국의 영지'로서 '민족과 역사의 체험교육의 메카'로 자리잡게 될 것이다.

이로써 대한민국의 근세사에 최고의 영웅이요 위대한 독립투사였던 안중근의 '하얼빈의 의거 정신'이 대한반도 최남단 정남진 장흥으로 내려와 안착하는 것이다. 지난 1955년 국내에서는 유일하게 안 의사의 위패를 모시며 해마다 안 의사를 제향해온 사당을 존치했던 그 장흥으로 그 창대한 '안중근 정신'이 내려온다는 것이다. 그리하여 안중근의 하얼빈 의거 정신과 그 위업은 최남단 장흥에서 더욱 찬연히 빛나며 다시 대한반도를 넘어 만주의 하얼빈·간도·연해주까지 넘치고도 남을 것이다. … 그리하여 머잖은 미래에 장흥은 안중근의 애국·호국의 영지로 새롭게 자리매김 될 것이다."

보림사, '남도 명상문화의 허브'가 돼야 한다

―보림사의 명상센터 조성 추진과 관련하여

― 장흥투데이/2018.10.23.

신라 말 입당구법승(入唐求法僧) 중 가장 먼저 귀국한 승려는 선종을 이어와 한국 대표종단이 된 조계종 종조(宗祖)로 일컬어지는 도의(道義, ?~825) 국사이다.

구산선문(九山禪門)의 제1문(第一門)은 바로 도의국사의 가지산문(迦智山門)이었다. 도의국사는 당(唐)에서 37년간 수학하고 귀국(821년), 신라에서 남종선(南宗禪)의 첫 깃발을 내걸었지만, 기존 교학 불교계의 반발에 부딪쳤다. 또 남종선의 심인법(心印法)은 생소하게 받아들여졌다. (당시 신라에서는 선종의 '불립문자不立文字 견성오도見性悟道'의 뜻을 제대로 이해하지 못했다. 결국 도의는 설악산 양양 진전사陳田寺에 은거한다).

그러나 도의국사의 남종선은 제자 염거(廉居)에게 전해졌고 이어 염거의 제자 보조체징(普照體澄, 804~880)대사에 의해 빛을 보며 꽃을 피우게 된다. (가지산문에서는 도의선사를 초조, 염거화상을 제2조, 보조선사를 제3조로 삼는다).

오늘날의 조계종의 시원은 가지산문이었고, 가지산문의 중심사찰이 보림사였던 것이다.

한국 불교의 참선은 오늘날, '명상'이라는 다른 이름으로 새롭게 개화기를 맞고 있다.

명상…. 현실적으로 지금 시대는 이른바 '명상시대'로 불리어지기도 한다. 유럽, 미국 등지에서 명상과 선(禪) 수행의 인구가 폭발적으로 증가하고 있다. 시대적 흐름을 반영한 21세기의 새로운 문화현상이 아닐 수 없다.

기실, 명상은 이미 유럽이며 미국 등지에서 새로운 문화 트렌드로 주목받고 있다. 명상의 대중화·상품화로 명상문화가 르네상스를 맞이하면서 웰빙, 웰리스 붐을 타고 요가와 참선 등 몸과 정신의 건강을 함께 아우르는 '마음의 산업' '명상산업'으로 발전하고 있다.

간화선(看話禪)을 전통으로 한 한국 불교계마저 전통적 수행인 '참선' '선 수행' 등의 용어 대신 '명상' '불교 명상'이라는 용어가 더 유행되고 있다. 최근 들어 전국 주요 사찰에서 운영하는 템플스테이에서도 주요 프로그램이 '차 명상' '자비 명상' '집중 명상' '걷기 명상' 등의 프로그램으로 공식화된 지 오래이다. 명상은 이젠 보편적인 마음수행의 공용어로 부상하고 있음을 상징적으로 보여준다.

혹자들은 또 선, 명상 등 수행문화 확산이 한국 정신문화 발전의 중요한 기점이 될 수 있다고 확신하기도 한다. 이러한 현상을 반영하듯 국내에서도 최근에는 요가센터, 명상센터가 우후죽순 생겨나고 있다. 어떤 지자체들은 명상문화 육성을 미래의 가장 비전 있는 관광산업으로 초점을 맞추기도 한다.

강원도 평창군 월정사는 2013년부터 총 사업비 295억 원을 들여 월정사권역 11만㎡에 명상센터와 숙박·체험시설, 상업시설 등을 갖춘 '오대산 자연명상마을' 조성을 추진하여 지난 2018년 7월 29일 개원했다. 천년고찰인 문경시의 봉암사는 국내 유일의 선 체험센터인 '문경세계명상마을' 조성을 위한 기공식을 지난 2018년 7월 13일 가졌다. 이 명상센터는 250억 원이 투입된다. 9만3,000㎡ 부지에 건축 연 면적만 1만1,000㎡ 규모이고 300 명을 동시에 수용할 수 있는 명상실도 구축되는데, 2021년에 개원하게 된다고 한다. 특히 장흥 보림사와 같은 구산선문의 사찰로 천년 참선 수행도량으로 일컬어지는 봉암사는 세계명상마을 조성으로 '세계 명상의 허브'가 되겠다는 꿈을 꾸고 있다.

사찰에서의 명상센타 조성의 붐…. 명상은 이제는 하나의 트렌드를 넘어 사회 구성원들이 스스로를 돌아보게 하는 사회 변화의 원동력이 되고 있다. 이러한 시대적 흐름에 따라 불교계도 기존 교리에 바탕을 둔 신앙과 신행에서 생활의 변화를 이끄는 수행 중심의 전환을 추진하며 명상 프로그램, 명상센터 조성 추세에 매우 적극적이다.

명상의 원류가 불교적 기반을 갖고 있으므로 당연히 불교적 관점에서는 현실과 연결하여 보다 전문화 되어야 하고 본질적으로는 근본적인 본성의 깨달음과 연결되어야 하겠지만, 우선적으로 대중적인 명상의 열정을 수용하고 있는 실정이다. 불교계도 명상이 이제는 시대적인 스트레스 문제와 아픔에 대한 치유의 대안으로, 21세기 물질문명의 극복 대안으로 떠오르고 있다는 점에 주목하고 있는 것이다.

장흥 보림사는 현대 한국불교의 시원이 되는 구산선문의 종찰로 현대 한국 불교의 원류인 선수행의 시원지이다. 그런데 보림사에서는 그동안 세계적인 명상센터는 고사하고 소규모 수행관이나 명상센터 조성을 추진하지 못했다. 참으로 안타까운 일이 아닐 수 없다. 이제부터라도, '세계적인 명상센터'는 관두더라도 하다 못해 '남도 명상의 허브'가 될 수 있는 명상센터 설립이 절실한 실정이다.

사실 그동안 지방자치제 출범 이후 단체장들은 너나없이 '보람사권 종합개발' 등의 공약을 남발하면서도(제대로 추진되지 못하고 공약空約에 그쳤다), 보림사 명상센터는 입을 꽉 다물었다. 그나마 다행히 민선 6기 들어 보림사 명상센터 조성을 추진, 지난 2017년 말에 간신히 쪽지예산의 통과로 8억 원 규모의 명상 힐링 센터 예산이 확보되긴 했지만 이 정도는 구색 맞추기에 급급한 계획과 졸속 추진이 아니었나 싶다.

평창군 월정사가 300억 원, 문경시 봉암사가 250억 원 규모인데 선문 종찰인 보림사가 100억 원도 아니고 50억 원도 아니고, 고작 8억 원 규모라니… 이게 구색 맞추기에 급급하고 형식적인 졸속 추진이 아니고 무엇이겠는가. 그런데 이마저도 풍력발전소 설립 문제로 사찰 내 부지가 아닌 사찰 밖 주차장에 설립이 논의되면서 지자체와 사찰 측이 갈등하는 등 선결해야 문제가 산적하여 지지부진한 실정이다.

보림사는 1,300여 년 전 구산선문의 종찰이었다. 구산선문의 제1문이었다. 당시만 해도 수행자가 경향 각지에서 구름처럼 모여들었다. 880년 체징이 입적할 무렵엔 800여 명의 수행자들이 머물렀을 정도의 선종의 대가람이었다. 지금의 대표 불교종단인 조계종의 시원이기도 했다. 그러므로 이 보림사의 명상센터 추진이라면 한국 최고가 아닐지라도 최소 남도 명상문화의 허브는 될 만큼으로 조성되어야 하지 않겠는가.

향후 미래세계에 문화관광의 최대 화두로 떠오르는 '명상문화'를 제대로 투시해야 한다. 그 '명상문화'의 원조 격인 보림사의 과거를, 그리고 21세기의 문화의 화두를 제대로 들여다본다면 최소 '50억~100억 규모의 명상센터' 추진한다고 해도 미흡하다 할 것이다.

장흥의 향후 관광문화의 대세를 좌우할 남도 명상 허브의 꿈을 꾸게 할 '보림사 명상센터'를 이제부터라도 원점에서 제대로 생각하고 또 생각해 봐야 할 것이다. 이번 명상센터 조성 추진을 시작으로 추가·보완적인 중장기 계획을 재추진하든지 해야 할 것이다.

탐진강 상시 관광명소로 변화된다

— 탐진강 명소화 사업에 2016~2019년 80억 투자한다

— 장흥신문/2017.12.15.

정남진 물 축제가 폐막되면서, 축제를 위해 조성한 축제장의 수영장 시설들을 지체없이 다 철거를 해버린 일에 대해, 이것이 잘못된 처사임을 뒤 번인가 이 지면에서 지적한 바 있다. 그런데 앞으로 그럴 일이 없게 됐다.

장흥군에서는 물 축제장 주요 무대인 탐진천변에 사업비 80억 원을 들여 다목적 물놀이장이며 음악분수, 징검다리, 생태습지 등을 2019년 완공을 목표로 지난 2016년부터 '탐진강 명소화 사업'을 추진해오고 있기 때문이다.

이 사업은 민선 6기의 주요 성과 중의 하나임은 분명하다. 사실 장흥군에서도 물 축제를 개최하며 가장 고민했던 것이 해마다 물 축제를 개최할 때마다 축제에 필요한 임시시설 등을 큰 비용을 들여가며 설치했다가 부득불 축제 이후엔 철거하는 등의 자원과 예산낭비였다. 이러한 문제 때문에 일각에서는 예산 낭비 등을 이유로 아예 물 축제 폐지를 극력 주장하기도 했다. 그런데 이제는 그럴 일이 없어졌다. 물 축제 무대인 천변에 다목적물놀이장, 음악분수, 징검다리, 바닥분수 등 물 놀이 주제의 다양한 인프라를 구축하고 있기 때문이다.

돌이켜 보면, 장흥읍의 탐진강 천변의 변화는 장흥군 발전의 궤와 함께 해오고 있다고 해도 과언이 아니다. 장흥댐이 축조되기 전 장흥읍 탐진강, 천변은 척박한 천변이었다. 해마다 홍수 때면 물이 범람했고, 겨울이면 잡초 밭으로 휑뎅그렁했다.

그러나 댐이 축조되어 홍수도 없어지고, 늘 일정량의 유지수가 흘러 내려 그 넓은 천변의 개발이 요구되었다. 이에 장흥군은 청정한 탐진강변을 보존하고 보다 나은 친수공간으로 유지하기 위하여 2004년부터 2008년 7월까지 장흥읍 평화교에서 부산면 부산교까지 4.92㎞ 구간을 친환경적인 군민 휴식공간으로 탈바꿈시켰다.

이 사업은 총사업비 80억 원이 투자된 사업으로, 첫 번째 사업으로 탐진강 둔치 장흥대교 밑 4천여 평(13.130㎡)의 천변구역을 자연형 하천 생태 습지원으로 조성했는데, 여기에는 자연형 연꽃방죽과 지압로, 목재 테크, 꽃창포를 비롯한 수생식물과 생태관찰로, 산책로, 분수 등을 조성했다.

이후로도 군의 탐진강변의 친환경적 공간 개발은 계속되었다. 퇴적오니 준설 7,110㎥, 식생호안 1.35㎞, 평여울 설치 3개소, 약 13만 2,000㎡의 면적에 길이 1.83km의 자연석 호안의 조성이 그것이다. 특히 정남진 물 축제 개최가 추진되면서 주무대가 된 장흥대교-정남진 하나로마트 부근의 구간에는 잔디구역, 광장, 주차장, 여울 등 군민들이 휴식과 운동을 위해 찾는 '친환경적 공간'으로 개발이 지속되어 '물 축제'의 주 무대가 되기도 했다.

또 2008년엔 4천850㎡ 규모의 석대보 광장과 물고기 체험장(629㎡)도 추가로 조성되기도 하였으며, 2011년부터 2013년까지 총 100억원의 사업비를 들여 장흥읍 석대보에서 부산교간 2.72km 구간에 수질정화습지와 평여울, 탐방로, 데크 등을 설치하고 호안을 정비하기도 했다

그럼에도 불구하고 이러한 탐진강 천변개발은 특히 물 축제장으로서 부족한 면이 많았다. 왜냐하면 축제 때마다 간이 수영장 등을 조성했다가 축제 이후에는 바로 철거해버리는 등 축제장 무대로서 예산 낭비와 항구적 물 놀이시설 부족 등에 대한 문제점들이 제기되어 왔기 때문이다.

민선 6기 들어, 이러한 탐진강변의 문제점을 극복하기 위한 추가적인 2차 사업이 추진되었으니, 이른바 '탐진강 명소화' 사업이 그것이다.

이 사업은 첫째, 탐진강을 활용하여 물놀이장, 음악분수, 바닥분수, 터널분수 등 시설을 구축하고 둘째, 장흥교 하부 징검다리도 확장·보수하며 셋째, 생태축을 연결하여 생물종 다양성 확보로 다양한 식생과 생태를 관찰하고 탁 트인 경관을 감상할 수 있는 습지 관찰로를 조성하고 넷째, 물놀이 공간과 바닥 패턴 디자인, 대지조형, 식재 등을 적절히 적용하여 항구적인 물 소재 인프라를 구축하는 사업이라고 한다.

이미 2016년에 28억5천만 원, 2017년에 25억 원, 내년엔 16억6천만 원, 2019년에는 9억9천만원 등 총 80억이 투자된다고 한다.

이 사업이 완공되면, 장흥대교에서 수중보까지 이르는 탐진강변 일대가 기존의 생태습지원, 물레방아 등의 수변시설과 연계하여 다양한 설비의 강변공원이 조성되면서 탐진강은 4계절 내내 장흥군민이며 외지 관광객들도 여가를 즐길 수 있는 상시 관광명소로 자리매김할 것으로 기대하고 있다.

이러한 탐진강의 변화가 바로 장흥군의 활력과 발전의 그림으로 연결되길 기대해 본다.

안중근 의사 사당, 성역화해야 한다

―기념관 조성, 주변 재정비, 사적지화 추진을

― 장흥신문/2017.09.08.

국내에서 유일하게 안중근 의사의 위패를 모셔놓은 사당이 장흥군에 있다. 즉 대한민국에서 유일한 안중근 단독 사당이 장흥군에 있다는 것이다.

국가에서도 안중근 의사의 애국을 기리는 등 난리 법석을 피우지만, 안 의사의 태생지도 아닌 전라도 장흥군에서 안 의사의 영정과 위패를 모셔놓고 제를 지내며, 추모제를 봉행해 오고 있다는 것이다.

이 해동사가 지난 2015년 5월에 전남도 문화재자료(제71호)로 지정됐다. 1984년 전남도 문화재자료 71호로 지정된 만수사에 포함돼 지정됐다. 당시 문화재 명칭은 '만수사'였으나, 장흥군에서 소유자와 협의해 '해동사'를 포함하도록 문화재 명칭 변경 신청서를 제출, 도 문화재위원회에서 역사적 가치를 평가해 분리해 지정하기로 했던 것이다. 당시 전남도는 해동사 등의 독립운동 사적지와 국난 극복 유산을 활용해 민족 통일과 동양 평화, 대중국 관광을 비롯한 문화관광 명소, 청소년 교육의 공간으로 발전시켜나갈 계획으로 밝힌 바 있고, 장흥군도 해동사를 우리의 바른 역사를 알리는 지역 역사·문화관광 명소로 가꾸고 청소년 교육의 공간으로 발전시켜나갈 계획이라고 밝힌 바 있었다.

그러나 그 이후 해동사에 대한 실체적인 군정의 변화는 없었다.

올 4월 8일(음 3.12), 장동면 해동사와 만수사에서 안중근 의사 추모행사가 개최된 바 있었다. (한편 안중근 의사와 관련, 장흥 죽산안 씨는 지난 2011년 관산읍 삼산리(우산도)에 소재한 정남진 전망대에 안중근 의사의 동상을 건립하기도 했다).

주지하다시피, 해동사는 1955년 장흥 죽산안 씨 문중의 발의로 건립하게 됐다. 당시 안 의사의 큰 딸 안현생(당시 대구 가톨릭대 교수)과 조카 안춘생(당시 육군 소장)이 영정과 위패를 모신 가운데 배향했다. 이후 사방 1칸 규모로 2006년 중건된 해동사는 3칸 팔작지붕 집으로 사당 내부에는 안중근 의사 영정 2점과 친필유묵 복사본이 보관돼 있다. 특히 당시 이승만 대통령의 글씨 편액인 '해동명월(海東明月)'은 해동사가 안중근 의사 단독 배향 사우로 유일한 사당이라는 사실과 함께 그 역사성을 증언하고 있다.

국내에는 안중근 의사와 관련하여 기념관 하나, 사당 한 곳이 있다.

안 의사는 한국 독립정신의 표상이요, 희망이며, 영웅이기에 그의 기념관이 있음은 너무 지당한 일일 터이다. 그 기념관은 지난 1970년 10월 26일, 서울 남산 자락에 세워진 안중근 의사 기념관이 그것이었다. 그러다가 지난 2010년 10월 26일 안중근 의사 하얼빈 의거 101주년을 기념하여 구 안중근의사기념관을 철거하고 기존의 기념관이 있던 자리에 높이 3층의 유비쿼터스식 새 기념관을 개관하였다. 그런데 기념관 못지않게 중요한 것이라면 바로 안 의사의 사당이라고 할 수 있다. 의미로 따지자면 사당이야말로 기념관 이상의 의미가 있다고 할 수 있다. 안 의사를 해마다 제례하는 곳이기 때문이다.

실제로 장흥의 죽산안 씨 문중은 지난 60년 간 해동사에서 묵묵히 안 의사를 제례해왔다. 그런 점에서 안 의사 사당인 해동사에 대한 의의는 더 이상 필설로 표현이 불가능할 지경이다.

최근 들어 전남도 교육청을 비롯하여 전남 도내 각 초중학교 등에서 해동사를 학생들의 산 역사의 교육 현장으로 활용하고 있을 정도이다.

이제 장흥군이 '안 의사 사당'에 대해 본격적으로 나서야 한다.

첫째, '안중근 의사 사당(사우)'을 주제어로 만들어야 한다. '안 의사의 사당' 어휘 자체가 독립적 지명어가 아니고 단지 해동사에 속해 있다는 사실 때문에, 외지에서 안 의사 사당을 찾기가 그리 쉽지가 않다. 도로 팻말이나 사당 입구까지 죄다 '해동사'라고만 표기되어 있어 무슨 사찰로 오인하기 쉽다. 이제는 독립 주제어부터 '안중근 의사 사당'과 '해동사'를 결합하여 홍보할 필요가 있다. 이와 관련, 인터넷 안내부터 안내표지판, 각종 장흥군 홍보물에 이르기까지 반드시 '안중근 의사 사당(해동사)'의 표기로 수정 게시될 필요도 있다.

둘째, 성역화 사업은 그렇다 치고, 사당 옆으로 '안중근 기념관'을 세워야 한다. 안중근 의사의 사당인 만큼 그 격에 맞는 정비는 물론 동시에 사당의 구실과 함께 이곳을 참배할 때 안 의사의 독립정신을 돌아 볼 수 있는 기념관을 조성해야 한다는 것이다.

이와 관련하여, 장흥군에서는 해동사에 대해 현재 개발계획에 대한 연구용역 중이라고 한다. 또 국비지원 등으로 2018년에는 예산 70억 원을 투입하여 재정비할 예정이라고 한다. 70억 투입으로 재정비한다면, 당초부터 재정비 차원이 아니라 장기적으로 성역화를 목표로 도지정문화제에서 국가사적 추진 등 성역화 사업을 추진한다면 더할 나위가 없을 것이다.

안중근 의사의 국내 단 한 곳의 사당인 해동사. 이제는 해동사만의 이름이 아닌 '안중근 의사 사당'으로 함께 해야 한다. 그리고 기념관 조성, 주변 재정비 등 사적지화 사업도 추진해야 한다.

다산 장약용은 강진 출생이 아니었으나, 그곳이 유배지였다는 사실만으로 다산서원을 전국의 명소로 만들었다. 안중근은 다산 못지 않은 다산 이상의 위인이다. 그 위인이 비록 장흥 출신은 아니지만, 장흥에서 유일하게 그분의 제례를 봉행해 온 그 빛나는 역사가 있다. 이 역사 하나만으로 충분히 '안중근 의사 사당'에서 나아가 '안중근 의사 성역'으로 승화시킬 수 있을 것이다.

장흥군, 노력항 재개항, 연안항 지정 올인해야

— 장흥신문/2016.08.10

정남진 물 축제가 막을 내렸다.

이제 50여일 앞으로 다가온 '2016장흥국제통합의학박람회'도 그동안의 준비와 노력으로 성공적으로 개최될 것이 확실시 된다.

지난 6월 27일, 김성 군수 취임 2주년 기자회견에서, 김 군수는 장흥-제주간 여객선인 오렌지호 운항이 중단된 점에 대해 아쉬움을 토로하고 "현재 장흥-제주 직항로인 노력항을 해양수산부에서 연안항으로 지정하는 심의를 진행 중이다. 여객선을 운항하지 않으면 연안항 지정이 어렵기 때문에 선사 운항 재개에 노력을 기울이겠다"고 말한 바 있다. 노력항 운항재개와 연안항 지정이 맞물려 있는데, 연안항 지정 심의는 올 하반기에 이루어지므로, 그 이전에 노력항 여객선 운항 재개가 이루어지지 않으면 연안항 지정도 물 건너간다는 의미다.

그러므로 '2016 장흥국제통합의학박람회' 개최며, 바이오식품산단의 미분양 문제 등 난제가 산적해 있지만, 이중 가장 시급한 현안은 바로 '노력항 여객선 운항재개와 연안항 지정'이 아닐 수 없다. 그런데 그간 현재 휴업 상태인 오렌지호 즉 제이에치페리의 휴업 만료 기한은 9월 30일이다. 따라서 이 기간 안에 운항을 재개하지 않으면 제주 성산포까지의 제이에치페리 운항 면허는 취소되는 상황이다.

노력항은 지난 해 10월 26일 이후 여객선 운항이 9개월 째 중단되고 있다. 제이에이치페리 여객선사는 작년 10월 임시 휴항에 들어간 이후 9개월 째 휴업에 들어가 있는 상태다.

선사 측에 의하면, 세월호 사고와 메르스 사태로 수학여행객이 대폭 줄어들면서 2014년부터 지난해 10월까지의 누적 적자가 53억 2천만 원에 달하는 것으로 알려졌다.

그리하여 선사 측은 운항 재개 조건으로 향후 4년간 적자 손실보전을 해줄 것을 요구하고 있는데 구체적으로는, 앞으로 매년 10억 원씩 3년간 30억 원을 지원해주고 4년차에도 적자 발생시 적자액의 50%를 지원해 달라는 요구를 하고 있다는 것이다. 물론 이에 대해 장흥군은 선사 측의 요구가 무리한 요구라는 판단이어서 이로써 선사 측과 타협점을 쉽게 찾지 못하고 있는 상태이다.

한편, 장흥군은 새로운 선사를 물색하고 있지만 타 여객 선사들이 참여를 꺼려해 자칫 운항 재개가 중단될 지도 모르는 실정이다.

노력항 여객선 운항이 중단되면, 연안항 지정도 어려울 것으로 보인다. 그러므로 이유여하를 불문하고 노력항 여객선 운항의 중단은 있어서는 안 된다. 노력항의 연안항 지정은 장흥군 미래의 바다산업에 획기적인 전기를 마련할 수 있다는 점에서도 이른바 '장흥군의 1백 년 대계'에 속하는 사업이라 할만하다. 연안항 지정 여하가 장흥 바다산업의 키를 쥐고 있다고 할 수 있는 것이다. 그러므로 노력항의 여객선 운항 재개와 연안항 지정은 필수불가결한 현안으로, 장흥군에서 최선의 노력으로 이 두 사업을 성사시켜야 한다는 것이다.

장흥군은 그동안 '어촌 정주항'이었던 노력항을 군비 140억 원을 들여 어업 활동 지원과 여객, 화물을 처리할 수 있는 시설로 확대하고 '노력항-성산포항'간 여객선을 투입하면서 연간 관광객이 40여만 명에 이르게 하는 등 장흥과 전남지역 관광활성화에 크게 기여해 왔다. 또 한국과 중국과의 교역증대로 화물선 물동량이 노력항에도 몰릴 것으로 전망되면서 전남의 서남지역의 대표적 연안항으로서 다기능항 구실이 요구되었다. 또 노력항은 여전히 어촌 정주항으로 실질적인 연안항 기능을 수행해 왔지만 실제로 항만의 접안시설이 비좁아 대형 선박은 한 척 밖에 정박할 수가 없고 여객 승하선과 화물 하역작업이 큰 불편을 겪어 오면서 연안항 지정이 절실히 요구돼 왔던 것이다.

이에 장흥군은 지난 2010년부터 개발계획을 수립했으며, 특히 지난 2014년 6월, 노력항을 국가가 관리 운영하는 '국가 연안항'으로 지정해 줄 것을 해양수산부에 건의했지만, 화물선과 위판장 시설이 갖춰지지 않았으며 예비타당성 조사 등에서 '국가 연안항' 지정의 충족 요건에 미달된다는 이유로 '국가 연안항' 지정을 미루어 왔다. 그러나 장흥군의 지속적인 건의로 현재 해양수산부에서 연안항에 따른 심의 절차가 진행되고 있는 가운데 올 하반기에 지정될 예정인 것으로 알려졌다.

노력항이 연안항으로 개발되면, 특히 항만 배후단지는 연구 등 일반 업무시설과 주거·숙박·관광·문화·복지시설 등이 입지할 수 있게 되고 관광객 증대는 물론 주민들에겐 정주여건이 크게 개선된다. 노력항이 연안항으로 지정되면 노력항은 화물과 여객수송 중심의 항만으로 탈바꿈하게 되면서 전남과 제주를 오가는 각종 물류비 절감과 관광 수요 증가에 기여, 관문항으로서의 큰 역할도 수행하면서 장흥지역 경제 활성화를 견인하게 될 것이다.

장흥군이 노력항 지정에 올인 해야 하는 이유인 것이고 이에 앞서 노력항 여객선 운항 재개에 온 힘을 기울여하는 이유인 것이다.

심천공원 일원, 장흥의 휴양명소로 거듭나야 한다

— 정남진 리조트, 오토캠핑장 - 시설 보완, 명소로 육성해야

— 장흥신문/2016.01.21

장흥군의 문화관광 수준은 어떨까.

정남진 리조트~심천공원에 장흥군의 문화관광의 얼굴이 집약되어 있다. 이곳에 가보면 현재 장흥군의 문화관광, 관광 산업화의 현실을 목도할 수 있다. 장흥댐이 축조되기 전 부산면 지천리였던 이곳 마을 터는 마을 위쪽으로 댐이 들어서면서 댐 바로 밑이라 주민들이 이주하게 되면서 마을 뒤로 심천공원이 들어서고 기역산 기슭으로는 정남진 리조트가 마을 터에는 운동장이 들어섰다.

장흥군이 이곳에 정남진 리조트를 조성한 것은 지난 2010년. 당시 군은 국비 10억 원을 지원받아 지금의 정남진 리조트를 조성했다. 숙박시설을 갖춘 현재의 리조트 본 건물과 실내체육관 그리고 리조트 앞으로 청소년 야영장 등이 당시에 축조되었다. 그리고 2013년에는 심천공원 부지 약 5만㎡에 전남도비 포함 20억 원을 들여 심천공원을 오토캠핑장으로 조성하게 된다.

당시 장흥군은 주 5일 근무제가 정착됨에 따라 레저활동과 휴양인구가 증가되고 있다는 판단으로 리조트에 이어 오토캠핑장까지 조성하였던 것이다. 즉 장흥군은 미래의 장흥 문화관광의 육성을 위해 2, 3년 새로 지천리 일원에 리조트와 오토캠핑장을 개장하게 된 것이라고 할 수 있다.

그 후 심천공원 오토캠핑장은 오토캠핑장의 명소로 알려지며, 매년 2만여 명이 찾을 정도로 장흥의 새로운 명소로 부상했다. 특히 캠핑족들의 숙박 야영시설에 적합한 넓은 캠핑 데크 30동과 이동식 주택 캐라반 4동(현재는 10동) 등 데크 별 전기 인입시설을 비롯하여 취사장·샤워장·화장실 등 각종 편의시설에 풋살 경기장, 간이 농구장, 물 놀이터, 벽천폭포, 바닥분수 시설도 갖추어져 캠핑족이 즐겨 찾는 명소로 거듭나고 있다.

그러나 아직도 부족한 점은 많다. 주변 나무의 관리 부실로 수목이 고사되거나 부족한 점, 캠핑장 입구에서 원거리 쪽에 설치 예정이었던 샤워장과 화장실의 미 조성 등으로 일부 캠핑족에겐 불편을 주고 있는 점 등이 그것이다.

리조트, 정남진 리조트는 어떠한가. 의욕과 추진의 시작은 그런대로 좋았다고 할 수는 있으나 개장 이후 시설 보완이 이루어지지 않아 타지의 유명한 리조트들과 비교우위에서 경쟁력이 없다고 할 수 있다.

'정남진 리조트'라는 간판도 당연히 네온 간판이어야 하나, 아직도 거무티티한 목 간판이다. 리조트 내에 당연히 설치되어야 할 세미나실 보완 설치도 이루어지지 않고 있다. 이 때문에 단체 숙박객들을 놓치는 경우가 많다.

리조트 건물 바로 앞에 설치한 청소년야영장은 데크 등 정비가 되지 않아 공지처럼 버려져 있다. 그리고 리조트 입구에서부터 운동장까지 강가로 펼쳐진 1만여 평의 부지에는 잡초 무성한 나대지로 내버려져 있다. 실내체육관 옆으로 뚫린 기역산 등산로는 정비되지도 않았거니와 잡초가 무성해 등산을 방해하고 있을 정도이다.

리조트 부근의 수목들은 관리가 되지 않아 고사되는 수목들도 많다.

10억 원을 들여 리조트라는 이름으로 개장되었다면 리조트다워야 한다.
리조트(Resort)란 원래 '보양을 위한 자리'라는 뜻으로, 장기간 체류하며 스포츠와 놀이도 즐기고 휴양하기 알맞도록 꾸민 곳으로 '휴양지'라고도 한다. 그리하여 숙박은 물론 스포츠 활동, 레저, 쇼핑을 한 번에 즐길 수 있도록 조성해서 어느 리조트는 '휴양지'라는 이름으로 조성되기도 한다.

보통 유명 '리조트'에는 풍광이 뛰어난 장소에 객실을 기본으로 하고, 수영장, 마사지실, 바, 노래방, 컨벤션홀 등이 구비되고 양식당, 커피숍 등 각종 편의시설의 구비뿐만 아니라 야외 체육시설이며 삼림욕장, 산책로 등도 조성된다. 즉 현대적 개념의 리조트는 저렴한 비용으로 다양한 여가, 체육활동과 편안한 휴식공간의 휴양지로 거듭나고 있는 것이다.

정남진 리조트는 바로 등 뒤로 기역산이 앞으로는 탐진강이 흐르고 있어 더없이 좋은 자연환경을 갖춘 곳이다. 여기에는 실내체육관도 있다. 제대로 정비만 한다면 충분히 활용이 가능한 청소년야영장도 있고, 축구며 족구, 테니스 등 체육활동을 할 수 있는 운동장도 있다. 바로 뒤로는 산책이며 가볍게 등산할 수 있는 기역산도 있다.
간판부터 네온 간판으로 바꿔달고, 세미나실(컨벤션 홀) 정도는 보완설치돼야 한다. 기역산 등산로도 제대로 정비해야 한다. 청소년야영장도 정비해야 한다. 그리고 1만여 평 공한지는 차라리 '야생화 공원'으로 조성하여 볼거리와 산책 등 휴식공간으로 활용하면 될 것이다.
리조트와 오토캠핑장이 결합된 심천공원 일원은 제대로 보완투자와 보완시설을 통해 장흥의 새로운 휴양공간으로 거듭날 수 있다. 그런데도 지금까지도 무관심 속에 그대로 방치되고 있다. 이것이 지금 장흥군의 문화관광의 수준인 것이다.

장흥, 남도 관광 1번지로 떴지만…

─ 유료관광은 빈약, 체류형 프로그램 개발 시급하다

─ 장흥신문/2011.10.11

장흥이 남도 관광 1번지로 급부상하고 있다.

여름철 전국 대표축제로 성장해가고 있는 정남진 물 축제, 제주뱃길인 노력항 개항, 산림치유의 메카 우드랜드, 한우 직판으로 유명세를 타고 있는 정남진 토요시장 등이 장흥 관광을 견인하고 있다. 노력항 개항 시, "장흥에 1천만 관광시대를 열겠다"고 확담한 이명흠 군수의 말이 허언으로 끝나지 않을 듯싶다.

장흥이 전남에서 가장 많은 관광객이 찾는 곳임을 한 조사연구 발표에서도 확인됐다.

지난 8월 12일, 전남발전연구원 오병기 책임연구위원이 발표한 '전남 관광 통계 및 관광 GRDP-지역총생산-분석'자료의 '전남 관광 방문객 추이(2008~2010)'에 따르며, 최근 3년 동안 장흥을 방문한 관광객이 3연속 1위를 차지했다.

3년 동안 줄곧 장흥을 찾은 방문객은 시 단위인 목포, 순천, 광양, 나주를 제쳤으며, '남도답사 1번지'라는 자부심이 대단한 강진도, 땅끝마을의 해남도, 월출산의 영암도 제쳤다.

2008년에는 장흥을 방문한 관광객 수가 7백28만4천 명으로 목포(5,957,000), 여수(7,002,000)보다 많았고, 군단위에서 두 번째로 많은 보성(6,628,000)도 제치고 수위를 차지했다. 2009년에도 7백28만2천 명으로 유일하게 7백만 명을 상회, 6백30만의 목포, 6백40만의 여수를 제쳤다. 그리고 지난 2010년에도 6백93만 명으로, 6백60만의 목포, 6백40만의 여수, 5백90만의 강진, 5백70만의 보성 등을 제치고 역시 수위를 차지, 3년 연속 최고 수위의 관광객 방문숫자를 기록했다.

광역시 광주를 제외하고 전남에서 장흥을 방문한 관광객 숫자가 가장 많다는 것은 그만큼 장흥의 관광문화가 크게 발전했다는 것을 단적으로 증명하고도 남는다. 물론 토요시장, 우드랜드, 노력항 등 새로운 관광자원이 그동안 장흥의 이미지 제고에 기여했으므로 장흥을 그 어느 곳보다 많이 방문했을 것이다. 무엇보다 토요일에 토요시장을 찾는 인파가 지속되었고, 게다가 제주뱃길 노력항을 방문한 숫자도 적지 않아 장흥을 찾는 관광객이 숫자상으로는 가장 많았던 것으로 기록되었음도 간과할 수 없을 것이다.

그런데 장흥을 찾는 관광객은 전남에서 가장 많았지만, 장흥에서 숙박을 하거나 식사를 하거나 하는 등 소위 장흥에서 돈을 쓰는 관광객은 그리 많지 않았다는 사실이다. 같은 조사의 '전남 관광 방문객 중 유료관광객 추이' 조사에서는 장흥이 4,4%로 8위에 그치고 있기 때문이다. 이 조사에서 유료관광객이 많은 비중을 차지하는 곳은 순천(16.5%), 해남(13.1%), 구례(12.2%), 영암(12.1%), 강진(7.7%), 목포 (7.0%), 담양(5.3%) 등이었다. 이에 이번 관광 GRDP 분석 자료는 우리 장흥에 중요한 것을 시사해준다고 할 수 있다.

일단, 장흥을 찾는 방문객이 그 어느 곳보다 많은 것은 좋은 현상으로 매우 바람직하지만, 대신 유료관광객 숫자의 비율이 낮다는 것은 바로 장흥군 관광의 현실을 그대로 보여준다고 할 수 있기 때문이다.

유료관광객의 비율이 낮다는 것은 장흥에서 관광객이 숙박업소를 이용하지 않고 당일 관광을 하기 때문이다, 장흥에서 오래 머물지 않고 스쳐지나간다. 따라서 체류형 관광 프로그램 등 대책 마련이 시급하고 잠재 관광자원을 효율적으로 개발하고 활용하는 방안이 시급하다는 지적이 나올 만한 것이다.

잠재 관광자원의 효율적 개발로는 곡성의 섬진강 기차마을, 담양의 죽녹원, 여수의 전남도수산종합관, 영암의 성기동관광지 등으로 이들 관광지는 이번 조사에서 최근 3년새 유료 관광객이 30% 이상이 증가했고 순천의 순천만, 구례의 화엄사, 장성의 백양사도 10~20% 증가한 것으로 나타났다.

장흥은 보림사, 장흥댐, 천관산, 정남진 해안, 탐진강 정자들, 동학유적 등 '여러 곳이 천혜의 자원'이라는 잠재력을 보유하고 있다. 그러나 이를 활용한 부가가치 창출은 아직 미진한 상태이다.

장흥이 관광을 미래 성장산업으로 육성하기 위해서는 이러한 잠재적 유·무형 관광자원을 발굴하고 개발과 효율적 관리가 시급하며, 또한 이들 잠재적 관광자원에서의 체류형 프로그램 개발도 매우 중요하다.

이번 조사를 마친 오병기 위원이 당부한 ①한옥, 해안, 산간지역 펜션 등 중소형 숙박업소 육성 ②관광기념품 생산·판매 및 지역별 대표 특산품과의 연계 ③다도해와 갯벌 등 자연자원과 결합된 상품개발 ④계절별 분산 유치를 위한 상품 개발 ⑤고령 인구와 다문화가정을 겨냥한 관광상품 개발 등의 주문에 대해 우리도 깊이 고심해 봐야 할 것이다.

'제4회 대한민국 정남진 물 축제' - 준비 이상 없는가

— 장흥신문/2011.06.20

오늘(6월 15일)로, '제4회 대한민국 정남진 물 축제' 디데이가 45일 후다. 오는 7월 29일부터 8월4일까지 탐진강 일원에서 개최되는 '제4회 대한민국 정남진 물 축제'(이하 '물 축제') 개최일이 45일 남았다. 그런데 장흥에서 가장 큰 행사인 물 축제가 고작 45일 앞으로 다가왔는데도 아직까지 행사 프로그램이 최종 확정되지도 않았고, 공식적으로 발표되지도 않은 상태이다.

지난해 12월 24일, 강진군과 장흥군은 각각 하계 축제인 청자축제와 물 축제에 대해 ▶축제 운영과 관광객의 편의제공을 위해 축제 기간을 통일하고 ▶두 행사장 간 셔틀버스를 운행하며 ▶공동 홍보마케팅을 추진하고 ▶축제 비용절감을 위해 행사 출연진의 일정을 같은 날로 잡는 등 '상생 축제'를 위해 업무협약을 맺어, 자치체 간의 출혈경쟁을 뛰어넘는, '상생'과 '상호 축제발전'을 도모한 바 있다.

해서 올해 '제39회 강진 청자축제'는 물 축제와 비슷한 기간인 7월 30일부터 8월 7일까지 개최된다. 개최 일로 보면 장흥이 먼저 개최하므로 관광객 동원에서 강진이 수월할 수도 있을 듯싶다.

아무튼, 강진의 청자축제는 물 축제와 역사, 발전 면에서 훨씬 앞서 있다. 그러나 강진 청자축제보다 30년 이상 뒤늦은 장흥 물 축제도 야심차게 출발, 해를 거듭할수록 성공적인 여름축제로 자리잡아가고 있다. 200만 소비자가 선택한 3년 연속 소비자브랜드대상과 KBS의 전국베스트 10대축제로 선정됐을 정도이고, 축제의 성격상 관광객 동원 면에서는 역사가 일천한 물 축제가 40년 역사의 청자축제를 앞지르고 있다고 해도 과언이 아니기 때문이다.

청자축제는 이미 지난 13일, 기획행사 10종, 전시행사 11종, 공연행사 10종, 체험행사 36종, 부대행사 31종, 총 5개 부문 101개 단위행사 세부 실행계획을 최종 확정, 발표했다. 그런데, 청자축제보다 앞서 개최되는 물 축제는 아직도 행사 내용이 공식적으로 확정되지도 않았다.

물 축제가 올해 처음으로 치러지는 것도 아니다. 올해가 4회째이고 그런 만큼 적지 않은 경험도 축적돼 있을 텐데, 아직도 행사 내용이 확정되지 못했다는 건 준비가 더딘 것은 아닌지. 아니면 지난 3번에 걸친 축제가 성공적이어서 너무 자만하고 있지는 않는지.

준비에 준비를 거듭해도 결코 과하지 않을 것이다.

거미도 줄을 쳐야 벌레를 잡을 수 있다. '준비된 자만이 승리한다(Victory Loves Preparation)'는 라틴 격언도 있다. 물 축제의 성공여부, 그것은 준비 여하에 달린 것이 아닌가.

올해는 물 축제가 강진청자축제와 같은 기간에 치러지게 된다. 청자축제장과 물 축제장은 거리가 20여분 거리에 불과하다. 이러한 까닭에 관광객 숫자, 운영 면, 프로그램 내용, 서비스 문제 등등 거의 모든 면에서 청자축제와 바로 비교가 되지 않을 수 없게 되므로 '물 축제의 경쟁력' 여부도 보다 분명하게 나타날 수 있을 것이다.

축제의 의미를 이른바 '난장판'에 둔다면, 장흥의 하계 물 축제는 애당초 시작부터 성공적이었다. 무더운 여름, 시원한 물과 함께 쉬고, 한껏 즐기고, 여유를 찾을 수 있는 '물의 축제'이기 때문이다.

청자축제가 정적(靜的)인 축제라면, 물 축제는 동적(動的)인 축제다. 그러므로 '물 축제'는 더욱 여름의 축제로서 더할 나위없는 콘셉트이고 주제임에 분명했다. 축제장도 도심을 가로지르고 있는 탐진강변이다. 바로 이웃해서 정남진 토요시장도 있으며, 더구나 축제장도 넓찍하고 긴 강변이 축제의 공간이 되면서 강과 절묘하게 잘 구성돼 있다. 이처럼 물 축제는 당초부터 주제, 장소 면에서 더할 나위없는 최적의 조건을 갖추었다. 여기에 독창적인 프로그램을 가미하고, 축제장의 프로그램과 어울리는 기본시설 등을 가미하기만 해도 절로 사람들이 모여들어 여름의 물 축제를 즐길 수 있게 돼 있었다. 이런 물 축제였으므로 1회부터 계속해서 3년 연속 소비자브랜드대상을 수상하며, 해가 거듭될수록 인파가 몰려드는 '발전하는 성공적 축제'로서 역사를 기록할 수 있었을 것이다.

그동안 물 축제에서 가장 보완이 필요했던 부분은, 성인들이 놀 수 있는 '물의 공간'이 거의 없었다는 점이었다. 물론 강안에서 맨손으로 고기를 잡는다든지, 뱃놀이를 할 수 있는 프로그램이 없는 것은 아니지만, 바닷가에서 군이 바다 속으로 뛰어들지 않아도 파도가 부서지는 얕은 해변에 발을 담그며 더위를 잊을 수 있는, 그런 형태의 물놀이 공간이 없었다는 점이었다. 그러나 전혀 불가능한 일도 아니다. 천변 계명아파트 앞의 생태소공원처럼, 폭이 그리 넓지는 않은 물줄기만 몇 군데 천변으로 반원 형태로 끌어들여 작은 여울 -어른 무릎께 차오를 정도의 물높이로- 같은 것을 몇 개 만들 수도 있을 것이다. 그 여울 가에서 누구나 편하게 바지를 걷어 올리고 물속을 거닐 수도 있고, 물가에서 가족끼리 물장구치며 휴식을 취할 수도 있을 것이다.

아무튼 제4회 대한민국 물 축제는 이제 그 성공 여부를 제대로 평가받을 수 있게 됐다. 그러므로 그만큼 더욱 시의적절하게 재대로 추진되는 충실한 준비가 필요하다는 것이다.

장흥의 문화관광 육성, 문제 많다

— 장흥신문/2006.09.13

현대문화는 한 마디로 인류의 비전과 상상력의 소산물이라 할 수 있다. 아랍에미레이트연합국(UAE)의 '두바이' 건설은 인간들의 새로운 도시문화에 대한 비전과 상상력의 극치를 보여주는 단적인 예라 할만하다. 반면 역사성에 기본을 두는 전통문화는 전승으로 일구어지면서 오늘날 또 하나의 문화로 구현되고 있다.

문화의 가치나 영속성은 경쟁력에 있다. 경쟁력 있는 문화는 살아남고 발전을 거듭하지만, 경쟁력 없는 문화는 일찍 고사되거나 짧은 기간만 살아남을 뿐이다. 최근 지자체마다 경쟁적으로 육성, 조성하는 관광문화도 결코 예외는 아니다.

그런 관점에서, 장흥군의 관광문화를 보면 아직도 멀었다는 느낌이다.

두 가지 실례를 들어보자. 지난 2004년부터 지난해까지 장흥군은 10억여 원의 예산으로 전통테마 마을인 장흥읍 평화리에 '관광민박마을 조성사업'을 추진했다. 그 결과 마을 가장 위쪽에 농악체험관이 들어섰고 마을회관 옆에 전통 한옥의 민박센터 등이 조성되었다.

그런데 일부 사업에서 적잖은 문제가 발생했다. 전통한옥으로 지은 농악체험관은 바닥에 보일러 시설을 하지 않은 채 바닥을 깔아 바닥에서 올라오는 습기가 갈 곳이 없어 천정이며 벽에 덕지덕지 퍼져서 곰팡이를 양산해냈고, 농악체험관인데도 체험관 안에 북이며 꽹과리 하나 마련하지 않아 체험관을 아주 놀리고 있는 실정이다.

또 마을 중앙에 건립한 민박센터는 크고 작은 두 개의 방으로 구분해 5, 60여 명이 한꺼번에 숙식할 수 있게 지었음에도 방안 벽면에 수도꼭지만 달랑 달아놓았고 2평 남짓한 결코 크지 않은 화장실에는 고작 변기 하나와 샤워기 하나만 매달아 놓아, 많아야 10여 명 남짓 숙박할 수 있게 해 놓아 올 여름 민박센터를 거의 운영하지 못했다고 한다.

또 이 마을의 상징이나 다름없는 방죽의 정비도 제대로 하지 않아 방죽에 물이 고이지 않아 애를 먹는다고 한다.

다른 것은 다 접어두더라도, 적지 않은 돈을 들여 시설한 농악체험관이나 민박센터가 무용지물이 되고 말았다는 것이다. 그런데도 지금까지도 별 뾰족한 대책도 세워놓지 않았다는 것이 더 큰 문제가 아닌가 한다. 군 담당자는 당초부터 주민들의 요구사항이 많아 설계를 몇 차례 씩 변경하다 보니 마무리 과정에서 예산이 없어 일부 사업에선 문제점이 발생할 수밖에 없다고 대답했다.

최근 들어, 도시민들을 겨냥한 체험·체류형 농촌관광산업이 각광을 받고 있으며, 여기서 가장 중요한 것은 민박 등 숙박시설이다. 관광민박마을 조성 사업도 그런 점을 고려하여 추진된 사업일 터이다. 그런데 많은 사람들이 슬쩍 지나치기만 할 뿐, 농악 등 전통문화를 직접 체험해보거나 단체로 숙박하기가 어렵다면 문제가 아닌가. 이런 상황에서 평화마을의 경쟁력 있는 가족단위의 체험·체류형 관광사업을 어찌 기대할 수 있겠는가. 여기서 우리는 장흥군의 부실한 문화관광 행정의 한 단면을 분명하게 엿볼 수 있게 되는 것이다.

문화관광에서 제대로 이루어지는 전통문화 전승도 중요하다. 우리 군의 전통문화 전승은 옛부터 문제점이 많았다. 그 중의 한 예로 우리 군의 중요한 자산이라 할 만한 무형문화재인 '제와장' 전수 및 전수관 조성, 가마터 보수 및 복원문제 등이 아직도 해결되지 않고 있어, 다시 한 번 우리 군의 전통문화 육성·전승에 대한 의지를 의심케 하고 있다.

지난 1988년 중요문화재 제91호로 지정된 장흥군 안양면 모령리 제와장은 한형준(74·제와장 보유자) 씨가 아직도 이수자를 결정하지 못하고 있는 상태인데 자칫 장흥의 제와장 전승이 무산될 지도 모르는 실정이라고 한다.

제와장 전승에 문제가 생기게 된 것은, 지난 2003년 한 씨 이수자로 내정됐던 하모 씨에게 제와장 부지 소유권이 넘어간 후부터였다. 그리고 한 씨가 문화재청에 하모 씨의 이수자 등록 취소를 요구하고 경상도 출신의 A모 씨를 이수자로 내정하면서 두 사람의 갈등은 증폭되기 시작했다. 즉 하 씨가 한 씨의 제와장 가마터 출입을 막고 가마작업을 방해하면서 전수활동도 끊기고 가마작업도 이후부터 중단되고 말아, 장흥의 제와장이 아예 없어질 위기에 놓이게 되었다는 것이다. 그런 상태에서 장흥군은 본질적인 문제를 해결하지 않고 지난해 군비 7천만 원을 들여 제와장을 매입, 가마터 1기를 추가 설치하고 전수관 및 전시판매장, 홍보관 등을 건립한다는 방안을 마련해 놓았지만, 여전히 한 씨와 하 씨의 갈등이 해결되기만을 기다리고 있는 상태여서 '장흥군의 무관심한 전통문화 행정'이라는 비난을 피할 길이 없게 된 것이다.

비전 있는 문화관광 사업 육성으로 경쟁력 있는 '관광장흥'을 만드는 일이나, 고유한 전통을 올바르게 전승·발전시키며 '문화의 고을 장흥'을 실현시켜 가는 일의 중요성은 백 번을 강조해도 지나치지 않을 것이다. 우리 모두가 희망을 갖는 것은 내일이 있기 때문이며 내일의 장흥을 기대하고 있기 때문이 아닌가. 이러한 우리들의 소중한 꿈을 잃지 않게 앞장서서 만드는 주인공들이 바로 장흥의 공무원들이 아닌가 싶다.

'정남진 여름'은 위대했다 … 더욱 위대해질 것이다

— 개발 추진되는 장흥의 대표축제에 붙여

— 장흥신문/2005.08.19.

지난 8월 16일 장흥군 대표축제 용역에 대한 최종 보고회가 있었다. 이날 목포대학교 문화관광산업연구소 이장주 교수는 장흥군의 대표축제 주제와 이미지를 3가지로 제안했다. 정남진, 물, 산이 그것이다. 그는 이 중에서 "물을 주제로 한 대표축제가 가장 선호도가 높았다"며, 장흥군의 대표축제를 '정남진 물 축제'로 추진하길 제안했다.

물 축제는 우선 이 교수의 지적대로 탐진강과 탐진호반 그리고 정남진 일대의 바다 등 장흥에서 풍부한 수자원을 모티브로 하여, 물이 선호되는 여름철에 치러질 수 있는 여름축제이다. 이 축제 기간에는 올해부터 여름방학을 맞아 선을 보인 호박나라, 장수풍뎅이, 쇠똥구리 등의 생태축제도 연계될 수 있고, 여기에 갯장어음식축제·개매기축제와도 이어진다. 또 바다와 강변, 호반 등에서 물을 주제로 한 다양한 이벤트를 연결시키면 충분히 성공적인 축제로 발전 될 수 있을 것이다.

그러나 물을 주제로 한 축제는 국내에서도 수자원이 풍부한 춘천, 양평 등 4곳에서 치러지고 있다. 그렇잖아도 경제적으로 낙후된 장흥에서 축제 소요 비용이 많이 드는 물 축제에서 비교 우위를 점하며 전국적인 경쟁력을 갖출 수 있을지는 의문이다. 또 쉽게 '장흥=물', '정남진=물'이라는 등식의 이미지는 어쩐지 생뚱맞아 보인다. 여름이면 뭐니 뭐니 해도 관건은 해수 피서 인파인데, 비록 주변 타지와 비해 풍부하고 수려한 수자원을 가지고 있다고 해도, 전국적으로 내세울 만한 경쟁력 있는 해수욕장이 없는 장흥에서, 부산 광안리만큼 또는 대천만큼 또는 춘천만큼 그 많은 피서 인파들을 끌어들일 수 있을까.

그럼에도 불구하고, 물 주제의 축제는 기간이 여름이고 방학계절이라는 것 그리고 올해부터 그간 축제가 별로 없던 여름철에 학생들을 대상으로 여러 가지의 생태·체험형 축제들이 열리고 있다는 점에서 달리 선택의 여지가 없게 한다.

문제는 이 축제의 기본 틀인데 명칭을 기억하기 쉽고 친근하게 기억되고 선호될 수 있도록 장흥의 새로운 이름으로 급부상한 '정남진'을 따 아예 '정남진 물 축제'로 하고 그 축제의 주제를 물과 자연에 또 한 가지 '빛'을 더해 '물+ 빛'의 주제의 축제로 하면 어떨까 싶다.

물의 축제는 낮에 치러지고 밤이면 빛의 축제가 열린다. 탐진강변이나 탐진호반에서 열릴 수 있는 등불축제, 형형 색깔의 분수 대축제도 그렇거니와 내년부터 문을 열게 될 억불산천문과학관의 별자리 여행도 연계할 수 있다. 억불산 사자산 제암산의 도깨비불 축제로 빛의 휘황찬란한 향연을 열 수도 있다. 등불에서는 천년고찰 보림사의 문화와 전통이 이어지고 분수향연에서는 현대적이고 우주적인 이미지가 가미되며 도깨비불에서는 장흥의 지리, 생태적인 의미가 가미될 수 있다.

탐진강, 정남진, 동학, 천관산, 보림사, 정자 등 장흥이 가지고 있는 문화관광 자원은 대부분이 쉽게 볼 수 있는 일반적인 것이다. 그동안 장흥이 전국적인 대표축제나 관광명소를 키워내지 못한 것은 이 때문이다. 어차피 현대적 의미의 성공적인 축제들은 대게는 함평처럼 무에서 유를 창조해낸 것이거나, 강진의 청자축제처럼 유에서 유를 더해 더욱 강한 유를 만들어낸 것들이다. 그런데 무에서 유를 창조해 내기는 매우 어렵다. 발상이 기막히지 않으면 안 되기 때문이다. 유에 유를 더해 강한 유를 만들어내는 일은 그보다는 조금은 쉬운 일이고 그러나 보다 역동적일 수 있다.

이장주 교수가 제안한 물 주제의 축제는 유에서 유를 더하는 일이다. 여기서 그 '더하는 유'가 문제이고 성패를 좌우하는 첩경이 될 수 있다. 사실상 축제가 판치는 요즘 세상에서 축제의 주제나 이미지만이 결정적으로 중요한 게 아니다. 보다 중요한 것은 내용이다. 이미 축제가 지천으로 널린 세상에서 이름이나 주제로 승부를 내기란 무척 어렵지 않겠는가. 문제는 지역의 축제이므로 지역 사람들에게 경제적으로나 정신적으로 도움을 주고, 그 축제로 하여 지역의 이미지도 제고하고 삶의 활력에 도움을 주면 된다.

올 여름의 장흥은 위대했다. 토요시장이 7월에 개장되면서 7월 이후 매주 토요일이면 개장 기념공연이 잇달아 펼쳐졌고, 개매기·갯장어 축제에 이어 호박나라 등의 생태 축제가 연이어 열리면서 장흥을 찾는 사람들이 예년에 비해 한층 많아졌다. 외국인들도 상당수 다녀갔다.

여름철 장흥 관광에 대한 이미지가 한층 좋아지고 있음은 분명해 보인다. 이러한 분위기를 살리고, 더욱 내년부터는 탐진호반, 물 테마파크, 억불산 천문관 등도 '장흥 여름'에 이름을 올릴 판이니, 이러한 것들을 한데 모으거나 연결하고 새로운 것들을 더 붙이고 해서 정남진의 여름 대향연, 물과 자연과 빛이 어우러진 위대한 정남진의 여름을 창출해 볼만 한 것이다.

이제는 우리 모두 힘과 지혜를 모아, 위대한 정남진의 여름이 더욱 위대해 질 수 있도록 여름의 대표 축제를 창출할 때이다.

그린 어메니티 활성화 방안 모색돼야 한다

— 장흥신문/2005.05.31.

장흥의 비전이 장밋빛으로 변할 수 있는가. 여전히 재정자립도가 최하위 그룹에 속하는 우리 군이다. 산업 환경도 여전히 열악하기 짝이 없다. 인근의 타 지자체들도 산업 환경이나 재정자립도 면에서 우리와 크게 다를 것 없지만 그래도 그들은 민선 이후 그들 나름대로 문화관광 면에 많은 투자를 하며 경쟁력을 강화하고 기반을 다져와 우리 보다 몇 발 앞서 있음은 숨길 수 없는 사실이다.

그렇지만 민선 3기 들면서 우리 군도 많은 변화를 겪고 있다. 천관산 문학공원, '정남진'이라는 컨셉에 의해 또는 농어촌 체험관광이나 한승원 해산토굴 탐방 등 다양한 문화관광 자원의 부각으로 이전보다 많은 관광객들이 찾고 있다. 이 중에서 기존의 관광자원이라고 볼 수 없는 농어촌 체험관광은 지금 우리에게 희망을 주는 요소 중의 하나라 할 수 있다.

장흥읍 평화리 전통테마마을, 용산면 운주리 녹색체험마을, 관산읍 천관정보화마을 등이 바로 그 실증적인 예이다. 여기에 수문리·용곡리의 키조개 정보화마을도 1, 2년 후면 농어촌 체험관광 부류에 속하게 될 것이다. 이처럼 최근 들어 장흥의 관광을 주도해 가는 농어촌체험 관광에서 농어촌 관광의 비전은 '그린 투어'나 '그린 어메니티' 활성화에 있음을 거듭 확인하게 된다.

사실 이들 네 곳의 마을 외에도 우리 군 어느 마을이나 간에 청정 농수산물 및 생태·휴양자원 등 다양한 '그린 어메니티(Green amenity. 녹색 향토자원)'를 보유하고 있어, 장흥은 웰빙 시대에서 최적의 녹색 휴양공간으로 관광자원화 할 수 있다는 사실을 우리는 인식해야 한다.

더구나 7월부터 개설되는 '정남진 토요시장'이 농어촌 체험, 지역 특산품 판매, 도농교류 등 그린 어메니티와 연결되면 더할 나위 없이 우리 군의 획기적인 농어촌관광의 경쟁력은 제고될 것이다. 그러나 아직까지 이러한 '그린 어메니티'에 대한 집중적이고 체계적인 접근이 없어 아쉽다.

이를테면, 우리 군이 그린 어메이티를 활용, 희망찬 미래를 일구고자 한다면 '농어촌, 산촌·어촌 어메니티를 이용한 그린투어 활성화 방안'이라든지 '출향인 대상으로 은퇴 후 고향에서 보내기 서명운동' 등 그린 어메니티를 체계적으로 활성화시키는 구체적인 방안들이 모색될 필요가 있다는 것이다.

또 각 마을 별로 독특한 주제를 꾸준히 개발해 '신성장 농촌 어메니티'의 선두 주자로 자리매김 될 수 있는 방안, 마을환경 개선과 도시민 유치 방안 등도 모색되어야 한다는 것이다. 장흥의 문화관광에서 '그린 어메니티'야말로 장흥 관광의 새로운 비전이 될 것임을 확실히 인식해야 할 것이다.

‘정남진 장흥’의 대표축제 만들자

— 용역에서 대표 축제가 창출되길

— 장흥신문/2005.04.07.

“‘정남진 장흥 축제!’ -제암산 철쭉화원에서 철쭉 향연을, 청정해역 정남진 수문항에서 키조개 음식 잔치를, 밤이면 탐진강변과 탐진 호반에서 등불의 향연을, 예양공원 문화회관에서 전통가무악의 향연을 그리고 장흥 벌에서 장흥 전통의 고줄놀이와 남도풍물인 버꾸농악과 남도민속 한마당을, 억불산 산정 천문과학관에선 별들의 향연에 참여하십시오! 그리고 전국 초유의 정남진 토요시장에서는 가족과 함께 토요시장 특별 이벤트에 참가 하십시오!”

내년쯤이면 이런 내용의 홍보 문구가 가능해질까.

최근 들어 장흥의 대표축제에 대한 말들이 분분하다.

지난해부터 김희웅 번영회장은 탐진댐 통수기념일을 ‘물의 축제’로 승화해 장흥 대표축제로 만들어야 한다고 주장했다. 또 백광준 군의회의장은 ‘보림문화제’와 연계해 탐진강을 중심으로 한 ‘장흥 등불축제’를 장흥의 대표적인 축제로 만들어야 한다고 주장한 바 있다.

또 최근 장흥읍 박종화 의원은 5월에 개최되는 ‘군민의 날’과 ‘보림문화제’를 분리, 체육경기 등은 ‘군민의 날’에 시행하고 ‘보림문화제’는 고줄놀이, 버꾸농악 등 민속축제로 만들면서 여기에 가무악제전, 제암철쭉제, 키조개축제 등을 가미하여 경쟁력 있는 ‘장흥 보림문화’ 축제로 만들어 장흥의 대표축제로 만들어야 한다고 주장했다.

여기에 부채질 한 것은 모 통신사의 '봄만 되면 한숨 쉬는 장흥군'이라는 보도 기사였다.

이 기사는 "축제의 계절인 4, 5월만 되면 전남지역 일선 시군들은 손님 맞기에 여념이 없지만 전남 장흥 사람들은 오히려 속이 탄다. 전남 대부분의 지방 자치단체들이 지역을 대표하는 봄 축제를 만들어 관광자원을 개발하고 지역경제를 활성화시키고 있지만 장흥은 여기서 비켜나 있기 때문이다"라는 리드 기사를 중심으로 장흥은 아직도 '뚜렷이 내놓을 만한 관광 이벤트가 하나 없다. 보림문화제, 제암철쭉제, 천관산억새제, 갯장어음식대축제 등 8개 정도의 이벤트가 치러지지만 정부로부터 유망축제로 지원받은 것은 하나도 없다'는 등의 내용을 보도했다.

이같은 민의를 반영하듯 최근 군에서도 장흥대표 축제에 대한 용역을 준 것으로 알려졌다.

어차피, 추세는 대표축제를 만든다는 데로 대체적인 합의가 이루어져 가는 듯싶다.

대표축제에 대한 방향은 기존 보림문화제를 보완하여 대표축제로 만들 것이냐 아니면 전혀 새로운 대표축제를 만들 것이냐로 모아진다.

보림문화제 등을 폐지하고 새로운 축제를 만들어 내는 일은 적절치 못하다는 지적도 있다.

이들은 보림문화제를 '경쟁력 있는 문화축제'로 대폭 수준을 높이고 여기에 사람들을 끌어 모을 수 있는 축제 프로그램을 가미하는 것이 좋다는 생각이다.

단지 축제 이름은 바꿀 필요도 있으며 이 경우 장흥의 새로운 이미지인 '정남진'을 내세우면 된다는 생각인 듯하다. 그리고 내년에는 상시 열리는 정남진 토요시장 축제를 여기에 더하고, 물의 축제라든가 등불축제라든가 하는 프로그램들도 이 축제에 모으면 된다는 생각인 듯하다. 그렇게만 된다면 장흥도 충분히 경쟁력 있는 장흥의 대표축제 하나를 만들어 갈 수 있다는 것이다.

전혀 새로운 대표 축제를 만들어야 한다는 사람들은 전통의 보림문화제는 '군민의 날'과 함께 치러지므로 예년처럼 군민 위주의 화합을 위한 축제로 업그레이드 하면 되고, 이와 별도로 보다 경쟁력 있는 대표축제를 만들어야 한다는 주장이다.

군민의 여론 수렴이 중요할 듯싶다.

또 장흥군에서 추진하고 있는 용역 결과에서 이런저런 논의도 충분히 반영되어 어떤 형태로든 장흥의 대표축제가 만들어지길 기대해 본다.

억불산 일대, 경쟁력 있는 관광지로 개발 필요

— 장흥신문/ 2004.01.29.

새해 들어 장흥의 억불산이 언론에 자주 등장하고 있다.

올해 들어 억불산이 중앙언론에 처음으로 등장된 것은 지난 1월 7일 동아일보 등 중앙지 광주 전남판에서였다. 그 내용인즉, 전남도가 장흥군 억불산(518m) 정상에 30억 원을 들여 지름 8m의 초대형 망원경 돔과 태양계, 달, 별자리 등을 입체적으로 볼 수 있는 체험관 등으로 이루어진 천문과학관을 짓는다는 것이었다.

억불산이 다시 한 번 외지에서 보도된 것은 1월 9일, 전남도청 홈페이지 도정뉴스에서였다. 이 내용에 의하면, 전남도는 장흥 억불산과 고흥 비봉산에 산림욕장 2개소를 신설하기로 한 것이다. 이 보도에 따르면, 전남관광 활성화 시책과 본격적인 주 5일 근무제 실시에 즈음하여, 휴양인구를 위한 산림 휴양시설을 유치하기 위해 모두 27억 원을 투자, 강진 주작산 휴양림 1개소와 고흥 비봉산, 장흥 억불산 등 산림욕장 2개소를 신설하고 현재 운영 중인 휴양림, 산림욕장에 대해서 노후시설을 보수하고 편의시설 보강 등을 통해 산림휴양 관광객을 흡수하는 데 지원을 강화하겠다는 것이었다.

이 같은 전남도 시책에 의해 억불산에 천문과학관 건립에 이어 산림욕장도 개설된다면, 최근 장흥의 새로운 관광 상품으로 떠오르고 있는 호도박물관과 연계되면서 억불산은 장흥군의 새로운 휴양·관광 거점으로 부상하게 될 것으로 전망된다.

더구나 사자산에는 올해부터 전남도와 장흥군이 의욕적으로 추진하는 생약초 테마파크가 들어서게 된다. 여기에는 생약초식물원(약용식물원), 주말농장, 생약초 목욕탕 등으로 구성된 약용식물 테마파크가 바로 억불산과 몇 분 거리인 지척에 조성되는 것이다.

현재 전남도·장흥군이 추진하는 이런 사업들이 계획대로 추진될 경우, 억불산·사자산 일대는 천문과학관, 산림욕장, 귀족호도박물관, 남도대학, 기양사, 생약초테마파크 등이 반경 1,2㎞ 내에 자리하고 있어 이곳 일대는 '경쟁력 있는 장흥의 새로운 관광명소'로 거듭나게 될 것이 확실시 된다.

이에 따라, 일각에서는 이미 지난 해 말 40억 원의 예산이 확보된 '장흥 청소년수련관'을 억불산에 조성, 억불산의 관광 경쟁력을 강화해야 한다고 주장하고 있어 귀추가 주목된다.

청소년수련관은 지난해 장흥군이 현안사업으로 추진, 국비 30억, 도비 8억 등 총 40억 원의 예산을 확보한 사업으로, 그동안 담당 부서에서는 대덕읍의 청다리 저수지 부근에 조성을 추진해 온 것으로 알려졌다.

"전남도가 산림욕으로서 천혜의 조건을 가지고 있는 억불산에 산림욕장을 개설키로 한 것은 매우 고무적인 시책이 아닐 수 없다. 차제에 장흥군에서도 억불산에 산나물·버섯채취·밤줍기·야생화 관찰 등 생태체험프로그램을 운영할 수 있는 '자연관찰학교'를 개설하고, 이와 함께 입지선정이 확정되지 않은 청소년수련관도 억불산에 유치한다면 더할 나위 없을 것이다. 왜냐하면 이렇게만 되어도 억불산은 천문과학관과 산림욕장에 이어 기존의 남도대학과 호도박물관 그리고 여기에 자연생태학습장과 청소년수련관 등이 구비되므로 학생, 청소년 계층의 관광객을 대거 흡수하면서 장흥의 새로운 관광메카가 될 수 있기 때문이다."

이는 김희웅 번영회장의 말이다.

우리는 여기서 집중과 분산이라고 하는 의미와 효과를 새삼 생각하게 된다.

특히 비교 우위의 경쟁력 확보가 관건인 문화관광에서 분산과 집중의 의미는 엄청난 차이가 있다.

균형도 좋고, 부지 선정의 편리성도 좋다. 그러나 문화관광은 마치 하나의 '상품' 같은 것이어서, 그것을 어떻게 가꾸고 포장하느냐에 따라 그 상품성의 가치나 경재력, 생존성 여부도 크게 좌우되기 마련이다. 사자산 기슭은 어차피 생약초테마파크 입지로 결정된 바다. 그리고 마침 전남도에서 사자산 지근거리인 억불산을 주시하고 있다. 장흥군에 높은 산들이 많이 있지만 아마 장흥읍내 그리고 전남 서부권과 동부권을 연결하는 목포~광양간 2호선 국도에서 불과 2, 3분 거리의 산이라는 점, 배롱나무 군락지, 100ha이상의 편백나무 조림지, 철쭉, 진달래 군락지 등 빼어난 생태자원 등 산재한 자원을 갖춘 좋은 입지로 생각했을 터이다.

그래서 여기에 천문과학관과 산림욕장을 조성하겠다고 나선 것일 게다. 또 농업기술센터에서 평화1구에 2억 5천여만 원을 들여 농촌전통 테마마을을 조성한다. 그리고 장흥토종식물인 귀족호도박물관도 억불산 입구에 있어 또 하나의 볼거리를 제공할 것이다.

남도대학 캠퍼스는 도서관 등 학문의 전당으로서 활용뿐만 아니라 레저·휴향객들을 위한 운동, 체력장으로서 유효하게 활용될 수 있다. 근처 사자산 기슭의 기산 마을에는 가사문학의 효시인 기봉 백광훈 선생 출생지로서 기양사 등 관련 유적들이 산재해 있어 이 또한 '포장' 여하 따라 또 하나의 문학상품이 될 수도 있다.

이처럼 사자산·억불산 일대는 어렵지 않게 구축할 수 있는 관광자원들이 즐비한 곳이다. 일각의 주장처럼, 여기에 청소년수련관을 유치하고 학생들을 위한 자연생태학습장이나 또는 체력훈련장 같은 것도 구비한다면, 이곳 일대는 관광지로서 경쟁력은 가일층 배가될 것이다.

길은 결코 먼 데 있지 않다. 우리가 지역 이기주의를 버리고 얼마큼 순수하게 공익을 위하느냐 여부에 따라 길은 가까이에 또는 먼 데 있기도 한 것이다.

누가 장흥 동학을 외면하는가

— 장흥동학은 忠·義, 義·忠이 공존한 전국 유일의 문화유산

— 장흥신문/2003.05.13

이번 제 33회 군민의 날 및 보림문화제는 그 개최 횟수 '33'이라는 숫자가 말해주듯 역사와 전통 면에서만큼은 국내 어느 곳에도 뒤지지 않는 문화행사임에 분명하다. 그리고 이번에는 여러 민속행사들을 곁들이긴 했지만, 아쉽게도 여전히 우리 고을만의 축제요 잔치로 막을 내렸다.

차제에 우리는 전국적으로 경쟁력을 갖는 문화제 하나 만들어내지 못한 우리의 문화적 현실에 대해, 우리의 장흥문화에 대한 결핍된 인식을 함께 통찰해 보고자 한다.

지난 해(2002년) 본지 8월 26일자 신문에서, 한 소설가의 '장흥의 문화·관광 자원화 방안'이라는 장문의 원고가 한 지면을 할애하여 게재된 적이 있었다. 한편의 논문이라고 해도 과언이 아닐 정도였던 이 글은, 누가 봐도 기고자만이 가질 수 있는 장흥문화관광 분야의 노하우를 십분 발휘한 장문의 글이었다. 기고자는 이 논고에서 구체적으로 장흥의 문화관광의 비전을 제시하였고, 장흥문화관광 자원으로 역사와 문화 유적권, 탐진강문화권, 유교문화권, 문학관광권, 도자문화권 등 10여 가지를 내세웠다. 또 이 권역별 자원에서도 무려 30여 가지의 크고 작은 자원들을 소개했다. 그러나 아쉽게도 이 기고자는 이 글에서 장흥역사의 중요한 한 흐름이었던 '장흥동학'을 장흥의 문화자원에서 외면하고 말았다. 장흥문화와 역사에 통달한 이 기고자가 결코 실수했을 리는 없다. 의도적으로 외면했을 것이다. 그의 인식 자체가 그러했으므로.

지난 해(2002년) 3월 17일, 장흥읍 탐진강 변에서 10만 마리의 연어치어 방류행사가 있었다.

탐진강 연어 치어 행사는 이때가 처음 시도된 것으로, 주최 측은 이 행사에서 동학농민군 및 희생된 관군의 넋을 달래는 이애주 교수(서울대)의 진혼무를 강변 석대들에서 펼쳐, 회귀하는 탐진강 연어 방류의 의미를 더했다.

당초 주최 측은 이애주 교수의 갑오 동학농민군에 대한 진혼굿을 기획하면서 기왕에 동학농민기념탑과 영회당 두 곳에서부터 화해와 상생의 씻김굿을 시작하여 탐진강 변에서 107년 만에 국내 제일 춤꾼을 통해 '화해의 갑오 진혼굿'을 보여준다는 계획이었지만 지역의 일부 인사들의 적극적인 반대에 부딪쳐 결국 석대들 앞에서 장흥 동학 관련 걸개 그림을 세워 놓고 진혼굿을 펼치는 것으로 행사를 진행하고 말았다.

지난 4월 29일 중간보고형식으로 발표된 '장흥비전 2010 개발계획'의 문건에서도 장흥동학은 철저하게 외면당해 있었다. 이 장흥의 비전에서 '주요연계 관광자원 정비방향'의 하나로 제시한 '북부 산악권·장흥향교 활용방안'이라는 내용에서도 장흥향교를 활용한 관광 육성책이 제시되었지만, 장흥동학은 언급되지도 않았다.

이들에게 장흥동학은 애써 기피할 수밖에 없는 '미신 같은 것쯤'으로 치부되고 있는지도 모른다. 다른 이들도 아닌, 평소에 장흥을 가장 잘 안다고 자부하는 이들이 왜 장흥동학을 기피하는가. 그들에게 그처럼 장흥의 문화를 왜곡하고 장흥의 역사를 멋대로 적당히 수식해 버려도 될 권리가 있기라도 하는가.

장흥동학에서는 의(義)와 충(忠)이 공존한다. 해서 쉽게 남들처럼 의(義) 하나만 조명할 수 없을 것이다. 타지에서야 의(義)만 있었으므로 그 의가 쉽게 조명되었고 진작부터 문화상품으로까지 빛이 날 수도 있었을 것이다. 그렇다고 언제까지 의와 충이, 충과 의가 상충되어 있을 수는 없다. 의와 충, 충과 의는 절대로 상반된 가치가 아니기 때문이다. 이 둘은 때로 서로 상충되지만 때로 서로 보완하고 수수(授受)하는 상호적 가치이다. 또한 주종(主從)의 상대적인 가치개념도 아니며, 단지 경우에 따라 우선순위의 개념일 뿐이다. 어느 때는 충이, 또 어느 때는 의가 앞서는 전도(顚倒) 가능한 가치일 뿐이다.

당대는 불가피하게 서로 상충된 가치로 존재했지만, 이제는 서로 보완하고 수수하는 가치로 거듭날 때이다. 장흥동학의 중요성 그리고 장흥동학이 충분히 전국적인 문화자원이나 문화관광 상품으로 빛어질 가능성이 큰 것은 바로 장흥동학에서 충과 의가 공존했기 때문이다.

역사는 있는 그대로 수용되고 조명되어야 한다. 역사 앞에서 진실할 때 비로소 '장흥은 장흥다운 장흥'으로 존재하게 된다. 더구나 그 역사의 한 페이지가 전국의 어느 동학에서도 볼 수 없는 충과 의가 공존한 동학인 바에야, 어찌 이를 외면해야 한다는 말인가. 그것도 감히 자칭 '장흥의 선각자며 대표적인 문화인'이라 자처하는 분들이 말이다.

이제라도 거침없이 장흥동학을 만천하에 당당히 드러낼 때이다. 얼마 전 교촌리의 천도교장흥교당이 도지정문화재로 지정 받았다.

이제, 장흥동학 정신의 맥이 흘러온 그곳을 장흥동학의 성지로 만들어 가는 일은 우리들의 몫임에는 분명하다. 더 나아가 이제부터는 영회당도 도지정문화재로 지정 받을 수 있도록 우리 모두 힘을 모아야 한다. 이제부터 전국의 어느 곳에도 없었던 '충과 의, 의와 충의 장흥동학'을 만천하에 드러내놓고, 해마다 화해와 상생의 굿판, 구천을 떠도는 우리 선조들의 혼백을 어루만지는 평화의 씻김굿판도 펼치면서 우리 삶 곳곳에 똬리를 틀고 있는 갈등과 대립의 마음들도 훠이훠이 풀어내면서 장흥동학을 장흥의 신명난 문화축제로 만들어 가야 한다.

바로 이것이 갑오동학혁명으로부터 한 세기를 훌쩍 뛰어넘어 장흥 땅에 살아가는 후손들인 우리의 할 일이 아니겠는가.

토요시장 개장 운영 준비, 더욱 치열하게

— 장흥신문/2005.05.31.

7월 초 개장될 예정인 전국 최초 주말시장인 '정남진 장흥 토요시장' 개장 한 달을 앞두고 잡음이 들리고 있다. 이른바 점포 배치 과정에서 일부 입주 상인들의 자리다툼과 특정인의 이권개입이 빚어지면서 혹여 개장에 차질을 빚지 않을까 우려된다.

'정남진 장흥 토요시장'은 우리 군의 희망이다. 그러나 일각에서는 그 엄청난 재원(75억원)을 투입해 조성한 토요시장의 활성화에 의문을 제기하기도 한다. 해서 1년에 한두 번도 아니고 매주 치러지는 토요시장에 대해 그 성패를 떠나 우려의 시각으로 바라보기도 한다. 그런데 벌써부터 입주 상인들 간의 자리다툼마저 빚어지고 있다고 한다. 또 어느 특정인의 압력행사도 사실이 아니길 바라지만, 만일 사실이라면 더욱 큰 문제가 아닐 수 없다.

우리는 '정남진 장흥 토요시장'이 지역경기 활력을 주도하면서 우리 군의 희망이 될 것이라는데 이론은 없다. 더욱 주 5일 근무제와 맞물려 시행되고, 특히 웰빙이 국민생활 속에 깊이 뿌리박혀가고 있는 시점에서 추진되는 사업이기 때문에 더욱 그러하다.

생각해 보자. 주말마다 전국 최남단의 땅, 무공해 청정지역인 '정남진'에서 치러지는 토요시장이다. 단순히 먹고 파는 시장이 아니다. 장흥지역의 모든 전통문화를 보여줄 수 있는 풍물시장이요 민속시장이기도 하며, 무공해 청정한 농수임산물을 도시민(관광객)에게 현지에서 직접 판매하는 농수임산물의 유통 혁신에 기본을 둔 '어메니티 창출'의 본보기이기도 하다. 또 토요시장을 중심으로 장흥의 모든 관광자원이 연계되면서 장흥의 문화, 장흥의 관광을 여과 없이 보여주며 장흥관광의 활력을 이끄는 곳이기도 할 것이다.

간단히 말해, 매주 주말마다 우리 군의 모든 역량을 외지인들에게 보여줄 수 있는 우리 군의 축제요 잔칫날이 되는 것이다. 그러므로 지금부터라도 좀 더 치밀하고 완벽하게 '놀라운 장흥의 얼굴을 드러낼 수 있는 토요시장'을 위해 보다 완벽히 채비하고 교육하고 홍보해야 한다. 출향인들에 대한 홍보 및 초청문제도 보다 완벽하게 검토되어야 한다. 어떤 향우가 차량 한 두 대로 향우들을 데리고 토요시장 개장 때 장흥을 찾겠다고 말했다. 이런 사소한 일도 주최 측에서 확인되고 검토되어야 한다.

우리 군민의 미래, 장흥인들의 살 길, 장흥의 활력 창출이 바로 토요시장에 있다고 해도 과언이 아니다. 그러므로 더욱 토요시장에 대한 보다 완벽한 개장준비와 운영방안이 이루어져야 한다. 이번 토요시장에 대한 일부 상인들의, 일부 특권층의 개입 등의 잡음이 하루 속히 잡음 자체로 종식되길 바란다.

이제부터라도 체류형 관광지 하나쯤은

— 장흥신문/2000.06.07

최근 들어 지역경기가 활기를 띠고 있음은 고무적인 현상이다. 대형 상가건물과 아파트 단지가 여기저기 조성되고 관광호텔도 신축되는 등 외형적으로 적잖이 변화되고 있음은 주지하는 일이다. 이같은 현상은 지역주민의 삶의 질이나 지역경기와도 밀접한 관계가 있다. 그러므로 이러한 외형적인 변화, 발전은 지역경기 활성화의 근거지가 되고 있다고 할 수 있다. 이같은 활기는 필수적으로 또 다른 변화를 요구하기 마련이다.

문화 향유의 질적인 문제, 정주권의 확산 등이 그것이다. 이러한 환경은 필연적으로 주민들의 자긍심 문제로 확대된다. 그리고 이런 것들은 총체적으로 '경쟁력'으로 귀결될 것이다.

늘 우리 스스로에게도 불만스러운 것은 우리 군이 '공기 좋고 물 맑고 산자수려하고 인심 좋아' 살만하다고 하고 전통의 문화유산도 다른 곳들 못지않다고 자부하지만, 문제는 이런 것들이 총체적으로 '다듬고 꾸미고 가꾸지 않아 경쟁력'에서는 빈약하고 부실하다는 것이다.

지자체의 시대 그리고 더욱 더 치열해지는 경쟁시대에서 '경쟁력'은 귀중한 자산이고 첫째가는 요건이다. 21세기의 장흥의 비전은 있는가. 21세의 비전도 결국은 이 경쟁력에 있다. 재정자립도가 열악한 우리 군으로서는 언제까지 중앙정부의 도움만 기다릴 수만은 없다. 우리 스스로 군의 살림을 꾸려갈 수가 있어야 한다. 최근 들어 지자체들이 경쟁적으로 수익사업을 추진하는 것은 바로 나름대로의 비전 창출과 관련이 있기 때문이다.

최근의 보도에 따르면 해남군은 '땅끝 관광권'에 다양한 테마를 부여해 관광과 대중, 예술을 접목시키는 '땅끝 조각공원 및 예술인 마을' 조성을 추진하기로 했다고 한다. 이 체류형 관광지 조성에 무려 104억 원을 투입, 5만 평 부지에 조각공원, 미술관, 전망대, 주차장, 각종 편익시설, 예술인촌, 기념품상가, 산장형 여관촌, 식당가 등을 8월부터 조성한다는 것이다.

그동안 체류형 관광지로 성공한 예는 바로 보성의 율포 관광단지다. 율포 해수욕장과 해수·녹차탕에 이은 보성다원과 제암산 휴양림 등으로 이어지는 관광코스는 하루에 1천여 명을 보성군으로 끌어들이는, 전남권에서도 대표적인 체류형 관광명소로 만들었다.

우리 군은 장흥댐 건설로 아직은 구체화 되지 않은 보림사 주변의 관광지를 제외하면 이렇다할 경쟁력 있는 관광지 하나 없는 곳이다. 천관산, 수문·장재도, 회진낚시 등은 다 일반적인 곳이요 자원 그대로 일 뿐이어서 특별하게 외지 관광객들을 유입하기에는 역부족이다. 민속박물관이나 미술관, 유물유적전시관 하나 없는 형편이니 당연하다 할 것이다.

요즘의 '뜨는 관광지'는 천연자원 중심의 것이 아니다. 인위적으로 만들어지는 것이고 이벤트가 가미되고 테마가 있는 곳이며, 소위 '경쟁력' 있는 볼거리, 먹거리, 놀거리 등이 복합적으로 꾸며지는 곳들이다.

이제 우리도 외지인들을 대거 끌어들이고 수학여행 코스로도 지정되고, 잠시 들렀다 스쳐가는 코스가 아닌 체류하며 즐기고 가는 체류형 관광지 하나쯤은 만들어야 하지 않을까 생각된다.

체류형 관광지 조성, 그것은 지자체장의 의지만 있으면 가능하다. 자체 추진계획이 미흡하면, 용역을 주고, 용역 추진 과정이며 그 결과를 군민의 합의를 기준으로 도출하면, 얼마든지 장흥의 대표적인 새로운 명소요, 경쟁력 있는 체류형 관광지를 조성할 수 있을 것이다. 재원마련이 불투명하다면, 단기간인 1, 2년이 아니라 최소 3, 4년 또는 4, 5년 등의 장기계획을 세워 지속적으로 추진하면 될 게 아닌가.

새로운 세기 21세기의 장흥의 장기 비전의 하나는 바로 장흥이 '문화관광의 입군'으로 거듭나는 길이라는 것을 명심하자.

문화관광 관련 당국에 바라는 몇 마디

— 장흥신문/1998.10.01.

관광산업 육성과 개발에는 투자 재원이 주요 관건이지만, 그 보다 중요한 핵심은 지자체장의 의지 여하라고 할 수 있다.

보통 문화 부문에서 '육성'이니 '개발'이니 하는 어휘의 배경에 반드시 전제되는 것으로 그 자치단체 수장의 의지가 중요함은 두 말할 여지가 없다. 곧 민간자본이든 국비든 아니면 도(지방비)비나 군비든 거액의 자금이 투자되면 '개발'이 얼마든지 가능하다는 뜻이다. 따라서 이 '개발'에는 자금과 함께 수장의 의지가 강할 때는 비록 자체 여유자금이 없어도 민자 유치가 얼마든지 가능하고 능력에 따라 중앙정부로부터의 교부금도 얼마든지 유입할 수 있거나 도로부터 지방비도 적잖이 유입해 올 수 있기 때문이다.

관광개발이라는 것도 물론 마찬가지다. 보통 관광개발은 지자체의 수익사업으로 추진되는 경우가 대부분이어서 일차적으로 '자본 유입'이 결정적인 개발 동기를 충족시킬 수 있게 된다.

우리 장흥의 경우, 관광개발에서 부진을 면치 못한 것은 재정자립도가 전남도에서 가장 열악하다(97년 기준 8.9%)는 그 '재정 부족'이 일차적인 원인이 된다고 할 수 있다. 그러나 군 재정의 여유가 없어도 교부금이나 지방비의 도움으로 얼마든지 가능한 일이어서 관광산업의 부진을 열악한 군 재정 탓만으로 돌릴 수는 없다.

특히 지금은 군수가 1, 2년도 다 채우지 못하고 이임하는 경우가 다반사였던 옛날의 관치시대가 아니다. 이른바 군민이 군수를 선출하는 민선군수시대이고 그 민선군수는 의당 장흥 사람으로서 장흥의 발전을 생각하게 되고 장흥군민을 위한 장흥의 장기적인 비전을 창출하게 되는 이른바 지방자치 시대인 것이다.

따라서 '장흥관광'의 비전과 관광산업을 육성하겠다는 의지는 일차적으로 장흥군수에 있다고 할 수 있을 것이며 우리 장흥군에도 '장흥관광'에 대한 장흥 군수의 의지만 확실하다면 지금 당장은 아니더라도 21세기 초엽에는 장흥의 관광산업이 비약적으로 발전하게 될 것임을 의심할 여지가 없다.

새로운 패러다임으로 등장한 관광산업

계속 문화 관광을 방치하면 장흥은 21세기에도 계속 낙후를 면치 못할 것이다.

우리 장흥군에서 자원 중심의 관광에서 경쟁력 있는 문화관광 상품으로 만들어낼 수 있는 것이 있다면 과연 무엇 무엇이 있을까. 군 담당 관계자들의 말을 빌리면, 그들은 거의 예외없이 '장흥에는 별로 내놓을 만한 것이 없다'고 단정짓고 만다. 과연 이들의 말대로 장흥에는 별로 바깥사람들에게 자랑스럽게 내놓을 만한 것이 없을까. 결론지어 말한다면 그들의 시각에 잘못된 부분이 적잖다고 우리는 단언할 수 있다.

물론 대단한 풍광을 지닌 곳은 없을지 모른다. 그리고 부여나 경주 같이 역사적·문화적인 가치가 월등한 문화유적이나 그곳들의 그 대단한 성가의 유적이며 유물처럼 내놓을 만한 것이 없을지도 모른다. 그러므로 수려한 풍치의 명승지나 유명사찰 등 옛날 '수학여행의 적지'로 이해됐던 식으로 그런 관광을 이해한다면, 분명 우리 장흥군은 관광 사업을 육성시키기에는 턱없이 역부족인 고을일 것이다.

그러나 지금의 관광은 옛날 방식인 유형적·고정적인 자원 중심의 관광에서 고객 중심의 이미지 중심의 관광이요 문화적 상품 중심의 관광으로 바뀌어가고 있다. 즉 보는 관광에서 참여하고 체험하는 관광으로, 수학여행객이나 단체관광 등 대규모의 대형 관광지의 관람 형태에서 가족단위의 작은 체험 중심의 관광으로 변화하고 있다. 이를 테면 '보고 관람하는 형태의 관광'에서 '직접 참여하고 체험하고 즐기는' 등 관광객의 요구가 다양해지는 쪽으로 관광의 트렌드가 변화되고 있는 추세이다.

이것은 비단 우리나라 뿐만 아니라 세계적인 관광수요의 패턴이다. 이 같은 관광수요 패턴에 부응, 각 지방자치단체들이 경쟁적으로 다양한 형태로 관광산업에 대한 관심을 높이고 있음은 주지하는 바다. 특히 민선시대가 열리고 게다가 6, 70년대의 개발의 열풍에서 소외됨으로써 생태계가 온전히 보존돼 온 데다, 수려한 자연경관과 함께 외지인들에게 남도 특유의 풍부한 문화유적을 간직한 '아껴놓은 땅'인 전남도가 최근 새로운 관광 풍조의 중심에 서면서 답사형 및 테마형 관광의 최적지로 급부상하고 있는 것도 이런 관광변화가 가져온 결과이다.

지자체장 의지가 중요하다

여기에 민선시대가 활짝 열리면서 전남도의 여러 단체장들의 경쟁의식까지 가세되어 지역 별로 고유의 특별한 문화상품성이 더해져 다양한 축제들이 경쟁적으로 열리면서 이제 관광산업은 전남도 시군 자치제의 개발 방향에 새로운 패러다임으로 등장되고 있는 실정이다.

상황이 이러한데도 장흥군은 예산 문제나 재원 부족 문제를 운운하거나, 또는 '별로 내놓을 만한 것이 없다'는 변명거리나 내놓으며 계속 관광육성에 대해 '나 몰라라' 하고만 있을 것인가. 전남 도내 각 자치단체들이 21C 비전으로서 경쟁력이나 관광산업 육성책을 의욕적으로 내놓으며 이에 대한 대책 세우기에 열을 올리고 있는 데도 우리는 그저 계속 방관만 하고 있을 것인가.

재원이 없으면 민자 유치를 적극 끌어들이거나 교부금 확보에 적극적이면 될 것이고, 비록 지금 시대가 IMF상황이고 해서 예전 같지 않아 그도 어렵다면, 많은 재원도 필요치 않고 단기간에 성과를 볼 수 있는 관광 소프트웨어 부문의 개발에 관심을 가질 수도 있을 것이다. 그러나 이것마저도 고민할 것 없이 관광 인프라 부족이나 관광 마인드 제고의 역부족으로 성과에 대한 기대가 불분명하다면, 전문 인력의 수혈과 참여 등으로 얼마든지 경쟁력 있는 관광 상품을 개발, 육성할 수도 있을 것이다. 지금까지 이른바 '장흥 마케팅'에 대한 군의 의지·관심 부족이 단적으로 잘 나타나 있는 것이 홍보 부문이었다.

장흥의 문화유산의 얼굴이 보림사임은 주지하는 일이다. 보림사는 동양 3보림의 하나이자 통일신라 말기 구산선문(九山禪門)의 제일 가람으로서 중국의 남선종이 정착된 선문으로, 국내 단위 사찰로서는 가장 많은 문화재를 보유한 천년고찰이다. 그러나 이러한 보림사의 역사적 전통과 가치에 대해서 장흥군민이 제대로 알고 있기나 할까. 관내에서도 고작 문화계 인사나 향토사학자 등 기십 명 쯤 알고 있기나 할 것이다. 우리 안에서조차 이런 판국이니, 외지인들에게 무엇을 기대하겠는가. 다 홍보 미숙이고 부족이었다.

다들 자기 고장 문화유산이며 전통문화며 할 것 없이 조금 색다른 것이 있으면 앞다투어 과대 포장하고 생색내고 가꾸고 열렬이 전국에 알리기에 급급해 하고 있는 데도, 우리는 아직도 그럴 듯한 홍보책자 하나 만들어내지 못하고 있지 않은가.

21C 관광 비전 창출하라

우리는 그동안 제대로 된 '장흥 마케팅 전략'은 없는 것이나 진배없었던 것이다. 재원문제 타령과는 거의 무관하다할 수 있는 기본적인 마케팅 전략도 거의 없는 것이나 다름 없었던 것이다.

장흥의 대표적인 상징어로 '문림의향(文林義鄕)'을 내세우고, 너나할 것 없이 앵무새처럼 '문림의향'을 외쳐대고는 있지만, 아직까지 군 관계 부처는 말할 것도 없고 문화계 인사 누구 한 사람 장흥의 얼굴이라 할 수 있는 '문림의향'의 역사적 근거나 배경을 고찰해 발표한 적도 없었고, 더구나 구체적으로 장흥의 이런 이미지를 상품화하려고 시도해 보지도 못했다는 것 자체가 바로 '장흥 마케팅' 전략이 전무했음을 증명하고도 남는다 할 것이다.

이제부터라도 하루빨리 '장흥 마케팅'에 대한 프로젝트를 만들고 21C 문화관광의 비전을 창출해야 할 것이다. '문화의 세기'로 열리는 21C에서 장흥의 도약을 위해서 그리고 그 '신세기(新世紀) 장흥의 생존'을 위해서, 그동안 '아껴둔 땅'이 '버려지는 땅'으로서가 아니라 '아껴놓아 길게 복 많은 장흥군'으로 만들어지기 위해서 지금이라도 장흥의 문화관광 비전을 창출해야 할 것이다.

4장

환경

슬로시티 추진은 생태문명 선도의 선언이다

— 슬로시티 재인증 추진하는 장흥, '삶의 질 고양·행복 충만'의 비전이다

— 장흥투데이/2021.10.13

지난 2007년 12월 장흥군은 아시아 최초로 국제 슬로시티 인증을 받았다.

그러나 슬로시티국제연맹으로부터 2013년 7월에 재인증 심사한 결과 장흥은 탈락했다.

당시 장흥은 슬로시티 실적 자료가 불충분한 점을 비롯해 관련 사업과 슬로시티와의 연관성 부족, 별도 부서와 슬로푸드 식당 부재, 공무원의 낮은 인식도 등이 발목을 잡았고, 특히 관광과 체험위주 프로그램이 운영되면서 일부에서 영리를 추구한 측면이 악재로 작용, 슬로시티 재인증에서 탈락했던 아픔을 겪었다.

장흥군은 슬로시티 퇴출된 이후 그해 9월부터 브랜드 가치 하락에 따른 관광객 감소와 슬로시티 로고 등을 사용할 수 없는 손실을 입었다.

그로부터 5년 여가 흐른 뒤, 장흥군은 민선 7기에 들어서면서 슬로시티 재가입을 적극 추진하기에 이르렀고, 지난 9월 9일 장흥군과 한국슬로시티본부는 양 기관이 상호 유기적인 협력 체계를 구축하고 장흥군이 슬로시티 회원으로 가입한다는 목적으로 업무 협약을 체결함으로써 장흥군은 슬로시티 지정·가입을 위한 사업에 첫발을 내딛게 되었다.

이날 협약으로 한국슬로시티본부는 장흥군의 슬로시티 지정 가입을 위한 제반 절차를 대행하고, 슬로시티 운동·정신의 확산 및 공감대 형성을 위해 주민 설명회와 교육 등을 수행하기로 했다고 한다.

장흥의 슬로시티 재인증을 추진해 온 정종순 군수는 이날, "민선 7기의 4메카·4시티의 최종 목표가 '행복 장흥'이고, 슬로시티 이념이 '행복한 삶'이기에 공통의 목표가 같다"면서 "장흥군은 산과 들, 바다와 강 등 천혜의 생태 자원을 보유하고 친환경 유기농법을 추구하고 있으므로 슬로시티 재지정은 결코 어려운 일이 아니다. 장흥군의 자연환경의 우수성과 생태적 이미지를 슬로시티와 부합시키면 그 시너지는 극대화될 것이다"고 말했다.

슬로시티(Slowcity)는 '유유자적한 도시, 풍요로운 마을'이란 의미의 이탈리아어 '치타슬로(cittaslow)'의 영어식 표현으로, 처음에는 패스트푸드(즉석식)에 반대해 시작된 슬로푸드(여유식) 운동을 삶으로 확대한 개념이다. 즉 '전통과 자연 생태를 슬기롭게 보전하면서 느림의 미학을 기반으로 인류의 지속적인 발전과 진화를 추구해 나가는 도시'라는 뜻이다.

슬로시티 기원은 이탈리아 저널리스트 카를로 페트리니가 1986년 미국식 패스트푸드의 상징인 즉석식 맥도날드가 로마 중심가에 가게를 내려했을 때 이를 저지하려고 '슬로 푸드' 캠페인을 벌였고, 이 '슬로 운동'이 지역의 식재료 사용을 장려하는 이른바 '로컬 푸드' 운동, 즉 '슬로 푸드' 정신으로 발전되었다가 '느린 삶을 추구하는 슬로시티' 운동으로 격상돼 이제는 전 세계적인 지역 재생 모델로 수범을 보이고 있는 사회 혁신운동인 것이다.

슬로시티는 '채우기보다 역으로 비움으로 더 채워진다'는 의미처럼, 일종의 역발상이다. 빠른 속도와 생산성을 강요하는 도시 브랜드 가치보다 느린 사회의 농경사회의 브랜드가 주류가 되는 사회의 가치관이다.

슬로시티는 인간의 경제 시간이 지구 생태계의 시간을 앞지르면서 초래된 '지구 위기' 문제를 바로잡는 솔루션으로 대두된 생태문명에 그 맥이 닿아 있다. 즉 20세기, 21세기 초의 산업·과학 문명권이 가져온 지구 온난화, 기후 위기 등에 맞서 '지속 가능성'을 위해 요청받고 있는 '생태문명'에 그 맥이 닿아 있다는 것이다. 이전 세기(지금 세기도)의 '더 빨리, 더 많이'에서 벗어나 자연·환경·인간이 서로 조화를 이루며, 여유 있고 즐겁게 살자, 더 행복하게 살자는 의미이기도 하다.

"우리는 삶의 질을 높이기 위해 노력하는 사람들이 흥미를 갖는 도시, 훌륭한 극장, 가게, 카페, 여관, 사적, 풍광이 훼손되지 않는 도시, 전통 장인의 기술이 살아 있고 현지의 제철 농산물을 활용할 수 있는 도시, 건강한 음식, 건강한 생활, 즐거운 삶이 공동체의 중심이 되는 도시를 추구한다."

슬로시티 선언이다. 이것이 슬로시티 정신이다. 슬로시티의 요체는 자연으로 회귀가 아니다. 자연의 파괴를 지양하고 자연과의 공존·조화를 통해 '삶의 질'을 높이는 새로운 운동이며 생태문명 운동이다. 그 목표는 곧 행복 충만, 행복 시대의 개막인 것이다.

슬로시티 운동은 저비용 고효율의 가치를 지닌 민간 주도의 건강한 사회운동이며, 지속 가능한 사회와 사람 중심의 시민운동이다. 빠름이 대세인 시대 흐름에 '역행'하지만, 오히려 인간성 회복, 삶의 질을 고양시키는 운동인 것이다.

과거 장흥의 슬로시티 지정 해제는 바로 "눈에 보이지 않는 '삶의 질'보다 눈에 보이는 '관광'에 장흥이 더 눈독"을 들였기 때문인지도 모른다. 삶의 질이 우선이고, 그처럼 삶의 질이 향상되는 곳에 관광은 자연 따라오게 돼 있는 것이다.

장흥 지역, 장흥의 농어촌이 위기다. 더 정확히는 농촌마을이 위기며 장흥군 모두 위기다.

다행히 생태문명이 요청받는 오늘날, 장흥은 오히려 기회를 잡았다. 생태문화의 활성화는 물론 선도할 수도 있어서이다. 장흥이 계획대로 내년에 슬로시티 재인증을 받을 수만 있다면 그리고 지자체장의 강력한 의지로 슬로시티 정신으로 덧입혀지며 그 가치를 충분히 발현할 수 있다면, 그것이 '장흥 행복시대'의 개막이고 장흥의 지속 가능성은 확실하게 담보받으면서 생태문명을 선도하게 될 것이다.

'장흥 탐진강'- '죽은 강'이 될 수 있다

— 강바닥 파헤치는 준설작업이 지속되면…

— 장흥투데이/2021.03.24

지금, 장흥군이 역점적으로 추진하고 있는 사업이 '탐진강 30리 길 조성 사업'이다.

이 사업이 완공되면, 장흥군은 탐진강이 장흥의 새로운 랜드마크가 되면서 군민의 정주환경 개선은 물론 문화관광 발전에 획기적인 전환점이 이루어질 것으로 예견하고 있는 것으로 알려졌다.

그러나 환경전문가들은 지금과 같은 하천 개발, 즉 강바닥을 마구 파헤치는 준설 작업이 그대로 지속될 경우 탐진강은 죽은 강이 될 수 있다는 우려를 숨기지 않고 있다.

환경운동가들은 지금처럼 탐진강 준설작업으로 강바닥이 송두리째 파헤쳐지면 강바닥은 모래나 자갈 없이 진흙(뻘)만 가득 쌓여지면서 물고기의 생존여건을 송두리째 앗아가고 잔뜩 가물어 하천 유지수가 작아질 땐 부영양화가 가속화되면서 녹조가 생겨나고 물이 썩다 못해 구린내가 진동하는, 이른바 죽은 탐진강 될 것이라고 경고한다.

물론 지금 추진되고 있는 탐진강 정비사업은 강변의 정화는 물론 강변을 경관적이고 친수적인 공간으로 조성하여 관광지화 할 수 있다는 이점이 있을 수 있다. 그러나 그것을 무리하게 추진하면 강 본래의 생태계를 파괴시키는 부정적인 결과를 야기할 것이 명약관화한 일이라는 주장이다.

특히 강안의 생태습지는 온갖 수초며 다양한 토종 어종들의 보금자리나 마찬가지다. 그런데 그러한 생태습지마저 파헤쳐 버리면 생태계의 교란이 일어나기 마련이다. 더구나 강안에 쌓인 모래자갈이며, 습지를 다 걷어내 버리는 준설작업은 더욱 그러하다.

본래 강에는 모래며 자갈이 쌓여 물을 정화시키는 자정역할도 하게 된다. 그런데 지금 강 바닥을 파헤치고 있는데, 그 물속은 맨 바닥 위로 침전물만 쌓이면서 강바닥은 온통 진흙밭(뻘밭)이 될 것이다. 그 환경에는 다슬기마저 살 수 없게 될 것이다. 이게 바로 준설작업으로 인한 생태계의 교란인 것이다.

특히 탐진강은 댐 이전처럼 그대로 물이 흐르는 강이 아니다. 장흥댐에서 간신히 하천 유지수만 흘려보내고 있는 실정이다. 지금 장흥읍을 관통하고 있는 강물은 다행이 장흥댐에서 흘러 보내는 유지수 외에 부동천, 부산천 등의 탐진강 지류에서 흐르는 강물이 합쳐져 흐르고 있다. 그러므로 대단한 홍수가 아닌 한 댐이 물을 담게 돼 홍수질 일도 없다. 그러므로 상류에서 하류로 모래자갈들이 물과 함께 쓸려내려 올 수도 없어 강바닥엔 줄곧 뻘만 쌓이게 될 것이다. 모래자갈 없이 뻘만 가득 찬 물 속에 무슨 어류들이 생존할 수 있겠는가.

장흥의 한 환경운동가는 "지금 탐진강 정비 사업은 엄연히 불법이다. 수달 서식지를 파괴하는 일이 벌어지고 있기 때문이다. 준설도 요즘은 씻어내는 식으로 하는데 아예 모래자갈을 송두리째 파헤치고 있다. 영산강유역환경청이 환경영향평가를 잘못했거나 봐 주기 식으로 했을 것이다. 탐진강엔 수달 외에도 은어, 붕어, 잉어, 모래무지, 피라미, 미꾸라지, 뱀장어, 송사리, 가물치, 쏘가리, 꺽저기, 다슬기 등의 각종 어패류와 담수어들이 서식하는 청정 급수 지역이었다. 앞으로는 이들이 살 수 없는 강이 될 것이다. 장흥군은 왜 이러한 불법적인 하천준설 작업을 지켜만 보는지 이해할 수 없다"고 강변했다.

세계의 석학들은, 강(하천)의 개발이 생태 복원이 아닌 인위적이며 무모한 개발이었을 때 불가역적인 악영향을 피할 수 없게 된다고 경고한다.

우리나라 강(하천) 개발의 대표적인 예가 4대강 사업이었다. 4대강 사업이 한창이었을 때인 2010년 6월 23일, 서울 여의도 국회 의원회관에서 대한하천학회 주최로 '4대강 사업 국제 전문가 간담회'가 열린 적이 있었다.

이때 '하천 복원' 분야의 세계적인 석학 랜돌프 헤스터 미국 버클리캘리포니아 주립대학 교수는 한국의 4대강 사업을 "생태복원 없는 무모한 하천 개발"이라고 지적하고 "이같은 방식은 이미 선진국에서 30~40년 전에 폐기된 강 관리 방식이다. 1960~1970년대 미국에서도 댐(보) 설치, 준설 등을 주요 내용으로 하는 '땜질식 하천 개발'을 추진하면서 환경 파괴가 극심했다. 즉 강의 직선화 작업이며 수로 공사, 댐 건설, 준설 등으로 강의 생태계가 지속적으로 파괴됐으며, 망가진 하천을 다시 생태적으로 복원하기 위해 1990년부터 15년 동안 약 170억 달러가 투입됐다. 미국의 이같은 사례를 봐서도, 보의 건설이며 대규모 준설 사업은 하천의 생태계를 파괴하여 다시는 되돌리기 어려울 정도의 심각한 피해를 준다. 이것이 하천개발의 역사적인 교훈이다"고 지적한 바 있었다.

또 이날 국제저어새보호협회 '세이브 인터내셔널(Save International)'의 데릭 슈버츠 대표도 "현대에 이르러 용수 공급, 홍수 예방 등 강(하천)을 좀 더 효율적으로 만들어야 한다면서 축조하게 된 것이 댐이었고, 댐에 이어 강변에 콘크리트 제방도 쌓게 되었던 것인데, 이것이 1950~60년대의 서구 유럽과 미국 등 당대 공학자들의 견해였고 하천개발이었다.

한국의 4대강 사업으로 사라지는 조류는 총 50종이고, 그 중 30종은 물새였다. 이는 4대강 사업이 단순히 물의 흐름만 바꾸는 사업이 아니라는 것을 보여 준다"고 비판하고 "건강한 하천 복원을 위해 현재 강행되는 4대강 사업을 생태적이고 건강한 하천을 복원하는 사업으로 바꿔야 한다"고 강조했다.

강은 개발이 아니라 복원으로 추진돼야 마땅하다는 것이다. 하천의 복원이란 하천을 자연 그대로의 상태로 되돌리는 것을 의미한다. 하천은 인간이 개발하거나 또는 통제하고 지배할 수 있는 것이 아니기 때문이다. 즉 강은 인간이 결코 인위적으로 관리하고 통제한다고 해서 살아나는 것이 아니다.

그러므로 강은 개발이 아니라 복원으로 추진 돼야 한다. 이를테면 강의 개발이 이뤄져도 그것들이 소규모 저류지 확보며 지류 복원이며 홍수터 개발이며 제방 후퇴며 다양한 생태적 유역 관리 등을 통해 홍수 저감 대책이 마련되고 생태계를 복원하는, 즉 '개발 사업'이 아닌 '생태적 복원 사업'으로 추진되면서 수질도 개선될 수 있도록 해야 한다.

불가피하게 하천개발이 추진된다 하여도, 그것이 보다 많은 주민(군민)이 하천 복원에 참여하면서 정책 결정이 투명하고 합리적으로 이뤄질 수 있도록 해야 한다.

미국의 경우에도 시민들이 하천 복원 과정에서 관련 법률이 엄격하게 지켜지는지 감시하여 보다 효과적으로 하천 복원에 성공할 수 있었던 것으로 보고된 바 있다. 강(하천) 복원에 주력해 온 독일의 경우도, 하천의 자연적 기능을 그대로 살리고 개발할 경우도 친환경적인 강 관리 방식으로 추진하는 것으로 알려졌다. 이를테면 강에 홍수터를 복원해 자연스럽게 물이 넘치게 하는 등 강에게 더 많은 공간을 주고 있는 식으로 복원을 추진하는 식이다.

그런데 우리는 어떠한가. 우리는 하천을 준설한다며 강바닥을 마구 파내는 식이다. 홍수예방도 댐 건설이나 콘크리트 제방 등 구조물 위주의 홍수 대책을 추진한다.

이제라도 탐진강 개발에서 세계 석학들의 경고, 장흥 환경운동가들의 경고를 한번쯤 새겨들을 일이다. 탐진강이 죽은 강이 아닌 산 강이 돼야 하기 때문이다.

‘탐진강 30리 길 조성 사업’에 몇 가지 보완을…

— 독취정 중건 추진… 송암리 앞 두 물 머리, 탐진강의 명소로 조성하길

— 장흥투데이/2021.02.24

장흥군이 역점적으로 추진하고 있는 ‘탐진강 30리 길 조성 사업’이 완공되면, 장흥군의 기대대로 장흥 탐진강은 능히 장흥군의 새로운 랜드마크가 되면서, 군민들(장흥읍민)의 정주 환경 개선은 물론 문화관광 발전에 획기적인 전환점이 이루어질 것으로 예견되고 있다.

그런데 이 거대한 개발 계획이 공표된 후, 그 많은 개발 계획 중 핵심이 된 ‘113억 원이 투입되는 예양교 신설’에 대해 적잖은 사람들이 의구심을 드러내 과연 이 개발 사업이 군민공청회 등을 거쳤는지, 군민 다수의 의견을 제대로 수렴했는지 의문시 된다.

앞으로 인구 급감은 심화되면서 유동 인구 감소도 불가피해질 것이다. 따라서 토요시장 일대의 교통량이 증가된다면 얼마나 증가된다고, 군이 그 많은 재원을 투입해서까지 예양교 확충도 아니고 추가 신설까지 해야 되느냐며 그 실효성과 투자에 대한 효용성 여부에 대해 의문 부호를 던지고 있는 것이다.

그럼에도 불구하고, 이번 ‘탐진강 30리 길 조성 사업’의 탐진강의 개발이 가져올 장흥의 큰 변화가 기대되는 것은 숨길 수 없는 사실일 듯싶다. 우리 장흥의 가장 긴요한 과제인 장흥의 지속 가능성에 대한 일부의 해결책이 될 듯싶기도 하다.

그런데 ‘탐진강 30리 길…’ 사업에서 아쉬운 점이 있다.

장흥의 전통문화, 문림의향의 산실이 되어 온 것 중의 하나가 장흥 탐진강의 8정자였다. 8정자는 동백정(冬柏亭), 경호정(鏡湖亭), 용호정(龍湖亭), 부춘정(富春亭), 창랑정(滄浪亭), 독취정(獨醉亭), 사인정(舍人亭), 영귀정(詠歸亭)을 이른 말이다. 이 중 두 정자에 변화가 있었다. 하나는 영귀정으로, 본래 유치면 단산리 마을 앞 강 건너 봉명산 자락에 있었는데, 장흥댐이 건설되며 지금은 유치면 송정리 장흥호 변으로 옮겨져 있다.

또 하나는 40여 전부터 폐허가 시작돼 오다가 지금은 벽체 일부와 간신히 목조 건물의 뼈대만 남은 채 숲 속에 방치돼 폐허가 돼 가고 있는 독취정이다.

이 독취정은 민선 3기 때부터 복원이 논의되기도 했지만, 이 독취정 소유주(경주김씨 문중)와 협조, 합의가 제대로 이뤄지지 못하면서 그대로 방치돼 오다 오늘에 이르고 있는 실정이다. 따라서 오늘날도 일각에서는, 독취정의 현 위치의 복원이 어렵다면, 인근의 요지에 중건(重建)이라도 해야 한다는 목소리가 높다.

최근 독취정을 탐사한 모 시인은 "장흥군의 의지만 있다면 중건도 불가능하지 않다"면서 "순지리 강변 독실보 수문(송산리로 빠지는) 부근의 솔숲이 독취정 중건의 적지다"고 강변하기도 했다.

이번 장흥군의 '탐진강 30리…'에는 '역사 향기 숲 테마공원'이라는 장흥읍 남동리 근린예양공원 일원을 배경으로 진행되는 사업이 포함되어 있다. 총 사업비는 100억 원이다. 군은 이 사업에서 한반도 사방진 테마공원·숲속문화예술공방·주민주도형축제 등 다양한 사업 내용을 구상 중인 것으로 밝혔다. 이 사업은 특히 동학농민혁명기념관~석대숲~장흥읍성~신흥사로 연계되는 장흥 역사 탐방루트 활성화를 목표로 사업을 추진된다고 한다. 이 사업 중 '시설 리뉴얼 계획'에는 수녕정 리모델링, 동학파빌리온, 장흥읍성루, 석대들녘 길·태극화원 길 등이 포함되어 있다. 이 사업의 항목에다 '독취정 중건 사업'을 포함하면 어떨까 싶은 것이다.

독취정이 지금은 완전히 훼손돼 있긴 하지만, 장흥의 전통 문화유산의 하나임에는 분명하다. 주지하다시피 조대(釣臺)에서 세월을 낚던 생육신의 한 사람이던 추강 남효온(秋江 南孝溫, 1454~1492)과 임난 때 해미현감으로 충청도 전 제독관 조헌(趙憲)의 휘하에서 진주성 사수 중 성의 함락과 함께 죽임을 당하였던 독곡 정명세(獨谷 鄭明世, 1551~1539)의 숨결이 남아 있는, 장흥 문림의 맥이 구비처 흐르는 곳이 아니던가. 앞으로 독취정이 중건된다면 사인정에서 독취정, 창랑정을 거쳐 부춘정, 용호정, 장흥댐까지 이르는, 말 그대로 탐진강 30리 길의 '정자문화 순례 답사' 관광 상품이 만들어질 수도 있을 것이다.

하나만 더 첨언하고자 한다.

장흥의 탐진강은 영암 땅을 훑고 흘러 온 옴천천과 유치천이 합류하여 장흥읍을 관통하며 큰 강이 되고, 영암 월출산에서 발원하여 강진 땅을 훑고 내려 온 금강천이 장흥읍(송암리 앞 강변, 사인주유소 위쪽, 탐진2교 바로 밑)에서 탐진강 본류와 합치되는 '두물머리'가 있다.

어차피 이 강변 구간도 '장흥1-2지구 하천환경 정비사업'(장흥읍 평화리~군동면 금강리 일원까지 진행)에 포함되어 있으며 제방을 보강하고, 하도를 정비하는 등 정비 사업이 추진된다.

이 두물머리에 장흥군이 별도의 군비를 투입해서라도, 그 일대를 정비하고, 산책 및 관람이 가능한 데크도 설치하고 '두물머리 안내판'이라도 설치하는 등 '탐진강 두물머리 명소'로 가꿀 수 있다는 것이다.

의미는 창조되는 것이다. 문화 역시 창조의 산물이다. 우리가 만들면 새 문화가 된다. 전혀 무(無)도 아니다. 실제로 두 물이 하나로 합치되는 곳이다. 물론 수량이나 전경이 경기도 양평 북한강의 두물머리(양수리)처럼 대단한 위용을 자랑하지는 못할지라도, 그 나름대로 탐진강의 모든 역사와 문화들이 만나는 곳으로 의미도 있다.

강진과 영암과 장흥의 3곳의 숨결이 합치되는 곳이 탐진강의 두물머리다. 그것도 3개 지역의 땅을 휩쓸고 흘러 온 그 탐진강의 두물머리다. 그런 지정학적, 인문학적인 의미를 고찰하고 영암, 장흥 땅의 역사도 돌아볼 수 있는 곳이다. 그러므로 이곳에 새로운 '탐진강 두물머리'의 관광지를 만들 수 있다는 것이다.

마지막으로, 지금 추진되고 있는 탐진강의 정비사업과 관련, 한마디를 부언하고 한다.

부디 탐진강이 살아있는 강이길 바란다. 깨끗이 정비한다고 그 강이 항구적으로 깨끗해질 순 없다. 어디까지나 강이 자연의 순리대로 자정하며 순응할 수 있도록 보조만 해 주면 되는 것 아니겠는가. 자연에 너무 지나친 간섭이 되는 정비사업이 아니길 기대해 본다.

'폭력적 풍력발전소'는 중단돼야 한다

— 선종의 종찰 보림사 '고사' 우려 크다

— 장흥투데이/2018.09.13

최근 어느 지역신문이 '유치에 풍력발전소가 들어선다. 환경파괴도 없으며 오히려 관광객의 방문은 늘어 장흥군 관광소득도 증가할 것으로 판단된다'면서 풍력발전소에 대해 찬성 논리를 폈다.

참으로 웃기는, 가관의 논리가 아닐 수 없다.

전문가 집단에서 환경파괴를 분명히 적시했다. 그런데도 일개 기자가 환경파괴가 없다니 아주 웃기는 일이 아닌가. 또 관광객이 는다니 무슨 해괴한 논리인가.

더구나 요즘은 힐링 관광이 대세이다. 그런데 기계 덩어리가 산정 위에 버티고 서 있는데 도대체 그것을 보고자 관광객이 늘어난다는 것인가.

유치에 들어서 담수 호수를 보고 호수 너머 산정을 우러렀을 때 굉음과 함께 바람을 일으키는 수 개의 기계들이 하늘을 떡 하니 가로막을 텐데, 과연 어느 누가 그런 정경을 보고자 유치를 찾을 것인가.

환경영향평가가 아니더라도, 유치 땅에 댐 건설로 인한 수몰에 이어 이젠 산 위에 공해시설이 들어선다는데, 이를 그토록 찬성하는 이유가 무엇인지, 참으로 기막힌 일이 아닌가.

언론이 이렇게 호도하면 언론이 아니다.

풍력발전소 -폭력적 공해시설이다

풍력발전은 멀리서 보면 얼핏 낭만적으로 보일지 모른다. 그래서 관광객이 는다고 착각했는지 모른다. 그러나 가까이 근접해 보면 아주 위압적이고 공포감을 자아낸다.

날개가 바람에 부딪쳐 돌아가며 내는 그 굉장한 굉음 자체는 폭력이고 소음공해다.

풍력발전이 화석연료를 쓰지 않고 이산화탄소를 배출하지 않기 때문에 대체 에너지원으로 대두되고는 있지만 그것이 대규모 단지로 들어서면 그것은 주변을 황폐케 하는 공해시설이 된다.

더구나 요즘 건설되는 대규모 풍력발전기는 그 탑의 높이가 무려 80미터를 넘고 회전날개 반지름까지 포함하면 무려 120미터에 이른다고 한다.

또 강력한 바람을 넓은 날개로 받아내기 위해 무거운 소재를 쓰는데, 이것이 기둥 부분과 일으키며 생기는 마찰음, 그러니까 그르륵 그르륵 거리는 신경질적인 쇳소리는 심한 스트레스를 일으킨다. 대형의 풍력발전기를 설치할 경우 그 소음은 더욱 크게 발생하여 근처에는 동물들도 살 수 없게 된다고 한다. 실제로 나는 새들도 자주 날개에 부딪쳐 죽는다고 한다.

풍력발전기는 소형으로 건설하면 별 효과가 없다. 그래서 대형으로 대규모로 건설해야 하는데 문제가 이처럼 대형으로 건설했을 때이다. 무거운 날개를 지탱하기 위해 네오디뮴(Nd)과 약간의 디스프로슘(Dy)을 합금한 자석이 대량으로 들어가는데 이들 원소가 거의 중국에 집중되어 있어 중국 정부가 고가를 요구하거나 팔지 않으면 풍력개발에 차질이 생길 수도 있게 된다.

선진 외국에서도 반대하고 있다

그런저런 이유로 우리나라보다 먼저 풍력발전을 유치한 선진외국에서도 반대하고 폐기하고 있는 실정이다.

풍력발전을 본격적으로 도입한 독일의 경우, 독일 베를린 인근 우커마르크 마을 주민들은 하늘을 찌를 듯 솟아있는 풍차들이 평온한 전원 풍경을 망치고 기계가 돌아가면서 내는 소음 뿐만 아니라 어두운 밤 비행물체와의 충돌을 막기 위해 달아 놓은 경계등의 깜빡거림이 디스코테크를 연상케 할 정도여서 풍력발전기의 추가 건립을 완강히 반대하고 있다고 한다.

오스트레일리아의 빅토리아주가 추진 중인 풍력발전의 경우도, 발전용 회전 날개에 부딪쳐 희귀종 앵무새가 1년에 몇 십 마리 죽을 수 있다는 이유로 1천5백억 원 정도의 공사비가 투입되는 공사를 중단시켰다고 한다.

미국 매사추세츠주의 낸터킷 사운드 지역 주민들도 이 지역에 추진되는 해상풍력발전단지가 조류와 해양 포유류의 삶을 위협하고 자연 상태로 보존된 해양 경관을 망쳐서 관광 수익과 지역의 자산가치를 떨어뜨린다면서 반대하고 있다.

보림사 고사케 할 수도 있다

풍력발전도 엄연히 공해시설이다. 그것도 '폭력적'인 공해시설이다.

보림사 주지 스님의 풍력발전소가 보림사를 고사시키게 될 것이라는 경고를 우리는 잊어서는 안 된다.

영산강환경유역청의 환경영향평가에서도 ▲사업시행 시 생태계 및 지형훼손이 불가피해 발전소 가동 때 소음(저주파) 및 경관 등의 환경영향이 우려 된다 ▲사업부지 하류 1㎞에 상수원보호구역이 위치해 공사 및 운영시 토사 유출로 인한 수질에 미치는 영향이 크다 ▲사업부지가 57%에 이르는 급경사 지역으로 사면 붕괴와 토양침식, 쇄굴 등이 우려 된다 등의 이유로 '장흥 풍력발전소는 생태계 및 지형훼손이 우려 된다'는 보고서를 내놨다.

자연경관을 해치고, 환경을 파괴하며, 보림사의 선(禪) 수행에 악영향을 주어 보림사를 고사시킬 지도 모르는 이 풍력발전소가 왜 장흥에 그것도 하필이면 보림사 부근에 건설되어야 하는가.

참으로 안타까운 일이 아닐 수 없다.

–

슬로시티 탈락…장흥군 재인증 추진키로

— 로고 사용 전면 금지, 관광객 감소 등 우려

— 장흥신문/2013.07.19. <보도뉴스>

장흥군이 국제슬로시티연맹의 슬로시티(Slow City) 재인증 심사에서 탈락했다.

이번 퇴출 결정으로 장흥군은 그동안 '슬로시티'를 앞세워 펼쳐온 관광문화 사업에 큰 차질이 불가피하게 됐다.

장흥군은 뒤늦게 대책 마련에 나섰지만 후유증은 만만찮을 전망이다. 당장 브랜드 가치 하락에 따른 관광객 감소가 우려되기 때문이다. 슬로시티 재인증 심사에서 탈락한 장흥은 오는 9월 초부터 국제슬로시티연맹 로고를 사용할 수 없다. 교통표지판을 비롯해 각종 행정서류, 안내 책자, 홈페이지 등에서 자유롭게 사용해온 슬로시티 로고(달팽이가 마을을 이고 가는 모양 등)도 전면 금지돼 대대적인 정비 사업이 불가피하게 됐다.

또 특허청 등록상표가 장흥에서만 '정남진 슬로우시티 장흥' 등 3건에 이르고 농수축산식품 등 90여 종류가 이를 활용하고 있는 데다, 걷기 열풍에 힘입어 '슬로시티 수련의 길'이라는 도보 코스도 개발된 상태여서 퇴출 여파가 적잖을 것으로 예견된다.

특허청에 출원된 슬로시티 관련 표장만도 신안 증도가 34건으로 전국에서 가장 많고 장흥도 5건에 달하고 있다.

슬로시티 자격 박탈로 국비 지원에도 빨간불이 켜졌다. 2009년과 2010년 각각 37억 원, 36억 원에 달했던 지원금이 전국 각지에 슬로시티가 들어서면서 2011년 12억 원, 지난해 11억 원으로 점차 줄어든 상황인데 이번 퇴출로 지원 자체가 아예 없어지게 됐다.

아시아 최초 슬로시티였지만 이제는 아시아 최초로 슬로시티 재인증에서 탈락한 장흥군. 7일 오전, 장흥군의 슬로시티 마을 유치·장평면 일대 주민 대부분은 슬로시티 재인증 탈락사실을 모르고 있었다.

장흥군이 국제슬로시티연맹으로부터 재인증 탈락 결과를 문서로 받은 것은 지난 6월 9일께.

하지만 슬로시티 주민들은 이날까지 거의 한 달동안 아무 것도 모른 채 오는 26일 개막하는 물 축제에 맞춰 장흥 슬로시티 한마당 잔치를 준비 중이었다. 한마당 잔치는 장흥 슬로시티 홍보를 위해 준비부터 진행까지 주민들이 도맡고 있다.

탈락 사실을 뒤늦게 알게 된 주민들은 허탈함을 넘어 망연자실한 표정을 지었다. 주민들은 "졸지에 한마당 잔치에 오는 관광객들을 속이는 꼴이 됐다"며 "5년간 주민들의 온갖 노력으로 여기까지 왔는데 군은 그저 자신들의 잘못을 덮기 위해 주민들을 속이고 바보 취급했다"고 분노했다.

재인증 탈락 사실을 알고도 1개월 간 이를 공표하지 않은 데 대한 일부 주민들과 군의원들의 반발도 만만찮아 군 입장에선 또 다른 짐이 되고 있다. 장흥군의회도 그동안 슬로시티 탈락 사실을 모르긴 마찬가지였다. 일부 군의원들은 "충격적이다"는 표현까지 사용하며 "군이 쉬쉬하며 탈락 사실을 은폐하려고 했다"고 주장했다.

이달부터 진행 중인 제194회 장흥군의회 제1차 정례회 본회의에서 '슬로시티 관련 군정 질의'를 고의적으로 누락시켰다는 것이다.

김복실 의원은 "본회의에서 슬로시티 재인증 심사 준비 과정 또는 결과를 묻기 위해 담당부서로 질의서를 보냈는데 '열심히 하겠다'며 관련 질문을 빼 줄 것을 간곡히 요청했다"며 "이미 탈락된 상황에서 이 사실을 감추기 위해 의회는 물론 장흥 군민들까지 속이고 기만했다"고 말했다.

장흥군은 당혹스런 기색을 애써 감추며 억울함을 호소했다. 장흥군 문화관광과 관광개발담당은 "심사를 담당했던 슬로시티 한국본부에 이의를 제기하고 올해 말 재인증을 받을 수 있도록 재심사를 요청한 상태"라며 "다시 인증 받을 것으로 기대하기 때문에 알리지 않았을 뿐 숨긴 것은 아니다"고 말했다.

또, 설령 재인증을 받지 못하더라도 생각보다 피해가 크지 않을 것으로 전망했다. 국제연맹의 슬로시티 로고를 사용하지 못할 뿐 '슬로시티 장흥' 등의 명칭 사용에는 문제가 없다는 것이다.

또, 시설 사업이 거의 마무리된 만큼 상대적으로 예산이 적게 드는 체험 프로그램 위주로 슬로시티 마을을 관광명소로 충분히 활용할 수 있다고 설명했다. 그러면서도 장흥군은 이번 퇴출 결정이 현장 실사도 없이 서류에만 의존한 것이어서 신뢰할 수 없다며 강하게 반발하고 있다.

군 관계자는 "이번 재심사는 현장 실사를 벌이지 않고 제출한 자료만을 토대로 이뤄진 것인 데다 평가 기준이 유럽 중심이어서 받아들이기 어려운 부분이 있다"며 "올해 계획된 프로그램은 차질 없이 진행하면서 한국슬로시티본부와 협의해 연말에 재심사 또는 재신청하는 가능성 등을 검토하고 있다"고 말했다.

장흥댐 백서, 다시 제대로 만들어야 한다

— 07년, 08년 2회 발간한 백서, 모두 '부실' 투성이다

— 장흥신문/2008.04.17

지난 2006년에 준공된 장흥댐은 10여 년의 공정, 총사업비 6,679억 원이라는 거액의 투자라는 이런저런 내용 말고도, 근대사 이후 전국적으로 줄기차게 추진돼 왔던 '다목적댐으로서 마지막 댐'이라는 점에서 역사적 의미를 갖는다.

또 장흥군 입장에서도, 유치면 19개 마을과 부산면 지천리 1개 마을 그리고 강진군 옴천면의 1개 마을 일부를 수장시키면서 697가구 2,200여 명의 수몰민을 만들어 냈다. 또 '수몰지의 문화유적의 발굴'이라는 미명으로 수만 점의 문화유산을 발굴하기는 했지만, 그 발굴된 우리의 소중한 문화유산들이 지금도 대학교 박물관 지하에 방치되고 있으며, 생태계의 인위적인 변화로 인한 환경변화를 초래함으로써 장차 생태적으로 직간접 피해도 감수하게 만들었다는 점에서 우려되는 바도 크다. 그러는 한편으로 장흥군에 인공호수를 선물했다는 점에서도 각별한 의미도 갖는다. 그러므로 우리는 장흥댐 축조를, 장흥군의 근현대사에서 '가장 큰 역사적 사건'이었다고 할 만한 것이다.

기록은 가장 구체적인 역사성을 갖는다. 우리가 과거 역사에서 그 정체성을 규명하고 의미를 찾을 수 있는 것도 그것이 정사(正史)든 혹은 비사(非史)든 간에 남겨진 기록 때문이다.

우리 장흥군의 과거 역사에서 가장 큰 줄기였다고 할 두 가지 중요한 사건이 있었다. 그것은 고려조에 정안현에서 장흥부로 승격된 사건과 장흥동학 사건이었다. 그런데 하필이면 이 중요한 두 사건과 관련해서 아직도 규명되지 못한 부문이 있어 우리들을 늘 안타깝게 하고 있다.

하나는 장흥부 승격에 있어 그 승격 연도가 어느 해였는지 정확히 규명되지 못하고 있기 때문이며, 다른 하나는 장흥동학농민혁명 때 장흥의 동학교도가 몇 명이었으며, 동학 최후 격전에 참여한 동학교도가 몇 명이었고, 또 동학혁명의 전사자가 정확이 몇 명이었는지 아직도 제대로 규명되지 못하고 있기 때문이다.

장흥댐-장흥군 근현대사에 가장 큰 사건

장흥군 역사에서 세 번째로 큰 역사적 사건으로 기록될 장흥댐 사건을 바로 엊그제만 해도 우리는 바로 눈앞에서 고스란히 지켜보았다. 그러므로 우리는 더 늦기 전에, 우리의 기억에서 잊혀지고 현장 인물들이 더 많이 사라지기 전에, 또 관련 역사적 유물들이 사라지기 전에 장흥댐에 대한 모든 것을 우리 장흥의 정사(正史)에 편입시켜, 이 '역사적인 사건'을 올바르게 기록하고 문헌 등으로 남겨야 한다. 우리의 후인들을 위해서 말이다.

다시는 장흥댐 사건에서 미흡하거나 결핍된 요소를 남기는 우를 범해서는 안 된다. 그러므로 이제라도 장흥댐 사건을 장흥의 정사(正史)로 접근, 보다 철저하고 객관적인 기록 작업을 추진해야 한다. 이는 지금 이 시대를 살아가는 장흥군민으로서 너무나도 당연한 책임이고 사명이 아닐 수 없다.

준공 된 지 얼마 되지 않아서였겠지만, 그럼에도 불구하고 장흥댐 사건은 학자들이며 대학에서도 관심의 대상이 되고 있다. 장흥댐을 주제로 2건의 학사논문이 작성된 바 있고, 현재도 2, 3건의 학·석사 논문작업이 추진되고 있는 것으로 알려졌으며, 소설문학 쪽에서도 장흥댐을 주제로 소설이 몇 편 작성된 바도 있다.

앞으로도 유일하게 친환경적인 댐으로 축조되고, 마지막 다목적댐이었다는 점에서, 그럼에도 불구하고 장흥댐 수몰지에서 발굴된 수만 점의 유물들이 대학박물관 지하에 그대로 방치되고 있다는 점에서, 장흥댐은 환경·문화사 등 많은 전공 학자들의 연구대상이 되고, 적어도 인공호수에 대한 관광 자원화나 댐과 생태계 변화의 상관관계 등의 입장에서라도 많은 사람들의 관심과 연구대상이 될 것이다.

더구나, 지금 세계적인 추세는 댐 축조와 개발에서 댐 해체로 전환돼 가고 있는 시대이다. 더불어 물(수자원) 부족 시대의 도래도 직면하고 있다. 따라서 앞으로 장흥댐은 장흥의 미래의 역사에서도 여러 가지 큰 사건들을 야기할 동인을 갖고 있다고 봐야 한다.

이 시점에서, 장흥군이 지난 해《장흥다목적댐 백서》(이하 '장흥댐백서')를 출간했다. 사전적인 의미의 '백서(白書)'는 정부의 각 부처가 소관 사항에 대해서 제출하는 보고서이다. 이를테면, 경제에 대한 정부의 공식 보고서는 경제백서이고 노동문제에 관한 보고서는 노동백서라고 지칭하는 것이다. 그러므로 장흥군이 펴낸《장흥댐 백서》는 장흥댐에 관한 장흥군의 공식문서이며 역사적으로 보면 장흥댐에 관한 정사(正史)의 기록물인 셈이다.

장흥군이 이 책을 실제로 발간한 것은 지난 해 7월이었다(07년 백서). 그러나 백서에 도용된 사진으로 문제가 불거지면서 모두 회수 조치했다가 다시 최근에 재발간됐다(08년 백서). 그러나 이번에 펴낸 '08년 백서'는 '07년 백서'와 내용에서 크게 달라진 것이 없다. 사진 자료만 바뀌졌을 뿐이다.

'07년 백서' 발간과 관련, 당시 백서 편찬 담당자는 보도 자료를 낸 바 있는데, 이를 인용하면 "…이번 백서 제작은 조선대학교산학협력단과 계약하여 완료한 것으로, 백서에는 여러 가지 내용이 수록됐다. 백서에 담긴 내용은 백서 제작의 배경 및 목적, 장흥다목적댐 현황, 공사 진행경위, 댐건설까지의 쟁점 사항, 현재와 미래의 다목적댐 시사점, 언론에 비친 내용 등이 수록 되어 있다"고 발표했다.

그리고 당시 관계자의 말을 인용하기까지 했다. 즉 "장흥다목적댐 백서를 통하여 수몰되어 사라진 유치 지역의 역사를 이해하고 수몰민들의 아픔이 다소나마 치유가 됨은 물론 군민 공동체 의식을 함양하는데 일익이 되길 바라는 마음이다"는 내용이 그것이다.

'07년 백서', '08년 백서' - 모두 "형편없이 부실"

첫 번째 출간한 이후 6개월 남짓 지난 후 다시 출간된 '08년 백서'는 '07년 백서'와 하등 달라진 게 없다. 그러므로 당시 '07년 백서'에 대해 기자가 보도한 기사 내용은 지금도 유효하다.

"…(중략)…더욱 가관인 것은, 거금 3천만 원(도서제작비 3천만 원이면 통상 거금에 속한다)을 들여 발간한 백서의 내용이 매우 부실하다는 것이다. (07년판,《장흥다목적댐 백서》: 153쪽/4×6배판형/22cm×29cm/칼라 37쪽). 그리고 백서 전체 153쪽 중에 본문이 고작 81쪽에 불과하다. 한 편의 학사 논문 분량에도 못 미친다. 그런데도 이 책을 버젓이 '백서'라고 이름 붙이고, 언론사 등에 보낸 보도 자료에서도 "장흥다목적댐 건설 준공과 더불어 백서 제작이 완료되어 귀중한 자료로 평가되고 있다" 운운하며 자찬하고 있다. …(중략) 이 책은 본문이 81쪽에 불과하니, 내용 편집도 거론하지 못할 정도로 두루뭉술하고 대충대충 기술, 자료집으로서의 가치도 기대에 미치지 못한다. 도대체 왜 이런 내용의 책을 3천만 원이라는 거금을 들여 만들었는지 이해할 수 없다. …(중략)이 책은 졸속 행정과 군 담당자의 무책임성이 빚어낸 결과물로써 군비 3천만 원만 낭비한 것이 아니냐는 지적과 비판을 면키 어렵게 되었다."

(당시 '07년'판 백서는 내용의 부실성 이전에 백서의 생명이라 할 수 있는 출판 상황을 기록한 판권내용도 없었고, 또 사진작가 모씨의 사진 64컷을 무단으로 도용한 채 출판되어 이점들에 대해 지적하느라 내용 부실에 대해서는 구체적으로 지적하지 못했다).

장흥댐 백서- 왜 용역으로 발간했는지 의아

'07년 백서나 '08년 백서' 모두 '백서'라는 의미에서 거의 무용지물에 가깝다.

아무리 용역의 난발이니 용역의 전성시대니 하지만, 도대체 누가 당초에 장흥댐 백서를 외부업체에 용역을 줄 생각을 했는지, 그것부터가 의아스럽다. 장흥댐의 백서라면, 말 그대로 장흥군이 장흥군민 또는 유치수몰민에게 내놓은, 장흥댐과 관련된 일종의 행정 보고서이기 때문이다. 그러므로 그것은 당연히 해당부서에서 장흥댐과 관련된 업무내용을 정리해 발간하면 되고, 혹 전문 분야의 견해라든지 이해 및 자료가 필요했다면, 관련 환경단체 등 전문인 몇이 포함된 편집위원회 등을 구성해 협조하고 논의해 펴내면 될 일이었다. 그런데 외부에 용역까지 맡겼으니 당초에 왜 용역으로 시작했는지 이해할 수 없다는 것이다.

댐이니, 환경이니, 수자원이니 하는 전문 분야의 내용이어서 대학 업체에 용역을 주었다고 변명한다면, 그 점은 이해할 수 있다. 그러나 장흥 현지에는 환경관련 단체 등도 있는데 왜 굳이 외지 대학기관에 용역을 주었느냐고 따지지 않을 수 없다. 만일 그 대학기관이 그런 전문 용역을 맡아 시행해 본 풍부한 경험과 노하우가 있었다면 또 그 점에서 이해하고 들어갈 수도 있을 테지만, 백서 내용만으로 볼 때 결코 그것도 아니었다.

결과를 보면 알 수 있듯, 그 대학이 펴낸 백서를 보면, 단지 무슨 대학이라는 이름 뿐이지 장흥댐에 대해 구체적으로 이해하지도 못했고, 백서를 어찌 기술하고 편집해야 할지에 대해 경험도 없었음이 분명하다. 담당자가 막연히 대학의 기관이기에, 그저 그 어느 곳보다 잘 할 것이라는 맹신(?) 때문에, 그 믿음으로 판단했다면, 할 말이 없다. 그러나 결과는 그 대학에 용역을 주어 백서를 무용지물로 만들어 놓았지 않은가. 결론은, 그 백서 출간을 담당한 부서 및 담당자는, 당연히 업무태만이요 직무유기를 범한 것에 다름 아니다.

장흥댐 백서에 담아야 할 내용들

백서에 어떤 내용이 기술되어야 하느냐는 것은 상식이다. 기본적으로, 댐 건설 추진이 제기되고 그에 대한 주민의 반대운동이 일어나고, 댐 건설에 대한 고시가 이루어지면서 촉발된 주민의 토지보상운동 등에 이르기까지의 주민운동이 구체적으로 기술되어야 한다.

또 수몰지에 대한 문화유적 발굴사업들을 비롯하여, 댐 주변지역에 대한 지원사업, 본격적인 댐 건설 축조사업 등, 댐 건설 처음부터 마지막까지의 전체 과정과 일체의 업무추진을 객관적으로 기술하면 된다.

그리고 이 백서가 '장흥댐 사건'의 역사적 기술이라는 점에서, 각 부문에 대한 성격과 의미, 과제 등의 규명도 중요한 내용으로 기술되어야 마땅하다. 예컨대, 장흥댐에 대한 주민운동에 대한 부문에서 그 동기와 과정, 결과라든지, 장흥댐의 주민운동이 실패했다면 그 이유가 무엇이었는지, 혹시 여기에 정치적인 배경이 작용하지는 않았는지 등의 성격 규명도 분명히 기술돼야 한다.

유치 수몰지에서 어떠한 유물 유적이 발굴되었으며, 그 발굴된 유물 유적에 대한 역사적 가치는 무엇이고 그 유물 등에 대한 사후관리는 어찌되고 있는지, 선사유적공원에 대한 추진 과정이 어찌 변경되었으며, 왜 당초 3만평 규모에서 3천평 규모로 축소되었는지, 강성서원에 대한 이전사업은 어찌 추진되었으며, 무엇이 문제가 되었는지 등등, 장흥댐과 관련된 모든 사건과 사업의 성격이 분명히 규명되어야 한다는 것이다.

더불어 가장 중요한 내용의 하나로, 장흥군 지도에서 영영 사라져간 각 마을에 대한 소개와 마을 모습이며 마을 사람들의 단체사진도 함께 편집해야 마땅하며, 수몰민의 인명록이라도 부록으로 편집되어야 하며, 수몰되기 이전 유치지역에 산재한 모든 문화재며 문화자원 등도 구체적으로 사진과 함께 수록하는 것이 마땅하다.

한 마디로, 백서의 축사에서 밝힌 누군가의 말대로 "장흥댐 건설 과정과 장흥댐 주변지역에 대한 과거와 현재를 기술하는 것이 백서 편찬의 목적"이었다면, 최소한 이러한 내용들을 중심으로 기술하고 편집해야 했다는 것이다.

그리하여 댐이 건설되기 전의 유치면 일대의 역사문화를 책으로나마 복원하고, 그 역사 문화와 인간 공동체가 사라져 버린 과정을 구체적으로 제대로 기술, 장흥댐 사건을 장흥의 당당한 역사로 편입시켜야 하는 것이다. 이 정도는 담당공무원이라면 익히 알고도 남을 업무가 아니었던가.

그렇다면, 이러한 관점에서 볼 때 이번에 발간된 백서는 어떤가.

누구는 "신문 스크랩북처럼 만들었다"며 일갈했다. 더 지적하고 말 것도 없다. 한 마디로 부실 투성이다. 전체 160쪽에서 본문이 100쪽에 불과하고, 그 100쪽에서 목차며 발간사 등 서문 쪽과 차트 식으로 기술한 장흥댐의 개요 부분이 42쪽에 이른다. 그러므로 그 나머지 부분인 60여 쪽에 무슨 내용을 얼마만큼 담을 수 있었겠는가. 댐 건설이 추진되고 이에 대한 장흥 주민의 반대운동이 일어났던 과정의 기술 부문 정도에 장흥댐의 모든 내용을 약술해 넣은 것에 불과하다.

'장흥댐 백서'라는 이름으로는 더 이상의 책자를 펴 낼 수는 없는 일이다. 그러므로 차제에 이전 백서를 모두 폐기처분하고, 이제부터라도 제대로 된 '장흥댐 백서' 발간 추진위원회를 만들고, 장흥의 근현대사에서 '가장 큰 사건'이었던 장흥댐에 관한 완성도 높은 보고서를 만드는 일에 착수해야 할 것이다.

이것이 바로 이 '장흥댐'과 동시대 장흥에 살았던 장흥인으로서 너무나 당연한 책무가 아니겠는가.

장흥군, 아시아 최초 슬로시티 지정받았다

— 장흥신문/2007.12.05

장흥군을 비롯 담양·완도·신안군 일원 등 전남도 4개 지역이 아시아 최초로 슬로시티를 지정받았다. 슬로시티국제연맹은 지난 1일 이탈리아 그레베인 키안티에서 열린 총회에서 대한민국 4개 지역을 슬로시티로 지정했다고 3일 밝혔다.

슬로시티운동은 1999년 10월 15일 이탈리아의 작은 도시 오르비에토에 그레베 인 키안티, 브라, 포시타노 등 슬로푸드 운동을 벌이고 있는 네 도시의 시장이 모여 슬로시티를 선언했으며 그동안 10개국 93개 도시가 슬로시티 국제연맹에 가입되어 있는데 이번 대한민국 가입을 통해 11개국 97개 도시로 확장되었다.

전라남도는 이번 지정을 위해 2006년 3월 슬로시티 국제연맹 창시자 파올로 사투르니니 시장을 초청한 바 있고, 올 4월에 슬로시티 유치 신청서를 국제연맹에 제출하였으며, 9월 7~8일(2일간) 실사를 거쳐 담양군 창평면, 장흥군 유치면(장평면), 신안군 증도면, 완도군 청산면이 최종 확정되었다.

장흥군은 슬로시티 지역인 유치면과 장평면 일대를 보다 경쟁력 있고 차별화된 그 지역만의 브랜드로 육성시켜 주민소득과 웰빙문화를 접목시켜 나간다는 계획이다. 특히 수려한 산악지역의 경관이라는 장점도 살리고 그러한 생태환경에서 친환경 표고재배를 비롯하여 장수풍뎅이·지렁이의 자연학습장화를 추진하고, 나아가 친환경농업육성 5개년 계획 수립을 시행해 친환경 농업의 메카로 육성해간다는 방침이다.

슬로시티는 현재 문명을 거부하고 과거로 회귀하자는 이념이 아니라, 보다 인간적인 삶을 추구하자는 것이다. 이로써 '푸른 장흥' '느림 세상' 운동 등 생태문화를 적극 추진해온 장흥군은 이번 슬로시티 지정을 계기로 주민들이 지역의 먹거리와 고유의 전통문화를 느끼며 쾌적한 삶을 향유할 수 있게 됐다. 장흥군도 향후 장흥의 우월한 생태자원을 보존, 발전시키고 이를 활용한 브랜드화를 추진, 주민 소득 향상에도 크게 기여할 수 있도록 한다는 방침이다.

이번 슬로시티 지정은 슬로시티 지정을 계기로 관광객이 증가했던 다른 나라의 사례에서 보듯이 장흥에도 관광의 증대효과가 나타날 것으로 기대되고 있다.

우려되기는, 앞으로 슬로시티를 지속, 발전시키기 위해서는 슬로시티 지역으로서 그 특성에 맞는 사업이 전개되어야 하는데, 이런 방향이 자칫 지역의 개발 전략 과정에서 저해 요인으로 작용될 수도 있다는 점일 것이다. 그럼에도 불구하고 슬로시티 지정은 슬로시티 정신 구현에 의한 새로운 브랜드 창출 가능성이 크므로 친환경적인 장흥발전에 큰 동력이 될 것임에는 분명하다고 할 것이다.

오만하게 버티고 있는 장흥댐을 고발한다

— 공약(空約) 난발… 장흥군민 이익은 철저히 배제했다

— 장흥신문/2006.07.20.

근 10여 년 동안 장흥의 현대사를 오욕과 치부의 한 부분으로 장식하며 준공을 계속 미뤄오던 장흥댐이 착공 10여 년, 담수 19개월 만에 드디어 높이 53m, 길이 403m의 거대한 육지 속의 '바다'로서 탄생하며 고고성을 내질렀다.

댐 주변 사업들 표류하고 있다

수자원공사 측은 준공식을 마치고 대내외에 당당히 장흥댐의 준공을 알렸으나, 댐 주변 사업들은 여전히 표류하고 있다. 장흥지역의 머리 부분에서 우뚝 저립하며 더욱 오만하게 버텨선 장흥댐으로, 아니 장흥의 기(氣)와 세(勢)를 확실하게 짓누르면서 발밑에 엎드린 장흥군을 도도하게 내려다보고 있는 형국의 '오만한 댐'으로 거듭나고 있는 것은 아닌지 우려된다.

이번에 준공된 장흥댐은 연이은 태풍 상륙과 장마로 인한 탐진호 수위를 조절한다는 명목으로 댐 건설 이후 두 번째로 수문을 열었다. 1초에 65톤 이상 유입되는 댐의 저수율이 72%를 넘은 것으로 확인된 지난 12일, 오후 4시부터 1초에 약 2백톤의 물을 16일 오후까지 방류했다. 장흥댐 측은 강우량과 상하류 수문 현황을 고려해 방류 시간을 조정한다고 했지만, 직접적인 피해를 받을 우려가 있는 장흥군과 충분한 협의를 가졌는지 의문이다. 그들의 오만함으로 보아 장흥군의 의사는 철저히 무시하지는 않았을까.

사실, 댐 반대 여론이 지배적이었던 95, 96년 댐 추진 시작에서부터 장흥의 민심은 철저히 외면당했다. 즉 그들은 댐 건설의 반사적 이익('탐진댐 건설 대안사업'이란 명목의 장밋빛 청사진 제시 등)을 미끼로 던져 장흥의 수구세력 층을 무관심 또는 찬성 측으로 돌려놨고, 목포시권역의 용수해결을 위한 당위성으로 당시 호남세력을 좌지우지하던, 이른바 DJ 예하의 호남 정치권을 방관케 하거나 댐 건설 찬성 측으로 만들었다.

또 그 정치권과 결부된 장흥군 민선군수 역시 그 범주 안에 속해 있었다. 그리고 더욱 중요한 것은 중앙 언론매체나 지방언론도 장흥 민심의 편은 아니었다. 이는 모두 수자원공사 측의 치밀하고 구체적인 고도의 전략적 술책으로 빚어진 결과는 아니었을까.

4차로 도로개설 약속, 공약(空約)이 돼

그들의 오만하기 그지없었던 사례 중 몇 가지만 헤아려 보자.

1996년 말인 12월, 국책사업으로서 탐진댐 기본계획안이 공고되고 그 이듬해인 1997년부터 수몰지에 대한 토지수용이 본격화되면서, 이젠 보상 문제만 원만하게 해결하면 만사가 오케이였던 그 댐건설 추진과정에서도 그들(수공 측)은 장흥민심을 철저히 호도했다. 그런데도 그들의 그 오만하고 권위주의적인 자세에 대해 장흥군은 큰 소리 한번 치지 못하고 당해 왔다.

우회도로 건설을 추진하는 과정에서, 그들은 늑룡리에서 용문리 보림사 입구 삼거리까지 13호 장흥군도(법정도로. 2,7㎞)를 장흥군의 의사와는 상관없이 폐지해버리고 농로나 다름없는 '기타도로'로 격하시켜버리며 길을 냈다. 꾸불꾸불한 그 도로는 현재 댐 부근 우회도로 중 가장 위험한 코스로 손꼽힌다. 문제는 그 우회도로 완성 이후, 광주에서 장흥까지 4차로 개설문제가 대두되면서부터였다. 기어코 그 '기타도로'가 걸림돌로 부각되기에 이른 것이다.

댐 준공이 코앞으로 닥쳤던 지난 2004년 초, 장흥군사회단체 등은 댐 준공이 가시화된 시점에서도, 당초 댐 건설 추진부터 전남도와 정부가 공공연히 약속해왔던 4차로 개설이 무용지물이 돼버린 것을 빌미로, 탐진댐 범군민비상대책위를 결성하고, 댐건설 원인 무효소송을 이유로 해서라도 댐 준공을 결사반대하고 나서겠다며 전남도와 수공 측을 윽박지르고 나섰다.

결국 전남도(박태영 지사)에서는 화순 이양에서부터 장흥까지 4차로 개설(건설 비용 1,735억원)을 약속하고 나섰다. 그런데 그 4차로 개설 문제가 본격적으로 대두되면서 문제의 기타도로가 장애요인으로 나타나고 만 것이다. 즉 전남도에서는 화순 이양부터 유치까지 4차로 개설을 추진하지만, 문제의 2.7㎞ 구간은 법정 도로가 아니므로 장흥군이 그 건설 비용을 부담해야 한다고 나선 것이다. 그 '2.7㎞의 기타도로' 격하는 수공 측의 오만한 자세에서 비롯된 결과에 다름 아니었음에도 불구하고.

전남도 추진의 4차로 개설사업에서 '2.7㎞ 기타도로'마저 4차로 개설 사업에 포함시키려면, 사전에 그 도로가 법정도로로 변경, 지정돼야 한다. 그러나 그것은 결코 쉽지 않은 일이다. 국도 및 지방도 노선 변경은 5년마다 1회에 한해 조정되는데, 올해가 바로 노선변경이 이루어지는 국도 노선 변경이 가능한 그 5년째 되는 해이다. 올해 장흥군이나 장흥군의회가 문제의 2,7㎞ 기타도로를 법정도로로 승격시키지 못하면, 이 문제는 다시 5년 후로 넘어가야 되고, 결국 2.7㎞ 4차로 개설은 자칫 가난한 장흥군이 부담할 수밖에 없게 되는, 참으로 '웃기는 상황'이 올 수도 있다. 이러한 결과의 원인 제공자는 바로 그 오만한 수공 측이다.

선사유적공원 당초 약속과 달리 크게 축소

두 번째, 그들의 오만한 자세는 고인돌 공원의 추진과정에서 더욱 여실히 나타난다.

그들은 당초 댐건설을 추진하면서, 피해를 입게 되는 장흥군 당국자와 장흥군민에게 획기적으로 지역발전을 앞당길 수 있는 대안사업 추진에 적극 협조하겠다고 누차 공언하고 약속해 왔다.

그 대안사업으로 거론 된 것이 바로 '장흥-광주간 4차로 고속화도로개설', '관광개발, 문화재 복원사업' 등이었고 이중 관광개발 사업으로 수몰지역 문화재 복원이전 사업과 문화유적 종합 전시관 조성사업 등이 포함돼 있었다.

앞서 언급했듯, '장흥-광주간 4차로 고속화 도로개설'은 이미 확실히 물 건너간 사업이 되어버렸다.

다음으로 수몰지역 문화재 복원이전, 문화유적 종합 전시관 조성사업이었는데, 이 사업 역시 물 건너간 사업이 되고 말았다. 그리고 가까스로 이의 대체사업으로 추진된 것이 바로 수몰 지구에서 발굴된 149기의 고인돌 유적을 한 곳으로 이전하여 조성하는 이른바 '선사문화유적 공원화'라는 사업이었다. 그런데 이 사업마저 당초 3만평 부지에 조성키로 했다가 우여곡절 끝에 간신히 3천 평 부지에 조성하는 것으로 종결되고 말았다.

장흥댐 건설을 추진하면서 손해와 피해를 입게 되는 장흥군의 발전을 위한 여러 대안사업들은 전남도, 정부(수자원공사) 등이 장흥 군민을 호도하기 위한 술책이요 기만이었음이 드러나고 만 것이다.

그럼에도 장흥댐은 오늘도 장흥군을 거만하게 내려다보고 있다. 당당한 얼굴로. '오만한 댐', '장흥댐'이라는 이름으로.

선사문화유적공원 3천 평, 형식적이다

— 수장되는 우리의 소중한 문화유산이 안타깝다

— 장흥신문/2006.06.15.

장흥댐 수몰지역 내 문화유적 조사는 1997년부터 1998년에 걸쳐 실시된 지표조사를 시작으로 2003년 3월까지 총 3차례에 걸쳐 목포대학박물관과 호남문화재연구원이 분담해 조사를 진행했다. 발굴조사 결과, 신석기~청동기~철기·삼국시대에 걸친 대규모의 마을유적과 무덤유적이 곳곳에서 확인됐고, 고려·조선시대에 걸친 유적도 넓은 지역에서 확인되며 학계의 주목을 끌었다. 오복리 오복동에서는 우리나라 최초의 고려시대 취락유적이 출토됐으며 천변에 인접한 호남지역 최초의 바위그늘 유적 발굴조사에서는 바위그늘 안쪽 면에서 신석기시대 토기편이, 바깥쪽에서는 시대를 달리하는 유물이 출토되는 등 학술적 가치가 높은 유적·유물이 대거 발굴됐다. 또 대리지역에서는 청동기시대-삼국시대-고려-조선시대에 이르는 2만여 평의 넓은 유적 지구가 확인됐는데, 이 지역에서도 대리 유적처럼 신석기시대 말기로부터 조선시대에 이르는 전 시대에 걸쳐 유적이 발굴되는 보기 드문 경우로 학계는 인정하기도 했다.

또 청동기시대의 대표적인 무덤인 고인돌은 발굴조사 된 유적 중 가장 많은 수를 차지하는데, 13개소 230여 기에 이른다.

장흥댐 유적 발굴을 추진했던 학자들은 물론 많은 학자들은 수몰지역 발굴 유적을 옮기고 역사공원을 조성하거나 유적유물전시관(박물관)을 세워 댐 발굴의 모범적 선례를 보여줘야 한다고 주장했다. 장흥군 문화관련 인사들도 이구동성으로 주암댐 건설 당시 고인돌공원을 조성했던 선례에 따라 장흥댐 수몰 유적유물을 모아 유적 공원화해야 한다거나 시발굴 유적이 아닌 주거지까지 있는 대형유적이라는 점을 감안해 2, 3만평 가량의 부지를 매입해 유적 공원화해야 한다고 강력히 주장해 왔다.

그리고 이 문제는 그리 어렵지 않게 풀릴 것으로 장흥군민은 믿어 왔다. 이미 장흥댐 건설 추진 때부터 수자원공사와 전남도, 장흥군이 수차 공지해 온 사실이었기 때문이다.

그런데 지난 2003년 초, 수자원공사 측이 예산 부족을 이유로 선사문화유적공원조성 계획을 백지화하고, 댐 하류인 부산면 지천리 일대 3천평 부지에 생태문화공원을 조성해 그곳에다 수몰지역 고인돌을 옮겨 놓는다는 계획을 마련하면서 이 문제로 장흥군과 큰 마찰이 빚게 됐다.

이에 대해 장흥군에서는 댐 상류 어느 지점 3만평 규모의 부지에 고인돌과 가마터 등을 그대로 옮기고 수몰지역의 생활상을 엿볼 수 있는 선사유적체험공원을 조성해야 한다고 주장하고 나왔다.

"3천 평의 부지에 고인돌을 옮길 경우 많아야 20, 30여기 전시만 가능해 나머지는 수장될 수 밖에 없다. 소중한 문화유산을 보존하고 수몰민들의 애환을 달래주는 차원에서라도 보다 큰 규모의 선사유적공원을 조성해야 한다"는 것이 당시 장흥군의 입장이었다.

유치면 주민들도, 마을까지 물에 잠기는데 문화재마저 수장돼서는 안된다는 생각으로 당시 대통령직인수위원회와 수자원공사 등에 탄원서를 내기도 했다.

그런데 알고 보니, 선사문화유적공원 조성 문제는, 이미 지난 2001년에 민선 2기의 장흥군 최고위층과 수자원공사 측 간에 백지화하기로 협의한 것으로 밝혀지면서 당시 무성의하고 무책임한 장흥군의 문화행정의 한 단면을 엿보는 계기가 되기도 했다.

결국, 이 문제는 민선 3기 때 장흥군의 집요한 노력으로 댐 상류인 용문리에 3만평 부지에 고인돌 공원을 조성하는 것으로 귀결이 됐다. 즉, 장흥군과 수자원공사 측은 장흥댐 수몰 예정지에서 발굴된 고인돌 230여기와 고려시대 것으로 추정되는 주거지, 기와가마, 백자도요지 등 많은 유적과 유물 중에서 상석이 있었던 135기의 고인돌(하부구조만 남은 고인돌은 200여기)만 이전 복원한다는 계획으로, 이른바 '선사문화공원' 터를 보림사 입구 용문리에 3만여 평을 확보하기로 했고, 장흥군은 수자원공사로부터 20여억 원의 양여금을 받은 것으로 확인됐다.

그러나 용문리 선사문화공원 조성이 다시 무산되기에 이른 것은 지난해 초, 장흥군의 고인돌공원 조성사업 예정부지에 대한 환경부 당국(영산강유역환경관리청)의 최종 승인과정에서 댐수계인 장흥댐 상류라는 이유로 승인을 거부당함으로써 비롯됐다.

당시 장흥군이 선사문화공원 예정부지에 대한 적법성을 묻는 관계기관회의에서 영산강유역환경관리청이 댐 상류지역이라는 이유로 협의를 거절하고 만 것이다.

이후 장흥군은 부지매입 등 일체의 행위를 보류하다가 영산강유역환경관리청이 재협의도 거부하자, 용문리 일대 선사문화공원 조성을 전면 중단하고 말았다. 다시 한번 재연된 장흥군의 문화행정의 부실이 확연히 드러나는 대목이 아닐 수 없었다.

그후 선사문화공원 터 문제로 표류해오던 고인돌공원은 댐 상류인 신풍리 일대 1만여 평으로 축소 조정되었다가, 다시 영산강유역환경청이 수변공원이라는 이유로 3천 평 이하로 축소할 것을 주문, 결국 3만평 규모의 선사유적 공원이 3천 평짜리 고인돌 공원으로 조성될 것으로 예상되고 있다. 3천 평의 고인돌 공원이라면 당초 이전하기로 한 149기 고인돌 중 30~40기만 이전되고 나머지는 수장되거나 방치되고 말 것이다.

어디 그뿐인가. 우리의 소중한 문화유산인 그 많은 발굴 매장 문화재들도 타지의 박물관으로 이전되거나 옛사람들의 주거지며 가마터, 백자도요지 등 수많은 문화 자원들도 수장되는 꼴을 면치 못하게 될 것이다. 몇 백 억, 아니 몇 천억의 돈으로 살 수도 없는 그 귀중한 우리의 문화 유산들이 갈 곳을 잃고 사장되고 마는 셈이 아닌가. 누구의 책임이며 누구의 잘못인가. 그 선사문화공원을 굳이 유치에만 조성해야 할 이유가 있는가. 정녕 다른 방법은 없다는 것인가.

장흥댐도 준공이 됐다. 그리고 때 맞추어, 장흥군의 민선 4기도 곧 출범한다. 민선 4기의 장흥군이 최우선적으로 해결할 일이 바로 이 문제일 것이다.

부디 장흥의 고인돌을, 죽은 돌이 아닌 살아있는 돌로 만들어주길 당부하고 또 당부해마지 않는다. 우리의 먼 후대를 위해서라도.

'삼비산' 이름찾기, 전 장흥군민이 나서야

— 삼비산, 장흥군민의 삶과 함께 해왔다

— 장흥신문/2006.08.02.

장흥군 안양면과 보성군 웅치면, 보성군 회천면 경계지점에 솟아있는 삼비산(667,5m)은 백두대간의 영취산(여수, 510m)에서 갈라진 호남정맥이 서남쪽으로 달리다가 제암산, 사자산에 이어 동남쪽으로 방향을 틀면서 장수리 뒷산인 골치산(骨峙山)에 이어 신촌리 동북쪽으로 높이 솟은 장흥의 명산이다.

삼비산은 장흥 관내에서 제암산(807m), 천관산(723.1m) 다음의 높은 산이다. 상제(上帝)의 비(妃) 셋이 모여 놀았다는 설화에서 그 이름을 따온 삼비산(三妃山)은 일명, 하늘의 황비가 내려왔다고 해서 '천비산(天妃山)', 일년 내내 마르지 않는 샘물(정상부 폭포)에서 황비가 놀았다고 해서 '샘비산', 또는 '천비산(泉妃山)', 수많은 날을 신비한 안개로 뒤덮인다고 해서 '현무산(玄霧山)'으로 불려 오기도 했지만, 지금은 삼비산으로 통일되어 불러지고 있다. (삼비산과 가장 가까운 마을인 신촌리에서는 지금도 '샘비산'로 불러 오고 있다).

산 정상부의 완만한 능선에는 무려 18만여 평의 구릉 능선이 펼쳐지고, 이 능선에는 가을이면 온통 억새밭으로, 4월 말이면 철쭉 화원으로 변해 그 일대가 가경(佳景)을 이룬 데다, 삼비산 능선에서 한눈에 내려다 보이는 득량만의 풍경이 또 하나의 가경이어서, 해를 거듭할수록 외지에서 삼비산을 찾는 등산객이 늘고 있는 추세이다.

이 산의 정상부는 삼비봉이고 그 줄기에 장수리 쪽으로는 회룡봉, 율산

쪽으로는 한덕산, 신촌 쪽으로는 투구봉, 수락 쪽으로는 상제봉, 매봉산 등을 거느린다. 그리고 이 산줄기들이 품안에 거느리고 있는 마을들이 이른바 장수리, 학송리, 신촌리, 수락리, 수문리, 용곡리, 율산리, 덕산리, 사촌리 등 9개 마을이다. 그러므로 이들 마을과 주민들의 역사와 정서는 삼비산과 불가분의 관계를 이룬다.

오래전부터 이 삼비산 줄기가 서북쪽으로 뻗어 내리면서 장수리와 학송리를 낳았고, 다시 서남쪽으로 이어지면서 덕산마을과 율산리, 사촌리를 낳았으며, 남쪽으로 뻗어 내리면서 신촌리 그리고 동남쪽으로 뻗치면서 수락리 그리고 용곡리와 수문리를 탄생시켰다.

옛부터 이 산에서 이곳 주민들은 나무를 베어 집을 짓고, 불을 지필 땔감을 마련하기도 했으며, 한국전란 이전까지만 해도 정상부근인 신촌리 북쪽 산기슭엔 늑대 등이 출몰하기도 했다.

지난 1989년 목포대학교 박물관에서 실시한 장흥군 최초의 지표조사 자료인《장흥군의 문화유적》과 그 이전 몇몇 고고학계의 자료에 따르면, 안양면 전체에 선사시대 유물인 고인돌이 총 31개 군에 347여기가 조사되었으며, 그 중에서도 삼비산과 관련된 고인돌로는 장수리에 80여기, 신촌리에 26기, 수락리에 45기 등 총 150여기가 분포되어 있는 것으로 조사, 발표되었다.

삼비산 줄기에 터를 잡은 9개 마을주민들이 다녔던 초등학교인 안양동초등학교 교가에도 삼비산은 등장한다. 안양동초교는 일제강점기인 1934년에 개교한 학교인데, 삼비산은 당시에 현무산으로 불려진 것으로 기록되고 있다.

이종상 씨 작사·작곡인 이 교가 가사는 "명소(名所)라 아름다운 호남의 일단(一端) / 현무산(玄霧山 : 삼비산) 기슭에 옛 거룩한 자취 / 득량의 넓은 바다 우리의 기상 / 의리에 굳세자고 맹세한 우리 / 길이길이 빛내자 안양동초교"

이처럼 삼비산은 인근 지역 주민들과는 선사시대부터 아주 밀접한 관계에 있었던 것이다.

그런데 이 샘비산, 삼비산을 일림산으로 부르라 한다. 이는, 일제강점기 때 조상 대대로 물려받은 이름 대신에 일본식 이름을 지어 쓰도록 강요했던 것이나 진배없는 일이다. 김 씨는 가네야마(金山)로, 이 씨는 리노이에(李家) 등으로 부르라 했던, 그리하여 우리의 민족혼과 역사를 말살하려 한 일본인들의 작태와 하나도 다를 것이 없다.

'장흥 일림산'으로 부르면 될 것 아니냐? 문패만 바꿔 단 것에 불과하지 않느냐, 하는 사람들도 있다. 그러나 일림산의 개명 이면에는 당초 보성산인 626.8m 주봉의 이름이 일림산이므로, 행적구역으로는 장흥에 속하지만 역사적인 연고로 '보성산 일림산'이라는 그들의 주장과 의견에 동조하는 결과에 다름 아니다.

일림산으로 고착되면 우리는 영원히 삼비산을 그들에게 빼앗기고 삼비산 지역민들의 혼과 역사마저 빼앗기고 마는 것이다. 이는 실로 장흥군민이 자존과 관련되는 일이 아니겠는가.

왜 우리의 이름인 삼비산을 두고 보성 이름인, 보성 사람들이 원하는 이름으로 불리게 해야 한다는 말인가.

이것이 삼비산 이름 찾기에 전 장흥군민이 나서야 하는 이유인 것이다.

장흥댐 관련사업 행정부실 언제까지

—선사유적공원, 대체농지 사업 등 … 부실 행정 표본

— 장흥신문/2005.09.29

장흥댐 관련, 대안사업에 대한 장흥군 부실 행정의 문제성이 다시 불거지고 있다.

최근, 장흥댐 유치면대책위가 장흥군에 정보공개 요청으로 받아낸 장흥댐 주변지역정비사업 집행내역에 의하면, 그 예산 집행이 오류 투성으로 드러나 문제가 되고 있다.

장흥군이 건교부로부터 2001~2004년간 댐주변지역정비사업 명목으로 받아 쓴 예산은 총 200억 원. 이 금액은 유치면에 148억4천만 원, 부산면에 24억2천만 원, 장평면에 18억2천만 원, 장동면에 9억2천만 원으로 분배되었다. 그런데, 이 전체 총액은 정확히 들어맞는데 내용과 금액에서 중복된 항목이 있는가 하면, 시행되지도 않은 사업이 서류상으로만 시행된 것으로 기재되어 있으며, 허위 기재도 나타나 문제가 되고 있는 것이다.

중복기재의 경우, 2001년 유치면 관동리 회관건립 공사에 7천만 원을 사용한 것으로 돼 있는데, 2002년에도 같은 명목으로 7천만 원을 쓴 것으로 기재되어 있다. 전체 총액이 정확히 들어맞는다는 점에서 보면 이 7천만 원은 공중으로 사라진 셈. 또 주민 반대로 사업이 진행되지도 않은 대삼농로포장공사, 내삼 진입로확포장공사가 2004년도에 각각 5천500만 원과 3천800만 원의 사업비를 들여 집행된 것으로 표기됐다.

대책위에 따르면, 장흥군은 당초 이 자료를 토대로 “남아 있는 돈이 한 푼도 없다”고 밝혔다는데, 대책위가 상세내역 공개를 요구하기에 이르자 그제서야 5억 원이 남아있다고 답했다고 한다. 장흥군은 이 5억 원에 대해 낙찰차액을 비롯해 실제사업을 진행하면서 발생하는 오차라고 설명했다고 한다.

유치지역민들은 댐주변지역정비사업 명목으로 유치면에 교부된 148억 원에 이르는 이 예산을 다 써버린 것으로 알았다가 최근에서야 5억 원이 남은 것으로 알게 된 것으로 알려졌다.

장흥군은 주민들을 위해 사용해야 할 예산을 그 흔한 공청회 한번 거치지 않고 군 내부의 의사결정 과정을 통해서만 집행해 버렸고, 나중에는 그것도 모자라 대충대충 총액과 용처만 맞추어 놓았다고 말할 수밖에 없지 않은가. 또 이것이야말로 말 그대로 주먹구구식의 행정 부실이 아니겠는가. 게다가 예산총액은 정확히 들어맞았지만 뒤늦게 5만 원도, 오십만 원도 아닌 5억 원이라는 돈이 불쑥 튀어 나온 사실을 무엇으로 설명할 수 있을까.

사실, 장흥댐 관련 대안사업, 주변 정비 사업에 대한 행정 부실성은 이번 경우만은 아니다. 각종의 장흥댐 주변 환경정비 후속 사업들이 표류하고 있는 원인 중 하나도 바로 행정 부실에서 그 원인을 찾을 수 있기 때문이다.

선사문화공원 조성 부지를 마련하는 과정에서 그 부지가 ‘댐 수계’라는 이유로 환경당국으로부터 승인을 거부당하면서 이 사업이 전면 중단된 일도 댐 관련 행정 부실의 하나로 지적되고 있다.

선사유적공원은 당초 국비 20억 원을 들여 유치면 용문리에 3만여 평 규모로 조성키로 했지만 뒤늦게야 영산강유역환경관리청의 사전환경성

검토 결과 불가통보를 받아 전면 중단되었다가 최근 뒤늦게야 신풍리에 1만여 평 규모로 대폭 축소되어 재추진되고 있는 것으로 알려졌다.

3만여 평 규모의 선사문화유적공원과 고작 1만여 평 규모의 고인돌 공원, 이 차이점은 앞으로 두고두고 장흥군이 부담해야 하는 문화유적의 손실분이 아니겠는가.

또 10억 원의 사업비를 투입, 추진키로 했던 산림 내 진입로 개설사업도 토지무상사용과 임도 타당성평가 등 기초 작업은 끝난 상태지만, 영산강환경관리청의 환경영향평가 결과 불가통보를 받아 공사를 추진하지 못하고 있는 실정이라고 한다.

어디 그것뿐이랴. 지난 2002년, 장흥군이 수자원공사로부터 사업비 10억 8천만 원을 받아 약 5만7천400여 평 넓이로 조성한 대체농지도 최근 거의 불모지로 변해가면서 말썽이 되고 있다. 장흥댐 건설로 이주해야 하는 수몰민들에게 안정적인 삶의 터전을 마련한다는 목표로 장흥군이 추진했던 이 대체농지 조성사업은 지난 2002년 6월에 완공되어 분양되었고 지난 2003년부터 경작이 시작돼 올해로 3년째이지만 새로 조성된 많은 농지가 작물이 자랄 수 있는 환경을 갖추지 못한 척박한 땅으로 변하고 있다는 것이다.

이에 대해 군 관계자는, "공사가 시작되기 이전에 대체농지를 주민들과 함께 둘러보았고, 공청회 등을 통해 주민의견도 수렴했다"는 식으로 대답하고 있다는데, 농민들은 "믿을 수 있는 군이 하는 일이어서 전문적으로 하겠다 싶어 그냥 믿고만 있었다"면서 "이렇게 만들 줄 알았으면 처음부터 반대했을 것"이라는 목소리다.

문제는, 대체농지의 경사면을 계단식으로 처리하지 않고 조성한 것인데, 이점에 대해서 군 관계자는 그 필요성을 인정하면서도 예산이 엄청나 엄두를 낼 수 없었다는 것이다.

예산이 문제이고, 그 불가피성은 인정하더라도, 결국 이 대체농지 조성에 나타난 문제점 역시 무사안일한 행정의 자세 때문이 아니었던가 싶은 것이다.

행정도 갈수록 투명해지기 마련이다. 따라서 어느 것 하나 대충대충 넘어가서는 안 된다. 나중에 다 드러나게 돼 있기 때문이다. 보다 책임지는 행정, '적당히'가 아니라 최선을 다한 노력과 정성의 행정이 필요한 것이 아니겠는가.

장흥, 생태군 이미지 더욱 확충·확대해야

— 장흥신문/ 2004.07.29.

지난해부터 올해까지 '장흥군'에 대한 언론보도가 예년에 없이 '풍년'이다. 정확한 자료는 아니지만, 대표적인 인터넷 검색 사이트인 '다음'과 '네이버'에서 장흥군과 관련된 중앙매체 중심의 보도기사를 보면 이 같은 사실은 더욱 확연해진다.

상반기(1.1~7.23) 보도기사를 연도 별로 비교해 보면 '다음'의 경우 2002년은 30여건, 2003년은 107건인데 비해 2004년은 187건에 이른다. '네이버'의 경우, 2002년은 67건, 2003년은 220여건, 2004년은 320여건에 이른다. 이러한 결과에는 여러 가지 변수가 작용했음을 간과할 수 없을 것이다. 언론 매체수가 많아진 점이라든가 각 매체들의 내용(면수) 증가도 이러한 결과에 적지 않게 작용했을 것이다.

또 우리 군의 소식이 중앙언론에 보도되고도 남을 만큼 큰 이슈나 인물에 대한 화제거리가 연이어졌던 것도 그 변수 역할의 하나가 되었을 것이다. 2003년 장흥 출신의 천재골프 소녀 위성미 등장이라든지 지난 연초부터 불어 닥친 핵 폐기장 유치 열풍 등이 그 좋은 예이다.

올 들어서도 중앙 언론 보도가 유난히 많아졌는데, 첫째 이러한 언론보도를 주도한 대표적인 사안은 장흥의 새로운 콘셉트로 떠 오른 '정남진 장흥'과 관련된 보도였다. 그리고 지난 4월 대선 전후의 부정선거 건을 비롯하여 장흥교통사태, 장흥군의회 사태 역시 올해 중앙 매체의 뉴스의 초점이 될 만했다.

여기서 우리는 중요한 몇 가지를 생각하게 된다. 지난해에 이어 올해에도 중앙언론 보도를 주도한 그 '장흥 뉴스'의 주요 대상은 장흥군의회였다는 사실이다. 지난 해 핵 폐기장 문제가 장기화되면서 장흥의 핵 문제가 중앙언론에도 자주 보도된 데는 장흥군의회가 전국 기초단체 의회 중에 유일하게 원전 부지조사 청원을 가결하고 그 문제로 집행부와 갈등을 겪고 있는 데 따른 것이었다. 그리고 올해는 하반기 군의회 선거와 관련해서 금품수수 의혹이 불거지면서 역시 중앙 언론에 자주 거론되고 있는 것이다.

중앙언론의 보도는 전국적으로 우리 군의 이미지는 물론 우리 지역 특산품의 마케팅 등에 큰 영향을 끼치게 마련이다.

예컨대. 함평군의 경우 나비축제를 군의 이미지·상품화에 성공시켰는데, 이로 인해 함평군에서 생산된 쌀이라든가 농산품은 서울 등지에서 불티나게 팔려나가고 있다. 이처럼 지역의 이미지는 그 '지역의 마케팅'과 중요한 함수관계에 있음을 잘 보여주고 있다. 이런 점에서 군의회가 우리 군의 부정적인 이미지에 손톱만큼이나마 부정적인 영향을 미쳤다면, 그것은 군의회의 책임이고 그래서 더욱 자성해야 할 문제인 것이다.

최근 우리 군이 내세우고 있는 장흥군의 상징어는 '제일강산 정남진 장흥'이라는 말이다. 여기서 제일강산(第一江山)이라는 말은, 조선말 서편제의 창시자로 잘 알려진 박유전(朴裕全) 선생이, 지금은 보성군에 속해 있지만 당시는 장흥군에 속해 있었던 옥암면 강산리에서 소리 활동을 하며 많은 제자들을 키워냈는데, 당시 박유전의 소리는 흥선 대원군을 감동시켰고, 대원군이 박유전이 장흥군 강산 출신임을 알고 "너의 소리가 가히 제일강산이라 할 수 있구나"라고 칭송했다고 해서 이후 박유전의 더늠 가풍을 '강산제(江山制·岡山制)'로 부르게 되었다고 한다. 그래서 제일강산은 아마 여기에서 유래된 것이 아닌가 한다.

그리고 '정남진(正南晋)'은 강원도 '정동진'의 지명처럼, 서울에서 정남쪽의 포구가 우리 군의 관산 신동 해변을 중심으로 한 남해안 일대라고 하는 지형에 착안, 올해부터 본격적으로 개발해낸 우리 군의 이미지 사업의 결과물이다.

최근 우리 군은 정남진이라는 이미지 사업 외에 '생태군'으로서 이미지를 점차 확보해가고 있다. 민선 3기 들어 군이 추진해온 '푸른 장흥'이라는 이미지도 그렇거니와 생약초 사업, 버섯자원화단지조성 사업에 이어 회진 한재공원의 자생할미꽃 공원조성이 그렇고 쇠똥구리가 발견돼 학계의 관심을 모았던 용산 운주리의 친환경 농촌마을인 '쇠똥구리 마을'의 브랜드 특허 추진 등이 좋은 예이다.

아껴놓은 땅, 생태군, 생약초·표고버섯의 고을, 건강장수촌, 건강휴양랜드 등의 이미지는 환경과 생태자원, 웰빙 자원이 바로 큰 자산이자 경쟁력 있는 상품이 되는 21세기에서 우리 군의 무한한 잠재적인 비전이 아닐 수 없다. 또 정남진은 관광 상품으로, 장흥문학은 문화상품으로서 지역의 경제 활성화와 문림고을이라는 전통적인 이미지 재창출에도 크게 도움이 될 것이다.

그러나 정작은, 이러한 우리 군의 새로운 콘셉트의 성공적인 창출은 바로 이제부터일 것이다. 특히 미래에서 보다 경쟁력이 있을 것으로 예견되는 생태군의 이미지는 앞으로 더욱 확대·확충해나가야 할 것이다. 이러한 군의 이미지 사업에 최소 20, 30년 앞을 내다보고 지금부터 보다 구체적이고 체계적인 중장기 프로그램을 세우고 이를 적극 추진해나가길 당부 드린다.

'삼비산' 이름 찾기 해법, 간단하다

— 상식과 원칙대로가 답이다

— 장흥신문/2004.05.20

삼비산과 일림산이 이웃동네에서 살았다. 일림산은 호적에도 올라진 이름이고 삼비산은 그저 마을에서 불려지기만 했을 뿐인 데다, 호적에는 집터자리만 등재되어 있다 보니 집 주인의 이름이 무명산으로 돼 있었다.

그런데 일림산이 나중에 삼비산의 집터가 좋고 돈벌이도 잘 된다며 제 집을 버려두고 마을 사람들 몰래 삼비산 집으로 쳐들어와 삼비산을 쫓아내고 '일림산'이라는 문패도 턱 하니 내걸고 외지 사람들에게 제 집이라며 집 구경도 시켜주고 집 안팎을 더욱 화려하게 가꾸기 시작한다. 그 과정에서 법원의 한 서기가 잘못 실수로 한 번은 삼비산 집 주인을 일림산의 집으로 인정하는 문건을 만들어 주었다.

다른 토지 대장에는 다 그렇게 잘 나가는 집이 번지수만 새겨지고 이름이 없는 무명산 집으로 돼 있지만, 그 문건만큼은 일림산 집으로 표기돼 있는 것이었다. 그래서 일림산은 그 문건을 근거로 제집이라며 더욱 우겨대기 시작한다. 나중에 마을 사람들이 법원에 이 문제를 정식으로 제기한다. 법원에서는 원적을 조회해 본 결과 일림산이 제집이라며 살고 있는 집은 당초 삼비산 집이었고, 일림산의 집은 딴 곳에 있었음을 확인하고 두 사람에게 그 사실을 통보해 준다. 그런데도 일림산은 그 집이 제 집이라며 법원의 통고에도 불복하고 강제 집행할 때까지 기다리겠다며 지금도 버티고 있는 것이다.

'삼비산' '일림산' 사이에 그 이름을 놓고 벌어지고 있는 장흥군과 보성

군의 갈등이 최근 들어 '지자체간의 이름 뺏기 싸움'이라는 식으로 중앙 언론에까지 보도되면서 그 갈등이 쉽게 사그라들 전망이 보이지 않아 안타깝다.

문제 해결은 간단하다. 또 삼비산이라는 이름을 되찾아주겠다는 생각 역시 너무나 당연하고 상식적인 것이어서 이를 두고 못마땅하게 생각하는 사람들이 오히려 이상하다는 생각이 된다. 문제해결이 왜 간단한가. 요즘은 사소한 말다툼이라도 그 해결이 어려우면 법으로 곧잘 해결하듯이, 문제가 되고 있는 삼비산-일림산 지명 표기 문제 역시 '정부의 지침'에 따르면 간단히 해결되기 때문이다.

당초 장흥군에서는 국립지리원에, 626.8m 봉에 위치해야 할 일림산 표기가 '1/25,000 율포도엽'지도에서는 664.2m봉 무명산이 일림산으로 둔갑되어 잘못 표기되었음을 확인하고 그 사실을 진정했고, 국립지리원에서는 '1/25,000 율포도엽' 지도를 잘못 제작했다는 점을 인정하고 다음 제작분 '1/25,000 율포도엽'에서부터 664.2m봉이 아닌 626.8m봉을 일림산으로 표기하겠다고 장흥군에 공문으로 통고해 왔다.

그때가 지난 2003년 어느 날이었다. 국립지리원은 또 보성군 측에도 일림산은 664.2m봉이 아니라 626.8m봉에 위치한 산이라는 사실을 통보했다. 그리고 분명히 1/2만5천 지도에 '일림산= 664.2m'은 잘못 표기되어 있는 것을 확인하였기에 이를 수정도록 조치할 계획이라고 부언하기까지 했던 것이다. 그러므로 보성군은 일림산을 제자리로 옮겨놓고 664.2m에 세워진 일림산 표지석도 철거해서 626.8m으로 옮겨놓으면 되는 것이다.

그리고 일림산 표지석이 제자리로 옮겨가면, 장흥군이 지명위원회를 통해 지도상에서 무명산으로 나와 있는 그곳을 삼비산으로 등재토록 하는 사안은 차후의 문제로 장흥군이 할 일인 것이다. 더구나 662.4m 삼비산은 토지대장에 '장흥군 안양면 학송리 산 1-1'로 나와 있어 분명히 장흥의 땅이고 장흥의 산이므로 그 산이름을 골치산으로 하든 삼비산으로 하든 그대로 놔 두던지 하는 것은 장흥군의 몫인 것이다.

1700m 간격으로 앉아있는 삼비산과 일림산, 664.2m봉과 626.8m봉은 일제강점기 조선총독부가 만든 최초의 1917년 판 '1분/1만5척' 축소판 보성-장흥편 지도를 통해 공식적으로 이 땅에 태어난다.

그러나 태어나면서 보성의 626.8봉은 일림산이라는 이름을 얻어 호적(지도)에 올리지만 장흥의 664.2봉은 이름을 얻지 못해 호적에는 이름 없는 무명산으로 등재된다. 아마 옛 문헌을 근거로 해서 산 이름을 정리했을 그 당시, 장흥읍지나 장흥관련 문헌에 이름이 없었기 때문에 무명산으로 등재했을 것으로 추측된다. 그러나 장흥 사람들은 비록 호적에 올라있지는 않았지만 그 산 이름을 삼비산으로 불렀다. 그 후 우리나라 국립지리정보원에서는 지도를 수차 수정, 인쇄하면서도 일본 총독부가 호적에 올렸던 그 기준을 적용해왔는데, 어쩌다 1996년판 1975년 수정본 1/25,000 율포 지도에서 그만 일림산을 무명산으로 위치를 옮겨 664.2m봉=일림산으로 잘못 표기하기에 이르렀고 (물론 다른 지도에서는 여전히 제대로 표기했다) 그 후 장흥군의 진정으로 잘못을 인정하고 수정하겠다고 통고해 온 것이다.

상식적으로, 원칙적으로 생각하면 크게 문제 될 게 없다. 그런데도 이렇게 문제가 꼬이고 있는 것이 무엇 때문인가. 한쪽에서 표지석을 무너뜨리고, 그것을 또 고발하고, 제 2봉이 일림산이니 제1봉도 일림산이어야 한다는 억지 주장을 펴고 하는 것들이 남 보기에 다 부끄러운 모습이다. 문제는 원칙으로 가고, 삼비산 이름도 찾아주면서 그리고 나서 함께 공생하는 방법을 모색해봐야 하지 않겠는가.

골프장 건설, 정말 백해 무익인가?

— 장흥신문/2003.12.18.

최근 장평 골프장 건설사업과 관련, 말들이 분분하다. 군 직협 홈페이지 등에 '푸른 장흥' 건설을 외치는 장흥에 웬 골프장이냐, 며 반대의견들이 게시되고, 며칠 전 장흥환경 연합도 기어코 '반환경적인 골프장 양해각서를 철회하라'는 내용의 성명서를 발표하며, 본격적인 반대운동을 펼칠 태세를 보이고 있다. 그러나 일각에서는 예기치 않은 일이긴 하지만, 골프장이라도 유치해 군 세수나 지역경제에 보탬이 되면 좋지 않겠느냐며 찬성 의사를 밝히기도 하는 등, 핵 폐기장 유치 때처럼 또 다시 골프장 건설을 둘러싸고 지역민들의 찬반논쟁이 가열될 조짐을 보이고 있다.

이번 장평 골프장 건설은 올 초 군이 추진하려다 포기한 안양면 수문리 골프장 추진과 달리, 입지가 다르고 민자로 건설되는 형태지만, 군은 당초 어떤 형태로든 골프장 하나 정도는 추진하려던 구상이어서인지, 사업 승인이나 다름없는 양해각서 체결에 이어 골프장 조성 지원 부서까지 두고 도시계획변경 등 행정 절차를 밟는 등 발 빠르게 대응하고 있는 것으로 알려지고 있다. 그런데, 이번 장평 골프장 건설 문제와 관련, 군 당국이나 반대하고 나선 시민단체들이나 모두 문제가 있어 보인다.

우선 군은 아무리 업자 측에 의해 입지 선정이나 추진계획이 전격적으로 결정되었다고 해도, 그곳이 과연 적정 입지인지의 여부를 비롯해 골프장 조성의 타당성, 골프장 건설에 따른 피해 보상이나 삶의 터전을 잃은 주민들의 이주대책, 골프장 개발의 파급효과와 골프장 개발의 콘셉트,

친환경 골프장 건설을 위한 구상 등 장흥군의 골프장 개발에 대한 기본적 입장과 방향을 내용으로 하는 주민설명회라도 개최했어야 했다는 것이다.

골프장 건설은 분명히 세수 및 고용 증대, 관광객 유치 등 관광 활성화 효과에 긍정적인 측면이 많다. 알려지기로는, 36홀 회원제 골프장 1곳을 건설할 때 2천388억 원의 직접적인 투자 유치 효과와 함께 등록세, 취득세로 40억~50억 원, 종합토지세 및 재산세 등에 의한 매년 군 재정수입이 20억 원이 증대한다고 한다. 여기에 부수적으로 주민 고용과 음식, 숙박업소 등의 이용객 증가로 인한 간접적인 경제효과도 있을 것이다. 그러니까 이처럼 골프장 건설의 긍정적인 효과도 충분히 홍보하고, 이러한 유치 효과로 주민의 이익 등, 지역 주민들에게 돌아갈 수 있는 구체적인 내용들을 홍보했어야 하는데 이 점이 소홀하여 아쉬움이 있는 것이다.

대체로 골프장은 산을 파헤치는 방식으로 조성돼 그 과정에서 분진과 소음, 집중호우 때 토사유출 등 각종 민원이 제기되기도 한다. 그렇다면 군은 이러한 점에 대한 대책도 모색했는지 묻고 싶다. 그리고 골프장 건설 반대자들의 첫째 이유가 생태계 파괴, 맹독성 농약사용 등에 의한 환경(토양·수질) 오염 문제인데, 이에 대해 막연히 '최근의 친환경적 골프장 운영실태'를 이유로 쉽게 무마시킬 수 있을 것인지 그리고 골프장 운영으로 야기될 수 있는 물 부족 문제도 고려되었는지 군에 묻고 싶은 것이다.

한편, 골프장 건설을 반대하는 주민들은 ①주민간 갈등과 주민공동체 파괴 ②소수를 위한 사치휴양 오락시설 – 위화감 조성 ③생태계 파괴, 반환경적 개발 등의 이유로 골프장 건설을 극력 반대하고 있다.

골프장 건설로 야기되는 주민간의 갈등이나 공동체 파괴 등이 빚어진다고 해도 절대로 수용할 수 없는 일은 아니다. 당사자들 문제여서 우리가 능히 그 '아픔'을 측량할 수는 없고 감히 그들의 희생을 강요할 수는 없다. 남에게는 아주 하찮은 것일지라도 자신에게는 하늘만큼 크고 이 세상에서 가장 중요한 일이 될 수 있기 때문이다. 다만, 골프장 건설로 야기되는 이런 아픔 정도를 우리 모두가 도무지 극복할 수 없는 일인가. 그 정도는 아닐 것이다.

또 골프장이 소수를 위한 사치적인 휴양 시설임에는 분명하고 그것이 위화감을 조성하는 것 또한 변명할 수 없는 일이긴 하다. 바로 이런 것들이 지역 화합에 장애가 된다는 것도 사실일 것이다. 그런데 이것 역시 도무지 우리가 극복할 수 없는 일인가.

맹독성농약 사용으로 환경을 오염시킨다는 것은 반대자들의 가장 중요한 반대 논리다. 또 맹독성 농약과 과다한 비료 살포가 지표수와 지하수를 오염시키고 장기적으로 환경파괴를 야기하리라는 예견도 틀림없는 사실일 것이다.

그러나 근래 들어 농약 사용량을 줄이기 위한 방안으로 저항성 잔디품종의 이용, 경종적 방제 등 다양한 방법들이 적용되고 있으며, 특히 최근 들어 일부 골프장에서는 미생물을 이용한 생물적 방제가 적용되고 있는 것으로 알려지고 있다. 더욱 우리나라에서도 최근 골프장 잔디용 미생물 농약으로 인체나 환경에는 무해한 친환경 농약인 '쎄이프그로'와 '마이코싸이드' 등 2종이 등록을 마쳐, 화학 농약 대신 활용될 수 있는 길을 열어놓기도 했다.

'친환경 골프장' 운영은 신뢰할 수 없는 일이라는 환경학자들의 주장을 아주 무시하는 것은 아니지만, 얼마든지 환경오염을 극소화 할 수 있는 길이 전혀 없는 것도 아니라는 생각이다.

문제는 결국 개발과 보존의 조화일 것이고 그에 대한 우리들의 의지일 것이다.

그래서 무조건적 백지화를 주장하기보다 차라리 대안 있는 반대를 주장하자는 생각인 것이다. 또 군은 군대로 친환경적인 골프장 운용과 환경오염을 극소화 할 수 있는 골프장 조성 구상부터 모색하고 이의 주민 홍보와 합의 도출 등에 주안점을 둬야하지 않겠는가 하는 것이다.

삼비산에 살어리랏다

— 삼비산의 그 이름 언제 찾아지려나?

— 장흥신문/2003.05.22

1960년대 농촌에서 연중 가장 바빴던 때는 보리 수확과 모내기가 이어지는 무렵이었을 것이다. 절기로는, 농사일이 끊이지 않고 연이어져 일 멈추는 것을 잊는다 해서 '망종(忘終)'이라 했다는 그 절기였을 것이다. 이 무렵이면 보리 베어 타작하랴, 논 갈고 써래질 하고 모심으랴, 눈코 뜰 새 없이 바빴다. "불 때던 부지깽이도 거든다" "별 보고 나가 별 보고 들어 온다"는 말도 바로 이때를 두고 하는 말이었던 것이다.

이때는 사람도 사람이었지만, 소들도 혹사당하던 때였다. 당시는 소 한 마리가 귀중한 재산인지라 거의 집집마다 한 마리 씩 키웠었다. 그런데 이 무렵이면 쇠죽거리가 여간 귀하지 않았다. 잘게 썰어 말린 볏짚과 고구마줄기로 섞어 만든 여물도 거의 동이 나 날마다 '생풀(生草)'로 쇠죽을 써야 했지만, 그마저도 모내기가 한창인 들판에서 생풀 구하기는 하늘에 별 따기나 다름없었다. 논두렁을 다듬느라, 무논 밑거름으로 쓰일 잡초 한 포기라도 아쉬웠던 그 무렵, 논들로 즐비한 들녘 논두렁에는 거의 풀 한 포기 남아나질 못했다.

이 무렵에 나이 어린 사내들의 할 일이란 지게에 망태 서너 개 짊어지거나 바지게를 짊어진 채 오전 일찍이 삼비산을 오르는 형들을 따라 나서는 일이었다.

삼비산은 여느 산과 달리 꼭지점인 삼비산 제1봉을 정점으로 하여 반원형으로 등성이를 길게 늘어뜨리면서 서쪽 장수리 쪽으로는 회룡봉(360m), 노적봉(390m)으로 이어지고 남동쪽으로 상제봉(620m), 투구봉(520m)으로 이어진다.

이처럼 서쪽과 남동쪽으로 늘어뜨린 두 줄기 산 밑 기슭은 분지형으로 드넓게 펴져있고 그 분지를 가로질러 여기저기 계곡들이 형성돼 있었다. 모내기가 한창인 들에는 풀 한 포기 없어도 삼비산 기슭의 많은 골짜기에는 파릇파릇 돋아난 풀들이 무성했다.

우리는 바로 그 풀을 베러 낫도 두어 개 씩 챙기고 도시락까지 싸 담고 모내기철이 끝나도록 소꼴을 마련하기 위해 삼비산 계곡을 타곤 했던 것이다. 바람 골, 물묵 골, 바랑 골, 부득 골, 버퉁 골, 지픈 골, 뜩박 골, 여시 골, 강남 골 등등…. 지금도 온갖 추억들이 오롯이 돋아나는 그 골짜기 골짜기들을 찾아다니며 소꼴을 베어 날랐다. 야트막한 골짜기에 풀들이 다 베어지면 삼비산 정상까지 타올랐고, 때로는 삼비산 너머 웅치 쪽의 골짜기를 타기도 했다. 그때가 불과 열 두어 살 때였다.

여름이면, 너나 할 것 없이 소꼴을 베러, 또는 소를 먹이러 삼비산 기슭으로 모여들었다.

할 일 없어도 동무 따라 삼비산으로 모여들기도 했다. 아이들이 늘 멱을 감던 삼비산 계곡 둥벙까지 땀을 질질 흘리며 숨차게 달려가 옷을 홀랑 벗고 물속에 첨벙첨벙 뛰어들곤 했다. 한낮의 땡볕이 비실비실 기운을 잃을 때까지 우리는 산기슭에 소를 풀어놓고 계곡에서 가재를 잡기도 하고 낚시도 하고, 개울가 넓적한 바위에서 낮잠을 자기도 하면서 놀았다. 산그늘이 개울까지 내려오면서 기온이 제법 서늘해지면 그때야 비로소 우리는 개울을 벗어나 묘지 근처 잔디밭으로 자리를 옮겨 말 타기도 하고 공기놀이며 꼰놀이, 땅뺏기놀이도 하고 때로는 전쟁놀이도 하며 놀

왔다.

산그늘이 강남골 7, 8부 능선까지 차오르면 깊은 산으로 풀을 베러갔던 어른들이 풀 짐을 메고 하나 둘 내려오고, 그때야 우리도 몸을 부스스 일으켜 소를 찾으러 어슬렁어슬렁 산을 타 올랐다.

풀밭에서 어쩌다 잠에 빠져들면 어느새 둥둥둥, 울리는 풀꾼들의 북소리가 온 산을 울리며 우리를 잠에서 깨우곤 했다. 둥둥둥…. 그 북소리는 여남은 명 씩 짝을 지어 품앗이로 풀을 베는 풀꾼들이 줄지어 내려오면서 치는 북소리였다. 그 북소리는 삼비산 여기저기서 풀을 베거나 소먹이를 하던 모든 사람들에게 집으로 돌아갈 시간임을 알려주는 하나의 신호 같은 것이었다. 이곳저곳으로 흩어져 풀을 베는 동료들에게, '이제는 내려갈 시간이다'고 알려주는, 혹시 어느 골짜기에 홀로 깊은 잠에 빠져 있을 동료 풀꾼들의 잠을 깨우는 북소리였다. 옛날 강남골에는 늑대가 많았다고 전해지는데, 풀꾼들의 북소리는 아마 그때부터 그 짐승들의 공격을 방어하기 위한 수단으로 사용되었는지도 몰랐다.

이처럼 한 여름 신촌마을 사람들의 오후의 일과는 마을에서 삼비산으로 옮겨가 있었다.

어른들은 그 곳에서 풀을 베고 나무도 하고 나물을 캐기도 했으며 아이들은 풀을 베거나 소를 놓아 먹였다. 유독 아이들은 여기서 오후 내내 멱을 감고 가재를 잡았으며 신나게 말 타기를 하고 놀았다. 광주 등지에서 학교 다니던 형들도 방학 때 시골에 내려오면 일부러 멱을 감기 위해 삼비산을 찾았고, 가끔씩 방학 때 시골을 방문한 도회지의 친척 애들도 삼비산에서 함께 어울려 놀았다. 삼비산의 여름은 어린아이들의 공화국이었던 것이다.

대여섯 살 때부터 형들이나 할아버지를 따라 한 여름이면 소먹이로 삼비산 기슭을 기웃거렸던 우리들은 점차 나이 들면서 이렇게 삼비산 곳곳을 샅샅이 헤집고 다니곤 했던 것이다.

여름 내내 삼비산은 꿈속에서도 우리들의 공화국이었다. 낭떠러지에서 떨어지는 악몽도 삼비산에서였고, 삼비산 여기저기를 날아다니거나 누나들 멱 감는 모습을 훔쳐보는 재미나는 꿈도 삼비산에서였다. 광주에서 고등학교를 다니거나 성인이 된 이후 서울생활을 하면서 문득 꿈속에서 고향마을을 만나면 예외 없이 삼비산이 덩달아 튀어 나오곤 했다.

짚은 골에서 삼비산 정상으로 오르는, 20여 구비의 그 험로, 갈지(之)자로 휘돌아 오르내리는 20여 계단의 험한 산길을 타 내리는 희끗희끗한 풀꾼들의 모습도 보인다. 품앗이 풀꾼들이 열 지어 둥둥 북치며 힘차게 내려오는 모습도, 삼비산 정상부 구릉의 질펀히 핀 참꽃 밭도 보인다. 그럴 때마다 풀꾼들의 북소리에 꿈에서 깨어나고, 그 북소리는 꿈에서 깬 뒤에도 어머니의 자장가처럼 고향의 소리되어 오래도록 귓가에 남곤 했다.

아, 그 삼비산의 이름이 언제나 당당하게 찾아지려나.

군민에게 외면 받은 사자산 …'정기 되살린다'

-'사자산 산신제'에 부쳐

— 장흥신문/2003.05.13

사자 닮은 명산, 민족의 정기 서려온 장흥의 명산이여!

사자산(獅子山. 666m)은 장흥읍에서는 동남쪽으로, 안양면에서는 바로 북쪽으로 우뚝 솟아 제암산, 억불산과 함께 장흥읍을 굽어보고 있는, 장흥에서는 세 번째로 높은 산이다. 마치 거대한 사자가 누어서 고개만 들고 있는 형상을 하고 있어 '사자산'이라는 이름이 붙였는데, 보는 이에 따라서는 마치 산의 형상이 장흥을 지키는 스핑크스와도 같은 모습으로 비쳐지기도 한다.《정묘지(丁卯誌)》에는 "방(坊)의 북쪽에 있고, 위에는 띠가 둘러있어 돌 병풍이 옆으로 수리(數里)에 걸쳐 있는데, 풍수지리가 어병(御屛)이라 일컬었다"고 기록돼 있기도 하다.

사자산은 상기했듯, 장흥을 지키는 사자의 형상이다. 사자산 정상부 중 장흥읍 쪽으로 내민 머리 부분에서 장흥을 조망하면, 억불산과 제암산이 일제히 사자산으로 조응해 오는 느낌을 받는다. 정상부는 바위산이어서 아기자기한 멋은 없지만, 산의 위치는 가히 장흥의 정기를 모으고 있는 듯한 명산임에 분명하다.

지난 1994년부터 해마다 '사자산 산신제'를 치러온 이봉준 씨(55.서예가)에 의하면 "백두산에서 태백산맥으로 그 산맥이 뻗쳐 남으로 내려오다 그 혈이 맺힌 끝이 바로 장흥의 사자산"이라면서 사자산은 백두산에서 시작된 우리 민족의 정기를 남쪽에서 떠받치고 있는 산이라고 설명한다. 육당 최남선도《심춘순례(尋春巡禮)》에서 "사자산으로의 1백 50리 역룡(逆龍)의 꿈틀거리는 모양이 샅샅이 보인다"고 적고 있다.

지난 1993년 3월 29일, 이 사자산에 큰불이 났다. 이 불은 임야 15ha를 태우고 진화작업을 하던 공무원 4명이 불에 타 숨졌다. 장흥의 근현대사에서는 가장 큰 불이었다고 전해지는 이 산불로 몇 해 동안 사자산은 앙상한 꼴을 면치 못했다.

산불이 난 이듬 해인 1994년, 산불로 많은 인명을 앗아간 이곳 사자산에서 산신제가 치러진다. 당시 장흥서도원 이봉준 원장이 주재하고 서도원생 및 주부한문대학생이 중심이 되어 치러진 행사였다. 올해로 10회째의 산신제가 오는 19일 치러진다.

이봉준 원장은 산신제 동기에 대해 "장흥의 명산 중의 명산인 사자산이 그 동안 군민들로부터 철저히 외면 받아 왔고, 그로 인해 잦은 산불로 스스로를 자위해왔다고 생각, 산신제를 드림으로써 국태민안과 장흥군민의 번영, 사자산의 무재무화(無災無禍)를 기원드리고 싶었다"고 말하고 있다.

우연인지는 모르나, 사자산 산신제 이후 사자산에서 한 차례도 산불이 없었다고 한다.

지난 1993년 큰불이라는 큰 수난을 당한 사자산. 사자산 산신제는 바로 이 수난을 기억하며, 산신들을 위로해 주고 산의 정기를 보듬어주고 있는 지도 모른다. 그러나 아쉬운 것은, 이 사자산 산신제에 대해 여태도 많은 사람들이 모르고 있으며 몇몇 산악회원이나 몇몇 인사들 외에는 참여하지도 않는다는 사실이다. 군 당국에서도 홍보며 제물(祭物) 마련 등에 손톱 만큼의 지원도 없다고 한다

그러고 보면, 올해로 10회째 맞이한 산신제를 한 해도 거르지 않고 정성껏 무탈하게 치러온 이봉준 씨야말로 진정으로 '사자산 지킴이'가 아닌

가 싶다.

사자산을 바로 등에 짊어진 기산리는 바로 사자산의 정기를 올곧게 이어받은 마을이라 할 수 있을 것이다. 그런 연유에서인지 이곳 기산리는 16세기 중종, 선조간에 가사문학의 효시로 불리는 '관서별곡'을 지은 기봉 백광홍 선생을 비롯한 팔문장(김윤金胤, 임분林賁, 임회林薈, 백광홍白光弘, 백광성白光城, 백광안白光顔, 백광훈白光勳, 김공희金公喜)이 배출되기도 했다. 또 지금은 간신히 터만 남아있을 뿐이지만, 일제 강점기 초까지 기산서원(岐山書院)이 자리 잡고 있다가 지금은 안양 팔문장을 배향한 기양사로 이름을 바꾼 서원이 자리 잡으면서 여전히 문림 장흥의 한 맥을 면면히 이어오고 있는데, 혹자는 과거 기산리의 문맥은 사자산의 정기 때문이었다고 말하기도 한다..

기산리라는 마을 이름 자체도 '중국의 주(周)나라 기산(岐山)'에 비유하여 '봉이 나르는 형국'이라고 해서 불리어졌다고 한다. 그러고 보면, 지금 기산리 뒤쪽으로는, 봉이 아닌 패러(Para)가 나는 패러글라이딩 이륙장이 있다. 산 앞으로 탁 트인 득량만에서 불어오는 바람으로 천혜의 패러글라이딩 조건을 갖추고 있는 산이 바로 이 사자산이며, 매년 9월이면 이곳에서 봉 수십 마리가 하늘로 힘차게 비상하듯 전국 패러들이 하늘을 웅비하기도 한다.

사자산 산신제는 오는 19일 정오 전상에서 치러진다. 이날 보다 많은 군민들이 사자산에 올라 올 한해 장흥의 번영과 무사 안녕을 비는 장흥군의 큰 산신제로 승화되어지길 기원해 본다.

'환경 으뜸 고을'이 되는 길

— 장흥신문/2000.06.07

지난 3일 장흥환경운동연합은 창립 1주년을 맞아 기념식을 갖고 장흥군을 '환경 으뜸 고을'로 만들어 가는데 최선의 노력을 기울여 갈 것임을 결의했다.

또 지난 5일은 '제28회 세계환경의 날'이자 '제5회 환경의 날'이었다. 특히 올해 전 세계는 환경을 날을 맞아 "환경의 새 천년-이제는 실천할 때"라는 주제를 내걸고 과거의 단순한 홍보활동에서 벗어나 일상 속에서의 환경보전 운동을 생활화하는 날로 설정했다. 이제 환경은 비로소 우리의 생활 속의 화두로 등장되기에 이른 것이다.

주지하다시피 장흥군은 군의 대내외적인 이미지의 하나로 '아껴놓은 땅'이라는 말을 사용하고 있다. 이 말에는 다분히 자조적인 면이 없지 않지만, 그럼에도 불구하고 최근 들어 전국적으로 크게 문제가 되고 있는 '개발'로 인한 자연 훼손 등이 우리 군에서는 크게 문제되지 않고 있을 만큼 자연환경이 잘 보존돼 왔다는 점에서 우리 군이 '아껴놓은 땅'이 될 수 있다는 데는 이론의 여지가 없을 듯도 하다.

지리적으로 '오지(奧地)'에 속할 수밖에 없었던 우리 군은 그동안 산업화·근대화 과정에서 자연스럽게 소외될 수밖에 없어 '소외된 땅'이 되었고, 그것이 결국 '아껴놓은 땅'이 될 수 있었을 것이다. 그러니까 그 동안 버림받았던 땅이 이제 개발보다 환경이 우선시 되는 환경의 시대를 맞아 역설적으로 '아껴놓은 땅'이 된 것이다. 이는 환경의 자원이 경쟁력 있는 땅, 더없이 소중하고 가치 있는 자원으로 바뀌지게 되는 환경의 가치 전환의 시대에서 매우 중요한 의미를 갖는다고 할 수 있을 것이다.

만일 우리 군이 그동안 '아껴놓은 땅'을 이제부터라도 의욕적으로 '창조적인 아껴놓은 땅'으로 만들 수 있다면 장흥군은 그동안의 낙후·침체, 경제적 열악성 등의 불명예를 씻고 '환경 부군(富郡)', '환경 으뜸 고을'로 거듭날 수 있게 될 것이고 이는 우리 군의 희망찬 미래요 비전의 하나가 될 것이다.

'환경 으뜸 고을'은 단순히 환경보전 등 1차적인 의미의 환경운동의 성과로 이루어지는 것이 아니다. 적극적인 친환경 농업 등 전반적인 환경행정이 더불어 이루어져야 한다. 잘 보존된 환경을 바탕으로 차별화된 전 군민의 환경의식 고양과 전 군민이 참여하는 적극적인 환경운동과 환경행정이 동시에 이루어질 때, 비로소 우리 군은 '환경 으뜸 고을'이 될 것이다.

그러므로 민간인들이 주축이 된 환경운동단체인 장흥환경운동연합의 역할과 책임이 더욱 중요하다 할 것이다. 한편으로 군 당국의 환경행정에 대한 강한 의지 또한 더욱 중요하다 할 것이다. 상징어로 내세운 죽은 의미로서 '아껴놓은 땅'이 아닌 장흥군과 전 군민이 가꾸고 다듬고 실천해서 그 결실로 만들어지는 '창조된 아껴놓은 땅'이 되길 기대해 본다.

유치와 '댐 문제'… 전군민이 관심 가져야

— 장흥신문/2000.06.07.

본지에 탐진댐 문제를 비롯해 유치 관련기사가 보도되면 행정관서에서나 일부 지도층 인사들은 "또 유치 기사냐"하며 못마땅해 하는 것으로 알고 있다. 그러나 본지는 탐진댐 건설을 전 군민이 반대했을 때도 그랬고, 지금도 탐진댐과 유치 문제는 여전히 우리 군의 최대 현안의 하나로 인식하고 있으며 수시로 이에 대한 문제를 취재하고 보도하기에 주저치 않고 있다.

누가 뭐라고 해도 여전히 유치는 우리 군의 최대 현안이라고 생각하기 때문이다.

일개 면의 일부가 지도상에서 없어지고 수백 명의 유치 면민이 누대로 살아 온 삶의 터전에서 떠나야 하는 문제 말고도, 댐 건설이 야기하는 환경폐해 문제 등은 댐 건설이 완공된 이후에도 두고두고 우리들의 관심사항이 될 것이다.

'댐 당국'은 자신 있게 탐진강은 건천화 되지 않는다고 장담하지만, 그것은 홍보용에 불과할 뿐 불을 보듯 뻔한 탐진강의 건천화는 중대한 여러 문제들을 야기하게 될 것이다. 또 무엇보다 댐이 건설된 이후의 안개 피해는 부산, 장동, 장평 등 3개 면의 농사문제에 두고두고 골칫거리가 될 것이다. 더구나 요즘 발생되는 안개는 산성안개로 그것의 피해가 몰고 올 파장은 우리의 상상 이상이 될지도 모른다.

탐진댐 공사는 올 가을이면 물막이가 시작될 것으로 예상되고 있다. 보상 문제 또한 어느 정도 마무리 단계에 접어들고 있는 것으로 알려지고 있다. 수몰민 대부분은 타지로 떠날 것이다. 문제는 '남는 자들'이다. 댐이 건설되고 난 이후 '댐'이 야기하는 피해는 정작 남는 자들에게 돌아온다. 그 '남는 자들' 거의 모두 애초 댐 건설을 죽기 살기로 반대했었다. 머리를 박박 깎으며 반대했다. 댐 건설이 야기하는 각종의 '간접 피해' 때문이었을 것이다. 그런데 그 많은 '남는 자들'은 지금 무엇을 하고 있는가.

댐 건설이 한창 진행되면서 '댐 당국'이 환경영향평가 협의사항을 전혀 이행하고 있지 않아도 다들 침묵하고만 있는 것 같다. 댐이 건설되면 수자원공사 측이 장담하는 대로 우리 군에게 매년 10억 원 상당이 지원되고 그리고 댐 주변의 관광지 조성으로 지역 경제 활성화에 크게 기여할 수도 있을 것이다.

그러나 수자원공사 측은 댐 건설로 야기되는 여러 간접 피해는 간과하고 있다. 더구나 지금 그들은 환경영향평가 협의사항 중 많은 것들을 이행하지 않고 있으며, 산성안개로 인한 보림사 문화재의 피해에 대해서는 아주 무시해 버리고 있기도 하다. 보림사의 그 많은 문화재들은 댐 건설 이후 안개·습도 등의 기상 변화의 피해에 그대로 노출될 수밖에 없다. 또 그 피해는 전적으로 '댐 당국'의 책임이다. 그들은 그런데도 이 문제에 대해 책임을 회피하고 있다.

장흥군민들, 열성적으로 댐 건설을 앞장서 반대했던 그 많은 사회단체와 인사들이 침묵하고 있는 가운데, 여전히 댐 건설은 순조롭게 진행되고 있다.

이제부터라도 우리 장흥군민의 댐이 될 탐진댐 건설에 장흥군민의 각별한 관심을 보내야 할 것이다.

5장

문화

장흥 차 문화·차 산업 융성기를 열어야 한다

—'보림백모차 재현' 그 의미와 활성화를 위하여

— 장흥투데이/2021.09.14.

중국의 차의 재배와 차 문화는 특히 당나라 8세기 후반, '차의 근원'으로 일컬어지는 《다경(茶經)》을 남긴 다성(茶聖) 육우(陸羽, 733년~804년)에 의해 절정기를 맞는다.

떡차는 신라, 고려 때부터 고급차로 애용해 와

당대(송–당)에 주로 마셨던 차는 산차(散茶), 말차(末茶), 병차(餠茶) 등 4종이 있었는데, 그 중 고급차로써 병차가 중심이었다. 병차는 엽차를 쪄서 으깨어 굳히고 굽거나 건조시켜 제다한 덩어리차(떡차)였다. 요즈음 보이차처럼 뭉쳐진 찻잎 덩어리 형태의 차였다. (물론 크기나 형태는 달랐다. 중국 절강성 장흥현의 '육우 기념관'에는, 당시 육우의 제다법 중 '병차 제다' 모형이 구체적으로 전시돼 있는데, 오늘날 장흥의 청태전 제다와 거의 동일하다).

육우가 《다경》에서 설파한 병차 제다·음다법은, 따온 찻잎을 시루에 쪄서 공이와 절구로 찧고 그 찧은 찻잎을 차틀에 넣어 덩어리차로 박아내어 건조시킨 후 그 병차를 갈아 가루를 내어 끓여 마시는 것이었다.

당나라 때 신라를 비롯 삼국으로 건너 온 삼국시대의 차 역시, 현재의 덖음차라기보다 쪄낸 찻잎을 찧어 형태를 고정시킨 덩어리차로 여겨지고 있다. 고려 때도 토산차로써 떡차(餠茶), 뇌원차(腦原茶), 유차(孺茶) 등 단차(團茶, 차의 모양이 둥글게 생겨, 단차라고 불렀다), 즉 덩어리차가 유행했다. 고려 때 떡차는 익힌 찻잎을 찧어 떡처럼 만든 차로, 동전 모양의 돈차(錢茶), 둥근 달 모양의 단차, 인절미 모양의 떡차 등 여러 형태에 크기도 큰 것 작은 것 등 다양했다.

뇌원차 역시, 새로 나온 잎을 쪄서 찧어 만든 덩어리차로. 맷돌로 가루를 내어 타서 마시는 형태의 단차요 어용차로, 팔관회·연등회 등 여러 국가행사에 사용하였다. 뇌원차의 단위는 각(角)으로, 각은 당시 고려 속어인 편(片), 즉 조각이란 뜻이어서, 뇌원차 역시 엽차가 아니고 떡 모양의 단차였던 것이다. (《고려사열전》'최승로조崔承老條'에, 왕이 부의賻儀로서 뇌원차 200각, 대차[大茶, 大國茶, 中國茶] 10근을 보냈고,《고려사》'문종 3년'에는 최보성崔補成 등에게 뇌원차 30각角을 내리고 있다).

유차 역시 덩어리차였다. 유차는 토산차 중 으뜸으로 치던 차로, 그 향기와 단맛이 각별하여 왕실(王室)의 어용물(御用物)이었다고 한다. 이규보는 차시에서, 운봉(雲峰)에 사는 노규선사(老珪禪師)가 조아다(早芽茶)라는 차를 보내오자 이를 스스로 유차(孺茶)라고 이름하고, 시를 지었다.(雲峯住老珪禪師得早芽茶示之予目爲孺茶師請詩爲賦之).

"… 불우한 인생이라 만년을 탄식했는데 平生長負遲暮嗟 / 일품을 맛보매 오직 이 차 뿐이라오 第一來嘗唯此耳 / 귀한 유차 마시고 어찌 사례함이 없을까? 餉名孺茶可無謝 / 스님께 맛있는 봄술을 권한다오 勸公早釀春酒旨 // 차와 술 함께 마시며 평생을 보내오니 喫茶飮酒遣一生 / 서로 오가며 풍류놀이 시작해 보세나 來往風流從此始"

조선조 전기까지만 해도 차 문화는 여전히 왕실과 사대부 지식인, 사찰을 중심으로 계승됐다.《세종실록지리지》등에는 고려 때부터 이어져온 차 산지가 기록돼 있는데, 강진·장흥·순천·하동 등 35곳(이중 장흥부에만 13개 다소가 있었다)이 있는 정도였다. 그러나 임진왜란을 전후로 조선의 차는 쇠락의 길로 들어선다.

다산, 초의에 의해 조선 차 문화 부흥

떡차, 보림사 중심으로 전승, 청태전으로 부활

이후 조선 차 문화는 후기에 다시 부흥한다. 그 중심에는 다산 정약용(1762~1836), 다성(茶聖)으로 불린 초의선사(1786~1866), 추사 김정희(1786~1856)가 있었다. 조선 후기 차 문화는 그 시작이 다산에서 출발했지만, 초의로 수렴되면서 부흥기를 맞았다고 할 수 있다.(당대 차의 명인으로서 초의의 성과와 초의 차 확장은 추사의 조력으로 이어졌다고 할 수 있다).

다산의 경우 당시 떡차를 재현·복원하여 보림사, 백련사 등에 전수하고 초의에게까지 전수하였던 것으로 보아 당대 대표적인 차인인 이들 3인이 주로 마신 차도 떡차일 수밖에 없었다.

이처럼 보림사를 구심점으로 전승되어 온 떡차, 당나라 때 육우에 의해 제다되어 삼국시대, 고려조 등을 거치며 전승되어왔던 그 돈차요, 병차요, 덩이차였던 그 떡차가 특히 일제강점기까지 장흥에서 '청태전'이라는 이름으로 전승되어 오다 10여전 전, 장흥의 청태전 복원사업에 의해 장흥의 고급 전통차로 부활되었다. 또한 국내 모든 차 중 최고급차로 가치가 증명되면서 1,000년 역사를 가진 세계적인 명차 반열에 오르며 오늘에 이른 것이다.

보성군, 뇌원차 복원, 장흥 고급차에 도전

'녹차의 수도'라고 이름 지으며 '다향(茶鄕)'으로 차 박물관도 조성하고, 해마다 보성세계차엑스포도 개최하며 녹차산업을 대대적으로 펼쳐 온 보성군이 장흥 청태전 사업에 시샘이 났던지, 지난해부터 '보성 뇌원차'를 복원하여 세계중요농업유산 등재 도전을 추진하는 등 열을 올리고 있다. 자칭 '보성 뇌원차'라는 이름은 《세종실록지리지》 등의 기록을 바탕으로 웅치면 약산마을 일대의 '가을평 다소'에서 뇌원차를 만들었을 것이므로, 뇌원차가 바로 '보성 뇌원차'라는 것인데, 참으로 웃기는 일이 아닐 수 없다. 웅치면은 과거 천포면·회천면과 함께 근 8세기 간에 걸쳐 장흥부에 속했던 장흥 땅이었다.

그런데 우려되는 것은 과거 장흥의 삼비산이 보성의 일림산으로, 판소리 서편제의 본향으로서 장흥 서편제의 역사·전통 이미지가 '서편제 보성소리 축제' 등으로 보성의 서편제로 빼앗겼듯이, 정유재란 때 이순신 수군로 복원 과정에서 그 역사적 근거지가 장흥 해창·회령포(회진)에서 회천면 지역으로 빼앗겼듯이, 또 1천년 전통의 떡차인 '장흥 청태전'의 전통과 그 가치가 '보성 뇌원차' 명성에 밀려 낙후되지는 않을까 심히 우려된다.

여하튼, 보성이 뇌원차를 복원, 고급 차 시장을 선점하려던 시점에, 최근 장흥에서도 초의스님(1789~1866)이 제다했던 여러 차 중에서도 최고급 차였던 '보림백모차(寶林白茅茶)'가 1.5세기 만에 전국 최초로 장흥에서 재현되어 관심을 모으고 있다.

'보림백모차' 재현 되다

'보림백모차'를 재현한 이는 장흥의 제다인 백순덕 씨(다소원과 다락 대표)와 서예가이며 차 연구가인 이정호 씨(야천서학연구원장)다.

보림백모차 재현은 과거 장흥에 성행되었던 청태전 복원사업에 이어진 두 번째 장흥의 전통 차의 복원·재현이어서 그 의미가 매우 크다. 특히 청태전보다 더 고급차로 알려진 보림백모차의 복원·재현이기에 차별화된 장흥의 차 문화 육성과 차 산업 진흥에 크게 기여할 것이라는 평가다.

다소원 등은 지난 2020년부터 보림백모차 추정을 위한 연구개발에 착수, 그동안 수차례의 시행착오와 실증적인 개발시험 과정을 거쳐 올해 봄 드디어 보림백모차를 재현·복원하기에 이른 것으로 알려졌다. 또 본

차의 재현에서 몇 가지 제다법을 자료에 의해 추정하였고, 일정한 제작 공정의 규격화도 마련하였다.

보림백모차 제다는 4월 중순에 장흥의 보림사권역 야생차 중에 아주 여리고 어린 순(백색이 돋는)을 채엽하고 이후 채엽한 찻잎으로 위조 → 유념 → 증제 → 성형 → 저장 →보관 →포장의 과정을 거치고 시간·방법 등 조건을 달리하는 등 실증 시험을 통하여 재현되었다. 이렇게 하여 완성된 보림백모차 완제품은 규격이 원형으로서 지름이 7.5cm, 두께가 가장자리 1.5cm. 중심부 2.0cm이며, 성형시 무게는 75g ± 0.5g이다. (청태전의 약 3~4배 크기다).

주지하다시피, '보림백모차'는 초의에 의해 제다된 여러 차 중에 최고급차였다. 이른바 조선조 여러 차 중 최고 브랜드로서 가치와 명성을 지닌 당대 최고급차였던 것이다.

아쉬운 것은 행정당국의 의지나 경제적 지원 없이 순수 민간사업으로 추진되어 아직은 최고급차로서 대중화·상품화에 걸림돌이 많다는 것이다.

청태전, 보림백모차 활용 차 산업 육성해야

그러므로 이제부터라도, 장흥의 전통 고급차의 전승과 현대적 활용과 장흥 고유의 독특하고 차별화된 차 문화 육성과 차 산업의 활성화를 위해, 장흥군이 보림백모차에 대한 ①상품화·학술연구·기록화 사업 ②관련 문화 콘텐츠 창출 ③제다(製茶)의 가치 공유와 확산 등 각종 관련 사업들을 적극적으로 지원하고 그 육성 방안을 추진하여, '보성 뇌원차'를 뛰어넘는 경쟁력 있는 장흥의 차 문화 융성기를 활짝 열어갈 수 있게 되기를 기대하고 기원한다.

문화·얼 서린 암각문, 금석문 확대 조사 추진을

— 장흥 암각문 발굴조사와 《장흥군 암각문》 발간에 부쳐

— 장흥투데이/2021.07.14.

장흥군은 오랜 역사 속에서 찬란한 문화를 만들어왔다. 특히 13세기 초엽에 호남의 남부권역에서 유일하게 부사고을이 되고 이후 20세기 초 일제강점기 초까지 부사고을로 호남 서남부권역의 중심고을로 입지하면서 남부권역의 어느 자치단체보다 찬란한 문화와 전통을 일구어 왔다. 그것을 웅변하고 있는 사실들이 굳이 회령진성, 보림사, 장흥향교, 장흥동학 전적지 등의 문화 자원뿐만 아니다. 타지에서는 감히 넘볼 수조차 없는 200여 종의 유문집인 서지학, 호남 제일의 가사문학, 탐진강변의 정자문화와 서원·누정 등의 편액 그리고 지역 곳곳에 산재한 수많은 암석문과 금석문들이 우리 장흥의 찬란한 역사와 문화를 웅변하고도 남는다 하겠다.

이러한 장흥 고유의 전통과 문화 자원들이 식민지와 한국동란의 아픈 역사를 겪고 근대에 이르러 도시화·산업화의 바람에 휘몰리면서 안타깝게 잃어버리고 잊혀지고 묻혀지고 훼손되는 것들이 참으로 많다.

그런 점에서, 장흥문화원이 2020년부터 올 4월까지 추진하고 그 성과물로 발간한 《장흥군 암각문》은 그 의미가 아주 크다. 비록 시간과 재원에 한계가 있어 4개 읍면의 암석문만 발굴조사하여 63점에 대해 실측하고 탁본 뜨고, 사진과 영상작업을 하여 그 결과물로 책자까지 발간했지만, 그 일차적인 암각문의 발굴조사는 나머지 6개 읍면에도 산재해 있을 것으로 추측되는 50개~100여 개 암각문의 발굴·조사를 기대케 하기 때문이다.

지난 2017년 김기홍 전문화원장이 주도하여 탐진강변 팔정자(경호정, 독취정, 동백정, 부춘정, 사인정, 영귀정, 용호정, 창랑정) 편액들을 국역화한《문림의 향기 I》을 발간하였고, 2020년에는 장흥에 산재한 모든 서원·사우·누정의 편액을 역주한《문림의 향기 II》를 발간하였다.

이 2권의 책자 발간은 장흥에 산재한 170여 서원·사우·누정의 기록 유산인 편액을 집대성한 것이나 진배없어 매우 큰 의미가 있었다.

이번에는 장흥의 전통문화 중 기록유산의 하나인 암각문 자료집이 발간됐다. 그것이 비록 4개 읍면에서 조사 발굴한 것이어서 절반의 암각문이라 할지라도 처음으로 장흥의 중요 암각문을 집대성한 것이어서 그 의미 또한 자못 크다고 생각된다.

이번 암각문 발굴 조사에는 새로 발굴된 자료로 부춘정 암각문 3건, 월산재 석비 2건, 부산면 수리봉 암각문 1건 등이 있어 그 의미를 더했다는 평가이다. 특히 부산면 수리봉 정상의 바위에 새겨진 암각문 즉 '위원량 망곡서(魏元良 望哭書)'는 사료적 가치가 매우 높아 학계가 주목하고 있다.

이에 대하여 홍순석 교수는 "이 암각문은 1910년 한일합병의 국치 소식을 접한 장흥지역 유림 위원량 선생이 울분을 토로하고자 수리봉 정상에 올라와 나라 잃은 울분을 칠언절구 한시에 담아낸 것으로, 시를 짓고 암각문을 조성한 연대가 분명이 새겨져 있어 사료적 가치가 매우 높다"고 평가했다.

이후 미처 발굴 조사하지 못한 6개 읍면 지역의 암각문 확대 발굴 조사도 추진, 장흥군에 산재한 모든 암각문이 수집되고 집대성될 수 있게 되기를 기대해 본다.

이제 남은 것 중의 하나가 장흥 금석문의 일체 조사와 정리다. 금석문은 살아있는 역사서로 불리기도 한다. 직접 현장에 가서 탁본하고 사진을 찍고 명문을 판독하고 해석하는 작업을 거치며, 이러한 과정 속에서 지역민들과 함께 역사와 소통하면서 금석문에 숨어있는 자료 수집을 병행하기에 결코 만만한 작업이 아니다.

지난 1996년에 장흥군은 군 전역에 산재한 충·효·열녀비문 95개를 정리한 책자인 《내고장 정려(旌閭)》를 발간하였다. 이 책은 정려 사진 하나와 그 주인공의 행적 등을 간략하게 소개한데 그쳐, 문화사적 가치의 한계를 드러낸 자료집이었다.

장흥의 금석문 중에는 정려에 새겨진 석문도 있지만, 보다 사료적 가치가 있는 금석문으로 비문이며 묘지명을 비롯하여 송덕비 그리고 신도비·우허비·사적비, 기념비, 현충위령비, 묘정비, 열사비 등도 있다. 금석문은 대부분 관련된 장소에 남아 있어 역사성과 장소성을 함께 기억할 수 있다는 점이 특징이다. 이런 기록들이 대부분 문중이나 일부 기관에서 관리하다 보니 장흥 전역에 금석문이 얼마나 있는지, 무엇이 있는지 조차 모르고 있는 실정이다. 실제로 여태 조사하지도, 정리되지도 못했다. 늦었지만 이제라도 장흥 금석문의 조사가 실시되고, 결과물로서 장흥 금석문 자료집이 집대성 될 수 있어야 한다.

너무나 빠르게 급변하는 현대사회에서 지금 놓치면 영영 사라질 수도 있다는 사실을 우리는 명심해야 한다. 금석문 자료수집만 해도 그것 자체가 장흥의 전통 문화 계승과 역사를 지키는 필수불가결한 일이다. 또 암각문, 금석문의 자료 수집 발굴, 그 자료집 발간 등은 바로 장흥이 문림의향임을, 전통적으로 장흥이 문학의 고을이었음을 증언해주는 실체가 될 것이다.

과거 성찰과 미래 모색하는 두 문화

— '원감국사 충지 현창서예전', '2020 마을문화축제'에 대해

— 장흥투데이/2020.11.26

과거에 대한 성찰과 내일의 비전을 모색케 하는 문화 행사 2건이 동시에 장흥 벌에 펼쳐져, 관심을 모았다.

과거의 성찰에 대한 문화는 지난 20일 장흥군민회관에서 개최된 서예가 치인 이봉준의 '원감국사 충지 현창전'이고, 내일의 비전을 모색케 하는 문화는 20일 장흥읍 평장리 마을회관에서 개최된 '2020 장흥마을문화제 - 우리는 마을로 간다' 행사였다.

전자, 즉 원감국사 시문 88여 점을 가려 쓴 치인의 서예전은, 그동안 우리에게 거의 잊혀졌던 원감국사의 시문학을 오늘에 되살려 더욱 창창히 빛을 발할 수 있게 했다는 점에서 큰 의미가 있었다.

우리는 그동안 장흥의 한시(漢詩)에 별로 관심을 두지 않았다. 장흥의 고문학 중 가사문학보다 더 고문학 범주에 속하는 한시(漢詩) 등 한자문학은 장흥문학의 뿌리라고 할 수 있다.

그리고 한시문학의 대가라 할 수 있는 장흥 출신 인물로 원감국사 충지(1226~1293)가 있었다. 국사는 한시 240편을 비롯 산문 64편 등 총 304편의 시문을 남겼던 사실도 이미 고증한 바 있었다. 특히, 원감국사는 그 많은 시문 중 시로는 21편, 기문(記文) 등 산문이 55편 등 모두 76편이 《동문선》에 수록될 만큼, 국사는 고려조 불교 문학의 최고봉이었던 인물이었음도 이미 고증한 바 있었다.

그러함에도 장흥군에서는 여태껏 원감국사의 문학성에 대한 조명이며 국사에 대한 선양사업 등에 잠자코 있던 실정이었다. 그 와중에 한문학에 해박한 서예가 치인 이봉준에 의해 국사의 주옥같은 한시 88점이 서예로 빛을 발하게 된 것이다. 이 어찌 자랑스러운 일이 아니겠는가.

이제 이번 치인의 국사의 한시 현창전을 계기로, 우리 지역에서도 국사의 한문학 등 문학성에 대한 조명운동과 다양한 선양사업 등 다채로운 현창사업들이 펼쳐짐으로써, 우리 장흥인들의 자부심 제고에 기여할 수 있게 되길 기대해 본다.

전자의 원감국사 한시 현창전이 과거의 성찰이란 점에서 우리에게 시사해주는 바가 컸다면, 후자 즉 '2020 장흥마을문화제-우리 마을로 간다'의 행사는 고령화 등으로 갈수록 활기를 잃고 피폐화가 가속화 되는 우리 공동체 '마을'에 활력을 불어넣으면서 '지속 가능한 마을 문화의 태동'과 '마을의 신문화 창출'이라는 미래의 비전을 우리에게 제시해 주었다는 점에서 큰 의미가 있는 행사였다.

현실적으로 우리들이 태어나고 살았던 공동체 마을이 무너져가고 있다. 반세기 후쯤이면 지금의 마을들 태반이 사라져갈 것이라는데 이의를 제기할 수 있는 사람은 아무도 없을 것이다. 대부분의 농어촌 마을의 소멸, 이것은 불가항력적인 미래의 현상일지도 모른다. 그래서 최근 들어 '지속 가능성'이라는 화두가 이제는 농촌 마을에서 적용되고 있거니와, 그 소멸이 당위일지라도, 지금 당장은 활기, 활력을 불어넣는 일이 더 시급해지고 있는 실정이다.

이번 마을문화제는 (사)장흥문화공작소가 주관하고 사진가 마동욱이 사진을, 인문학활동가 문충선 서선미 류은숙이 글을 담당했다. 그리고 전시 공간은 내버려진 마을창고를 대여, 전시공간으로 탈바꿈했다. 그 마을에서 평생을, 반평생을 숱한 애환을 겪으며 지탱해 온 마을 사람들의 그 삶의 흔적을, 그 마을의 역사를 사진으로 담고, 글로 담아내 작품화하여 그 마을창고 공간에 전시한 것이다. 그 마을의 역사가 사진과 글로 남게 된 것이다. 그곳은 하찮고, 내버려진 마을창고라는 공간이었다. 그곳이 그 마을의 새로운 문화공간이 되고 마을에 활력을 넣는 모멘텀이 되며 새로운 문화마당으로 재탄생된 것이다.

이 행사는 마을공동체를 되살리는, 힘을 잃어가는 마을에 활기를 불어넣는 '신 마을 문화'의 창출이라는 점에서 큰 의미가 있다. 더욱 중요한 것은 '마을의 지속 가능성'에 대한 단초와 그에 대한 모색의 방향성을 이번 (사) 장흥문화공작소의 마을문화축제에서 확인할 수 있다는 것이다.

어차피, 시간이 세월이 지나면 그 마을들이 점점 생기도 잃고 점점 사라질 것이다. 그 사라지는 마을에 촌로들만이 지금 외롭게 버텨내고 있다. 그 마을에 활기를 불어 넣는 문화운동이 무엇일까? 바로 이 길을, 그에 대한 비전의 하나를 이번 마을문화제가 제시해주었다는 사실이다.

사)장흥문화공작소 주관의 마을문화제 같은 성격의 신 마을 문화운동이 지역 내 곳곳에서 펼쳐지길 기대해 본다.

2천만 원과 1억 원의 차이

— 장흥과 강진의 문학(문화) 행정의 현실이다

— 장흥투데이/2020.09.24.

'문학 고을 장흥'이 자랑하는 소설가 이청준을 선양하는 '이청준 문학의 미래와 장흥의 상상력'이라는 주제의 사업이 9월부터 12월까지 3개 테마를 중심으로 진행된단다. 여기서 제1 테마는 '눈길' 이어쓰기 공모전, 제2 테마는 이청준의 소설 '눈길'의 현장과 소통하는 영상물 제작, 제3 테마는 '이청준 소설의 의미 회상'으로 이청준 소설의 의미를 회상하는 전문가들의 강연의 영상 기록이다.

그런데, 장흥군은 동 사업에 대한 보도 자료를 각 언론사 등에 보내면서, 이청준기념사업회와 장흥별곡문학동인회 그리고 문화체육관광부가 주관한 '작고문인선양사업'에 공동으로 응모해 이청준 작가 선양사업이 선정되는 '성과'를 거뒀다고 강조했다. 그러나 동 공모 사업의 실상을 자세히 들여다보면, 그것이 과연 자랑할 만한 것이었는지 되묻고 싶어진다.

문체부가 전국 지자체를 대상으로 추진한 '2020년 한국 작고문인 선양사업 공모' 사업 건은 지난 8월 초에 공모를 시행하였고, 8월 18일 사업계획서 접수를 거쳐, 8월 26일에 최종 4개 기관을 선정한 국책 사업이었다. 이때 최종 선정된 4개 기관은, 강진군의 시문학파기념관이 기획한 '김영랑의 시혼 세상을 적시다'(애니메이션 제작)가 1억 원, 한국시인협회가 조정권 시인을 선양하기 위해 기획한 '청빙과 청빈 사이에서 웃다'가 6,400만 원, 장흥의 별곡문학회 등이 기획한 '이청준 문학의 미래와 장흥의 상상력'이 2,000만 원 등이었다.

이 사업의 공모 선정 후, 장흥군도 당연히 이청준 선양사업 선정에 '성과 운운'하며 자랑했지만, 강진군은 김영랑 선양사업(1억 원)이 '2020년 한국 작고문인 선양사업 공모'에서 '대표사업'으로 선정됐다며 당당하게 자랑했다. 강진군은 누가 봐도 충분히 자랑할 만했다. 가장 큰 규모의 재원을 지원받게 되는 강진군의 선양사업이었으므로.

장흥의 이청준과 강진의 김영랑, '문학특구' '문림의향'이라 자임하는 장흥군의 문학과 문학자원으로 김영랑 시인 외는 별 자랑할 것 없는 강진군의 문학, 누가 비교해 봐도 그 '문학 자원'이나, 과거 현재를 불문하고 문학인 수에선 장흥이 강진을 압도하는데 이론을 달지 못할 것이다. 그러나 이번 공모 건이란 '현실'에선 1억 원과 2천만 원으로 그 대소의 구분이 명확해지고 말았다. 그런데 그 현실이란 게 다름 아닌 바로 '문학 행정'의 현실일 터였다.

더 살펴보자. 문체부로부터 공모 건을 접수한 장흥군 관련 행정 측에선 장흥문화원, 장흥문인협회, 별곡문학회, (사)장흥문화공작소 등 지역 내 각 문학·문화 단체에 그 공모 건을 전자 메일로 전송해 주는 역할만 했다. 어느 단체가 누구를 선양 사업자로 선정하여 추진하든 말든 아무 상관도 하지 않겠다는 식이었다. 그리하여 장흥문협에선 어느 단체도 공모를 준비하고 있지 않다는 사전 정보를 확인, 동 사업 추진을 본격 구상하였다. 다만 당초부터 이청준 선양사업을 생각하기는 했지만, 그동안 이청준 기념사업을 주도해 온 별곡문학회가 있어, 후에 말썽의 소지가 있을 듯도 해서, 사업 추진 대상자에서 이청준 선생을 제외하고, 대신 아동문학가로 지명도가 있던 녹촌 김준경 선생을 대상자로 선정, 6,000만 원의 예산 계획으로 공모전에 뛰어들었다. 그런데 결국, 장흥문협의 녹촌 선생 선양사업은 별곡문학회가 암암리에 준비해 공모한 이청준 선양사업 건에 밀려 탈락하고 말았다. (한 지자체에 2건의 선양사업을 줄 수 없었던 것이다).

아예, 처음부터 문화행정 측에서 동 사업 건을 주도하거나 모두가 협의하도록 주선이라도 했더라면, 별곡문학회와 장흥문협 두 곳에서 각각 추진하지도 않았을 것이고, 당초부터 '장흥에선 이청준으로 해야 경쟁력 있다'는 것이 가장 유리한 국면이었을 터이므로, 이청준 선양사업을 추진하고 사업계획도 최소 1억 원 이상으로 세워 접수했을 수도 있었다. 그런데 결국은 강진은 1억 원, 장흥은 2천만 원이라는 사업 건으로 마무리 됐던 것이다.

1억 원에 선정된 강진군을 어떠했을까. 당초부터 강진군은 군 행정에서 주도적으로 나섰다고 한다. 행정 담당자가 시문학파기념관 관계자며 여러 문학 단체장들과 협의하여, 결국 시문학파기념관 주관으로 '김영랑을 선양하자'는 합의 끝에 공모사업 건에 경험이 많은 행정 측에서도 적극 협조하면서 공모 건을 추진했던 것으로 알려졌다. 공모사업 건에 아주 무관심으로 내쳐놓았던 장흥군의 문화행정과는 당초부터 사뭇 차이가 있었던 것이다.

이러한 과정 자체가 결국 1억 원과 2천만 원으로 나타났다고 할 수밖에 없다. 문학(문화) 행정 현실의 차이는 어디 이것뿐이랴. 강진군은 올해로 17회째 영랑시문학(상금 3천만 원)을 수상해 오고 있다. 그런데 올해부터는 1930년대 시문학파 동인으로 활동했던 김현구 시인을 기념하는 제1회 현구문학상(상금 3백만 원)도 시상하고 있다.

'문학의 고을' '문림의향'의 메카라 자부하는 장흥에선 번듯한 문학상

하나 없는 실정이다. 그나마 이청준기념사업회에서 주는 '이청준 소설 문학현장 기행문' 공모에서 주는 상이 유일한데, 그나마 최우수상이 50만원이고 우수상, 가작 등을 모두 합해야 고작 1백50여만 원 정도이다. 이게 오늘날 우리 장흥 문학의 현실, 장흥군의 문화(문학) 행정의 현실인 것이다.

장흥의 문화인들을, 장흥의 문학인들을 부끄럽게 만들고 있는 원인이기도 하다.

광복 75주년, 무계 고영완 명명의 도로명 추진하자

ㅡ 근현대사 장흥의 대표 위인 무계 선생의 현창사업도 추진되길

ㅡ 장흥투데이/2020.07.30

오는 8월 15일, 광복 75주년 광복절을 앞두고 광복회광주시지부가 장흥군으로 협조 공문을 보냈다. 이 공문은 '제75주년 광복절을 앞두고 애국지사의 숭고한 독립정신을 기리고 후대에 불멸의 가치를 계승시키기 위하여 독립유공자 도로명 명명을 요청한다'는 내용과 그 해당 독립유공자를 '무계(霧溪) 고영완(高永完, 1914~1991)' 선생으로 지정했다.

이 공문은 이어 "장흥이 낳은 독립유공자 무계 고영완 선생의 성명으로 장흥 지역의 도로명·공원명을 명명하여 주길 희망한다"고 적시하고, 무계 선생 독립유공자 공훈록, 무계 선생에 대한 소개문, 광주전남 독립유공자 도로·공원명의 지정 사례 등을 함께 첨부하여 보냈다고 한다.

광주 전남의 경우, 독립유공자 이름을 명명한 도로명이 20여 개 있는 것으로 알려졌다. 영암에는 독립운동가 낭산 김준영 선생의 호를 명명한 '낭산로'가, 보성에는 송재 서재필 선생의 호를 명명한 '송재로'와 홍암 나철 선생의 호를 명명한 '홍암로'가, 화순에는 기미독립선언 33인 중 한 분으로 독립투사였던 지강 양현묵 선생의 호를 명명한 '지강로' 등이 그 본보기다.

그런데 장흥군에는 독립투사 성암 김재계, 무계 고영완 선생이 있음에도 도로명에는 전혀 반영되지 않았다. 고대의 위인 중 존재 위백규, 기봉 백광홍, 반곡 정경달 선생을 명명한 도로명도 없다.

'문림의향(文林義鄕)'이요 '의향(義鄕)'이라 자처하는 장흥과 의향(義鄕)·예향(禮鄕)·다향(茶鄕)의 삼보(三寶)로 자처하는 보성의 의향에 관한 역사 인식이 여기에서도 극명하게 대비된다. 한 걸음 더 나아가면, 즉 역사의 위인이요 의인을 현창하고 그 정신을 계승하는 면에서도 장흥과 보성은 큰 차이가 있다.

역사 위인·의인의 현창 사업의 하나가 그 인물에 대한 기념관 조성이라고 할 수 있다.

보성의 경우, 고대 인물로 이순신 장군의 장인이요 보성 군수였던 방진을 기념하는 방진기념관을 비롯하여 근현대 인물인 서재필의 서재필기념관, 홍암 나철의 나철기념관, 채동선의 생가 및 음악당, 백범 김구 은거기념관 등을 조성하여, 보성이 의향임을 대내외에 강력히 내세우고 있다. 따지고 보면 이러한 보성의 의향 현창 사업 등이 2020년 전남도의 의병공원 조성 유치전에서 당당히 2위를 차지하는 동인(動因)이 되었을 것이다.

그런데 장흥은 어떠한가. 역사의 위인·의인으로 반곡 정경달 선생을 비롯하여 기봉 백광홍·존재 위백규 선생, 근현대에서 성암 김재계·무계 고영완 선생이 있었으나 이들에 대한 기념관 하나 조성돼 있지 않은 실정이다.

몇몇 역사 인물로 위인이라 불릴 수 있는 경우는, 당대의 명사로 뛰어난 학문적(사상적) 업적과 본보기가 될 정도의 삶을 구현한 사람을 일컫는다. 그런데 이러한 위인 중 더욱 평가받는 위인이라면 자기 학문의 궁구는 물론 후학의 양성과 당대의 사회발전을 위한 공익정신을 실행한 분들이었다. 논자는 후자 같은 위인이야말로 진정으로 후인들에게 더욱 본보기요, 사표(師表)가 되는 분들이라고 정의하고 싶다.

장흥의 유구한 역사에서 이런 위인이 두 분이 있었다.

한 분은 조선조 중기 천방(天放) 유호인(劉好仁) 선생이었다. 천방은 자기 학문인 성리학을 중심으로 후학 양성에도 주력, 장흥 역사상 최초로 학맥을 일구었던 분이었다. 천방 선생은 정경달, 위덕의 등 수많은 제자들을 양성하였을 뿐만 아니라 그 제자들의 자제들은 물론 만수재 이민기(李敏琦)도 그의 학통을 이었으니, 천방은 실로 장흥에서 3대에 걸쳐 학맥(學脈)을 이루었던 유일한 인물이었다.

두 번째 위인으로 근현대에서 후학양성과 함께 지역사회 발전을 위해 크게 공헌한 무계(霧溪) 고영완(高永完) 선생이 있었다.

무계 선생은 장흥의 대표적인 독립유공자요, 장흥군의 초대군수, 2대 국회의원(제2대, 제5대 국회의원)을 역임한 정치가였지만, 당대 이러한 명사로서 뿐만 아니라 후학 양성과 지역사회 발전을 위한 공익사업에도 헌신하고 투자를 아끼지 않았던 장흥 근현대사를 대표하는 위인이었다. 특히 무계 선생은 장흥중학교 설립 부지 마련을 위해 전답 100두락을 무상으로 희사하였으며(현 시가 40억원 상당), 중학교에 진학하지 못한 가난한 청소년들을 위해 장흥농업기술고등학교를 설립하였다.(이를 위해 사재를 털어 농장 및 임야, 전답 3만 평을 실습용으로 내놓았고 옛 장흥부 동헌 터를 임차하여 장흥농업기술학교를 설립하였다).

무계 선생은 후학양성에서 그치지 않았다. 무계 선생은 농촌마을 주거환경 개선을 위해 1,600평의 전답을 마을에 희사하였으며(현 싯가 8억원 상당), 군청 앞에서 평화리 도로개설 때 도로 편입토지 3,000여 평을 희사하였다. (현 시가 20억 원 상당). 선생이 지역사회를 위해 사재를 털어 희사하고 기탁한 금액만 현 시가로 70억 원 상당이다.

이번, 광복 75주년을 맞아 광주전남광복회가 공식적으로 장흥군에 무계 고영완 선생을 명명한 도로 명을 요청했다.

만시지탄이지만, 이제부터라도 장흥군에서도 무계 고영완 선생의 이름의 도로명 지정 추진을 비롯하여 무계 선생의 기념관 조성, 무계 선생 조명 학술대회 등 무계 고영완 선생의 독립정신 및 의인정신을 조명하여 널리 기리고 현창하는 사업이 본격 추진되길 바라는 마음이다.

역사 왜곡하는 보성군을 지켜보며

— 장흥군, '장흥의병사' 발간 등 '의향 장흥' 조명해야

— 장흥투데이/2020.06.18.

지난 해 전남도가 추진했다가 연기(중단)됐던 '남도의병역사공원' 조성 유치사업이 올 6월 들어 재개되었다. 전남도가 밝힌, 남도의병역사공원 조성 사업의 중단은, 본 사업의 추진에서 전문가들로부터 남도의병역사공원이 가져야 될 정체성 그리고 공간조성 및 재원 문제, 콘텐츠 구성 등에 여러 변수가 야기되었고, 이 사업에서의 이런 제반 사항에 대한 추가적인 보완이 필요하다는 의견이 있어 이로인해 잠정 연기된 것으로 알려졌는데, 이번에 다시 본 사업을 추진하게 된 것으로 알려졌다.

그동안 유치 홍보전 등으로 지금까지 남도의병 공원의 최적정 부지로 급부상한 지역은 함평, 나주, 보성으로 알려지고 있으며, 본 사업의 준비성이나 적극적인 유치전 등에서 가장 큰 점수를 받는 곳은 역시 보성군으로 전해지고 있다.

그런데 보성군이 남도의병역사공원 유치전에 뛰어들면서, 보성의 의병 역사를 왜곡하고, 그 왜곡된 역사를 바탕으로 '보성이 가장 경쟁력이 있는 의병의 고을'이었음을 대내외에 과시하고 크게 홍보하고 있다는 점은 매우 큰 아쉬움으로 남는다. 역사의 왜곡은 당연히 잘못된 것이고, 언젠가는 그 역사에서 그 '왜곡된 진실'이 밝혀지기 마련이기 때문이다.

보성의병과 관련, 최초의 역사 왜곡은 2019년 6월 24일 보성군이 개최한 '보성군 의병장 전방삭 장군 학술세미나'에서부터였다. 이날 보성군이 발표한(발표자 광주교대 김덕진 교수) 282명의 의병 중 상당수가 보성 출신이 아닌 타지 출신의 의병이었다.

이점에 대해 박갑로 씨(영남이순신연구소장)는 문화잡지 《문화통》(2019년 가을호)의 '보성 전방삭 의병장 학술세미나 자료 오류 투성이'라는 제하의 특별 기고에서 "보성 전방삭 의병장 학술 세미나의 오류를 전체적으로 요약하면, 보성출신이 아닌데 보성사람으로 둔갑시킨 점, 관군을 의병이라고 한 점, 동명이인을 잘못 알고 억지로 꿰어 맞춘 점, 진짜 보성 사람에 대해서는 언급조차도 하지 않는 점 등이다"며 역사적 오류와 왜곡을 지적했다.

'전방삭 의병장' 학술 세미나에서 제기된 보성 의병에 대한 오류 및 역사적 왜곡이 문제가 된 것은, 이때 보성군에서 발표한 보성 의병 282명을 기준으로 해서 2019년 보성군이 777명을 발굴해 발간한《보성 의병사(3권)》때문이다.

이때 보성군은《보성 의병사》에서 상당수가 실제로는 보성 출신도, 의병 출신도 아닌 사람들이 포함되었고, 이러한 보성군의 '위대한(?) 의병' 역사를 바탕으로 해서 '보성군이 의병의 고을이므로 남도의병역사공원은 마땅히 보성군으로 유치되어야 한다'는 주장을 펴 왔던 것이다.

자칭 '문림의향'이며 '의향의 장흥' '의병의 고을'로 자부해 온 장흥군은 어떠했는가.

본시 문화행정에 등한시 해 온 장흥군이 남도 의병역사공원 유치전에 뛰어든 것은 남들이 군민결의대회를 하니, 어쩌니 하며 요란법석을 벌인지 한참 후인 지난해 7월 말엽이었다. 마치 눈치 보기라도 하듯, 전혀 무관심해오던 장흥군도 본지(장흥투데이)의 사설 등에서 남도의병역사공원 유치전에 대해 침묵하고 있던 장흥군의 문화행정을 질책하자, 마지못해, 뒤늦게 전남도의 남도의병공원 공모사업에 뛰어들었고, 이어 민간 사학자 등을 중심으로 추진위까지 구성했으나, 남도의병공원 공모사업이 연기되자 '의향장흥'에 대한 조명운동 역시 흐지부지 되고 말았다.

진실로 '장흥의병'에 관해 장흥군이 접근할 만한 일이라면, 마땅히 장흥 의병의 역사성이 아닐 수 없다. 마땅히 장흥 의병에 관한 한 역사적 정체성이 규명되어야 하고, 의병에 관한 한 경쟁력이 수반되어야 하기 때문이다. 장흥문화원이 뒤늦게나마 남도의병역사공원 유치과정에서 촉발된 장흥의 의병에 대해 그 조명이 절실하다는 사실을 인식, 지난해 말 장흥군에 '장흥 의병사' 발간에 대한 예산을 요구했지만 묵살당하고 말았다. 역시 저제나 이제나 장흥군은 장흥의 의병에 대해 관심이 없었던 것이다. 그러므로 남도의병역사공원 유치전에 뛰어든 것도 실제로는 눈치보기요 형식적인 겉치레가 아닌가 싶은 것이다.

진정으로 장흥이 의향이요 의병의 독특한 역사상을 갖는 곳으로 인지되고 인식되기를 바라는가. 그렇다면 진정성을 가지고 장흥 의병에 대해 관심부터 가질 일이다. 그리고 고작 1억 원도 소요되지 않는《장흥 의병사》발간부터 즉시 추진해 주길 바란다.

보성은 역사 왜곡까지 서슴치 않으면서, 풍암 문위세도 보성 사람이요 반곡 정경달도 보성 사람이었다고 왜곡하면서 '보성이 의병의 고을이었다'고 증언하려고 안간힘을 다 쓰는데 왜 우리는 침묵만 하고 있느냐는 것이다.

서편제 전승, 장흥신청 복원 … 더욱 요원해지는가

— 남도의 메카였던 장흥의 국악 전통이 역사 속으로 사라지고 있다

— 장흥투데이/2020.06.01

지난 26일 나주시에 신청이 복원, '나주신청문화관'이란 이름으로 지역의 전통문화 계승과 창조의 새로운 문화공간으로 재탄생할 수 있게 되었다. 나주 신청 복원은 전라도가 정도 천년을 기념하여 추진하는 '전라도 천년 정원 조성' 사업의 하나로 추진되었다. 이번에 나주시가 신청문화관을 개관하면서 내건 슬로건이 '나주시는 서편제 판소리 종가'이고 그리하여 나주 신청문화관은 전라도 소리문화를 세상에 알리고 향유하는 '남도 문예 르네상스의 거점'이 되겠다는 것이었다,

이젠 '서편제의 본향 장흥'이 '서편제 판소리 종가-나주'에 묻히게 된 것이다. 그 추진 과정이야, 그들이 추구하는 슬로건이 어찌됐든, 일단 나주에 신청이 복원됨으로써 과거 호남 전통국악의 최정점에 섰던 장흥의 전통국악의 전승문제는 이제 특단의 대책이 없는 한 더욱 요원해지고 더욱 난감해지게 되었다고 할 수 있게 되었다.

그 본향이 장흥이었던 서편제는 이미 '보성소리'라는 고유 이름으로 보성에서 그 전승의 맥을 이으며 그 고유의 남도소리문화 창출에 여념이 없는 실정이다. 해마다 개최하는 '서편제 보성소리축제'를 비롯하여 보성읍에 조성된 '서편제 보성소리 전수관' 뿐만 아니라, 회천면 동강마을 일대를 '판소리전수관' '판소리전시관' '판소리 다섯마당' '정응민 생가' 등으로 이루어진 '판소리 성지'를 조성하면서 보성을 명실상부 남도 소리문화의 메카로 구축해가고 있다.

지난 1999년 11월 12~13일, 장흥에서 '제1회 장흥전통가무악전국제전'이 열렸을 때, 그 대회의 취지가 '장흥은 서편제의 본향'이라는 것이었고, 실제적으로 장흥에 군립국악원이나 국악 전수교육기관 같은 것도 없었지만, 그나마 해마다 전통가무악전국제전을 치르게 되면서 '장흥은 서편제의 본향'이라는 홍보성 메시지를 대내외에 알릴 수 있었다. 그러나 2015년부터 전통가무악전국제전이 폐지되면서 장흥의 소중한 전통이었던 '서편제 본향의 장흥'의 전통이 설 자리를 잃고, 역사 속으로 사장되기에 이르렀으며, 그동안 장흥 문화계 일각에서도 장흥 서편제의 중심 무대였던 '장흥 신청' 복원을 줄기차게 외쳐댔지만, 이것마저 결국 나주시에 선점당해 버렸다고 할 수 있을 것이다.

장흥 신청의 복원, 그 과제는 아주 해결될 수 없을 것인가. 판소리성지니, 신청문화관이니 다들 해 내는데, 왜 장흥은 안 되는가. 어찌됐든, 이젠 가무악제전은 신안군으로 넘어가버려, 이 문제를 이제와 왈가왈부하는 것은 소모전 같은 일일 것이다. 아쉬운 것은, 이유 여하를 막론하고, 우리가 우리의 전통으로 알아온, 간신히 그것으로 유지돼 온 서편제의 맥을 우리 스스로가 내버렸다는 사실일 것이다.

진정으로 우리는 서편제 본 고향으로서 그 전통의 맥을 완전히 폐기해 버릴 것인가?

비록 행사 위주였던 전통가무악전국제전은 중도 폐지해버렸지만, 나주의 신청복원을 계기로 장흥의 신청복원 문제도 충분히 고려해볼 만한 일이 아니겠는가.

지금이라도 늦지 않았다. 장흥을 구심점으로 남도 국악의 전승을 담당했으며 서편제를 발흥시켰던 장흥신청을 복원할 필요가 있다.

남들은 없는 것도 적당히 만들어서 자기네 전통문화로 만들어 낸다. 조그만 역사적 연유만 있어도 그것을 확대하여 복원하고 재창출해서 문화 상품으로 만들어낸곤 한다.

왜 장흥은 안 되는가.

장흥신청은 장흥의 역사적인 사실로 장흥의 위대한 문화유산이었다. 그러므로 그것을 오늘에 다시 살려내고 그 전승을 잇는 것은 이 시대를 살아가는 후인들인 우리의 당연한 사명일 것이다.

장흥의 문화 수준 - 보성의 절반 수준에 불과

— 장흥은 박물관·기념관이 고작 6개…'보성은 무려 12개다'

— 장흥투데이/2019.11.14.

장흥군과 바로 인접한 보성군, 보성군과 장흥군….

두 지역은 역사적으로 절반쯤의 구역을 각각 교차로 관할하였던 긴밀한 인연의 역사성을 가지고 있다. 즉 통일신라 때부터 고려 초기 장흥지역이 부사 고을이 되기 전까지 장흥의 일부 지역은 보성군에 예속되었고, 장흥 지역이 부사 고을이 된 이후로는 보성군의 일부 지역이 장흥군에 예속되었던 것이다. 지금 보성군이 판소리의 독보적인 '보성 소리'의 고을이라고 주장하지만, 사실은즉 그 보성소리의 시작이었던 서편제가 태동하던 때는 조선 말엽이었고 당시 지금의 보성군 회천면이나 웅치면은 장흥부에 속했던 지역이어서, 당초부터 장흥군은 서편제 본향은 장흥이었다는 주장을 펼 수 있었던 것이다.

사실 역사적으로 장흥군은 보성군보다 행정단위로 한 단계 높은 부사고을이었다.

그리하여 역사적 문화 유물이나 전통은 장흥이 당연히 보성군보다 윗길일 수밖에 없었을 것이다. 그러나 일제강점기이던 1914년 행정구역의 개편으로 보성군이 장흥보다 인구나 관할 구역이 조금 넓어지고 역시 같이 근현대사를 경유해오면서는 문화의 진흥이나 육성, 그 활성화 면에서는 보성군이 장흥군보다 훨씬 윗길에 놓여 있는 실정이다.

다시 말해, 과거에는 문화예술에서 장흥 문화가 보성보다 훨씬 윗길이었지만, 현대에 와서는 오히려 보성의 문화가 장흥보다 훨씬 윗길에 놓여 있다는 것이다.

단순하게 한 가지 비교만으로 이를 쉽게 알 수 있다.

박물관이나 무슨 기념관·유물관, 또는 미술관 및 문학관 등은 그 지역의 문화예술 수준을 가늠할 수 있는 척도요 기준점이 된다고 할 수 있다. 그것들을 조성하기 위해서는 그만한 재원도 있어야 하지만, 그것들을 필요로 하고 또 그것들을 갈구하는 그 지역민의 문화예술에 대한 호응과 관심도를 잘 반영한 결과이기 때문이다.

장흥에는 그런 것들이 얼마나 있을까, 사립박물관인 '귀족호도박물관' 외에는 박물관 명칭의 다른 박물관은 한 개도 없다. 박물관과 유사한 의미의 기념관, 유물관으로는 '방촌유물전시관'과 '동학농민혁명기념관'이 있을 뿐이다. 또 문학관이라는 이름의 '천관산문학관'이 겨우 하나 있을 뿐이다. 여기에 억불산 '정남진천문과학관'이나 정남진산업고 옆 '정남진물과학관'까지 합해 봐야 박물관·기념관·유물관 등이 고작 6개에 불과하다.

그렇다면 과거의 역사성에서 장흥군에 뒤쳐졌던 보성군은 어떠한가 살펴보자. 태백산문학관(벌교읍), 티벳박물관(문덕면), 한국차박물관(보성읍), 서편제보성소리전수관(보성읍), 천문과학관(보성읍), 우종미술관(보성읍), 홍암나철기념관(벌교읍), 백범김구은거기념관(득량면), 군립백민미술관(문덕면), 서재필기념관(문덕면), 판소리기념관(회천면), 채동선음악당(벌교읍) 등 12개이다. 딱 장흥의 배인 것이다.

장흥군의 인구는 2019년 10월 말 현재 38,680명이고 세대 규모는 20,175세대이다. 보성군은 2019년 10월 말 현재 인구는 41,618명이고 세대는 22,287세대이다. 인구는 2,938명 차이이고 세대수는 2,112세대 차이다. 행정구역 단위는 장흥이 3읍 7면인데 비해 보성은 2읍 10면이다. 면적은 장흥군은 622.40㎢이고 보성은 663.59㎢이다. 모든 면에서 장흥군과 보성군은 큰 차이는 없다. 그런데도 문화지표의 하나라고 할 수 있는 박물관·기념관·유물관 등의 개수는 배 차이가 난다. 이는 문화수준, 문화의 활성화, 문화에 대한 투자 등 모든 문화의 지표에서 보성이 장흥의 곱절이라는 의미인 것이다.

만일 장흥이 보성 정도의 문화지표 수준이었다면, 진작에 가사문학관, 이청준 문학관이 조성되고도 남았을 것이다. 수몰지 유치에는 민속유물 박물관이나, 장동에는 구석기유물박물관을 조성했을 것이다. 또 신청의 복원이나 군립국악원도, 용산에 백자박물관 역시 진작에 세워졌을 것이다. 더 나아간다면, 존재기념관이나 기봉백광홍기념관을 비롯하여 공예태후기념관도, 장흥의 영웅 반곡정경달기념관도 조성되고도 남았을 것이다.

과거 그토록 찬란했던 역사적, 문화적 전통이며 문화적 자원이 보성보다 훨씬 윗길이었으므로, 당연히 그러한 향맥과 얼을 계승, 보존하는 차원에서 그것들이 세워졌을 것이고, 그렇다면 최소 지금 보성 정도쯤은 되었을 것이므로 앞에서 언급한 박물관이나 기념관 정도는 진즉 세워졌을 것이라는 말이다.

그런데 어떠한가. 모두 합해도 6개 정도이다. 누구의 책임인가? 장흥 군민들의 책임이요 장흥 문화 예술인들의 책임이요 행정 수반인 군수와 군민들을 대표한 군의원들의 책임이 크다고 할 것이다.

다 접어두고 … 이제부터라도 '장흥인'으로서 자존이 있다고 한다면, 우선적으로 최근 들어 논의 되고 있는 이청준 문학관부터 서둘러 착수할 수 있도록 군력을 집중해야 할 것이다. 그리고 그곳에 장흥문학테마파크를 조성, 이청준문학관에 이어 한승원관, 이승우관, 장흥 시인관, 가사문학관 등을 잇따라 조성하는 방안도 강구해야 할 것이다.

장흥군 '남도의병역사공원' 유치 총력- 적극 지지한다

— 남도 의병역사공원 최적지는 '의향(義鄕) 장흥군'이다

— 장흥투데이/2019.07.18.

전라남도가 의병들의 구국충혼을 기리고 의병 역사를 정립하여 정의로운 역사를 일구어온 전남도민들의 영예와 자긍심을 높이기 위해 전국 규모의 '남도의병역사공원'을 조성키로 하고 전남 각 지자체에 공원 대상지를 공모했다. 김영록 도지사는 "전남 의병들의 충혼을 기리고 교육 관광자원으로 활용하기 위해 남도의병역사공원 조성이 필요하다"면서 의병역사공원 조성을 특별 지시한 것.

이에 따라 전남도는 올해부터 2022년까지 480억 원을 들여 호남 의병역사공원 조성을 추진하기로 한 데 이어 올해 1억 원을 들여 '남도의병역사공원 기본계획 연구용역'을 실시 중에 있으며, 연내에 용역을 마무리하고 내년에 실시설계에 들어갈 예정이며 8월까지 전남 시군을 대상으로 사업 대상지를 공모한다.

남도의병역사공원은 33만㎡ 부지에 기념관, 전시실, 테마파크, 상징조형물, 학예실, 교육관, 편의와 놀이시설 등이 들어서게 된다고 한다. 이러한 전남도의 의병 역사 공원 조성 방침에 따라 현재 6, 7개 시군이 뛰어든 상태다.

장흥군도 최근 한참 뒤늦었음에도 전남도의 '남도의병역사공원' 추진과 관련, 공모사업을 준비하면서 본격적으로 유치활동에도 적극 나선다는 방침인 것으로 확인됐다.

군 관계자에 따르면 ①군은 임란부터 3.1운동까지 의병 관련의 모든 학술 논문과 관련 자료, 유물, 유품 등을 수집하여 '장흥의병 역사와 자원' 등의 자료집을 발간하기로 했으며 ②동 사업 관련 자료 수집 등에 대한 자문과 조력을 줄 수 있는 사학자, 원로 문화인, 전남도의원 등을 중심으로 '남도의병역사공원 장흥 유치 자문단'을 결성하고 ③'남도의병역사공원' 장흥 유치에 대한 지역민들의 의지를 모으고 널리 홍보하기 위해 '장흥 의병 활동' 주제의 포럼 개최 등도 추진한다는 방침이다.

기실, 장흥이야말로 '장흥=의향(義鄕)'으로 불리어질 만큼, 의병에 관한 한 타 지자체보다 우위의 경쟁력을 갖는 곳이다. 전남도의 '남도의병역사공원' 공모 기준이 '임진란에서 3.1운동까지 의병'으로 봤을 때, 이 기간을 임진-정유재란, 동학혁명, 3.1 독립운동 등 3기를 핵심적 요소로 구분할 수 있다.

여기에서 장흥에는 전남은 물론 전국적으로도 가장 강한 경쟁력을 갖는 두 가지 요소가 있다. 동학혁명의 최후의 격전지가 되었던 장흥동학운동과 독립운동가 중 국내에서 가장 존경받는 안중근 의사의 사당이 그것이다. 장흥동학의 격전지 석대들은 이미 국가 사적지로 지정받고 동학농민혁명기념관까지 조성돼 있다. 또 안중근 의사를 배향한 해동사를 구심점으로 한 안중근 의사 성지화 사업이 전국 최초로 추진되고 있기도 하다.

임진란의 경우도 결코 경쟁력이 뒤지는 것은 아니다. 성웅 이순신을 있게 한 '장흥 임란의 영웅 반곡 정경달'의 출신지가 장흥이고, 장흥 반계사에 반곡 선생을 배향하고 있으며 관련 유물이 남아 있기도 한다.

또 임진란의 가장 주요한 역사 현장이었던 회진항은 또 어떠한가. 회진의 회령진성은 이미 전남도 남해안 호국·관광벨트 사업의 하나로 선정되어 '회령진성 복원 사업' 추진이 이미 전남도에 계획되어 있기도 하다. 특히 그 회령진성은 1597년 8월 20일, 삼도수군통제사였던 이순신 장군이 처음으로 조선수군 함대를 이끌고 해상전투를 위해 출정했던 곳이요, 전라도 연해민들의 후원을 받아 군수 물자를 모았던 곳이요, 12척(10척)의 배를 수리하고 전 해상 병력을 무장해 도열하고 임금의 교서를 들고 충정을 결의하는 군례인 숙배행사를 거행하였던 가장 뜻깊은 역사의 현장이었다.

또 임진·정유란을 맞아 가장 많은 사람들이 창의, 참여했던 곳도 장흥이었다. 이러한 역사적인 사실(史實)과 유물, 유적 등 의병 역사의 인물과 자원만으로도 '전남의병역사공원'은 장흥이 바로 최적지라고 할 수 있다. 그러므로 그 의병 역사공원은 당연히 장흥에 조성되어야 마땅하고 장흥군이 이에 총력을 기울여 유치를 추진한다는 것이 너무나 당연한 일이 아닐 수 없다.

특히 임진·정유란의 역사 현장으로서 회령진성과 동학혁명의 전적지 석대들·동학농민혁명기념관, 임진란의 영웅 반곡 정경달과 반계사, 독립운동의 영웅 안중근 사당에 이어, 이후 장흥에 '남도의병역사공원'까지 조성된다면, 장흥은 그야말로 '의병(義兵)·의향(意鄕)·호국(護國)響)'의 역사 체험 관광지로서 가히 전국에서 최고의 경쟁력을 갖는 고을이 되고도 남을 것이다.

장흥군이 전력투구로 남도의병역사공원 유치에 뛰어드는 이유이기도 하다.

또한 이에 호응하여, 장흥군민도 한 마음이 되어, 장흥의 남도의병역사공원 유치에 총력으로 힘을 실어주고 주력을 아끼지 말아야 할 것이다.

존재 기념공원 조성, 제대로 된 그림 그려야 한다

— 차라리 시비 20여 개 세워 '존재시비공원'으로 명명해야

— 장흥투데이/2018.11.08.

지난 3일 장흥읍 충열리 소공원에서 존재 위백규 선생의 동상 재건수 및 제막식이 있었다.

이날 정종순 장흥 군수는 존재 선생 좌상이 입지한 충렬리 소공원을 '존재위백규선생기념공원'으로 만들겠다고 약속했다. 존재 선생의 좌상이 세워진 이곳을 '존재기념공원'으로 새로운 명칭을 부여하고, 이에 따른 존재 기념 공원 명패설치 등 여러 추가적 보완 시설들을 조성하겠다는 의지로 보아 매우 바람직하고 신선한 발상으로 받아들여졌다.

그런데 과연 이곳이 존재기념공원으로 만들어도 될까 싶다. 이곳 충렬리 소공원 부지가 커 봐야 1백 평~150여 평 남짓 밖에 안 되는, 말 그대로 마을 안 공원같은 소공원이기 때문이다. 사방 주변이 자동차가 오가는 도로여서 접근하기도 불편하다. 그러므로 이곳에 과연 '존재기념공원'이라는 공원, 아름답게 조성된 제대로 된 존재기념공원이 조성될 지 의문이라는 것이다.

얼핏 우리가 '존재선생기념공원'이라고 가정해 본다면, 기왕에 이곳에 좌상이 새로 들어섰으니 만큼, 여기에 추가해서 공원 내에 '존재선생기념관'도 들어서고, 여러 시비 등도 들어서고, 존재 선생을 기억할 수 있는 누정이며 여러 기념수들도 식재되고 이와 함께 군민이며 답사 관광객들이 휴식도 취하고 다양한 체험도 즐길 수 있는 휴식공간 등도 기본적으로 갖추어져 있어야 할 것이 아닌가.

그런데 현실적으로 그러한 제반의 기반시설 등이 들어설 수가 없다는 것이다. 개인적인 생각이지만, 충렬리 소공원을 존재기념공원으로 할 바에야, 차라리 동학농민혁명기념관과 실내체육관 사이의 우측 편 공원(실내체육관을 바라보고 우측 편) 5백여 평의 공원을 존재공원으로 만들면 어떨까 싶다. 그도 아니라면, 천관산 기슭 등 다른 적정부지에 '존재기념공원' 조성을 추진할 수도 있을 것이다.

'존재기념공원'이라고 하면 장흥군에서는 역사 인물의 이름을 딴 최초의 공원이 된다. 장흥군이 지난 민선 6기부터 추진하고 있는 정안사 주변에 당동리 출신의 공예태후를 상징화하여 조성하고 있는 '어머니테마 공원'도 그 이름이 '공예태후공원'이 아니라 '어머니테마공원'일 뿐이다. 그러므로 우리가 장흥의 대표적인 위인으로 손꼽히는 존재 선생을 기념하는 존재선생기념공원을 조성한다면, 실로 그 이름에 걸 맞는 기념공원으로 추진되어야 너무나 마땅한 일이 아니겠는가.

존재 선생의 모든 것을 공부하고 체험하면서 힐링이 될 수 있는 공원. 더 구체적으로 말한다면, 선생의 사상과 정신의 계승과 더불어 체험을 통한 힐링과 마음의 치유도 할 수 있는 공원. 존재기념공원은 바로 그런 공원이 되어야 한다는 것이다.

예컨대, 존재 선생의 기념관이며 존재 선생이 작품 활동을 하였던 존재 생가의 영이재나 장천재를 모형으로 한 누정의 조성, 여기에 선생의 업적비를 포함하여 200여 수가 넘는 선생의 시편 중의 대표적인 시 10~20여 개의 시비, 실학교육체험관 등 아주 기본적인 시설들이라도 들어서야, 말 그대로 '존재선생기념공원'이라 할 수 있다는 것이다.

기왕에 '존재선생기념공원' 조성이라는 말이 장흥군의 수장으로부터 나온 터다. 그렇다면, 교통이 불편하고 너무 협소한 그곳을, 존재 선생 좌상이 재건수 되었다고 해서, 굳이 그곳을 존재선생기념공원으로 하겠다는 발상 자체를 뛰어넘어야 한다는 것이다. 이를테면 존재선생기념공원 조성이라는 프로젝트를 원점에서 출발, 입지 선정도 재검토하여 전국에 내놔도 자랑할 만한 존재선생기념공원이 조성될 수 있어야 한다는 것이다.

굳이 그곳에 충렬리 소공원을 한정한다면, 이름 자체를 거창한 '존재기념공원'이 아닌 '존재선생시비공원' 정도로 개명하여 존재 시비 20여 개를 세워, 존재의 동상과 시비들이 어우러진 시비 공원화로 하면 될 것이다. 그리고 중장기적인 계획으로 보다 넓고 적절한 부지에 존재선생기념관을 비롯하여 영이재 모형 누정, 실학 학습 체험관, 업적비(신도비) 및 대표적인 시비 등을 토대로 한 '존재기념공원' 조성을 추진해야 한다는 것이다.

여하튼, 이번 존재선생 좌상 제막식에서 정종순 군수의 '존재선생기념공원 조성'의 발언 자체가 획기적이고 신선한 것은 분명하다. 그런데 이 발언과 구상 자체에서 더 나아가, 보다 제대로 된 존재선생 기념공원 조성 추진이라는 큰 그림을 그릴 수 있다면, 더욱 바람직한 일이 될 것이다.

신북 구석기 유적-보존·활용대책 세워야 한다

— 사적지화 재추진, 유적축제 개최 적극 추진을

— 장흥신문/2017.07.10

장흥문화원은 '2017 장흥 전통인문학 문화강좌'의 2강으로 장흥의 신북구석기 유적을 주제로 삼았다. 신북 유적은 사적지화 되어야 하고 유적의 보존과 활용을 위해 신북구석기유적박물관을 조성해야 한다는 이금호 원장의 평소의 지론에 의해, 이번에 인문학 강좌의 주제로 정해진 듯싶었다.

장동 신북리의 구석기 유적 현장을 가 보면 볼 것이 별로 없다. 발굴 현장은 메워져 있고, 현장 앞에도 '이곳이 신북 유적 발굴지였다'는 사실을 전해주는 표지석만 우두커니 세워져 있을 뿐이다. 유적지에선 무려 3만 5천여 점의 유물이 출토되었지만, 그 유물들은 유적지 발굴을 책임졌던 조선대학교 박물관 지하에 먼지를 뒤집어 쓴 채 보관되어 있을 뿐이다. 신북 유적은 그 어디에도 전시되어 있지 않으니 기록으로만 존재하고 있을 뿐이다.

신북 구석기유적 보존회장을 역임했던 김광원 씨는 "지난 2011년 동경에서 개최된 제4회 아시아 구석기 학회에서 손보기 박사는 신북 유물을 어루만지고 울먹거리며, 여기 신북 구석기 유적은 매우 훌륭한 것으로 새로운 세계적인 문화유산으로 큰 가치가 있다고 말했다"고 토로한 적이 있다. 그러면서 김 회장은 "이처럼 훌륭한 문화유산이 우리 지역에서 발굴되었다는 것 자체가 우리 군의 큰 자랑이요 장흥군민의 긍지가 아닐 수 없다. 그러기에 우리는 이들 유적을 제대로 보존하고 그 가치를 빛내야 할 책임과 사명이 있다"면서 그 방안으로 '사적지 지정'과 '신북구석기유적박물관' 조성을 주장했다. 신북 구석기 유적 발굴에 앞장섰던 이기길 조선대학교 박물관장도 "신북 유적은 세계사적인 가치를 가지고 있으므로 국가사적으로 지정뿐만 아니라 세계문화유산으로 만들어 가야한다"고 수차 주장하기도 했다.

이번 장흥문화원의 '2017 장흥 전통인문학 문화강좌'에서 이혜연 대한문화재연구원 조사연구관은 유적의 활용으로 유적 복원과 전시관 건립, 교육 프로그램 개발 그리고 정기적인 유적 축제 추진 등을 제시하였다. 그는 대부분 유적지들도 대체로 선사시대 생활상 복원 등 복원 정비가 이루어지고 있으므로 그것이 비록 발굴 후 복토 보존 등 유적의 현상 유지를 위한 것일지라도, 신북 유적도 복원 과정은 반드시 필요하다고 주장하였다. 이 씨는 나아가, 유적지 정비 계획을 수립하여 유적보존과 함께 활용가치를 높이기 위한 방안으로 전시관 건립과 체험학습 등을 위한 교육프로그램과 개발과 정기적으로 유적지 축제를 개최해야 한다고 주문하였다.

신북 구석기 유적은 2008년 4월 11일 전남도지정문화재(기념물 238호)로 지정돼 있다. 이후 2011년 문화재보호구역으로 지정(35필지,71,829㎡)되었고, 2013년 1월 9일에 문화재청에 사적지 지정을 신청하였으나 사적지 지정이 부결된 바 있다.

이날 강신대 면장은 발표에서 향후, 사적지 지정 재추진을 비롯 유적지 종합정비, 국제 학술회의 개최, 재1회 신북 구석기 문화제 개최, 유적지 전시관 및 체험장 등 공원조성 등을 발표하였다. 그런데 이러한 구석기 유적지 보존 활용 방안은 어디까지나 지역민(장동면)의 희망사항을 반영한 의견 차원에서 계획, 추진되고 있는 것일 뿐 장흥군 당국의 의지가 반영된 것은 아니다.

이제는 장흥군이 나서야 한다. 유적 발굴 전시관 하나 없는 군이 장흥군이다. 찬란한 역사와 문화를 자랑을 하지만, 실제로 그것을 증명하고 그 정체성 규명의 동인이 될 유물 박물관 하나 없는 곳이 장흥군이다.

신북 구석기 유적은 장흥군의 가장 경쟁력 있는 문화유산임에는 분명하다. 그런데도 여태껏 이 문화유산이 그대로 방치돼 있다. 다른 지자체에서는 없는 것도, 약간의 역사적 근거만 있어도 화려하게 재조명하며, 자기들의 현대적인 유산으로 만들기도 한다.

우리는 어떠한가. 있는 것도 무관심이다. 지역민이 원해도 콧방기도 뀌지 않는다.

신북 유적의 국가 사적지 지정 이유는 차고 넘친다. 유물의 석기 집중도가 높은 후기 구석기 시대의 문화층이 확인되었다. 최소 2번 이상 후기 구석기인들이 장흥지역을 점거하였다는 사실이 밝혀지기도 했다. 또 유적에서 확인된 유물이 약 2만 5천년 전후의 후기 구석기시대의 전형적인 유물로 확인되었으며, 한반도 남부 최대 구석기 유적이고 일본 열도와의 교류도 보여주는 유물이 확인되어 역사적 의미도 크다. 특히 유물 중 흑요석의 원산지는 백두산과 일본 구주 지역의 것이라고 확인되었는데, 이는 장흥의 구석기인들이 직접 또는 간접적으로 원거리 구석기인들(백두산, 일본 구주)과 교류했다는 증거임을 나타낸다.

이렇듯 신북 구석기 유적은, 우리나라 후기 구석기 시대의 다양한 문화상을 확인할 수 있어 인류 문화적, 역사적, 학문적 가치는 지대하다는 게 전문가들의 공통된 평가이다. 이러한 유적이 지금 대학박물관의 지하에 처박혀 있다. 이제 이 귀중한 유물을 장흥으로 가져와야 한다. 장흥에 박물관이나 전시관이 조성되어야 하는 이유이고, 국가지정 사적지로 지정되어야 하는 이유이다.

또 이러한 유물과 유적을 활용하여 신북 유적의 현장이 교육의 장으로써 체험되면서 산교육의 장으로서 역할도 수행할 수 있도록 해야 한다. 그러기 위해서 유적지 복원, 정비사업도 추진되어야 한다. 장흥군 당국의 신북 구석기 유적에 대한 새로운 접근이 필요한 이유이다.

호계리 별신제 -장흥군의 보존, 전승의지 필요하다

— 별신제 전승 위한 정책적 차원의 관심과 지원 절실

— 장흥신문/2017.02.13

1월 1일은 1년이 시작하는 날로써 당연히 큰 의의를 지녀왔지만, 달의 움직임을 표준으로 삼는 음력의 사회였던 우리나라의 경우, 첫 보름달이 뜨는 대보름날이 보다 중요했다.

우리나라 세시풍속에서 보름달이 가지는 의미는 컸다. 정월대보름이 그렇고, 다음으로 큰 명절인 추석도 보름달이 뜨는 날이었다. 보름달이 왜 중요하였는가.

태양은 양(陽)이며 남성으로 인격화되지만 달은 음(陰)이며 여성으로 인격화된다. 즉, 달의 상징은 여성·출산력·물·식물들과 연결되고 여신은 대지와 결합되고 만물을 낳는 지모신(地母神)으로서의 출산력을 가진다.

첫 보름달이 뜨는 시간에 여신에게 대지의 풍요를 비는 것이 우리 동제의 원형이었다. 줄다리기도 대부분 대보름날 행사였다. 줄다리기에서 암줄(서부, 여자편)과 숫줄(동부, 남자편)의 고리를 거는 일은 이른바 성행위의 상징인데, 이는 바로 풍요의 의미기도 하다.

현대에 와 양력의 사회가 되고, 산업화·도시화가 이뤄지고, IT문명이 기세를 떨치면서 과거의 전통이 사라져가고 있다. 그럼에도 전통은 간신히나마 그 맥을 계승해오고 있다.

장흥군에서도 지난 2002년부터 탐진강변에서 장흥문화원 주관으로 정월대보름맞이 행사를 치러왔다. 우리의 전통생활문화를 그대로 재현한다는 의미에서 세시풍속과 민속놀이가 개최되었던 것이다. 또 지역 여러 곳(부산면 호계리 별신제, 관산 옥당5구 당산제, 방촌리 별신제 등) 에서 마을의 무사안녕과 주민화합을 기원하는 정월대보름 민속행사인 당산제가 예전과 다름없이 치러져 왔다.

장흥군의 정월대보름 동제 중에서 대표적인 동제가 바로 호계리 별신제다.

별신제는 전남지역에서는 흔한 용어는 아니다. 그러나 부산면 호계리 지역에서 매년 모시는 전형적인 마을제사로 전남 지역에서 볼 수 있는 민간신앙으로서의 당산제와는 큰 차이를 보이고 있다는 데서 의의가 있다.

특히 제의(祭儀) 형식은 유교식으로 제차, 제물, 제관 등이 '국조오례의'의 길례에서 볼 수 있는 관제(官祭)의 형식을 그대로 보여주고 있어 전문가들은 관제가 민간화 되어 가는 한 양상으로 분석하기도 한다.

특히, 동계문서는 별신제 내용을 처음 별신제부터 지금까지 매년 기록해 살아있는 역사 자료이고, 마을공동체 의례의 연혁과 변천을 알 수 있는 희귀 자료이다. 또한 지금도 매년 별신제를 모시고 나면 '대동계'라는 마을총회를 열어 별신제의 결산은 물론 전반적인 사항들을 기록하고 있기 때문에 동계문서는 살아있는 역사로 전남도 문화재 자료로 등재 돼 있기도 하다.

호계리 별신제는 1700년대부터 전해 내려오면서 관련 자료가 현존하고 있고, 지금도 계속되고 있으며, 남도문화제 등을 통하여 민속예술성이 확인되었다. 또 수많은 전문가들의 마을 조사 보고서와 논문 등을 통하여 역사적, 학술적 가치가 정리되었고, 호계리에서는 별신제보존회가 구성되어 운영되고 있다. 또, 시대의 변천에 따라 대부분 대보름 동제들은 편의주의에 의해 당산제 수행 부분이 축소되거나 생략되지만, 호계리 별신제는 예전의 전통과 거의 변함없는 형태로 지속되고 있다는 데서 의의가 크다.

또 동계문서 경우, 다른 마을들에도 동계에 관한 자료는 많지만, 이 호계리처럼 마을제사를 구체적으로 기록하고 있는 예는 거의 없다는 점에서 희소성은 물론 그를 통한 일반화의 가능성, 즉 다른 지역 마을제사의 역사도 이를 통해 조명해 볼 수 있다는 가능성을 열어놓고 있다는 점에서도 의의가 있다.

그런데 과연 언제까지 이러한 호계리의 별신제가 더 지탱할 수 있을지는 의문이다. 120여 호였던 마을이 현재는 50여 호로 줄어든 현실도 그렇고 더욱 주민의 노령화 추세에서 그 전승의 최종시한이 임박해 있음을 짐작할 수 있기 때문이다.

별신제 제례에 참여하는 제관 수는 21명인데, 지난해 별신제 때는 21명의 제관을 채우지 못했고, 별신제를 주도하는 풍물굿패의 성원도 채우지 못해 다른 마을에서 사람을 빌려와 메우기도 했다. 호계리 별신제에 대한 행정당국의 보존과 전승 의지 그리고 발전을 위한 문화 정책적 차원의 관심과 지원이 절실한 이유이다.

지자체 경쟁력, 문화가 결정적으로 좌우한다

— 장흥신문/2016.09.01.

21세기의 화두는 환경과 문화임은 두말할 여지가 없다.

이제는 환경과 문화가 국가의 발전은 물론 온 국민의 삶의 질을 결정한다는 것은 21세기의 거스를 수 없는 대세다.

또 하나의 21세기의 화두는 세계화와 지방화이다. 이 두 단어와 관련 영국 스코틀랜드 사회과학자이자 도시계획자인 스패트릭 게디스(Sir Patrick Geddes, 1854~1932)가 "세계적으로 생각하고 지역적으로 행동하라 Think globally, act locally"라고 말한 적이 있다.

이후 영어로 된 신조어로 세계화와 지방화의 합성어인 '세방화', 곧 '글로칼리제이션 에이지(Glocalization Age)'라는 말이 생겨났다. 특히 이 말은 21세기 세계의 문화의 사조를 대표하는 어휘가 되고 있다. 지난해 전 지구의 인터넷 인프라를 통해, 한국말을 전혀 못하는 서양사람들의 입에서도 싸이의 '강남스타일'이 '갱남스타일'이라는, 또박또박하지만 전혀 다른 어감의 글로벌스타일로 재편되면서 전 세계를 열광시킨 사례가 이 세방화의 대표적인 사례일 것이다.

21세기는 문화의 세기며 문화의 시대이다. 이 말은 앞으로의 미래는 문화가 사회를 이끌어 나갈 것이라는 말이다. 그래서 갈수록 문화 경쟁이 치열해지고 있는 것이다.

그리하여 이제는 경제 전쟁 대신 문화 전쟁을 준비해야 한다는 주장도 있을 정도이다.

문화의 세기, 문화의 전쟁시대를 위해 우리는 무엇을 준비해야 하는가.

문화에서 첫째로 삶의 질을 제고할 수 있는 문화가 중요하다. 즉 시민, 주민의 문화 향유 정도와 문화정책을 포괄하는 '문화지수'가 어느 정도이냐 하는 것이다.

둘째는 문화의 경쟁력이다. 사장되지 않고 살아남는 경쟁력 있는 문화여야 한다. 사실상 인류 문명사에서 당대 경쟁력 없는 문화는 죽고 말았다. 여기서 경쟁력은 고유한 것을 의미한다. 고유한 문화를 소유하지 않는 사회는 이 세상에 존재하지 않는다고 할 수 있다.

그래서 지역의 문화코드에 있어서 정체불명보다는 '지역성', '현지화'를 어떻게 조율하느냐가 지역문화 '정체성'을 바탕으로 한 지역사회의 발전의 근간이 된다는 것이다.

셋째는 지역의 문화자본이다. 이에 대한 정확한 분석이 없이는 어떤 문화콘텐츠도 지역민들이 공감하는 문화자본의 주제로 정착하거나 성공할 수가 없다.

문화의 세기이지만, 더불어 세계화와 지방화가 공존하는 시대이므로, 이제는 지방에서도 "문화가 없으면 살아남지 못할 것"이라는 경고까지 나오고 있을 정도이다.

지역문화 활성화를 위해서는 문화적 자산을 제대로 가꾸고, 문화 인프라를 꾸준히 구축해야 할 때인 것이다.

넷째는 문화의 관광 상품화의 여하이다. 미국, 유럽 등 서구가 21세기를 문화의 시대로 보는 것은 단지 문화가 삶에서 중요해진 것 때문만이 아니다. 더 중요한 것은 '문화=돈'이라는 공식 때문이다. 미국, 유럽, 일본 등의 문화 사업이 눈부시게 성장하고 그들의 문화가 한국인을 매료시키고 돈을 벌어들이는 것을 눈뜨고 보아야 하는 것이다. 특히 지방은 더 심하다. 다시 말하면, 문화가 곧 관광 상품화로 연결되므로, 문화는 돈이 된다는 것이다.

문제는 문화가 경쟁력 있는 문화이냐는 것이다. 문화가 결정적 차이를 만들어 낸다는 게 진리다. 문화의 경쟁력을 말하는 것이다. 이 경쟁력은 고유성에서 비롯된다. 여기저기 대부분이 개성도 차별성도 없는 대동소이한 양태의 문화는 고유성이 없으므로 곧 사장되기 마련이다. 우리나라의 그 수백 개 되고도 남을 향토축제문화들이 왜 돈을 버는 경제적인 축제도, 세계적인 축제도 되지 못하는가. 다 비슷비슷한 콘텐츠로 만들어지기 때문이다.

앞으로 지방화 시대에서 존폐여부는 경쟁력 있는 문화가 좌우한다. 그러므로 이제는 생존하기 위해, 더 나아가 경쟁력 있는 문화를 창출하기 위해서 지자체의 문화에 대한 관심과 투자가 중요하지 않을 수 없다.

장흥군의 경우, 전통적으로 문화투자에 인색한 지자체 중 하나였다. 어느 군수 시절에는 고인돌 세계문화 유산의 중요성에 대한 인식이 부족해 국내 최다 고인돌 분포수를 가지고 있으면서도 세계문화 유산 지정에서 탈락했다.

그동안 장흥지역에서 수만 점의 유물이 출토되었는데도 박물관 하나 짓지 못했다.

한국의 최고 문학고을이라고 자부하면서도 명실상부 어엿한 문학관 하나 짓지도 못했다.

올해는 국제통합의학박람회 준비로 예산을 그곳으로 다 쏟아 부은 탓으로, 올해 전체 문화예산(체육 관광 등 포함)이 지난해의 절반 수준인 3.6%에 그치고 말았다.

한 번 감액되거나 축소된 예산을 증액시키거나 되살리기는 쉽지 않다. 만약 내년도 예산책정에서 장흥군의 문화예산이 예년만큼 수준(7~8%)이라도 회복되지 않는다면, 장흥군의 문화는 점점 고사 지경을 면치 못하게 될 것이다.

마동욱과 그의 다큐사진에 대해

—"존재의 미학을 표현해 내는 다큐 사진의 새로운 실험"

— 장흥신문/2016.06.10.

마동욱은 다큐사진 작가이다. 작품사진을 만들어내는 사진작가는 아니다. 직관으로 사진의 대상체가 되는 물상 본질의 정수를 표현해내는 다큐 사진가이다.

마동욱은 다큐사진 정신에 아주 충실하다. 그의 사진은 스트레트 사진의 정수를 보여준다. 일 점의 자기 주관도 더하지 않는다. 연출하는 법도 없다. 이른바 트릭 없는 사진이다. '있는 그대로'의 물상에 대한 직관과 정확한 묘사만 있을 뿐이다.

마동욱은 일 년 365일 하루도 거르지 않고 자신의 고향 장흥 곳곳을 돌아다니며 '장흥'을 카메라에 담는다. 그 세월이 30여 년. 한두 번, 아니 몇십 번도 찍었으니 지나칠 법도 하지만 그제도 어제도, 수백 번도 찍었을 그 고향의 산하와 풍물과 사람들을 다시 카메라에 담는다. 마동욱은 또 대상체에 대해서도 시시각각으로 시각을 달리하고, 원근을 달리하고, 구도를 달리하고, 명암을 달리하여 담는다. 사진가의 시각이란 단일하고 고정적이며 평면적이어서 어떤 정적(靜的) 대상체의 본질에 접근하기 어렵기 때문이다.

그리하여 마동욱이 담아낸 그 대상체는 단편적이고 정지된 화면이 아니다. 보다 입체적이며 그 이면까지도 들여다볼 수 있는, 보다 생생히 살아있는 대상체로 재탄생한다.

그의 이러한 사진 작업은 사진의 사실성, 대상체 본질에 근접하려는 행위라고 할 수 있다. 그가 고향 마을사진에서 늘 아쉬워했던 것도 이 때문이다. 평면으로 보는 고향 마을에선 그 이면에 보다 가까이 다가갈 수 없었기 때문이다.

그런데 이제는 드론 사진으로 대상체의 평면성을 극복하고 그 이면의 본질까지도 좀 더 가까이 들여다 보기 위한 사진 작업을 하고 있다. 이번에 드론 사진으로 펴낸 사진집《하늘에서 본 장흥》,《고향의 사계》에 실린 사진들은 이전의 사진에서 몇 단계 진일보한, 새로운 다큐사진으로 창출되었다.

이번에 선보인 마동욱의 고향 사진들 - 부조화된 그림을 보듯 입체적이고 곡선적인 삶의 흔적들이다. 이전 사진들에서 볼 수 없었던 고향마을의 공간적 구조까지 들추어내며 진솔한 삶의 현장을 고스란히 표현해내고 있다. 우리가 그저 무심히 지나쳐왔던 고향마을의 생태학적인 구조, 자연의 일부처럼 아니 자연 그 자체인 듯싶은 고향마을의 역사요 흔적들이다. 우리나라 노년기의 산이며 능선이며 협곡들, 유유히 흐르는 강이며 질펀히 누운 바다, 그 자연 곁에 퍼질러 드러누운 논밭들과 요리조리 뚫린 길이며 그 곁에 옹기종기 자리 잡은 마을들-거기엔 부드러운 곡선 그리고 자연이 아주 자연스럽게 숨쉬고 있다.

마동욱의 고향 사진들이 단순히 사진의 미학을 넘어 그 존재의 미학을 더욱 구체적으로 드러내주고 있음은 이 때문이다.

마동욱이 드론으로 담아낸 고향마을과 자연은 평면이 아닌 다면적 입체성을, 직선의 자연이 아닌 자연의 곡선 미학을 표출해낸다. 게다가 그리움이 눈에 밟히고 기억되는 고향마을의 정서요, 고향의 산하이다. 감동적이다. 메시지가 읽힌다. 눈시울이 뜨거워진다.

마동욱의 고향 사진은 역사가 되고 있다. 흘러가지만 영원히 기억될 우리들 고향의 역사이다. 이러한 까닭에 그의 '고향 사진'은 20, 21세기 우리나라 고향을 증언하는 '고향 증언록'이 되고도 남으리라.

마동욱의 고향 사진이 더욱 소중한 것은, 그 전통의 고향마을이 사라질지도 모르는 현대사의 전환점에서 남도의 고향을, 아니 한국 고향마을의 마지막 모습을 그것도 입체적으로 곡선으로 담았기 때문이다. 그러므로 먼 훗날 전설처럼 회자될 우리들의 '고향'은 사진작가 마동욱에 의해 영원히 살아 숨쉬게 될 것이다.

20여년 전 어디선가 마동욱에 대해 나는 다음과 같이 밝힌 적이 있다.

"나는 마동욱을 보며 돈키호테를 떠 올린다. … 그의 기사도 정신의 광기와 몽상은 그로 하여금 늘 동떨어진 현실세계에서 비통한 실패와 패배를 맛보게 한다. 그러나 그런 가혹한 패배를 겪어도 그의 용기와 고귀한 정신은 조금도 꺾이지 않는다. …

마동욱의 성격은 무모하리만큼 곧으며 사유 역시 올곧다. 언행도 투명하다. 자기 일에 대한 애정과 집념이 강하다. 때로 지나칠 만큼 순수하고 이상주의적이며 비현실적이다. …그 스스로가 얼마나 많은 좌절을, 자기 일과 소신에 대해 얼마나 많은 회의를 경험했는지 모른다. 그렇지만 나는 그가 현실이 주는 가혹한 좌절, 늘 죄업처럼 짊어진 궁핍이라는 무게를 끝까지 버티며 결코 자신의 신념을 굽히지 않았다는 것을 잘 안다. 마치 자기의 몽상적인 이상이 현실에 부딪쳐 처절한 실패를 겪어도 결코 뜻을 굽히지 않았던 돈키호테처럼… 그의 삶에서 트릭은 없다. 누구에게도 마지막 카드를 감추지도 않는다. 그와 통하는 사람에게는 제 속내를 알알이 보여준다. 보통 사람에게선 볼 수 없는 일이다 …."

이는 기자가 마동욱을 10여년 남짓 그의 성격과 일(사진작업)을 지켜

보며 느꼈던 것을 가감없이 표현한 것의 일부분이다. 이로부터 10여 년이 지난 지금도 그에 대한 내 표현은 유효하다. 지금도 여전히 마동욱은 내게 돈키호테적이다.

마동욱이 전적으로 돈키호테를 닮았다는 것은 아니다. 돈키호테는 현실을 무시한 이상가였지만 마동욱은 이상주의적인 성향이 강하긴 해도 결코 공상주의가나 비현실적인 몽상가는 아니다. 그럼에도 나는 그를 보며 가끔씩 돈키호테를 떠올린다. 마동욱의 성격도 무모하리만큼 곧고 사고도 곧다. 언행도 투명하다. 자기 일에 대한 애정과 집념이 강하다. 때로 지나칠 만큼 순수하고 이상주의적이며 비현실적이다.

예나 지금이나 그는 변하지 않았다. 여전히 30여 년 전의 그 소신으로 오늘도 자기 사진 작업에 오롯이 매달리고 있을 뿐이다. 그는 자기 사진에서 팩트만을 고집한다. 트릭을 용납하지 않는 팩트 사진만을 고집하는 것은 트릭이 없는 그의 삶과도 상통한다. 그러나 분명한 것은 그는 여전히 자기 일에 대한 확고한 자부와 긍지로서 현실의 수난을 이겨낸다는 것이다. 그 팩트 사진에서 나름의 새로운 의미를 창조해내려고 부단히 노력하는 것은 일종의 현실 도피적인 것인지도 모른다. 그러므로 기자의 눈에 비치는 마동욱은 여전히 돈키호테적이다.

김재열 자서전《선실(船室) 없는 배》출간

— "내가 걸어온 길 되돌아 보니…" "참된 교육자상 보여준 삶"

— 장흥신문/2016.01.21.

장흥사회의 대표적인 지성인으로 원로인 김재열 씨(87)가《선실(船室) 없는 배》라는 자서전을 펴냈다. '내가 걸어 온 길'이란 부제가 말해주듯 저자가 걸어온 인생을 정리한 책이라 할 수 있다.

선생은 자서에서 "…1949년부터 일기를 써 왔고… 나이 20세에 교사가 되었으니 유년기, 소년기, 교직생활기, 평생교육기로 구분하여 단조로운 나의 생활을 일기장에서 간추려 엮어본 것"이라고 밝히고 있어 자신의 전생을 기술한 것으로 볼 수 있다.

이 책은 10페이지에 걸쳐 활동상이 담긴 화보로 편집됐고 그리고 위촉장, 상패, 상훈, 섬긴 교장과 교감, 은사들 등 교직 생활의 흔적들에 이어 저자가 자서에 밝힌 대로 유년기로부터 소년기, 교직생활기, 평생교육기 등 자기인생을 연대 별, 역할 별로 구분 정리하여, 자신의 삶을 고스란히 들여다 볼 수 있도록 엮었다.

이 자서전이 보다 흥미있는 것은, 곳곳에 자신이 일기처럼 담은 낙서며, 삽화, 신문기사(투고 등) 등을 있는 그대로 담았다는 점, 또 평생교육기에서 이주여성들의 글도 담고, 지역사회와 지역문화에 대한 주장들, 노인대학의 강의록 등을 가필 없이 담고 있어, 고향을 지키고 고향을 위해 헌신해 온 지역의 한 원로요, 한 노익장의 삶을 들여다 볼 수 있어 감동적이기도 하다는 평이다.

무엇보다 이 저서가 세련된 포장은 없고 조금은 투박하게 엮어진 저서라 할지라도, 저자의 솔직 담백한 글과 생각, 삶의 흔적들을 있는 그대로 진정성 있게 엮어져 자서전으로서 전범을 보여주고 있다는 사실일 것이다.

저자는 후기에서 "못 배운 것, 모르는 것이 너무 많으니, 남들의 빈축을 받으면서 50대엔 통신대학을, 70이 넘어서는 지방대학을 집적거리기도 했었다. 50이 넘어서부터는 어떻게 사느냐 보다 어떤 지식인, 어떤 직업인 하고도 얼마만의 시간을 대화할 수 있는 생활인이 되고자 관상, 사주, 작명, 택일, 지압, 접골, 수지침, 늦게는 풍수공부, 최면도 해본다. 취미도 지저분하게 수석, 분재, 목각, 낚시, 도자기를 하면서 사는 이단적인 잡초라고나 할까? 인생은 일회용품인데 나의 생애는 실패작품이다. 나는 생활인보다는 생존한 사람일 것이다"고 소회하고 있는 점이 가슴을 울린다. 솔직한 자기 생의 자성일 테지만, 이러한 자성이 바로 우리에게 큰 울림을 주며 가르침을 주는 것이다.

우리와 동시대를 살아오면서 보다 앞선 생각으로, 많은 고뇌로 자기 삶을 보다 아름답고 성공적으로 살았고, 나아가 헌신적인 나눔을 베풀며 살아왔던, 지역의 최고 원로요 지성인인 저자의 삶을 잘 아는 우리에게, 《선실(船室) 없는 배》는 많은 생각과 감동, 그리고 많은 가르침을 주는 책이라 할 만하다.

한편, 김재열 선생은 지난 2011년에 교육과학기술부의 '평생학습대상' 수상한 바가 있다.

장흥남초등학교 교장으로 퇴임한 이후 지역에서 청소년 지도와 지역 주민들을 위한 다양한 봉사 활동을 펼쳐 오던 중, 1996년 전국에서 가장 먼저 외국에서 장흥으로 시집 온 다문화가정 주부들을 대상으로 한국문화 적응과 한글지도를 위해 장흥공공도서관에 '외국인 한글교실'을 개설하고, 무려 16년(1996~2011) 간 헌신 봉사하며 지도해 온 공으로 이 상을 수상한 것이다.

평생을 교육자로서, 퇴임 이후에도 여전히 열혈 교육자로서 참된 본을 보여준 면이라 아니할 수 없다.

이젠 '찬란한 슬픔의 봄'이 올 듯

— '장흥 전통 가무악 전국제전' 폐지와 관련하여

— 장흥신문/2015.05.08

"장흥은 서편제 본향으로 이 지역 출신의 소설가인 이청준의 소설 '서편제'를 동명 영화화한 '서편제'(감독 : 임권택)로 인해 유명한 국악의 고장으로 알려져 있다. 또한 국악계에서 높이 평가받고 있는 '최옥삼류 가야금 산조'의 창시자인 최옥삼의 고향도 역시 장흥이다"

이는 해마다 치러지는 '장흥전통가무악전국제전'을 전후하여 전국 언론 매체에 상례적으로 소개되는 홍보 문구다.

그런데 그 '장흥전통가무악전국제전'이 올해부터 개최되지 않는다. 그리하여 지난해 16회째 개최된 가무악전국제전은 16회를 끝으로 역사 속으로 사라진다.

그리고 장흥군민이 힘겹게 외쳐왔던 '남도국악의 뿌리'니 '서편제 본향으로서 장흥'의 이미지와 그 정체성도 다시는 회복되기 어려울 듯싶다.

장흥군은 호남 서남부 권역에서 중심적인 부사고을이라는 역사적 전통 위에서 호남의 어느 지역보다 국악의 명인들이 많이 배출되었던 예향이었고 남도 국악의 고을이었다. 이는 장흥지역이 전라도 서남부에 유일한 부사고을로서 판소리를 비롯 가야금, 춤, 국악, 양금 등 국악 전 부문에서 교육하는 '신청'이 있음으로 가능했다. 또 이러한 연유로 장흥군은 조선조에 한국 국악의 거대한 뿌리의 하나인 서편제를 잉태하고 발전시켜왔을 뿐만 아니라 여타 전통국악의 발전에도 크게 기여해 올 수 있었던 '소리와 가락의 본고장'이었다.

그런데 이제 우리는 지난해까지 간신히 연명해왔던 '소리와 가락의 본고장'이라는 말조차 운운하기 어렵게 되었다.

돌이켜 보면, 장흥 현대사에서 '소리와 가락의 본고장'으로서 정체성에 대한 위기가 3회 있었다.

첫째는 과거 '소리와 가락의 본고장'의 뿌리 역할을 해왔던 장흥신청을 복원하지 못한 것이다. 두 번째 위기는 1990년대 명창 유영애가 장흥에 거주하며 개인 국악원을 개소하고 있었을 때 하다못해 군립국악원이라도 만들지 못한 것이 두 번째 위기였다.

세 번째 위기는 그나마 장흥의 남도국악과 서편제 본고향의 이미지로서 간신히 그 역할을 연명해오던 가무악전국제전이 없어진 것이다. 그리하여 3회째의 이 위기에서 비로소 우리가 그토록 자랑해오던 '서편제 본향' 이미지나 장흥의 전통가락과 남도국악의 고을로서 정체성은 완전히 역사 속으로 사라지게 될 듯싶다.

앞으로의 장흥발전의 동력은 무엇이 되어야 하나?

누구는 경제발전이라고 말할지 모른다. 경제발전이라면, 누구도 부인하지 못할 것이다. 그러나 엄밀히 따져보자면, 지리적 요인 때문에 경제발전이 장기적으로 장흥발전을 견인하기는 어려운 일이다. 아무리 생각을 하고 거듭 생각을 해도 문화의 힘밖에 없을 듯싶다. 그 문화의 힘에서 경제의 발전에도 기여하면서 장흥발전을 장기적으로 견인할 수 있는 동력이라면 바로 관광문화, 관광 산업화일 듯싶다.

관광문화…. 중국 장가계나 계림 같은 명소가 없는 한, 지속적이고 장기적인 관광문화의 저변을 이끌어 가는 것은 문화밖에 없다. 그것도 변방의 장흥에선 현대적이고 첨단의 문화는 어렵다. 그러므로 결국 장흥

관광문화를 이끌고 주도하는 것은 장흥의 역사 속에만 머물러 있는 전통문화의 힘을 끌어내는 길밖에 없다.

최첨단의 문화는 우리가 아무리 노력해도 순천이나 여수, 목포나 광주에 비할 게 못된다. 그러나 전통문화라면, 목포에도 순천에도 여수에도 광주에도 없는 장흥 고유의 것들이 부지기수이니, 충분히 경쟁할 만하다.

즉 우리는 장흥고유의 전통문화를 오늘로, 내일로 끌어내어 장흥문화의 동력으로 삼아야 한다는 것이다. 이러한 장흥문화의 힘이 바탕이 되고 이것이 장흥의 관광문화의 핵으로, 또 관광산업화로 연결되어야 장기적인 장흥발전을 담보할 수 있게 될 것이다.

그런 점에서 장흥 보림문화제에서의 고줄놀이의 재현이 막혀버리고, 가무악전국제전이 폐지됨은 아주 가슴 아픈 일이다. 지금 당장 우리들이 편할지 모르지만, 우리 후대를 위해서 우리는 잘못하고 있음에 분명하다.

오늘을 사는 필자는 이점을 매우 염려하고 안타까워하고 있다.

남들은(타 지자체) 역사에서, 조그만 야사의 흔적이라도 있으면 그걸 꺼내어 부풀리고 짜깁고 꾸미고 포장하기에 급급해 한다. 그런데 우리는 있었던 것마저, 그것도 전국 유일이라 할 만큼 찬란한 전통마저도 이제는 하나하나 내버리고 있다. 그런데 대부분 그 일에 태연해 하고 누구도 그 짓(?)을 아파해 하고 서러워해 하지 않고 있다는 사실에 분노마저 느낀다. (문화계 몇몇 인사만 목소리를 높이고 있긴 하지만).

장흥에도 봄이 오고 있기는 하다. 다만 찬란한 봄이 아닐 듯, 아니 찬란한 슬픔의 봄이 찾아들고 있는 듯싶다.

서편제 본향 장흥은 '남도국악의 뿌리'

ㅡ그 향맥과 이미지… 기어이 역사 속으로 사라지는가

― 장흥신문/2014.11.19.

'장흥전통가무악전국제전'이 내년부터 개최되지 않는다고 한다.

이게 사실이라면, 올해 16회째 개최된 가무악전국제전은 16회를 끝으로 역사 속으로 사라진다. 그리고 우리가 그동안 힘겹게 외쳐왔던 '남도국악의 뿌리' '서편제 본향으로서 장흥'의 이미지와 그 정체성도 다시는 회복되지 않을 것이다.

흔히 서편제의 창시자로 잘 알려진, 조선조 정조·순조 무렵 8명창 중의 한 사람이었던 박유전은 전북 순창 출신이었지만, 전주대사습에서 장원을 한 이후에 지금은 보성에 속해 있지만 당시는 장흥군에 속했던 옥암면 강산에서 소리활동을 하며 많은 제자들을 키워냈다. 당시 박유전 소리는 흥선 대원군을 감동시켰고, 장흥군 강산 출신임을 안 대원군이 "너의 소리가 가히 제일강산이라 할 수 있구나"하고 칭송한 이후 박유전의 더늠가풍을 '강산제(江山制·岡山制)'로 부르게 되었고, '강산제'는 서편제의 별칭으로 일컫게 되었던 것이다.

이후, 박유전은 강산에서 많은 제자들을 키워냈는데, 그의 여러 제자 중에 뛰어난 소리꾼으로 장흥군 안양면 신촌리 출신 정재근, 정재근과는 친척으로 정재근 창법을 이어받았던 정응민 등이 있다. 보통 나주 출신으로 알려진 정재근은 실은 강산과 가까운 마을이었던 안양 신촌리 출신으로 철종·고종 때 박유전 문하생으로 어전에 나가 소리하고 홍패를 받았던 소리의 명인이었다.

역시 안양면 출신으로 정재근 창법을 이어받았던 정응민은 현존하는 '강산제' 보유자였던 고(故) 정권진의 아버지로, 어려서는 백부 정재근에게 판소리를 배우고, 19세 때는 당시 장흥군 회천면(현재 보성군 회천면) 도강리로 이사했고, 장흥군 옥암면(현 웅치면)에서 은거하면서 순수한 서편제의 맥인 '강산제'를 이으며 많은 문하생을 배출하였다. 특히 정응민 밑으로는 20, 30명의 뛰어난 제자들이 몰려들어 소리공부를 하였다.

회천면이나 웅치면은 1914년 행정개편이 있기 이전은 장흥도호부에 속했다. 오랫동안 생활권이 장흥도호부에 속해 있었던 만큼 박유전 정재근 정응민으로 이어진 서편제의 판소리는 자연 장흥이 활동무대가 되었고, 그로 인해 장흥의 서편제로 맥을 이어 나올 수 있었던 것이다. 그래서 우리는 서편제의 뿌리는 장흥이라고 줄기차게 외쳐왔던 것이다.

뒷날 일제 강점기에 판소리 등 국악이 창극단에 합류되면서 '소리'로서 기능을 잃고, 여러 소리의 가풍들이 합쳐지면서 정통성도 퇴색됐지만, 한편으로 고향을 지키며 가풍을 이어온 정응민 계열의 서편제만큼은 그 순수성을 지켜 나올 수 있었고, 오늘날에는 그 소리가 바로 '강산제' 또는 '보성소리'로 자리매김 하며 소리의 정통성을 확보하게 된 것이다.

이처럼 정응민 계열의 서편제가 오늘날에는 '보성소리'로 그 전통을 이어 나오긴 했지만, 당시 박유전-정재근-정응민 시대의 서편제는 바로 '장흥의 판소리'였으며, 그런 연유로 서편제의 뿌리는 장흥이고, 장흥이 바로 서편제 원류라 할 수 있는 근거가 되기에 이른 것이다. 특히 이러한 장흥의 서편제는 당시 장흥지역에 판소리 활성화를 주도하며 장흥의 국악발전에도 적잖이 기여하게 되었다.

서편제의 고을이었던 장흥 도호부에는 서편제 외에도 장흥읍 남산공원에 자리한 신청(神廳)이라는 국악연구소 겸 공연 무대가 있어, 호남의 남도 국악발전을 주도했다. 이 신청에서는 신채효, 신채효의 족제 신평재·신흥재 형제를 비롯하여 주화봉 등이 중심이 되어 많은 후진들을 양성하였다. 특히 '남도창'이라는 독특한 창법을 개발, 주화종 등과 함께 장흥을 소리와 가락의 고을로 만드는데 주역이 되었던 신흥재는 전국명창대회 판소리 가야금 대회에서 특상을 받았을 만큼 중앙무대에서도 인정을 받았던 대가였다.

이처럼 판소리를 비롯 가야금, 춤, 국악 등 국악 전 부문에서 교육하는 신청이 있어 장흥지역에서는 많은 국악의 명인들이 배출되었다. 이처럼, 장흥군은 한국 국악의 거대한 뿌리의 하나인 서편제를 잉태하고 발전시켜왔을 뿐만 아니라 여타 전통국악의 발전에도 크게 기여해 왔던 소리와 가락의 본고장이었던 것이다.

우리의 잘못은 이때의 신청을 복원하지 못한 것이고, 1990년대 명창 유영애가 장흥에 거주하며 개인 국악원을 개소하고 있었을 때 하다못해 군립국악원이라도 만들지 못한 것이 잘못이었다.

이제 그나마 장흥의 남도국악과 서편제 본고향의 이미지로서 역할을 해오던 가무악전국제전도 없어진다면, 장흥과 서편제의 고리, 장흥의 가락과 국악은 완전히 역사 속으로 사라지게 될 것은 불을 보듯 뻔한 일이다.

소중한 전통이 역사 속으로 묻혀져 간다

— 고줄놀이 폐지 등 전통문화 전승 위기

— 장흥신문/2015.04.20.

어제가 있어 오늘이 있고 오늘은 내일을 여는 문이다.

전통은 어제라는 과거의 영역의 소산이지만, 그 전통을 이어받아야 미래로 나아갈 수 있음은 너무나 당연한 일이다. 전통을 무시할 때 튼튼한 미래를 보장 할 수 없다.

우리가 문화에서 정체성, 뿌리를 무시할 수 없음은 이 때문이다.

노벨상 수상자를 가장 많이 배출한 민족은 이스라엘인데, 이스라엘의 경우, 어릴 때부터 뿌리에 대한 교육이 철저하기로 정평이 나 있다. 뿌리에 대한 인식은 그만큼 자존감을 드높이는 계기가 되고, 자기 역사와 전통에 대한 자존감 정립은 성취욕을 배가 시킬 수 있다.

우리 고을의 전통문화를 제대로 이해하고 계승하고 이를 습득하여 재해석하려는 노력이 필요한 것은 이 때문이다. 장흥의 선인들이 남긴 소중한 전통문화를 진심을 다해 계승하고 새로운 시각과 실험을 통해 오늘의 전 세대가 공감하고 즐길 수 있는 '오늘의 문화'로 발전시키고자 하는 열망이 있을 때만이 건강한 장흥문화의 발전을 기대할 수 있다.

그런데 최근 들어 우리의 소중한 그 전통이 무시되며 아예 폐지되고 있어 안타깝기 그지없다.

과거 다시 우리 고을의 놀이문화의 총화라 할 수 있었던 '고줄놀이'가 아주 사장 위기에 놓였다. 그동안 보림문화제를 통해서 간신히 그 맥을 이어왔던 고줄놀이가 올 보림문화제에서 그 시연을 폐지하는 것으로 알려졌기 때문이다.

이에 대해 장흥군은, 인구 감소와 고령화로 고줄 제작에 따른 전문 기능보유자 확보가 어렵고 인력동원(최소한 500명) 등 체계적인 보존 관리가 어렵다는 이유로 보림문화제 행사에 고줄놀이 시연을 할 수 없다는 방침을 세운 것으로 알려졌다.

이에 대해 지역 문화계가 반발하고 있음은 물론이다. 한 원로 문화계 인사는 "장흥의 문화마인드가 적막강산이 되어버렸다"고 토로하기도 했다.

고줄놀이(고싸움 줄다리기)는 지난 2012년 때만 해도, 그 보존 전승을 위해 목포대학교 도서문화연구원과 계약해 학술 용역을 실시할 정도로 군 당국이 그 보존 전승에 의욕을 가졌었다. 당시 군 당국은 "고싸움 보름 줄다리기의 현재까지의 보존 현황과 앞으로 전승하기 위한 방법과 함께 문화재적 가치를 밝혀 보기 위해 이번 학술조사를 실시하게 됐다"고 발표한 바도 있다.

그런데 그로부터 2년이 경과하자, 그 고줄놀이를 아예 사장시켜버리는 쪽으로 방향을 선회한 듯싶다.

장흥 고줄놀이는 조선조 장흥도호부 시절인 1872년 음력 정월대보름날에 장흥교 밑에서 서부고와 동부고로 나눠 풍년을 축원하는 민속공연으로 시작됐다. 그 후 장흥 보름 고줄놀이는 매년 정월 10일께부터 고를 만들고 남외·교촌·충열리 등 남외 3리는 부서 줄로 붉은 천을, 행원리와 건산리는 부동 줄로 푸른 천을 각각 사용해 정월 대보름날이면 탐진강변에서 고싸움과 줄다리기 행사를 가졌다. 전해지는 바에 의하면 읍면 마을별로도 고줄놀이가 행해지곤 했다. 그러나 일제 강점기인 1917년에 중단됐다가 지난 1970년 '제1회 장흥 보림문화제'(군민의 날)를 계기로 다시 부활했다.

이후 장흥 고줄놀이는 '장흥 보림문화제'를 상징하는 고유한 행사로 자리매김했다. 또한 광주 광산구(예전 광산군)의 칠석 고싸움과 함께 대표적인 고을형 축제로 널리 알려졌으며 1970년 전국민속예술경연대회에서는 국무총리상을 수상한 바도 있다.

물론 고줄놀이에서 고 제작자의 노쇠화와 고싸움, 줄다리기 시연 인력 동원 문제로 그 보존·전승에 어려움을 겪고 있었던 것은 사실이나, 그렇다고 하더라도 그 고줄놀이의 시연이 이젠 보림문화제 때도 볼 수 없게 되면서, 우리의 소중한 전통이 완전히 역사 속으로 사라질 위기에 놓인 것이다.

주지하다시피, 가무악전국제전은 과거 장흥이 남도국악의 주요무대이고 서편제 본향으로서의 전통을 이어가는 한 수단이었지만, 이젠 그마저 폐지되며 이젠 '장흥=서편제'를 운운할 근거조차 없애버렸다.

여기에 더해 과거 놀이문화의 총체로서 전승의 맥을 이어 온 고줄놀이마저 폐지된다면, 또 하나의 소중한 우리의 전통이 사라지게 될 것이다.

우리고을의 문화를, 전통을 유지, 보존하는 것은 주체성을 위해서도 매우 바람직한 일이며, 이러한 문화가 정립될 때 장흥문화는 더욱 탄탄히 발전해 나갈 것이다.

《장흥귀족호두》- 장흥 자존을 드높인다

— 이제 장흥군, 장흥군민이 관심을 가져야 한다

— 장흥신문/2014.11.27.

문림장흥에서, 찬란한 역사와 문화를 간직해왔노라 자부하고 자찬하기 그지없는 장흥에서 문학박물관도 아니고 역사박물관도 아니다.

단일식물인 호도 박물관이다. 그것도 국가나 도, 군에서 설립해 운영하는 것도 아닌, 개인이 설립해 운영 중인 이른바 사설 박물관이다.

그 이름이 '귀족호도박물관'. 이 귀족호도박물관은 단순한 관람 박물관으로서 역할을 넘어, 문림고을 장흥의 유일 박물관으로서 장흥의 자존을 지키고, 관광문화 활성화에 기여하고 지역특산품을 활용하여 지역경제 활성화에도 기여해 온, 더 나아가 유일한 고급 고가의 '장흥의 명품' '장흥문화상품'으로 귀족호도의 새로운 입지를 창출함으로써, 이른바 장흥문화사업을 선도역을 해 온 박물관이다.

매년 2만여 명의 관광객이 찾는 것만도 이례적이다.

그 귀족호도박물관에서 이번에《장흥귀족호두》가 발간되었다.

이 책을 통해 귀족호도의 명인인 김재원 관장은 손 운동용으로 사용할 뿐이어서 그저 하찮을 것만 같았던 그 귀족호도가 왜 장흥의 최고 명품 중의 명품인지, 어찌하여 장흥의 대표적인 최상의 문화상품인지를, 귀족호도의 정체성을 통해 명명백백히 밝히고 있다.

가히 이《장흥귀족호두》가 놓여 있는 곳이라면 그 어디든 귀족호도박물관이 있는 곳일 수 있다. 이《장흥귀족호두》를 훑어보게 되면 '정남진 장흥'을 새롭게 읽을 수 있을 것이다. 고령화시대에서 중요성이 더더욱 부각될 수 있으리라는 기대도 갖게 된다.

그렇다. 이른바 호두의 모든 것을 담은 책이다.

호두의 역사에서 현재까지, 그저 장에 보관 중인 호두가 아닌, 살아있는 호두의 정체성을 밝혀내고 고령화시대 상시적 '건강 수호품'으로 가치까지 조명, 그 상품성을 극대화시켰다는 점에서 이책의 중요성이 있다.

게다가 그 이름답게 '귀족의 책'인양 양장본에 칼라로 적절한 귀족호도 이미지를 곳곳에 배치하며 고급스럽게 꾸민 이 책《장흥귀족호두》는 장흥귀족호도 3백년 역사에서 최초로 귀족호도에 관한 체계적인 학술집이며 규범집이라는 점에서, 이 책 한권으로 장흥의 귀족호도박물관을 전국에 두루 산재할 수 있도록 했으며, 또 귀족호도가 장흥의 고유 문화사업과 탁월한 관광자원에서 중요한 모멘텀 역할을 할 수 있음을 증거해준다는 점에서 가치가 큰 책으로 평가받을 만하다.

명소나 명품은 결코 혼자만의 정성과 힘으로 일구어지지 않는다.

역사가 요구되고, 수많은 사람의 관심과 애정과 헌신이 요구된다. 결정적으로는 지역민의 관심과 지역 당국의 지원이 요구된다. 특히 이제는, 앞에서 지적한 귀족호도가 장흥의 고유 문화사업과 탁월한 관광자원에서 중요한 역할을 할 수 있다는 점에서, 장흥군민과 장흥군의 적극적인 지원이 필요하다는 것이다.

김재원 관장, 김 관장 부부가 고군분투하며 오늘을 일궈냈다.

이제는 그 바탕 위에 지역민과 지역 당국의 적극적인 협력과 지원이 있어야 한다.

귀족호도와 귀족호도박물관은 이젠 그들 부부만의 것이 아니기 때문이다.

이제 귀족호도는 장흥군의 명품으로, 장흥군의 최고의 문화상품으로 거듭나야 하기 때문이다.

매년 2만 명이 아닌 10만 명, 20만 명이 찾을 수 있는, 보다 확충된 문화관광 명소로 거듭나야 하기 때문이다.

장평에 해마다 개최하는 명품호두축제, 귀족호도박물관에서 해마다 개최되는 귀족호도의 날 기념잔치 등 각각의 축제가 언제까지 계속될 것인지, 통합할 것인지 등등 두 축제에 대한 지역민의 합의도 끌어내야 할 것이다.

귀족호도박물관에 귀족호도 시비공원을 조성할 수도 있을 것이다. 박물관 공원을 더욱 규모화하고 확충하여 경쟁력이 있는 쉴거리, 볼거리, 체험거리를 갖춘 생태공원으로 조성할 수도 있을 것이다.

우리는 때로 가까이 있는 것도 놓친다. 가까이 있어 자칫 그 소중함을 잊어서이다. 장흥 현대사에서 그런 일이 수차 있었다.

장흥 고줄놀이가 그러했고, 장흥의 버꾸농악이 그러했고, 장흥의 서편제가 그러했다.

귀족호도박물관은 이번 《장흥귀족호두》 발간을 계기로 그 터 닦기에 성공했다고 할만하다. 이제 그 터 위에 산뜻한 집을 지어야 한다.

이 집짓기는 김 관장 혼자만으로 해낼 수 없다. 지역민이 도와주고 장흥군이 도와줘야 한다. 그리하여 거의 김 관장 홀로 만들어 온 '명품 귀족호도'가 '장흥군의 명품 귀족호도'로 승화되어가야 한다. 그러므로 이제부터 장흥군이, 장흥군민이 귀족호도에 관심을 가져야하는 것이다.

'장흥문화의 큰 별'이 지다

— 청재 강수의 선생의 별세에 부쳐

— 장흥신문 2011.08.30.

'장흥문화의 큰 별'이 졌다. 청재 강수의(青齋 姜守義) 선생.

▶1917년 장성에서 태어남. 스물한 살 때 장흥 정착 ▶1937년 백양사진관 개업. 장흥 사진업 선도 ▶1956년 백양가정양재학원 열어 생활기술 보급 ▶1960년부터 11년간 삼애원장 역임, 사회봉사활동 추진 ▶1969년부터 15년간 장흥사진협회장 역임, 사진예술활성화 주력 ▶1979년부터 7년간 새마을문고 장흥지부장 역임, 독서진흥 주력 ▶1979년부터 제3대-제6대 장흥문화원장 연임, 열정적으로 장흥 뿌리 찾기, 향토사 연구, 문화진흥 사업 매진 ▶1988년부터-현, 국사편찬위원회 사료조사위원으로 활동 ▶1991년 5월 1일 향토사 업적으로 장흥군민상(교육문화상) 수상 ▶1995년 최초 사진향토집《사진으로 본 장흥 100년사》발간 ▶2009년 평생 쓴 향토사 관련 글을 모은 향토학문집《향토학 백년 현장에서》, 후학들이 간행 ▶이밖에 보림사복원추진위원, 전남 개도 100년 사진집 편찬위원, 법무부 갱생교화위원, 장원봉유래비건립추진위원장 등 역임. 최근까지 국사편찬위원회 사료조사위원, 광주민학회 회원, 장흥학당 회원, 장흥문화원 고문으로 활동….

이상은 지난 27일, 향년 95세의 일기로 별세한 청재 선생의 주요 약력이다.

위 약력에서는 크게 돋보일 것이 없다고 여겨질지 모르지만, 선생의 몇 자 안 되는 이 약력으로 표현한 글귀의 그 자간과 행간에 '필(筆)로는 다

표현 할 수 없는 의미(意味)'까지 들여다 볼 수 있다면, 청재는 장흥 근현대사에서 '큰 별'이었음을 누구도 부인하지 못할 것이다.

장흥에는 근 현대사 1백여 년 동안 수많은 사람들이 왔다 갔다. 그 많고 많은 장흥인들 중에 청재 선생 만큼 장흥인으로서 큰 족적을 남긴 사람이 과연 몇이나 될까 싶다.

몇 년 전 소설가 이청준 선생 같은 '문학적 위인'이 작고했지만, 이청준 선생은 엄밀히 말해 장흥출신이었을 뿐 장흥에서 살다 간 사람은 아니다. 그러므로 필자는 장흥의 땅에서 숨 쉬며 장흥의 산하, 장흥 사람들과 함께 부대끼는 그 애환을 함께하며 큰 족적을 남긴 사람으로서 청재 선생을 크게 평가하지 않을 수 없어, '장흥의 큰 별'이었다고 감히 말하고 있는 것이다.

장흥인 중 한 두 권의 책을 펴낸 사람은 적지 않다. 자서전이건 수필집이건 시집이건 적잖은 사람들이 책을 펴냈다. 그런데 근현대사의 그 많은 저서 중에, 1세기가 지난 뒤에도 '장흥의 서적'으로 가치가 있는 책이 과연 몇 권이나 될까. 이점에서 청재가 펴낸《사진으로 본 장흥 100년사》와 그 후학들이 헌정해 펴낸《향토학 백년 현장에서》는 매우 큰 의미가 있다.

그 두 권 다 장흥의 근현대사를 아우르고 있으며 특히 20세기 장흥의 흔적을 고스란히 고찰해 볼 수 있는 내용을 담고 있는, 거의 유일한 책이기 때문이다.

거의 한 평생을 '카메라 앵글'의 눈을 빌려 향토역사를 순례해 온 문화기록 작가였던 강수의 선생. 청재 선생에 대해 몇 마디로 설명할 수 없다. 그러나 굳이 청재 선생을 말한다면, 앞에서 지적한 그 두 책이 바로 청재 선생의 모든 것이라고 말 할 수 있다.

물론 아쉬운 점이 없지 않다. 청재 선생은 생전에 《사진으로 본 장흥 100년사》 이후의 또 하나의 장흥 화보집 발간을 간절히 바랐다. 기자에게도 수차례 토로한 적이 있었다. 그러나 끝내 《사진으로 본 장흥 100년사》 이후의 장흥 화보집은 발간되지 못했고, 그가 소장한 사진 자료들도 독립기념관에 기증되고 말았다.

그 후 몇몇 후인들이 선생의 글과 활동내용, 사진들을 종합한 《향토학 백년 현장에서》를 발간, 헌정해 선생의 그 쓰라린 마음을 달래기는 했다.

선생은 건강이 악화되기 전인 3, 4년만 해도 왕성하게 활동했던 '장흥의 청년' 이었다. 기자가 장흥에 정착한 이후, 가끔씩 지역의 어르신들과 술자리를 하곤 했는데, 그 중 기자가 가장 많은 술 자리를 한 분은 바로 강수의 선생이었다.

주로 터미널 부근 음식점에서 돼지고기 한두 점 안주삼아 소주잔을 기울이며 많은 얘기를 나누곤 했는데, 지난해만 해도 두어 차례 기자와 관산읍 모 식당에서 위황량, 조성호 선생과 함께 식사를 하며 소주 한 잔을 기울이기도 했다.

선생의 의식은 때론 필자보다 젊고 참신했다. 장흥에서 근현대사를 관통해 온 장흥문화의 기수답게 그의 문화적 식견에는 비전이 넘쳐흘렀다.

그만큼 선생은 '청년정신'을 마지막까지 가슴에 담고 있었다.

3, 4년 전인가, 어느 날은 '장흥에 박물관이 세워져야 한다'는 장문의 기고문을 가져와 신문에 게재해 주길 부탁했지만, 원고의 양이 너무 방대해 게재하지 못한 적도 있을 정도였다.

선생은 또 수년 전까지만 해도 국사편찬위원회 사료조사위원으로 활동하며, 전국 향토사연구모임에 매 회마다 꼬박꼬박 참석할 정도였다.

선생은 인생을 불사르기 바로 직전까지 열정적인 '장흥 문화청년'으로 살다 갔다.

그는 생사를 초월한 '장흥의 큰 별'이었다. 청년시절에 장흥으로 내려와 장흥에 정착한 외지인이었지만, 장흥사람보다 더 장흥을 사랑한 장흥사람이었고, 장흥의 산하를 그리워하며, 앵글로 장흥의 모든 흔적을 담아내며 장흥의 근현대사를 사진으로 기록하면서 장흥의 인문학사에 '강수의'라는 큰 족적을 남긴, '장흥의 위대한 별'이었다.

삼가 명복을 빈다.

'보림문화제'의 역사, 어디로 갔는가

— 장흥신문/2011.06.14.

지난 5월 1일 군민의 날, 보림문화제의 공식 행사 명칭은 '제41회 군민의 날·보림문화제'였다. 이 의미를 정의해 보면, 가운데 점(·)은 '같다'는 의미이므로, 장흥군민의 날도 제41회이고, 보림문화제도 제41회라는 의미가 된다. 주지하다시피, 군민의 날과 보림문화제의 시작과 과정, 그 의미, 역사 등은 모든 면에서 다르다.

지난 해 10월 순천에서 함께 개최된 '전남도민의 날' '도민생활체육대회'의 공식 명칭은 '제14회 전라남도민의 날 및 제22회 도민생활체육대회'였다. 이 공식 명칭만으로, 비록 함께 한 자리에서 한 행사처럼 개최되긴 하지만, '전남도민의 날' 역사는 14회째이고 '전남도민 생활체육대회'는 22회째가 되었다는 역사를 읽게 된다.

그런데 장흥군의 경우는 어떠한가. 함께 한 자리에서 열리기는 하지만, 분명히 '군민의 날'과 '보림문화제'의 역사는 물론 그 의미가 다름에도, 정체성 규정은 고사하고 역사 자체가 같게 되어버린 결과가 돼 버렸다.

오래 전부터 그랬다. 언제인가 2000년 초반에 이 사실을 이 난을 통해 가슴 아프게 지적했지만, 그 누구도 관심 가져 주지 않아, 이제는 당연한 상식처럼 돼 버린 이 사실을, 지금 다시 지적하는 것은 일각에서 우리 장흥군에 대한 정체성이 갈수록 애매모호해져 가는 우려 때문이다.

한 예로, 문림고을, 문학고을 운운하면서도 그 문림고을의 역사 한 페이지를 당당하게 장식했던 탐진강변의 정자 중 하나였던 '독취정'이 십수년 째 완전히 폐허가 돼 방치돼 있는 것 역시 '장흥군의 역사의식'을 우려케 하는 대목이 아닐 수 없다.

장흥군민의 날은 해마다 열려 왔지만, 보림문화제는 격년제로 열린 지 20여 년이 거의 다 됐는데도 어찌, 그 역사가 같다는 말인가. 이러한 역사의식이었으므로 그동안 보림문화제가 문화제가 아닌 체육경기대회로 전락해 온 것이 아닌가.

역사는 제멋대로, 우리 맘대로 교정할 수도, 수정할 수도 없다. 역사는 언젠가는 반드시 사실대로 밝혀지기 마련이다. 결코 우리 편의대로 외면할 수도, 뛰어 넘을 수도 없다. 역사의 진실은 살아있기 때문이다. 자칫 장흥군이 '역사에 무식한 고을'로 둔갑될까 우려된다.

신북구석기 유적, 사적지화 추진에 대해

— 이젠 전 군민 힘 모을 때

— 장흥신문/2010.11.04

지난 10월 15일, 장동면 신북 구석기 유적지 답사를 위해 신북 북교리를 방문한 '아시아 구석기 국제학술회의' 참가자 중 어느 일본인 학자가 필자에게 통역자를 데리고 와 "왜 유적지를 죄다 묻어버리고 전시관도 없느냐"고 물었다. 필자는 무슨 대답을 어찌해야 하나 잠시 머뭇거리다가 '국가사적지 지정과 박물관 조성을 추진 중에 있다'고 대충 그럴싸하게 얼버무리고 말았다.

외국에서 고고학 및 구석기학 학자들이 애써 이곳까지 찾아왔지만, 우리는 그들에게 아무것도 보여줄 수 없었다. 그렇게 중요하다는 유적의 발굴 현장은 모두 묻어버렸고, 유물을 전시한 전시관도 없는 현장에, '이곳이 바로 구석기 유적지 현장'이라는 내용이 적힌 표지석과 현판 등만 보여줘야 했기 때문이다.

그리고 새삼, 지난 2004년 6월, 신북 구석기 유적 학술 세미나 때 신북 유적지 같은 고고학 유적지가 일본에서 발굴되었다면 곧바로 박물관 조성은 물론 진작에 사적지가 되고, 중요한 학술적 관광지가 되고도 남았을 것이라는 어느 국내 고고학자의 말을 상기했다.

장흥문화의 정체성에서 중요한 부문은 고고학적 유산이다.

예컨대 선사 유적인 고인돌과 지난 2002~2003년 장동면 신동에서 발굴된 후기 구석기 유적, 장흥댐 수몰지에서 발굴된 선사시대에서 삼국시대, 고려조, 조선조에 이르는 대규모 유물 등은 장흥의 중요한 문화적 자원이요 자산이다.

그런데 그러한 장흥의 귀중한 자산은 지금 어디에 있는가. 모두 그 유적, 유물을 발굴했던 전남대, 호남대, 조선대 등의 대학박물관 지하실에 먼지 뒤집어쓰고 처박혀 있지 않은가.

근세 들어 지역문화는 곧 관광문화로 이어진다. 관광문화가 잘 발달된 선진 외국에는 관광명소마다 예외없이 박물관이 있다. 그 박물관에 그렇게 집적된 그 국가 그 지역의 문화는 곧 그들 국가, 그들 지역의 문화적 소중한 자산이요 역사로서 그들에겐 자랑이 된다.

장흥군도 이제 1천만 관광시대를 만나고 있다. 장흥을 찾는 외지인들에게 지금 우리가 보여줄 수 있는 것은 천관산, 보림사, 정남진, 천관산문학공원 등 명승지나 명소일 뿐이다. 장흥의 전통이니 장흥의 정신, 장흥의 역사가 결집된 박물관은 없기 때문이다. (방촌 유물전시관이 있지만 조선조 역사라는 일부분만 보여줄 뿐이다).

신북 구석기 유적은 그동안 '탐진강을 중심으로 한 지정학적 장흥'이라는 주류적 장흥역사에서 거의 외면 받았던 '보성강 상류지역으로서 장흥'이라는 또 하나의 지정학적, 역사적 가치를 일깨워준 큰 사건이었다.

당시 발굴단(조선대학교 박물관 팀)은 신북의 후기 구석기 유적지를 장동면 북교리 일원을 중심으로 펼쳐진 보성강 상류변의 4만평에서 10만여 평을 유물 산포지로 추정했다. 그리고 그 유적 산포지 중 겨우 6천여 평에서 후기 구석기를 대표하는 3만 1천여 점을 발굴, 국내 고고학계를 놀라게 했다.

그리고 유적 발굴 팀은 발굴조사 후 ①신북 유적을 전남도 기념물로 지정해야 한다 ②향후 10년 계획으로 정밀 지표조사 및 매년 1, 2개월 정도 발굴 조사하여 미조사 지역의 문화양상을 파악해야 한다(전체 유적범위를 파악하기 위한 시굴조사가 필요하다) ③이러한 성과를 바탕으로 국가사적 지정을 추진하고 유적지에 야외 전시장을 세워 지역사회의 역사교육장 및 문화관광 자원으로 활용해야 한다는 등의 의견을 제시한 바 있다. 이러한 발굴 팀의 의견을 좇아 장흥군이 추진한 것은, 고작 전남도 기념물 지정과 국가사적지 지정 추진이었다.

국가사적지 추진은 장흥군이 지난 2008년 8월 12일에 신청, 지금까지 계류 중인 것으로 알려졌다. 신북 구석기 유적의 전체 성격을 규명할 수 있는 학술 발굴조사의 장기 계획은 철저히 무시한 채, 오직 지난 2002~2003년 발굴 성과만으로 국가사적 지정을 신청한 것이다.

발굴조사팀도 언급했듯, 2002~2003년 발굴 조사의 성과만으로 국가사적 지정은 미흡하다는 것이 관계 학자들의 의견이었는데도, 그 이후 군은 더 이상의 조치가 없었다.

우리는 지난 1997~1998년 당시 군 행정의 소극적인 조치로 장흥의 고고학적 최대 유산인 장흥 고인돌의 세계문화유산 등록이 좌절되는 아픔을 맛보게 되었다. 이제라도 군 당국은 물론 전 군민이 신북 구석기 유적에 대한 관심을 제고하지 않으면 안 된다.

장흥군의 귀중한 유산이요 자원이 된 신북 구석기 유적지와 그 유물이 명실상부한 장흥군, 장흥군민의 것이 되게 하고, 나아가 장흥의 문화관광 자원으로서 더없는 가치를 발현할 수 있도록 우리 모두 이제라도 한마음이 되어 가슴을 열고 귀를 활짝 열고 지혜를 모아야 할 것이다.

장흥문화의 정체성을 생각해 본다

— 장흥문화의 뿌리· 줄기는 '문림'과 '동학혁명'에 있다

— 장흥신문/2013.01.04.

"나는 우리나라가 세계에서 가장 아름다운 나라가 되기를 원한다. 가장 부강한 나라가 되기를 원하는 것은 아니다. 내가 남의 침략에 가슴이 아팠으니 내 나라가 남을 침략하는 것을 원치 아니한다. 우리의 부력(富力)은 우리의 생활을 풍족히 할 만하고, 우리의 강력(强力)은 남의 침략을 막을 만하면 족하다. 오직 한없이 가지고 싶은 것은 높은 문화의 힘이다. 문화의 힘은 우리 자신을 행복하게 하고 나아가서 남에게 행복을 주겠기 때문이다. … 나는 우리나라가 남의 것을 모방하는 나라가 되지 말고 이러한 높고 새로운 문화의 근원이 되고 목표가 되고 모범이 되기를 원한다.… (후략) …."

— 백범 김구, 《백범일지》 '나의 소원', '내가 원하는 우리나라'에서

최근 들어 장흥은 '길게 흥한다'는 이름 그대로 번창하는 길에 들어서 있다. 장흥이 남도 관광 1번지로 도약하고 있는 데서 그 근거를 본다. 지난 2011년 8월, 전남발전연구원측에서 발표했던 '전남 관광 통계 및 관광 GRDP— 지역총생산— 분석' 자료의 '전남 관광 방문객 추이(2008~2010)'에 따르면, 2008년부터 2010년까지 전남도에서 장흥을 방문한 관광객이 7백만 명으로 3연속 1위를 차지한 바 있다. 즉 2008년 7백28만4천 명, 2009년 7백28만2천 명, 2010년 6백93만3천 명으로 3년 연속 7백만 명을 차지하며 1위를 차지한 것이다. 이 3년 동안 줄곧 장흥 방문객은 시 단위인 목포, 순천, 광양, 나주를 제쳤으며, '남도답사 1번지'라는 자부심이 대단한 강진도, 땅끝 마을의 해남도, 월출산의 영암도 제쳤다.

통계로는 나와 있지 않았지만, 2010년 이후에도 장흥을 찾는 관광객은

계속 늘어나고 있고 특히 편백 숲 우드랜드를 찾는 인파가 갈수록 늘고 있는 데다, 올해 3회째 치러진 통합의학박람회 영향으로 2011년에 이어 올해도 장흥을 찾은 관광객은 8백만 명은 훨씬 웃돌면서 장흥은 여전히 남도 관광 1번지로 자리매김할 것으로 짐작한다.

장흥 관광객 증가는 토요시장, 우드랜드, 노력항, 물 축제, 통합의학박람회 등 많은 관광자원 때문이었음에는 의심할 여지가 없다. 그리고 해산토굴과 여다지 한승원문학산책로, 이청준 생가, 천관산문학공원, 천관문학관 등 장흥의 풍부한 장흥문학 자원과 '장흥문학'이 장흥 관광문화의 근저로 작동했음도 부인할 수 없다.

천관산, 제암산, 토요시장, 우드랜드, 노력항 등 전자가 장흥 관광문화에서 외연이며 외적인 요소라 하면 후자인 장흥문학은 내연이고 내적인 요소이다. 전자가 겉모습이라면 후자는 속내이다. 그러므로 전자는 한계가 있다. 전자는 장흥의 생태학적인 요소이고 따라서 개발, 발전 등 외연확대에는 한계를 지닐 수밖에 없기 때문이다. 그러나 내연확대는 무한정하다.

장흥의 관광문화가 외연확대가 아닌 내연확대로 나가야 함은 이 때문이다.

장흥 역사를 관통해 온 문화의 정체성은 무엇인가.

그리고 그 장흥 전통의 문화가 현대에 와서도 올바르게 계승, 전승하면서 오늘의 장흥, 내일의 장흥까지도 명실상부한 문화의 고을로 입지할 수 있게 할 수 있게 하는 동인은 무엇인가.

이를테면, 백범 김구 선생이 그렇게도 소원했던, "오직 한없이 가지고 싶은 것은 높은 문화의 힘"은 과연 장흥에 있는 것인가.

장흥의 몇 가지 전통문화를 논해본다면, 첫째는 전국에서 가장 많은 분포를 자랑하는 '고인돌 문화'와 신북 유적의 후기 구석기 유적 등의 '선사문화'이고, 둘째는 천관산 일대의 신라 화엄종과 선종의 대표사찰이며 천년고찰 보림사로 이어져온 불교문화이고, 셋째는 관산 방촌 전통마을과 존재 선생으로 이어진 유교문화이고, 넷째는 조선조 가사문학의 융성기를 주도해 온 기봉 백광홍 선생 등의 문림고을로서 입지와 정자문화이고, 마지막으로 동학혁명의 최후의 격전지로서 장흥동학혁명일 것이다.

이러한 장흥의 여러 전통문화의 맥에서 현대에 와 이른바 '현대적 관광문화'와 연결, 미래 지향적인 장흥문화의 중심으로 육성하고 진흥시켜야 할 것이 있다면 첫째는 바로 문림고을로서 전통을 살린 '장흥문학'이고, 다음으로 우리 근세사와 그 뿌리를 잇는 최초의 대규모 민중운동으로서 혁혁한 역사적 근거와 그 정신을 이어 온 장흥동학, 그리고 신북 구석기 유적 등 선사 유적·유물 문화일 것이다.

장흥문학의 결정판은 장흥문학박물관 설립으로, 이미 오래전부터 추진 중이고, 장흥동학은 이미 2009년에 동학유적인 석대들 전적지가 사적지로 지정되면서 장흥동학의 성역화사업이 추진 중이었다. 또 신북 유적에 대한 사적 추진도 지금 군에서 추진 중에 있다.

장흥에 장흥문학박물관이 조성되고, 장흥 땅에 남아진 선사문화로서 신북 유적지의 사적지화가 지정되면서 유물관 등이 조성되고 그리고 장흥동학 유적으로서 그 성역화 사업이 이루어진다면, '장흥 문화'의 힘은 외연으로 확대된 토요시장, 우드랜드, 정남진 해안관광사업 등과 함께 탄탄한 줄기로 우뚝 서며, 여전히 남도관광 1번지로서 확실하게 자리매김될 터였다.

그런데 동학사적지가 지정 해제될 위기에 놓였다.

동학사적 지정해제는 신북 유적 사적지 지정에도 큰 영향을 미칠 것이다. 또 장흥문화의 힘이 축소되고 미래비전도 어두울 수밖에 없을 것이다. 장흥 문화의 힘을 키우는 장흥의 역사가 정녕 후퇴하고 마는가. 전 장흥군민의 지혜가 절실해지고 있는 때이다.

장흥낙지 전문점 지원정책, 문제 있다

— 장흥신문/2007.02.06.

국내에서 낙지는 뻘낙지를 최고로 친다. 본래 전라도 뻘낙지는 영암 독천낙지, 무안낙지를 최상으로 쳤다. 그러나 지난 80년대 중반 영암호 방조제가 들어서면서 독천낙지는 완전히 사라졌고, 그 대신 '목포 세발낙지'로 알려졌던 무안 뻘낙지가 제 이름을 되찾으며 낙지의 대명사로써 전국적인 명성을 얻어왔다. 무안군에서도 이러한 무안 낙지의 명성을 위해 낙지 전문점 10여 곳을 운영하는 등 집중적으로 투자해 왔다.

현재 무안군 망운면에는 낙지직판장이 들어서 있으며, 망운면 바닷가 피서리, 목서리 일대에는 낙지전문점이 대여섯 곳이나 들어서 있다.

무안낙지는 무안 관내에서 뿐만 아니고, 광주 전남지역은 말할 것도 없고, 경상도 경기도 등 전국 어디서나 낙지원조로 간판을 단 곳은 '무안낙지'일 정도로 유명세를 타고 있다. 심지어 '무늬만 무안낙지'인 곳도 부지기수다. 그만큼 무안낙지 수요는 급증하며 그야말로 상종가를 쳐 왔다. 장흥·목포·신안산 낙지가 무안낙지로 둔갑되어 팔려나갈 정도였다.

그런데 이 같은 무안낙지의 성가에 비해 최근 들어 무안낙지의 생산량은 해마다 줄고 있다.

이유인즉 갯벌의 감소, 소형 기선저인망의 수로 내 불법어업 성행, 형망어업에 의한 바지락(낙지 먹이) 연중 채취, 통발의 무분별한 어구사용 등이 그 원인으로 분석되고 있다.

해수부 통계에 따르면, 전국의 낙지 생산량은 지난 93년 1만5천여 톤을 정점으로 2007년 현재 9천여 톤 수준을 유지하고 있다. 그 중에서 전남의 낙지생산량은 전국의 57%를 차지한다. 그러나 전남 생산량도 94년

9,000 톤을 정점으로 급감해 현재는 5,000여 톤 수준에 머물러 있다.

특히 뻘낙지의 대명사인 무안낙지도 예외는 아니어서, 94년 7,450 톤을 정점으로 점차 줄어들어, 지난 98년에는 4,469 톤까지 떨어졌고, 이후에도 근소한 등락을 보이다가 최근 몇 년 사이에 뚜렷한 감소세를 보이며 현재는 6백여 톤 생산을 가까스로 유지하고 있는 것으로 파악되고 있다.

이처럼 낙지 종가인 무안낙지가 주요 생산지로서 이름을 잃어가고 있는 사이, 낙지의 새로운 주생산지로 장흥군과 신안군이 이름을 대신 내밀고 있다.

장흥군은 2월 5일, 지난해 5개 읍면 650가구에서 낙지 1,600여 톤을 잡아 220억여 원의 소득을 올렸다고 밝혔다. 이 생산량은 전국 낙지 생산량의 22%, 전남 생산량의 40% 정도다. 해수부 통계에 의하면, 지난해 11월까지 전남도에서 잡은 낙지는 3,732톤(703억여 원)으로, 전국 대비 59%다. 낙지 종가 무안군이 지난해 5개 면 804가구에서 600여 톤의 뻘낙지를 잡은(소득 130억여 원) 것에 비하면, 장흥군의 낙지 어획량은 2.5배 수준으로, 이제는 장흥 낙지가 새로운 낙지종가로 무안낙지를 대신하게 된 것이다.

이처럼(개펄이 지천인 신안을 제외하고) 장흥이 무안보다 낙지가 많이 잡히는 데는, 무안낙지가 11월~1월 사이의 동절기에는 어업이 불가능한 데 비해, 장흥은 사시사철 어업이 가능하기 때문으로 풀이되고 있다.

장흥군 관계자도 "무안 등 다른 지역에서는 수심이 얕아 12월부터 2월까지는 사실상 낙지가 거의 잡히질 않지만 장흥 연안은 수심이 깊어 한겨울에도 잡힐 뿐만 아니라 싱싱해서 경쟁력이 높다"고 말했다. 따라서 11월부터 2월까지 겨울에 생산되는 낙지의 대부분은 장흥산 낙지라는 것. 게다가 장흥 낙지가 생산량에서뿐만 아니라 품질이나 경제성도 높다는 게 수산전문들의 분석이다. 이에 따라 키조개, 바지락, 매생이의 최고 주산지인 장흥군은 '청정 어패류', '청정 수산물'의 고장이라는 명성을 내세워 '장흥 뻘낙지'의 명성 살리기에도 적극 나서고 있다.

장흥군은 최근 '장흥산 낙지 명성 살리기' 추진계획을 수립하고, 낙지 산업 브랜드화는 물론 지역 어업인 소득증대 및 지역경제 활성화에 나선다는 방침이다. 앞으로 토요일마다 열리는 토요시장에 낙지요리 전문점 3개를 열기로 하고 지원 사업비 1억3천만 원을 확보(토요시장 내 5천만 원, 그 외 지역에 8천만 원 지원)했으며, 이밖에도 서울에 수산물직매장, 회진면에 낙지 위판장을 열 계획이다.

그동안 장흥군은 지난 해 8월부터 올 1월 말까지 세 차례에 걸쳐 낙지 전문점 운영자를 모집하고 심사한 결과, 적격자가 나오지 않아 올 2월에 제4차 사업자를 모집한다는 방침이다.

그러나 일부 수산인들은, 현재의 예산지원으로 개점할 수 있는 낙지전문점은 두 군데 밖에 안 된다며, 추가 예산을 확보, 토요시장을 비롯 해안지역에도 몇 군데 낙지전문점이 들어설 수 있도록 해야 한다고 주장하고 있다.

이와 관련, 회진면의 한 수산인은 "지금 군 당국이 낙지전문점에 대한 지원 대책은 군이 토요시장에 1곳, 그 외 지역에 1곳 정도만 열려고 하는 한계성을 가지고 있다"고 지적하고 "요즘 군에서 낙지 본고장으로서 명성을 되찾는다 어쩐다 하고 있는데, 기왕에 장흥 낙지가 무안 낙지를 누르고 전국적인 명성을 얻게 하려면, 토요시장을 포함 장흥읍내 권에 두세 군데 정도 그리고 수문권이나 회진권 등 해안지역에 두세군 데 정도 해서 최소 무안낙지 전문점의 반만큼이라도 들어설 수 있도록 행정적, 재정적 지원을 해 주어야 한다"고 주장했다.

월송리 백자 – '재현과 상품화'를 위해

– 장흥신문/2006.12.05.

장흥군 용산면 월송리 백자 도요지에서 백자 제작 공정 원형이 잘 보존된 국내 최대 규모의 백자 공방터가 발굴되어 지난 11월 30일 공개됐다. 속칭 '사금점골'로 불리는 월송리 백자도요지는 전남도 기념물 제30호로 지정된 조선 백자 가마 2기가 있는 곳. 특히 가마터에서 30여m 떨어진 산기슭에는 백자 원료인 도석을 채취했던 토굴도 국내 최초로 발견돼 원료 채취부터 최종 생산에 이르기까지 비교적 원형이 잘 보존된 백자 제조의 전 공정을 한꺼번에 보여주고 있어, 학계의 조선 백자 연구에 크게 기여할 것이라고 한다.

장흥군은 이번 1차 조사에 이어 내년 초에 이번에 발굴하지 못한 가마터를 비롯 토굴과 백자폐기장 등 이번에 발굴하지 못한 부분에 대해 2차 발굴을 추진할 계획이라고 한다.

그런데 우리는, 이번 1차 발굴조사만으로도 백자 도요지의 중요성과 가치는 충분히 발현되었다고 생각한다. 따라서 무엇보다 지금 추진되고 있는 학술조사와 함께 이제부터라도 백자 도요지의 보존 대책과 관광 상품으로써 활용방안 그리고 백자 재현을 위한 대책을 서둘러 강구해야 한다는 생각이다.

우선, 2기의 가마가 더 이상 훼손되는 것을 방지하기 위한 과학적인 보존 수리, 이의 교육용이나 학습장 등 관광자원으로 활용하기 위한 보호각 건립, 2차 발굴이 완료될 쯤인 내년 하반기쯤에 유적의 성격 규명과 백자도요지를 조명하기 위한 학술대회가 추진되어야 한다는 생각이다.

아울러 이러한 보존대책을 강구하는 한편, 장기적으로는 종합 정비계획을 수립, 학습체험과 함께 문화관광자원으로 활용하는 방안이 수립되어야 한다는 생각이다.

이 종합정비계획에는 필수적으로 가마복원 전시는 물론 출토유물의 전시, 연구, 재현이 가능한 전시관이나 박물관 건립이 포함되어야 한다. 백자 도요지에 많은 예산과 재원, 시간이 소요되고 또 월송 도요지의 유물이 많지 않아 박물관 건립까진 회의적인 생각을 가질 수 있겠지만, 장기적이고 연차적으로 반드시 박물관이 건립되어야 한다는 것이 우리의 생각이다.

여기에 백자의 제작 과정, 도공의 생활상, 백자 제작도구, 월송리 백자 재현 상품도 가세하면 될 것이 아닌가. 또 박물관 주변에는 백자문화를 체험할 수 있는 공방 등 당시의 도예촌도 조성할 수도 있을 것이며, 유약이나 태토 등을 연구하는 '백자 과학연구소' 같은 것도 조성한다면 '월송리 백자' 관광에 더없는 시너지 효과도 볼 수 있을 것이다.

백자 도요지의 상품화와 함께 반드시 고려되어야 할 것이 월송리 백자의 재현 방안이다. 이를 위해 가칭 '장흥 월송리 백자요지 보존위원회'가 구성되어야 한다. 그리하여 전문화된 도공의 확보와 과학적인 분석을 토대로 장흥지역의 풍토와 특색에 맞는 유약과 태토, 기형과 문양 등을 연구, 개발할 수 있어야 하며 이들 연구원들이 장흥지역에 머무르며 연구개발에 전념할 수 있도록 장기적이고 지속적인 투자도 뒤따라야 한다.

지난 2003~2004년 장동면 북교리 신북리 일대 6,000평 유적 발굴지에서는 2만 2천년 전 유물 3만점이 한꺼번에 출토돼 학계를 놀라게 했다.

이로써 장흥지역은 ▲1997년 보성강 수계인 장평 병동리, 우산리 등 일대에서 발굴된 구석기 유적 ▲2004년 보성강 수계 신북리에서 발굴된 후기 구석기 유물 ▲2001년 장흥댐 건설로 인해 실시된 댐 수몰지역

문화유적 발굴에서 확인된 유치 오복리 일대의 신석기 유물 ▲청동기시대의 대표적인 유물인 장흥 전지역에 산재한 지석묘(고인돌)와 패총 ▲1989년 목포대박물관에 의해 발굴된 안양명 수양리·지천리 일대와 장흥댐 수몰지인 부산면 지천리 일대의 철기시대 유적 ▲장흥댐 건설 예정지였던 부산면 지천리 발굴에서 확인된 삼국시대 생활유적 ▲1995년 순천대학교 박물관에서 발굴된 보림사의 지표조사와 1999년 순천대박물관에 의해 발굴 확인된 천관사의 통일신라시대 유적 ▲월송리 백자도요지 등의 조선시대 유적 등 구석기시대부터 근대에 이르기까지 다양한 유적과 유물이 분포하고 있다는 사실이 거듭 확인됐다.

또 장흥지역에서 그동안 발굴 확인된 도요지(백자, 청자, 흑자, 옹기 등)의 유적지만 해도 월송리 외에도 회진 1, 대덕 4, 관산7, 안양 3, 장동2, 부산 2, 장평 15, 유치 6곳 등 44곳이나 된다.

강진이 문화자원 '청자'로서 경쟁력을 갖는다면, 장흥은 백자 도요 유적으로서 충분한 경쟁력을 갖추고도 남는다. 그런데 강진의 그 청자와 장흥의 백자는 지금 비교조차 할 수 없다. 우리는 언제까지 다양한 유적 분포지로서, '발굴 유적이 대단한 곳'으로만 자랑만 할 것인가. 이제라도 이들을 모아 상품으로 만들고, 이를 재현하고, 이를 장흥지역의 특별한 문화 자원으로 만들어야 한다. 그렇다면, 이제라도 팔을 걷어 부치고 이번 월송리 백자 도요지 유적 발굴을 계기로 월송리 일대를 대대적으로 정비하고 박물관도 건립하고 백자를 재현하는 등 '월송리 백자 프로젝트'를 추진해 볼만 하지 않겠는가.

'장흥문화마당'의 생활문화 창조에 기대한다

—'오래된 숲 - 아성제' 개관에 부쳐

— 장흥신문/2005.11.10

지난 2002년 2월, 한 무리의 문화인들이 모여 하나의 단체를 만드니, 바로 '장흥문화마당'이라는 모임이다. 모임을 만든 주체들은 주로 출향했다가 귀향한 사람이거나 외지에서 장흥으로 들어와 정착한 젊은이들이 대부분이었다. 이처럼 거의 비슷한 시기에 장흥에서 새로이 터를 잡은 인연과 도회지적 문화와 삶의 경험을 공유했다는 동질감 등이 이들을 하나로 묶는 끈이 되었다. 이들은 또 기존의 관주도의 문화, 도식적이고 전시적인 문화를 지양, 장흥사람들의 '삶의 문화'를 만들어 보자는 생각들을 공유하게 되었고, 이것이 계기가 되어 자생적인 문화동호인을 결성하게 된 것이다. 이들은 삶의 터가 소박하고 넉넉한 시골이고 농촌인 만큼 모든 장흥사람들이 함께할 수 있고 누구나 문화의 주인공이 되는 '편하고 즐거운 생활문화'를 만들고 싶었던 것이다. 그래서 만들어진 것이 '장흥문화마당'이다.

모임을 만들자마자 그해 8월 큰일을 벌였다. 장흥댐 건설로 수몰되는 유치면 덕산마을에서 수몰되는 고향의 역사와 전통, 환경을 다시 돌아보는 '수몰마을 문화제'를 연 것이다.

그들은 수몰되는 마을사람을 위로하기 위해 덕산마을 일대에서 이틀간 '아! 물에 잠길 내 고향'을 주제로 민속놀이와 초청공연 등 5개 부문 15개 단위행사 등 다채로운 행사를 펼쳤다.

또 주민들이 직접 참여해 풍물패와 함께 당산제, 지신밟기, 진혼굿 등을 벌였고, 농기구와 살림살이를 꺼내와 생활용품전시회를 열기도 했다. 장롱 속 깊이 간직했던 가족사진을 들고 나와 담벼락에 전시하고 허물어진 대문을 다시 세워 그곳에 고향을 그리는 시를 지어 붙였다. 마을을 돌며 강강술래를 펼치기도 했다. … '수몰지역의 아픔을 통해 잃어버린 역사와 인간의 유대가 얼마나 소중한 것인지 되돌아보자'는 이들의 기획 취지는 아주 성공적이었다.

이 수몰문화제는, 격월간 문화예술 교양지 《기전문화예술》 9·10월호(통권 제39호. 경기문화재단 발간. 2005년)의 "축제 없는 축제가 나를 바꾼다"라는 특집에 소개되기도 했다.

이 특집기획은 우리 삶의 문화적 행동으로 작동하고 있는 '축제'에 초점을 맞추고 역동적 주체들이 만들어가는 국내의 '작은 축제들' 그리고 우리네 삶의 주변에서 자생적·자발적으로 치러지면서 축제의 의미를 적극적으로 확산시키고 있는 '마을 축제'에 주목하고, 이를 조명한 것인데, 이러한 사례의 하나로 유치수몰마을 축제가 소개된 것이다.

진정한 축제에는 강요도 없고 억지도 없으며 부조리도 차별도 없어야 한다. 권위는 말할 것도 없고, 귀천도 없는 것이다. 한바탕 대동의 놀이판이 어우러지는 것, 그것은 '난장'이요 그 난장 그 자체가 '축제'이므로 축제는 신바람의 놀이판이 되지 않으면 안 된다. 그러므로 축제는 모든 주민 스스로가 행사를 준비하고 참여하면서 그 축제의 주체가 되어야 하고 거기서 비로소 주민 모두가 신명나게 어우러짐으로써 진정한 한마당의 신바람 놀이판이 되는 것이며 우리 모두의 삶의 귀중한 자양분이 되는 것이다. 지역축제가 성공하기 위한 필수적인 요건으로 '민중 철학적 성격'을 띨 수밖에 없음은 이 때문이다.

유치 수몰문화제가 바로 이러한 의미의 축제로서 완벽하지는 못했지만, 어느 정도 그런 의미에 크게 다가간 마을 축제로서는 크게 성공한 축제의 본보기로 남는 것도 이 때문이다.

문화마당은 이듬해부터는 마을회관, 초등학교 등을 무대로 음악회, 그림전, 시화전, 토론회 등 다양한 행사를 펼쳤다. 그리고 지난해부터는 장흥군으로부터 휴양림 운영을 위탁받으면서 활동무대를 유치면 신월리에 자리한 '유치자연휴양림'으로 옮겼다. 아름다운 자연 풍광 속에서 또 다른 '생 문화'를 만들고 싶었던 것이다. 실제로 매달 휴양림에서는 2월부터 숲속 음악회, 작가와의 대화(한승원), 야생화 전시, 천연염색 전시 및 염색체험 등 크고 작은 문화행사가 일년 내내 줄을 잇는다. 잠자고 먹고 놀기만 하는 곳으로 여겨지던 휴양림에 문화가 가미되면서 유치휴양림에는 전국의 유명 문화인들이 찾기도 하는 명소가 되었다.

지난 5일에는 장흥읍 덕제리 솔뫼(송산)마을에 옥호를 '깨어있는 사람들의 정자'라는 뜻의 '아성제(我醒齊)'라 이름붙인 '오래된 숲'이 문을 열었다. 아성제의 지킴이는 문화마당의 주역인 문충선 씨고 그 집 주인은 장흥문화마당이다.

아성제는 앞으로 문화마당 회원과 장흥문화인들의 문화공간이기도 하겠지만 지역민, 장흥군민 모두에게 공개된 문화공간으로서, 문화마당 사람들이 주도하는 '생(生) 문화' 창출의 공간으로 기능하게 될 것이다. 유치휴양림에서의 이들의 문화가 휴식하러 온 사람들을 위한 문화였다면, 여기서의 문화는 마을 사람들과 지역민들이 함께 참여하고 만들어가는 꾸밈도 차별도 귀천도 없는 사랑방문화이며, 삶이 이웃하는 생활문화이며 온가족이 함께 하는 체험문화일 것이다.

우리가 문화마당의 이런 행위와 그 의지에 주목하는 것은 이 때문이다.

다만, 우려되는 것은 이들의 문화 활동의 소재지가 휴양림과 아성제 두 곳으로 분리, 자칫 힘의 집중력을 잃을까 우려된다. 또 문화의 그 행위에는 재원이 뒤따르기 마련인데 그러한 재원의 한계로 인해 '가난한' 이들의 자생적이고 자발적이며 독창적인 문화 창조의 주도 행위가 힘을 잃을까 우려되기도 한다.

장흥문화마당 사람들의 생활문화에 대한 또 다른 시도가 기대되기도 하지만, 더불어 장흥군의 재정적인 지원과 장흥군민의 열성어린 관심이 필요한 것도 이 때문이다.

'정남진 여름'은 위대하리라

— 장흥의 대표축제 개발과 관련하여

— 장흥신문/2005.08.19.

지난 8월 16일 장흥군 대표축제 용역에 대한 최종 보고회가 있었다. 이날 목포대학교 문화관광산업연구소 이장주 교수는 장흥군의 대표축제 주제와 이미지를 3가지로 제안했다. 정남진, 물, 산이 그것이다. 그는 이 중에서 '물'을 주제로 한 대표축제가 가장 선호도가 높았다며, 장흥군의 대표축제를 '정남진 물 축제'로 가길 제안했다.

물 축제는 우선 이 교수의 지적대로 탐진강과 탐진호반 그리고 정남진 일대의 바다 등 장흥에서 풍부한 수자원인 물을 모티브로 하여 물이 선호되는 여름철에 여름축제로 치러질 수 있다. 또 이 축제 기간에 올해부터 여름방학을 맞아 선보인 호박나라, 장수풍뎅이, 쇠똥구리 등의 생태축제도 연계될 수 있으며 갯장어음식축제 및 개매기 축제와도 이어지고, 바다와 강변, 호반 등에서 물을 주제로 한 다양한 이벤트를 연결시키면 충분히 성공적인 축제로 발전할 수 있을 것이다.

그러나 물을 주제로 한 축제는 국내에서도 수자원이 풍부한 춘천, 양평 등 네 곳에서 치러지고 있다. 그렇잖아도 경제적으로 낙후된 장흥에서 축제 소요 비용이 많이 드는 물 축제에서 비교우위를 점하며 전국적인 경쟁력을 갖출 수 있을까에 대해서는 의문이다. 또 쉽게 '장흥=물', '정남진=물'이라는 등식의 이미지는 어쩐지 생뚱맞아 보인다. 여름이면 뭐니 뭐니 해도 관건은 해수 피서 인파인데, 비록 주변 타지에 비해 풍부하고 수려한 수자원을 가지고 있다고 해도 전국적으로 내세울 만한 경쟁력 있는 해수욕장이 없는 장흥에서 광안리만큼 대천만큼 춘천만큼 그 많은 해수 피서 인파들을 끌어들일 수 있을까.

그럼에도 불구하고, 물 주제의 축제는 기간이 여름이고 방학철이라는 것 그리고 올해부터 그 동안 축제가 별로 없던 여름철에 학생들을 대상으로 여러 생태·체험형 축제들이 열리고 있다는 점에서 달리 선택의 여지가 없게 한다. 문제는 이 축제의 기본 틀인데 명칭을, 기억하기 쉽고 친근하게 접근할 수 있는, 장흥의 새로운 이름으로 급부상한 '정남진'을 따아예 '정남진 축제'로 하고 그 축제의 주제를 물과 자연에 또 한 가지 '빛'을 더해 '물+ 빛'의 주제의 축제로 하면 어떨까 싶다.

물의 축제는 낮에 치러지고 밤이면 빛의 축제가 열린다. 탐진강변이나 탐진호반에서 열릴 수 있는 등불축제, 형형 색깔의 분수 대축제도 그렇거니와 내년부터 문을 열게 될 억불산천문과학관의 별자리 여행도 연계할 수 있고, 억불산 사자산 제암산의 도깨비불 축제로 휘황찬란한 '빛의 향연'을 열 수도 있다. 등불에서는 천년고찰 보림사의 문화와 전통이 이어지고 분수향연에서는 현대적이고 우주적인 이미지가 가미되며 도깨비불에서는 장흥의 지리, 생태적인 의미를 연계할 수 있다.

물이 됐건 아니면 정남진이나 동학, 천관산, 보림사, 문학 등 장흥이 가지고 있는 문화관광자원은 다분히 평범하다. 그동안 장흥이 전국적인 대표축제나 관광명소를 키워내지 못한 것은 이 때문이다.

어차피 현대적 의미의 성공적인 축제들은 대개 함평처럼 무에서 유를 청조해낸 것이거나, 강진처럼 유에서 유를 더해 더욱 강한 유를 만들어낸 것들이다. 그런데 무에서 유를 창조해 내기는 매우 어렵다. 발상이 기막히지 않으면 안 되기 때문이다. 유에 유를 더해 강한 유를 만들어내는 일은 그보다는 조금은 쉬운 일이며 보다 역동적일 수 있다.

이장주 교수가 제안한 물 주제의 축제는 유에서 유를 더하는 일이다.

여기서 '더하는 유'가 문제이고 성패를 좌우하는 첩경이 될 수 있다.

사실상 축제가 판치는 요즘 세상에서 축제의 주제나 이미지만이 결정적으로 중요한 게 아니다. 보다 중요한 것은 내용이다. 이미 축제가 지천으로 널린 세상에서 이름이나 주제로 승부를 내기란 무척 어렵지 않겠는가. 문제는 지역의 축제이므로 지역 사람들에게 경제적으로나 정신적으로 도움을 주고, 그 축제로 하여 지역의 이미지도 제고하고 삶의 활력에 도움을 주면 된다.

올 여름의 장흥은 위대했다. 토요시장이 7월에 개장되면서 7월 이후 매주 토요일이면 개장 기념공연이 잇달아 펼쳐졌고, 개매기·갯장어 축제에 이어 호박나라 등의 생태 축제가 연이어 열리면서 장흥을 찾는 사람들이 예년에 비해 한층 많아졌다. 외국인들도 상당수 다녀갔다.

여름철 장흥관광에 대한 이미지가 한층 좋아진 것이다. 이러한 분위기를 살리고, 더욱 내년부터는 탐진호반, 물 테마파크, 억불산 천문관 등도 '장흥 여름'에 이름을 올릴 판이니, 이러한 것들을 한데 모으거나 연결하고 새로운 것들을 더 붙이고 해서 정남진의 여름의 대향연, 물과 자연과 빛이 어우러진 위대한 정남진의 여름을 창출해 볼만 한 것이다.

아아, 장흥의 '버꾸여', 어찌할 것인가

— 장흥신문/2004.11.04.

이청준의 소설《흰옷》에는 1950년 한국전쟁 이후 좌우익의 갈등 속에서 유치 산자락으로 숨어든 빨치산의 이야기가 나온다. 그리고 보림사에서 그들의 넋을 위로하는 진혼제가 장흥의 민속놀이인 버꾸농악놀이와 함께 치러지는 이야기가 나온다. 그 장면을 다시 보자.

"위령굿 마당은 차일을 친 안쪽에 제단이 마련되어 있고, 그 제단 아래쪽 공터 풀밭엔 흰 바지저고리차림을 한 남녀 이십여 명의 어린 풍물꾼들이 커다랗게 원을 지어 돌아가며 소리를 맞춰 나가고 있었다. 꽹과리와 징, 장구, 북, 소고들로 짜여진 배열은 대개 옛날 버꾸 풍물 법식을 따르고 있었지만, 이날의 행사 목적이 흥겨운 놀이보다 망자들의 위령과 진혼에 있어 그런지 아이들의 흰 복색이 눈에 띄게 새로웠다. 홍·청·황·백의 꽃 고깔과 고운 색 허리띠, 긴 등 들로 장식한 옛 치장 대신 흰 바지저고리 소복에 역시 흰색 꽃 고깔과 허리띠를 둘러맨 단조로운 차림새들. 그러나 짙푸른 녹음 빛 한가운데에 펼쳐진 하얀 율동의 윤무는 어떤 화려한 색깔이나 치장으로 해서보다도 더욱 곱고 깨끗하고 숙연스러워 보였다." — 이청준의《흰옷》중에서

아마 이 '버꾸놀이'가 유명 작가의 작품에서 나오는 경우는 그리 흔한 일이 아닐 것이다. 하지만 40대 이후부터 즐겨 고향의 원형을 찾아가는 작품을 쓰게 된 이청준 선생에게 그 고향 이야기에서 버꾸놀이 등장은 너무나 자연스런 일이었으리라.

장흥 버꾸놀이는 오늘 우리에게 전승되고 있는 몇 가지 전통 민속 중의 하나이다. 더 정확히 말하면 노장층은 물론 청장년층이며 어린 학생

들에게까지 전승이 가능하고 실제로 일부에서 그 전승이 이루어지고 있는 전통이 있다면 그것은 바로 버꾸놀이다.

물론 버꾸놀이는 장흥만의 것도 호남권의 민속만도 아니다. '버꾸농악'이든 '버꾸놀이'든 간에 이 '버꾸'는 대개 호남농악의 전통 전유물로 아는데, 실은 그게 아니다. 오히려 다른 지방에서는 이 버꾸놀이가 가미된 농악이 지방문화재로까지 지정되어 우리 장흥이나 전라도 어느 지역의 것보다 훨씬 활기차게 전승되고 있기 때문이다.

그 좋은 예가 버꾸와 전혀 상관도 없을 것 같은 경남 부산시 아미동이라는 곳에서 전승되고 있는, 예전에는 '아미동농악'으로 불렸다는 '부산농악'의 경우다. '부산농악'은 1980년에 지방문화재 제6호로 지정되며 그 기능을 전수해 오고 있다. 이 '부산농악'의 가장 특징적인 것은 버꾸놀이의 기능이 아주 뛰어나고 기법도 다양하다. 특히 판굿의 버꾸놀이에서는 농사에 관련된 연극적 요소가 가미되고 북춤이 돋보이는 버꾸놀이로 평이 나 있다.

멀리 부산까지 갈 필요도 없다. 같은 호남권인 광양시에 전승되고 있는 '광양 버꾸놀이'마저도 장흥의 버꾸와는 비교가 안 된다. 광양의 경우, 이미 오래전부터 '버꾸놀이 전수관'은 물론 '버꾸놀이 보존회'가 결성되어 해마다 광양 버꾸놀이 발표회(올해로 9회)를 비롯해 중학생을 위한 광양 버꾸놀이 강좌를 실시하는 등 버꾸놀이 전승 운동을 조직적으로 추진하면서 각종 민속경연대회에 광양의 버꾸농악을 출연시켜 오고 있다.

그래서인지 장흥도 참여하는 남도문화제에서 광양농악의 경연 성적도 장흥보다 훨씬 웃길이었다. 장흥군도 남도문화제에 농악부문을 참가시켜 지난 1986년 제15회 대회에서만 장평농악이 3위급인 장려상에 입상했을 뿐 나머지 다른 대회에서는 고작 참가상 수준인 연기상에 그쳐왔을 뿐이다. 그런데 광양은 남도문화제에서만 버꾸가 가미된 광양농악만으로 5회(1973), 16회(1987년) 대회에서 연이어 2위(우수상)를 차지하는 등 연희적인 성적에서 장흥을 압도하여, 이제 버꾸하면 장흥의 버꾸가 아닌 '광양의 버꾸'로 인식되어 오고 있는 실정이다.

다른 지역의 그 '버꾸'는 장흥 버꾸에 비해 북 가락이나 리듬이 훨씬 단순하다. 연희성도 뒤떨어진다. 특히 '버꾸'가 주가 되는 장흥의 경우, 농악 자체에서도 북 놀이가 비중이 커 다른 곳과 매우 다른 독특한 형식을 보여준다. 농악대 구성에서도 장고 보다는 북이 더 많이 쓰이며 그래서 더욱 함께하는 춤사위도 매우 특징적이다. 또 북 가락도 3분 박, 좀 빠른 4박자 즉 8분의 12박이고, 엇박도 많이 쓰이고 몰아가다가 맺고 맺었다가 다시 시작하는, 조금 복잡한 북 가락의 구조를 가지고 있어. 전문가들도 '버꾸'에서 만큼은 장흥의 버꾸놀이를 제일로 친다.

이러한 우리의 전통인 '장흥버꾸'의 힘이 갈수록 약해지고 있다. 게다가 행정당국의 지원마저도 거의 전무한 실정이다. 간신히 풍물패를 조직하고 전승해온 몇몇 사람들을 제외하면 장흥버꾸에 관심 갖는 사람은 거의 전무하다고 해도 과언이 아니다.

그래서 남도문화제에서 이 장흥버꾸를 명실상부 '장흥버꾸답게' 제대로 일구어서 선보일 수 있어야 한다는 목소리가 높다,

물론, 장흥버꾸를 조직적으로 체계적으로 전승하는 방안을 마련해 봐야겠다는 생각을 가진 관련 공무원은 한 사람도 없다. 이번 남도문화제를 불과 2개월 앞두고, 지난해도 농악부문에서 비전문가인 누군가에 떠맡겼던 군이었는데, 그런데 이번에는 시일이 촉박한 탓이었는지 한 풍물패를 이끌고 있는 장 모 씨에게 찾아와 '버꾸농악이든 아무 농악이든 일단 당신이 만들어서 한 번 나가 보라' 하는 식으로 사정하고 지원금 1천만 원을 내던져 주듯 했다는데, 고작 그렇게 하는 것이 그들의 임무였을까. 아아. 장흥의 버꾸여, 어찌할 것인가.

'공예태후'의 친정 나들이 … 아쉬움 많았다

— 장흥신문/2003.11.12.

역사 드라마 '무인시대'의 선풍이 공예태후 고향인 장흥까지 이어졌다. 지금 안방극장에서 당대 풍운의 여걸로 고려조 무인정권 시대를 가파르게 뛰어넘고 있는 공예태후 임씨로 분한 탤런트 김윤경 등 일부 출연진들이 지난 7일 이른바 '공예태후 친정 나들이'라는 행사 이름으로 장흥을 방문한 것이다,

이번 행사는 지방신문을 비롯 MBC 화제집중, KBC 뉴스 프로에 소개되는 등 '공예태후의 고향으로서 장흥'의 이미지 제고는 물론 장흥군민의 자긍심 제고에도 기여한 문화 행사로 평가받을 만했다. 그럼에도 불구하고 이번 행사는 갑자기 세심한 준비 없이 즉흥적으로 치러짐으로써 여러 가지 면에서 아쉬움을 남겼다.

어찌 보면, 이번 행사는 우리 군 문화관광의 현황과 그 수준을 보여준 사례에 지나지 않는다는 점에서 시사하는 바가 적지 않았다. 다시 말하면 의욕과 열정은 앞섰지만, 그에 따른 전문성과 기획력이 따르지 못한 우리 군의 문화 현실을 여실히 보여준 행사였다.

우선 주위의 불평, 불만들을 종합해 보면, 공예태후 역을 맡은 탤런트 김윤경 등 '무인시대' 출연진의 '장흥' 방문이나 초청이 여간 쉽지 않다는 점에서, 기왕에 초청 방문을 수락 받아 치러진 행사인 만큼 보다 철저한 기획과 준비, 충분한 홍보 등으로 치러지면서 이 행사를 군민화합과 자긍심 제고를 위한 군민축제로 극대화할 수 있어야 했는데 그렇지 못했다는 지적이다.

이번 행사는 공식적으로는 장흥군과 '영화를 사랑하는 모임'이 주최하고 장흥군 번영회가 주관을 맡았으며, 장흥문화원과 광주국제영화제추진위원회가 후원을 맡아 치러진 행사였다.

또 이번 행사를 기획, 추진한 쪽은 광주국제영화제추진위인 것으로 알려졌으며, 실제로 그들이 사회도 보고 안내도 하고 축하 강연도 하는 등 행사의 모든 것을 주도하는 모습을 보여주었다. 그들은 바로 내년 대선과 관련해 최근 들어 장흥군의 각종 문화행사에 자주 얼굴을 드밀고 있는 J모 인사와 관련이 있는 모임이었고, 그 모임들이 '영화를 사랑하는…'과 광주국제영화제추진위였다. 그러나 기실 이번 행사준비를 위해 수고를 아끼지 않고 행사비도 지원한 쪽은 장흥군, 번영회, 장흥임씨종친회 등 '장흥 사람들'이었다. 결국 이번 행사에서 수고하고 돈 낸 사람은 '장흥 사람들'이었는데, 생색은 외지인 누군가가 다 챙긴 꼴이라는 후문이다.

이번 행사 추진과정을 보면, 광주국제영화제추진위에서 불과 행사 이틀 전인 5일에야 김윤경 씨 방문 일정을 장흥으로 통보해온 데다, 군청 담당 부서에서도 특정 성씨와 관련된 행사라는 이유로 몸을 사리면서 서로 담당하지 않으려 하는 등, 이번 행사와 관련 '군력(郡力)'을 집중시키지 못함으로써 당초부터 이번 행사의 부실성은 예견된 것이나 진배없었다고 해야 옳을 일이었다.

두 번째로 지적된 것은, 기왕에 추진한 행사였으므로, 이번 행사와 관련해 공예태후를 학술적으로 연구, 조명하는 세미나·심포지엄 같은 학술모임이 보태졌다면 금상첨화였을 터인데도 그렇치 못했다는 점이다. 이번 행사가 그러한 이벤트로 치러졌다면, 당연히 보다 확실한 장흥의 이미지 제고는 물론 군민 축제로서의 시너지 효과도 더욱 컸을 것이다. 또한 여기에 덧붙여 공예태후 역을 맡은 김윤경 씨에게 장흥군민 이름의 감사패라도, 아니면 명예 장흥 군민증이라도 마련해 주었다면 더 좋았을 것이다.

세 번째 지적된 것으로, 군민회관에서 장흥군청까지의 공예태후 나들이 행진에서 보여 준 연출력의 부족이었다. 특히 홍보가 되지 않아 미처 알지 못해서 많은 환영 인파가 몰리지 못했고, 주최 측에서는 하다못해 '공예태후 친정나들이'라는 플래카드라도 내세웠을 법도 했지만, 그런 생각마저 놓쳐 버려 군민들의 관심을 모으게 한 데는 한계를 드러내고 말았다.

문화는 문화다워야 한다. 문화에 '잡것'이 섞이면 그만큼 문화는 순수성을 손상받기 쉽고 그 가치를 잃기 마련이다. 문화 행사도 마찬가지다. 정치력에 휘둘림을 당하면 그만큼의 손상이 있기 마련 아닌가. 그 문화 행사에 정치력을 행사하려는 이들의 책임이 더 크지만, 그것에 휘둘림을 당한 쪽도 책임을 면할 수는 없다.

'공예태후'는 분명 우리 장흥군의 귀한 유산이다. 이 유산을 잘 보존하고, 이 유산의 정신과 가치, 그 전통을 오늘에 살려내고 그것을 십분 활용하는 일은 우리들의 몫이다. 또한 이것의 활용 여하에 따라 그로 인해 파생되는 '힘'은 바로 우리들의 것이 아닌가.

문화상품의 홍보와 마케팅은 반드시 그 적기가 있기 마련이고, 그것을 놓쳐서는 안 된다. 적기란 매번 오는 것이 아닌 까닭이다. 우리가 '공예태후'라는 유산을 문화적 상품화로까지 연결시키려면 지금이 바로 그 최선의 적기일 것이다. 그리고 이번 행사는 그 적기의 하나였다. 그렇지만 우리는 이 적기의 활용을 '적당히' 하고 만 것이다.

장흥문화예술인대회에 바라는 점

— 장흥신문/2003.09.25.

전남도에서 최근 추진하는 '작가와 떠나는 문학기행'이 눈길을 끈다. 이 이벤트는 보성·벌교의 '태백산맥'(한민수 교수) 기행, 장흥 바닷가 이야기(작가 한승원) 기행, 땅끝 해남 이야기(김춘태 시인) 기행 등 4코스로 분류, 매주 일요일에 문학작품 속에 나오는 장소와 작가(시인)와 함께 다니며 작품의 탄생 배경을 더듬어 보는 하나의 이색 관광 상품이다.

'작가와 떠나는…' 이벤트와 성격과 배경은 다르지만, 장흥문화원에서 추진하는 '2003년 장흥군 문화예술인대회' 역시 큰 관심의 대상이 아닐 수 없다. 이번 대회는 올해로 4회째 개최되는 대회이다. 취지는 "장흥 출신 문화예술인의 문화예술 역량을 결집시켜 지역문화 활성화에 기여하고 나아가 문화예술인 상호간의 교류를 통한 정보교환으로 예술활동의 발전과 진흥을, 지역민에게는 자긍심을 가질 수 있도록 한다"였다.

이 대회는 본래 우리 군이 문림(文林)의 고을로 불릴 만큼 문학에 대한 전통이 특출나고 근현대에 와서도 수많은 문화예술인들이 배출, 장흥의 문화예술 발전과 활성화에 기여하고 있다는 사실에 주목, 장흥문화원에서 이 같은 문화예술인대회를 개최하게 된 것이다. 이 대회는 우리 군을 문림 고을로서 그 이미지를 구축하는데 크게 기여해 왔으며 장흥의 문화예술 활성화에도 기여해왔음은 틀림없는 사실이다.

그러나 물론 예산 때문이기도 하지만, 일반 군민들도 참여하는 문화예술의 축제로서는 적잖이 미흡했다는 점, 장흥의 문화적 전통이나 문림의 역사를 구체적으로 조명하는 학술모인으로서 미흡했다는 점, 이 대회가 일반 군민들도 작가나 예술인들과 함께 하는 문화 예술적 이벤트로 승화 또는 연계되지는 못했다는 점을 우리는 지적하지 않을 수 없다.

다행히 이번 대회는 '문화대동, 새 문림 구현'이라는 주제로 일반 군민도 함께 참여할 수 있는 군민회관에서. 주제발표를 비롯해 작품 전시회, 시 낭송회, 축하공연 등 다채로운 프로그램으로 진행될 예정이며 그런대로 문화예술축제로서 면모를 갖춘 것으로 보여 이전 대회보다 진일보한 대회로 여겨진다.

중요한 것은 장흥 문림의 전통이나 그 찬연한 역사 그리고 계승 발전되어 온 문화 예술적 자산은 몇몇 사람들만의 소유가 아니라는 점이다.

장흥의 그 문화적 전통, 문림 고을로서 탄탄한 이미지의 제고는 보다 많은 군민들이 동참함으로써 경쟁력을 확보할 수 있게 될 것이다. 이러한 문화적 기반만이 장흥군을 명실상부한 문림의 고을로 만들어간다는 사실을 잊어서는 안 될 것이다.

최옥삼 조명 학술 세미나가 주는 의미

— 장흥신문/2003.07.29.

지난 7월 23일 장흥에서 개최된 장흥출신의 '민족음악가 최옥삼'의 학술 세미나는, 최옥삼이라는 한 인간에 대한 역사적인 첫 접근이었다는 데서 큰 의미가 있었다.

물론 그 이전에 남도대학 이승곤 교수가 '최옥삼의 삶과 예술세계'라는 주제의 연구보고서를 학술진흥재단에 제출한 것으로 알려졌지만, 특히 이번 세미나는 국내외 최옥삼 전문가들이 함께 모여 최옥삼을 역사적으로 다양하게 조명할 수 있었다. 또 그의 음악적 성과도 그의 추모 음악회를 통해 확연히 드러나면서 잊히고 묻혔던 '인간 최옥삼'의 실체에 반세기만에 어느 정도 접근할 수 있었다는 점에서 그리고 이를 시발로 해서 본격적으로 인간 최옥삼에 대한 역사적인 연구가 본격화 될 수 있는 여지를 남겼다는 점에서 이번 세미나 갖는 의미는 매우 크다고 할 만하다.

역사라고 하는 것은 과거 인간 행위에 대한 사실을 현재 시점에서 규명하는 일이다. 그러나 과거의 일을 우리들이 지각할 수 없기 때문에 과거에서부터 현재까지 남아져있는 기록문서 즉 사료(史料)나 유물 등을 통해서만이 인식, 규명할 수 있게 되는 것이다.

인간의 행위 중에서 기록이 중요한 것은 이 때문이다. 고려시대 같은 과거의 한 인물에 대한 역사적 평가나 조명이 쉽지 않는 이유는 당시의 기록문화가 한정돼 있었고 보편화되지 않았기 때문이다.

공예태후에 대한 사실적(史實的) 접근이 어려운 것도 공예태후에 대한 유일한 사료라 할 수 있는《고려사》등이 모두 당대가 아닌 몇 세기가 지난 조선시대에 만들어진 문헌이라는 이유 때문이다. 반면에 같은 고려시대 인물로 장흥위 씨로 알려진 원감국사에 대한 역사적인 조명이 비교적 어렵지 않게 이루어질 수 있는 것은 그가 남긴 시문(詩文)들과 어록(語錄)이랄 수 있는《원감록》이나 비명(碑銘) 등 그에 대한 사실적 자료들이 전해오기 때문이다.

장흥은 유사 이전의 선사시대부터 '쟁쟁한 역사'를 가진 지역이었다.

그 시대 역사유물인 고인돌의 분포수가 전국 제일이었다는 점 하나만으로도 선사시대에선 경쟁력이 가장 강한 고을이었던 곳이 장흥이었다고 단언할 수 있다. 또 장흥은 고려 인종 때부터 부사고을이 되면서 거의 8백여 년간 전라도 서남부 지역의 요충지가 되면서 고유의 역사와 문화적 전통을 지녀오게 되었을 뿐만 아니라 중요한 역사적인 사건들과 많은 인물들이 명멸해 갔던 유서 깊은 고을로 남아질 수 있었다.

지금 우리는 이러한 장흥의 과거 역사와 전통에 대해 문림의향(文林義鄕)이니, 문림의 고을이니 하며 이를 자랑스러워하고 있다. 그러나 단지 우리 스스로를 자찬하는 수식어로 즐겨 사용할 뿐 과거 우리 역사에 대한 학술적인 조명이나 접근 또는 전통 계승을 위한 기념사업 같은 것은 거의 관심 밖으로 내쳐놓고 있다.

이런 상황에서 최옥삼 선생에 대한 기념사업회가 만들어졌고, 몇몇 사람들의 노력으로 학술적인 조명작업이 이루어진 것이어서 이번 최옥삼의 학술적, 음악적 조명작업은 여러 가지로 우리에게 시사하는 바가 컸다.

앞으로 최옥삼 기념사업회는 2005년 탄신 1백주년을 맞아 기념비 제막식, 홈페이지 구축, CD복원작업, 남북 학술세미나, 최옥삼 일대기 소설화·영화화 등 대대적인 기념사업을 추진한다고 한다. 여기서 중요한 것은, 이런 사업들이 관 주도가 아닌 민간단체인 기념사업회 주최로 기획되고 이루어진다고 하는 사실인데, 이것 역시 우리에게 중요한 의미를 던져준다.

우리 군의 역사적인 한 인물에 대해 그 전통을 계승하고, 그의 삶과 예술세계를 다양하게 조명하여 그의 정체성의 진실에 접근해 가고, 그의 업적을 기념하기 위한 모임체가 민간인들 중심으로 관내에서는 처음으로 결성되었기 때문이다.

역사가 과거의 역사로서 그쳐서는 별 의미가 없다. 인간의 삶이 과거·현재로 이어지듯, 과거의 역사가 '오늘에 살아있는 역사'로 이어질 때 비로소 그 역사는 역사로서 참 의미를 갖는다. 5, 60년 전 최옥삼의 가야금 산조가 오늘 장흥 현지에서 연주되어지고, 그가 일구어 놓은 예술적 성과가 오늘 우리들에게 되새겨지면서 우리에게 가르침을 주고, 그의 후인들인 우리가 오늘 그를 기억하며 그만의 삶의 고뇌와 예술적인 고독을 함께 할 때 최옥삼은 비로소 장흥의 역동적인 역사인물이 되어 우리와 함께 하며 살아있는 인물로서 존재하게 되는 것이다. 더욱 중요한 것은 역사와 문화는 바로 그런 과정에서 더욱 탄탄하게 발전된다고 하는 사실이다.

그런 점에서 이번 최옥삼 선생의 학술세미나, 추모 음악회, 최옥삼 기념사업회 결성 등이 우리들에게 시사해 주는 바는 자못 크다 할 수 있다.

소중한 우리 것, 우리가 지켜내야 한다

— "삼비산은 우리의 산", 더는 우리 것 뺏기지 않아야 한다

— 장흥신문/2003.05.22

지금 우리는 세계화와 지방화가 동시에 시작되는 시대를 만나고 있다. 이 세계화와 지방화는 개념적으로 상충적이지만 때로는 상호 보완적인 의미도 함유한다. 지방화는 세계화에서 필수불가결한 전제조건이 된다든지, 세계화는 지방화로부터 시작된다는 의미 같은 것이 그런 경우다.

미래사회 예측서인 《메가트렌드(Megatrends)》로 세계적 명성을 얻은 미국의 미래학자 존 나이스비트(Jhon Naisbitt)는 '세계화가 진전될수록 최소단위의 역할은 더 커지게 마련이다'라고 정의하고 있다. 즉 세계화가 진전되면 국가의 역할보다는 개인의 역할, 기업의 역할 그리고 국가보다는 지방의 역할이 더 커진다는 것이다.

한마디로 세계화 시대에서 지방화를 동시에 수행하고 있는 오늘날, 지방의 경쟁력 강화를 통해서 국가발전을 이룰 수 있으며, 이러한 지방화가 세계화에 기여한다는 다소 역설적인 주장인 것이다.

세계화는 다양성을 전제로 한다. 이 다양성은 각각의 개성 위에서 존재한다. 그러므로 이 개성들의 다양성이 곧 세계화인 것이다. 세계화 시대에서 지방의 경쟁력이 긴요한 것은 이 때문인 것이며 경쟁력 있는, 독자적이며 고유한 우리 것의 육성이 더욱 필요한 것도 이 때문이다.

왜 장흥은 소중한 우리 것들을 곧잘 망각하고 빼앗기는가.

제암산의 경우, 군 경계로 치면 70% 정도가 장흥에 속해 분명히 장흥산인데도 이미 보성산화 되어버린 지 오래이다. 장흥 사람들만 장흥의 제암산이니 떠들지만, 타지 사람들은 모두 보성의 제암산으로 알고 있으며 장흥쪽에서 보다 보성 쪽에서 훨씬 많은 사람들이 제암산을 오르기도 한다.

제암 철쭉제가 끝난 지 2주일째가 다 된 지난 주말, 장흥 제암산 입구에는 승용차 10여대가 고작이었지만, 그날 보성 쪽의 제암산 입구 주차장에는 관광차량 등 1백여 대가 몰려 있었다.

몇 년 사이에 삼비산(664.2m)도 일림산으로 빼앗겨버리기도 했다. 삼비산이라는 분명한 산명이 있었지만, 국립지리원 지도에서 지명표기가 돼 있지 않다고 해서, 우리가 펴낸 각종 관광지도며 산행안내지도에서까지 삼비산을 일림산으로 표기하는 무관심을 드러내기도 했다.

우리가 그동안 우리의 소중한 문화유산에 대해 얼마나 무관심해 왔는지는 얼마든지 다른 예에서도 찾을 수 있다.

유치 수몰지에서 나타난 우리 문화유산들의 유출도 우리들의 문화유산에 대한 무관심을 단적으로 드러낸 일이다. 지난 1999년 말 목포대 박물관 측이 유치면 신월리에서 발굴한 고분 석실 3호분이 주암댐의 고인돌공원으로 유출되었으며, 수몰지역의 그 많은 전통 생활도구나 민예품들을 고물상들이 '싹쓸이' 해도 우리들은 그저 남의 집 불구경하듯 구경만 해 왔다.

지난 2001년 2월 27일, 장흥문화의 산증인으로,《사진으로 본 장흥 백년사》의 저자인 사진작가 강수의 선생은 독립기념관 측에《…장흥 백년사》에 쓰인 사진 원본들을 기증하고 말았다. 당시 선생의 나이 85세, 무슨 기념관이나 박물관 하나 없는 장흥에서 사후 사진 자료에 대한 보관관리로 걱정이 많았던 선생으로서는 불가피한 선택이었다.

최근 보성군과 다소 마찰을 빚고 있는 '삼비산'의 산 이름 찾기에 주력해 온 이영돈 씨가 요즘에도 계속해서 삼비산 이름 찾기에 무던히 애쓰고 있다고 한다. 이 친구가 국립지리원 지도 중 일림산 표기가 잘못돼 있는 '1/25,000 율포 도엽'을 모조리 사들이고 있는 것. 이영돈 씨는 부산, 대구, 광주에까지 친구들이나 향우들을 통해 이 지도들을 수거하듯 죄다 사들이고 있다고 한다. 이 지도가 모두 소진되면 국립지리원에서는 '1/25,000 율포 도엽'을 다시 간행하는데, 이때는 잘못된 일림산 표기를 수정해 간행하겠다는 국립지리원으로부터 회신을 받은 이유 때문이다.

이제, 무명산으로 수난을 겪어왔던 '삼비산'에 '삼비산'이라는 정식 이름표를 달아주는 일은 우리 군, 우리 군민의 몫으로 남아졌다.

그리고 이번 일을 계기로 다시는 우리의 소중한 것들, 아무리 사소한 것일지라도 우리의 소중한 문화유산들을 다시는 남에게 빼앗기는 일이 없기를 바란다.

'축제다운 축제' 하나 만들어 보자

― 가을맞이 축제 경쟁으로 지자체들 떠들썩하다

― 장흥신문/2000.10.05.

가을축제의 계절이기도 한 9, 10월 가을절기를 맞아 '내 고장을 알리기' 위한 지역 축제가 경쟁적으로 열리면서 자치단체들이 들썩이고 있다. 이 같은 열풍에 대해 일각에서는 "열악한 지방재정은 아랑곳 않고 너무 흥청대는 것 아니냐"거나 "자치단체장의 선심성 이벤트"라는 지적도 들린다.

그럼에도 불구하고 너나없이 대다수의 자치단체들은 지역축제를 지역경제 활성화와 관광수입 극대화로 연결시키기 위해 온갖 아이디어를 총동원하고 있는데 과거 관선시대에는 좀처럼 상상하기 어려웠던 '경영 마인드'도 행사 곳곳에 배어있어 '과연 지방정부 시대'임을 실감케하고 있다.

지역특성을 살린 축제가 대부분인 지역축제 중에서 최근에는 아이디어 하나로 성공적인 축제를 열고 있는 곳도 부지기수다. 지난 28일부터 10월 3일까지 충북 충주에서 열렸던 '충주 세계무술축제'는 국내 유일의 '무술축제'라는 아이디어로 인해 자치 단체 관계자들 사이에선 '대박(?)'을 예상했던 지역축제로 꼽히고 있다. 또 지난 20일부터 23일까지 충북 음성군에서 열린 '제1회 전국 품바축제' 역시 음성 꽃동네 이미지를 각설이패 축제로 연결시킨 독창적 아이디어에 힘입어 성공한 지역축제로 손꼽히고 있다. 아이디어 하나가 경쟁력있는 지역축제를 창출해 낼 수도 있음을 잘 보여주는 사례라 할 것이다.

각 지역에서 배출한 역사인물을 살린 축제나, 지역 특산물을 살린 축제는 전국 각지에서 개최되고 있음은 널리 알려진 사실이다. 특히 지역특산물을 소재로 한 축제의 경우, 특산물 홍보와 판매수익이라는 장점 때문에 자존심의 경쟁도 불사한다. 단적인 예로 강원도 양양군(9. 29)과 경북 봉화군(9. 30)이 개최하고 있는 '송이축제'가 그것이다. 올해로 4회째를 맞는 이번 축제기간에 양양군과 봉화군은 송이채취 현장체험과 송이요리 경진대회 등을 통해 '송이 원산지'의 이미지를 선점하는 싸움을 벌린 것이다. 여기에 경북 울진군도 맞서 지난 9월 30일부터 10월 1일까지 지역내 덕구온천 광장에서 '제1회 울진 송이축제'를 개최, 송이버섯 하나만을 가지고 세 군 데서 축제싸움을 벌리는 진풍경도 벌어지고 있는데 이게 바로 오늘 우리나라 지역 축제의 단면인 것이다.

이제 우리도 지역경제에 도움주고 지역 이미지를 제고시킬 수 있는 문화축제 하나쯤은 만들어 보자.

'송이축제'가 나왔으니 하는 말이지만, 우리 장흥군의 경우 송이버섯과 경쟁관계인 표고버섯의 최대주산지로 이미 표고버섯을 가공 식품화 하여 지역 경기에 상당한 수익을 올리고 있는 실정인데도 그 누구하나 표고버섯축제를 열어 볼 엄두도 못 내고 있다. 그러니 지역축제 운운 자체가 소귀에 경 읽는 것은 불문가지. 그럼에도 우리는 '지역축제'를 다시 욕먹을 각오로 다시 운운하고자 한다. 왜냐하면 딱 부러지게 '이것이 우리 군의 지역축제'라고 할 수 있는 것을 하나도 갖지 못하고 있는 우리의 군이기 때문이다.

물론 누구는 억새제나 철쭉제를 들먹이고, 보림문화제를 들먹인다. 그러나 그분들도 억새제나 철쭉제는 산행축제임을, 그 축제가 지역경기에 무슨 도움을 주는 것은 아니라는 것쯤은 다 알고 있다. 보림문화제도 외지 관광객 하나 끌어들이지 못하는 우리만의 '군민의 날 기념식'의 부대행사 같은 것이고 '다채로운 체육경기' 쯤이라는 것도 다 알고 있을 것이다. 그러므로 지역경기에 무슨 도움도 주고 우리 지역의 문화적인 이미지를 널리 제고시키는 '축제다운 축제는 전무하다'고 해도 크게 틀리지는 않을 것이다.

이제 우리도 축제다운 축제 하나쯤은 만들어 봐야 할 것이 아닌가. 지역경기 활성화에 기여도 하고 지역의 문화적인 이미지도 제고시킬 수 있는 축제 하나쯤은 만들어야 할 것 아닌가. 문림의향(文林義鄕)의 자존심을 언제까지 구기고 엎드리고만 있을 것인가. 의지만 있다면 표고버섯을 소재로 한 축제는 쉽게 만들 수 있을 것이다. 전통적·현대적 이미지에 아이디어를 덧붙인다면 '소리축제'나 '빛의 축제'도 '돌의 축제(고인돌)'도 괜찮을 것이고 하다못해 수려하고 청정한 명산이 많으므로 '도깨비축제'도 그럴듯할 것이다.

문림의 전통을 고려한다면 '선비축제'나 '문학제'도, 동학과 의향을 고려한다면 '동학제'도 괜찮을 것이다. 기존의 보림문화제를 발전적으로 해체, 철쭉제와 연계하면서 이런저런 의미로 전통성과 장흥의 정체성을 근간으로 한 문화축제로 승화 발전시킬 수도 있을 것이며, 억새제나 장흥국악대전 등을 연계하고 결합한 형태의 새로운 가을 문화축제를 만들 수도 있을 것이다.

장흥출신 예술인 모임, 문예인 축제로 정착·발전되길

우리는 이번 장흥문화원이 아주 적은 예산으로 전국에 널리 활동하는 출향인 출신의 문예인들을 한자리에 모이게 한 '장흥출신 문화예술인 모임'을 아주 큰 의미로 평가하고 있다. 들리기로는 이번에 논의하길 차기에는 회비도 거출하고 시낭송회, 문학세미나, 그림전시회 등 여러 문예적 이벤트를 가미한 형태로 열자고 했다고 한다. 차기 모임이 이런 형태로 열려 '장흥문예인 축제'로 발전된다면 이는 전국에서 처음으로 열리는

'출향인과 향인들이 함께 여는 문화축제'가 될 것이다. 그러므로 이는 무엇보다 지역 이미지, '문림고을 장흥'의 이미지를 전국에 알릴 수 있는 더없는 계기가 될 것이다. 우리는 부디 차기대회부터 그렇게 발전되길 바란다. 출향인 출신 문예인들의 관심과 동참이 우선적으로 선행되어야 하고, 군 당국의 적극적인 지원 그리고 장흥의 모든 문화예술인들의 적극적인 협조가 전제되어야 할 것이다.

차제에 한 마디 덧붙인다면, 차기대회부터는 전국의 유수 방송·언론인이나 출판·영화·연극인, 공연·문화기획인, 사진작가 등 다방면의 문화예술인도 초청, 모든 장흥 문예인이 함께 참여하는 이벤트를 마련해 줄 것을 당부 드리고 싶다. 예컨대 출향인 화가들과 장흥의 그림 동호인인 '구메구메회' 회원들이 함께하는 그림전시회 등도 열려야 한다는 것이다.

문림(文林)의 향맥을 이어 온 우리 군민인 만큼 문화의 세기를 맞아 문화력에서 만큼은 낙후되지 않도록 우리 모두 지혜를 모아야 할 것이다.

'닭의 밑씻개' 즐겨 그렸던 한 젊은 화가의 절망을 지켜보며

— 장흥신문/2000.08.24.

지난 1998년 11월 13일 오후 6시 장흥군민 회관 2층 소회의실에서는 '구메구메 창립전'이 열렸다. 이 전시회에서는 장흥 관내 미술동호인인 구메구메 회원 7명의 작품들이 전시돼, 장흥군민들의 시선을 모았다.

이날 선을 보인 작품들 중에 '달개비꽃'이라는 제호의 한 작품이 유난히 눈길을 끌었다. 달개비, 닭의 장풀과의 1년초로 '닭의밑씻개'라고도 부르는 궁벽의 유치 일대의 탐진강변이나 야산의 습지에서 지천으로 자라나는 아주 하찮은 들풀이다.

그 들풀의 생장모습이나 생김새가 오죽했으면 '닭의밑씻개'라는 이름이 붙었을까. 그러나 닭의밑씻개는 이날 한 화가에 의해 전혀 다른 양태로 태어났다. '닭의밑씻개꽃'이 가장 많은 이들로부터 관심을 모았음은 물론이다.

이 작품의 주인공 역시 궁벽의 유치에 몸담고 있던 김오중 씨였다. 필자는 이날 새삼스럽게 늘 말이 없고 총각인 채로 술도 담배도 못하던 시커먼 낯 색의 김오중이라는 화가, 그 흔한 잡풀로 발길에 채이곤 하던 '닭의밑씻개' 그리고 이날 화폭에서 전혀 새로운 모습으로 창조된 '닭의밑씻개꽃'을 함께 연상하며 한동안 잡다한 생각에 잠겼다.

그날 달개비꽃, 닭의밑씻개꽃으로 필자에게 깊은 인상을 남겼던 김오중 씨에 대한 아주 우울한 소식을 최근에 전해 듣고 필자는 다시 이태 전의 구메구메 전시회 기억을 떠올렸다.

그리고 비로소 그때는 무심코 지나쳤던 하나의 의미, '닭의밑씻개꽃'을 그렸을 화가의 '생각'과 '인생과 이상(理想)'을 다시 생각하게 되었다.

작가는 늘 자기의 고뇌와 이상을 작품으로 표출해 낸다. 화가는 닭의밑씻개와 자신을 동일시했을 것이다. 지천으로 하찮은 천변이나 습지에 널리 자라나는 그러나 기어코 한 번은 푸르디 푸른 어딘가 깊고 깊은 적막감이 깃든 하늘색으로 꽃을 피어내는 '닭의밑씻개꽃'을 이상으로 삼았을 것이다. 거의 아무도 모르게 10여 년 동안 불치의 병마와 줄기차게 싸워왔던 한 젊은 화가의 곤고하고 적막했을 삶의 자리였다.

주변의 환경도 다른 이들 같았으면 진즉 쉽게 자진해 버렸을 불우한 처지였다. 그러나 꿋꿋이 피토하듯 이겨내 온 삶의 자리였다.

그것은 바로 닭의밑씻개와 영락없었을 것이다. 이제 그 닭의밑씻개는 기어코 꽃을 피어내지 못하고 지려하고 있다. 거의 모든 것이 절망적이다. 물기도 거의 말라붙었다. 거의 치명적인 질병이 오랫동안 짓눌러와 이제는 여러 합병증까지 유발되어 그의 육신은 거의 핍진된 상태이다. 간단히 숨만 내쉬고 있을 뿐이다.

지금 전남대학병원 965호실의 병상에서 넋 나간 자처럼, 다 체념하고 포기하고 혼불이 나가기만을 기다리는 그래서 더욱 절망적인 그의 가슴에 무슨 말이 위로가 될 것인가. 그 동안 기적처럼 10여 년 동안 티내지 않고 병마와 싸워 온 그 집념과 투지에 경의를 표해마지 않는다.

그리고 부디 바라건대 설혹 닭의밑씻개 같은 삶의 자리를 숙명적으로 물려받았을지 모르지만 그리고 이제는 더 이상의 버팀은 도무지 가망 없는 것일지라도, 적어도 이태 전까지는 꽃 피우기를 열망하며 꿈꾸었던 '그 이상'만은 다시 피워내길 바란다.

그리하여 우리는 그가 기어코 꽃을 피우기를 간절히 희망한다. 아무도 돌아보지 않은 천변에서도 꽃을 피어내는 그 닭의밑씻개의 의지로 그 깊은 적막과 고독의 병상을 차고 일어나길 간구한다.

그 스스로는 무리일 것이다. 그래서 우리는, 그를 기억하는 모든 이의, 그를 아끼는 모든 장흥인들의 힘과 기도가 모아지길 바란다. 그리하여 그의 가슴 한 구석의 잔약한 의지와 희망의 심지에 불을 붙여줄 것을. 우리가 조그만 보탬을 주고자 그의 예술과 인생을 정리해 보고 그를 도울 수 있는 방안을 모색한 끝에 십시일반의 성금을 모으기로 한 것도 이 같은 이유에서이다. 많은 이들의 도움을 기대한다.

장흥의 '놀이·볼거리·먹거리·굿거리 판'을 생각하며

— 그 '판'의 실상과 비전의 '새 판 짜기' 시도해야

— 장흥신문/1998.09.19.

우리는 뭘 버무리고 가꾸어 왔는가.

지난 16일부터 5일 동안 강진에서 개최되는 '청자문화제'를 대충만 둘러보고는, 평소에 남이 땅을 사면 배 아프기를 잘 하는 심사의 필자는 지난 봄 영암의 왕인축제를 둘러봤을 때나 지난 여름에 율포 녹차해수탕을 다녀와 보고는 배 아픔을 느꼈던 그 이상으로 심하게 배앓이를 했다. 강진은 이리도 잘 풀리는데 왜 우리는 이리도 안 풀리는가. 남들은 단 한 가지라도 이리도 잘해 보려고 관민이 다 동원돼 열심히들 해 보는데 왜 우리는 이들의 반만큼도 못하는가 싶어서였다.

우선, 외지에서건 우리들 쪽에서건, 사람이 가장 많이 모였던 것으로 평가받은 지난해 천관산 억새제 하나의 경우만 예로 들어보자. 산 위에서 지내는 억새제였으므로 그 프로그램의 다양성 여부나 이벤트로서 성공 여부는 차치하고라도 당시 우리의 관민이 어떠했는가를 기억해 보자.

산악인들은 외지에서 국악인들을 초청해 판소리를 읊게 하면서까지 성공적인 산악 축제를 만들기에 갖은 애를 쓰고 있는 판이었는데, 장흥 시내 공설운동장이며 테니스장 등지에서는 직장인, 고위 공무원들이 모여 무슨 대회를 치르느라 정신없어 했었다. 당시 그들 안중에 천관산이 손톱만큼이라도 있었을까.

지지난 해 보림문화제를 몇 해 만에 직접 공설운동장에서 거의 종일 지켜본 일이 있었다. 보림문화제는 예나 지금이나 여전히 장흥의 유일한 문화축제이다. 그 장흥의 유일한 '축제'가 운동장에서 아주 그럴 듯한 기대를 가지고 지켜봤던 필자 눈에는 아주 초라하게 펼쳐졌다. 운동장 스탠드에 앉아 있는 사람이 얼마나 되었을까. 차일을 친 읍면 본부석에는 고작 농악·민속제의 시연 팀이나 운동경기 참가자들이 대부분이었고, 스탠드 위에는 많아야 몇 백 명 정도일 관중이 고작이었다. 필자의 눈엔 향우나 출향인사 구경하기가 하늘의 별 따기였다. 외지에서 관람 온 구경꾼도 거의 찾아보기 어려웠다.

그때 운동장이나 시내에서 펼쳐졌던 프로그램 등은 굳이 따져 볼 필요도 없다. 문제는 구경꾼이고 그 구경꾼이라는 것은 벌어지는 '판' 성격을 그대로 반영하기 때문이다.

다들 하나 정도는 나름의 역사나 전통문화의 풍류나 풍물 그리고 먹거리·멋거리를 버물리고 짓이겨 '새로운 것'으로 만들거나 또는 옛것을 그대로 오늘에 살리거나 그리고 그것을 현대판의 '볼거리·즐길 거리 판'으로 만들어 30, 40만 명이 찾아 들게 하고, 그것도 부족해서 백제의 후손이라는 일본 인물들을 그들의 본국이라는 백제의 고토(古土) 문화 현장에 경쟁하듯 끌어들이고 있는 판이다.

한데, 우리는 이때껏 뭣을 버물리고 가꿔 왔는지 모르겠다.

장흥에 과연 문화의 축제가 있기는 한가. 볼거리를 만들어 내고 사람을 끌어들이는 축제가, 그도 아니라면 다소 희소가치가 있는, 이를테면 예전의 우리 것이었던 '고줄놀이', '버꾸농악' 판 같은 것이라도 있기는 한가.

우리 장흥인들의 의식이 문제라고 한다. 이 말에 일리가 있긴 하다. 다는 아니지만, 꼭 한 두 사람의 '이상한 욕심'으로 다 망가뜨리는 경우를 더러 봐 왔기 때문이다. 왜 그 이름을 타국(일본) 하늘 아래서 펄펄 휘날리던 그 '한들 농악'이 지금은 맥을 못 추다가 결국에는 유명무실해져 버렸는가. 왜 향우들의 주머니까지 털어 그럴듯하게 지었던 충효회관이 난데없이 유림회관으로 개명까지 하다가 결국에는 문 닫을 위기로 내몰렸는가. 왜 장흥에서 새로 만드는 도로마다 마치 목 줄기에 밥덩이가 콱 얹힌듯 한 군데로 가면 구불구불해지고 마는가. '개발한다' 하면, 다른 데서는 굳이 '수익자 부담 원칙'까지 적용해서가 아니라 더 큰 것을 위해서 양보하기도 한다는데, 왜 우리 쪽 사람들은 되레 덤터기 씌우듯 비싸게 땅값 쳐 달라 강변하곤 해 번듯한 건물 하나 짓기 힘 드는가.

이런 점에서라면 분명 우리 장흥인들의 의식에 문제가 있는 듯싶다.

그런데 다는 아니다. 한두 사람이 분탕질을 하는 것뿐이다. 실제는 아니겠지만, 무슨무슨 곳에는 누구누구가 혼자 이리저리 다해 먹고 다닌다는 말을 많이 듣기도 한다.

그런데도 장흥인들은 결국 경찰서 같은 곳에서 일이 터지면, 모를까 그저 뒷말만 무성하게 할 뿐 행동으로는 얌전을 뺀다. 이점은 때로 장점이기도 하다. 어지간해서는 자기 삶의 방식을 쉬이 바꾸지 않는 것, 상말을 표나게 하기도 하고 막말로 덤빌 듯하고 싹싹하지 못해도 소박순후한 구석이 진한 것, 관향 따지기 좋아하고, 선거 같은 큰일 치를 때면 일가붙이끼리 뭉치길 좋아하고, 문중 일에는 시간이며 경비도 아끼지 않는 것, 그러나 고장 일이나 먼 미래를 관통하는 일 따위에는 괜히 시간도 바쁘고 돈도 아깝고 마음도 궁색하다. 그래서 다소 권위적이고 구태적이며 거만한 듯 하지만 그럼에도 겸손하고 예의 바른 것은 장흥인들의 장점이긴 하다.

이런 장흥인의 대체적인 성품에는 장흥의 역사 전통에서 기인한 바 크다. 이러한 연유로 장흥은 옛날에 비추어 개발이 더디고 발전도 더디는 것이 아닌가 싶다.

그러나 바로 이런 것, 버려둔 곳이 아니라 무관심으로 묵혀두고 잠재워

두고 아껴 두었던 그것 때문에 우리는, 바로 이런 것들이 곧 힘을 크게 발휘하는 머잖은 미래에선 어느 곳 못지않은 경쟁력을 갖게 될 수도 있을 것이다.

지난 세기는 잊혀지고 응달진 땅으로서 장흥이었음을 우리 모두 인정해야 한다.

우리 군의 큰 어르신도, 관계 고위 공무원이나 담당 공무원도 인정할 것은 인정해야 한다. 그리고 우리 군민들도 볼썽사납게 물장구치며 흙탕물을 일으키는 이들은 과감히 퇴출시키고 '우리 군 전체'를 위해서 더불어 희생하고 봉사하고 양보하는, 말 그대로 정분 넘치고 살맛 냄새라도 맛볼 수 있는 장흥이 되게 해야 한다.

그리고 우리 모두 행정기관만 나무랄 게 아니다. 먼저 우리부터 자성해야 한다. 이제부터는 적어도 3, 4년이나 5, 6년을 볼 것이 아니라 최소 10, 20년을 바라보고, 아니 30, 40년의 먼 미래를 바라보고, 전국적이고 세계적인 것이 될 수 있는 '장흥의 얼굴'을 '장흥의 이미지'를 충일하게 생각해내고 버무리고 만들어야 한다.

지금은 어려운 경제 국난으로 이런 생각하기조차 어려울 테지만, 언제까지 거침없이 굴러가는 세계의 바퀴를 나 몰라라 할 수는 없잖겠는가. 저녁이 되면 아침이 오는 것은 아주 단순한 순리다. 물질만능의 20세기가 지나면 정신문화의 21세기가 오는 것도 시간의 숙명이요 순리다. 경제·기계가 주(主)가 되었던 전자 산업시대가 지나면 이제부터 당연히, 순리대로 '정신문화의 운동'에 의해 요청되는 것이 후기 산업시대요, 정보·문화가 주(主)가 시대의 도래는 불가피한 일이다.

이 시대 소득화 산업은 문화 관광인 것도 모른 척하지는 말자.

우리 장흥군이 강진군에 비해 아니 보성군에 비해 월등히 관광산업이 낙후돼 있다는 것도 애써 숨기려 하지도 말자. 차라리 재정자립도가 가장 열악하다는 이유를 대더라도 인정할 것은 인정하자. 그 인정 위에서 비로소 자성이 뒤따르고 새로운 시작도 가능한 법이 아니겠는가.

지금부터가 우리 모두의 책임인 것이다. 우리 역시 우리의 책임을 위해 투명한 감시자의 역할을 다하겠다는 것이다. 보통의 장흥인들은 쉽게 보지 못하는 응달진 곳도 보여주며 우리 모두의 긍정을 위한 부정의 역할도 마다하지 않겠다는 것이다.

장흥읍 남산공원, 유적·관광 공원화 추진해야

— '남산공원, 군민 여가 공간·정서 함양에 기여해 온 장흥읍의 명소'

— 장흥신문/1998.06.27.

남산공원은 장흥읍의 상징과도 같은 곳이다. 장흥읍민들의 유일한 놀이와 휴식 공간으로서 중요한 역할을 해 왔던 곳이고 자라나는 청소년들의 정서함양에도 크게 기여해 온 곳이다. 지금은 남산공원 부근, 강북의 소위 '칠거리 문화'가 다리 너머의 '건산리 문화'로 이전됨으로써 다소 활기를 잃었고 또한 학교를 비롯 읍내 여기저기에 체육공간이 제공되고 있는 데다, 문화 향수를 위한 공간이나 시설이 그런대로 여기저기 산재해 있어 애써 남산공원에 오르는 사람들이 예전 같지는 않아도 그 옛날 여가를 즐기고 장흥 읍내 풍치를 관광하거나 놀이와 휴식공간이 필요했던 때 많은 사람들의 발길이 항상 끊어지지 않았던 곳이 바로 남산공원이었다.

그래도 지금 남산공원에 올라 보면 역시 장흥에서 이만한 풍치를 보여주는 곳은 없구나, 하고 생각하게 한다. 굳이 벚꽃이 만개하는 봄철이 아니더라도, 사시시철 어느 때 올라 봐도 예전의 그 풍치는 변함없다. 역시 마음의 한가한 시간을 자유롭게 보낼 수 있는 유일한 곳으로서 예전과 하나도 다를 것이 없다. 여전히 많은 장흥 군민들의 사랑을 받는 곳이 남산공원인 것이다.

이 남산공원을 보다 볼거리도 많고 얘깃거리도 많은 곳으로 개발을 할 수는 없을까.

즉 남산공원의 관광지화의 길은 없느냐는 것이다.

남외리 석산부지— 장흥동학기념관 건립을

현재 장흥군은 남산공원의 맨 앞머리 부문의 석산을 허물고 있다. 남외리 검문소 앞 석산부지(장흥읍 남외리 164— 5번지 등 16필지, 4천3백여 평)가 군립 아파트 예정 부지로 선정되어 지금 그 석산을 허무는 공사가 한창인 것이다. 애초 이 석산 부지는 군립 아파트 건립 예정 부지로 선정되면서 군립 아파트 사업계획이 추진되었으나 현재 이 계획은 보류된 상태인 것으로 알려지고 있다.

부지 정지 작업이 끝나면 아파트가 들어설지 아니면 다른 용도로 쓰여질지 모르나, 이제까지 이 석산 때문에 많이 굽어졌던 국도 2호선은 직선화될 것으로 보인다.

입주 희망자가 적어 잠정 보루돼 있는 것으로 알려진 이곳은 군립 아파트 건설이 다시 본격 추진된다면 어찌될까. 장흥의 관문에 콘크리트 아파트 3백여 세대가 들어설 것이라는데 이것만큼 꼴불견은 또 없을 것이리라. 아무리 군 재정을 위한 수익 사업의 일환이라고 하지만, 최소한 10년, 20년 앞을 내다보는 견지에서 개발 사업을 추진해야 한다면 이곳이 아파트 단지로서가 아니라 다른 용도로 유용하게 활용될 수 있어야 한다고 우리는 생각한다.

우리는 이곳 5천여 평의 부지를 주차 공간으로도 유용하게 활용될 수 있는 '동학기념관' 건립을 간절히 희망하고 있다. 우리의 희망대로 이곳이 동학기념관과 주차 및 녹지 공간 등으로 꾸며진다면 공설운동장과 실내체육관에서 치러지는 도 단위 대규모 행사 때 부족한 주차 공간으로도 유용하게 활용할 수도 있고 '의향장흥(義鄕長興)'의 위상을 한껏 제고할 수도 있을 것이라고 생각한다.

특히 이 동학기념관은 바로 동학 최후의 견적지인 석대들이 바로 앞에 두고 있어 명실공히 의향 장흥의 역사와 전통을 확인하고 이를 대내외에 널리 홍보하는 교육·관광의 공간으로도 유용하게 쓰일 것이다.

또 이 기념관 안에 장흥출신의 작가 송기숙《녹두장군》, 한승원《동학제》가 이루어낸, 소위 '한국동학문학'의 양대 산맥의 업적을 기리는 별도의 전시공간도 마련하고 동학군 의(義)의 가치와 동일한 관군 측 충(忠)의 상징인 '영회당' 측 인물도 함께 기리는 공간도 마련할 수 있다면(이 부분은 먼저 동학의 후예들과 영회당 측 후손들과의 화해·화합이 전제돼야 하겠지만) 의향 장흥 이미지가 한층 돋보이게 될 것이다.

남산공원 일대, 남문 복원 등 유적지화를

동학기념관 조성에 이어 장흥성 남문·성곽의 일부라도 복원이 추진되면 이것만으로도 동학기념관, 향교 등과 연계된 남산일대 문화 유적 탐방코스가 가능한 역사 관광벨트가 조성될 수 있다,

더 구체적으로 살피면, 남산공원 및 주변 지구에 대한 유적지화(또는 관광지화) 사업의 추진으로 장흥동학기념관 조성에 이어 ①공원 입구 나무 고개의 옛 장흥읍성 남문 자리에 예전의 남문과 연결되는 일부 성곽도 복원하고 ②공원 근처 교촌리 25번지의 천도교 교당(1916년 건립, 독특한 韓日건축양식)의 문화재 지정 추진과 복원사업도 추진하고 ③남도국악·서편제 발상지였던 신청(神廳)도 복원하고 ④옛 동헌 터 등지에 안내 표석과 함께 복원 가능한 장흥읍성 유적 일부를 복원하는 식으로 남산공원 일대를 새롭게 조성한다면 남산공원은 새로운 역사 문화 관광지로 변모될 것이다.

또 어차피 문림의향으로서 장흥이 이미지화 되고 장흥의 역사와 전통이 올바로 전승되어지는 전통 문화 고을로서 문화관광 육성이 이루어져야 한다면, 장흥읍에서의 옛 전통 계승은 필수적으로 이루어져야 한다. 즉 조선시대 내내 서남해안을 관할하던 도호부로서 호남의 중심 고을 역할을 해왔던 장흥의 역사 흔적인 '장흥부'의 흔적이라도 재현되어야 한다는 것이다.

다만 불행하게도 옛날 장흥성이 있었고 동헌도 있었던 흔적들이 표적으로나마 간신히 남아 있을 뿐 복원돼 있는 곳은 한 군데도 없다는 것은 큰 문제이긴 하다. 그러나 이미 건축물이 들어서 있는 곳들은 복원이 불가능하여도 복원이 가능한 곳은 복원하고, 동헌 터 등 표적이나마 세워 놓을 수 있는 곳은 그 자리에 흔적이나마 남겨 놓아 장흥의 옛 역사와 전통을 우리 후대에까지 남겨 놓은 것이 당연한 일이 아니겠는가. 이 당연한 일조차 무슨 일인지 외면당해 왔음에 우리는 우울해진다.

남도에서는 찬란했던 문림의향의 역사를 고증이 될 수 없거나 건축물 등이 들어서 있어 완전히 재현하지는 못하더라도 일부분 정도는 능히 복원할 수 있다는 게 우리의 생각이다. 그래서 우리는 부분적이나마 장흥성의 복원이 필히 이루어져야 마땅하다고 주장하는 것이다.

최소한 장흥성 남문의 복원을 비롯 북문에서 장원봉까지의 성벽 정도는 관심과 의지만 있다고 한다면 능히 복원할 수 있을 것이다. 이와 함께 칠거리 입구나 남문 쪽에 장흥읍성을 한눈에 조망할 수 있는 안내판과 전망대를 만들고, 팔각정에서 동학기념관이 들어서는 석산 부지까지 길을 낸다면 더욱 좋을 것이다. 그리고 동학운동의 최후의 격전지로서 장흥의 전통을 계승해야 한다면 동학기념관 건립은 필히 추진되어야 마땅할 것이다.

이처럼 남산공원 주변이 새롭게 개발된다면 남산공원 일대는 새로운 역사 교육의 공간이 될 것이라는 게 우리의 생각이다. 어느 향토 사학자는, 이렇게 남산공원 일대가 복원·정비되면 이곳은 역사교육의 현장으로서 더없이 훌륭한 '역사 이야기 길'이 조성될 수 있다는 견해다. 즉 전남도에서는 찾아보기 드문 '산 역사 교육'이 더해진 문화 역사 관광코스가 개발될 수 있다는 것이다.

즉 ①칠거리 → 장흥부 읍성 동헌 터 → 남문(공원 입구) → 팔각정 →

영회당 → 예양서원 → 동학기념관 → 천도교 교당 → 향교 → 남문

② 칠거리 → 예양서원 → 영회당 → 팔각정 → 남문 → 향교 → 천도교 교당 → 동학기념관 → 동학탑 등으로 이어지는 '역사 이야기 길' 이나 '역사교육 탐방길'이 조성되어 장흥 관광의 입지를 가일층 제고할 수 있게 될 것이라는 게 이 향토 사학자의 소견이었다.

백년 후 장흥미래 위한 독창적인 '장흥문화' 창출할 수 있어야

듣건대, 소도읍 개발계획에 의해 칠거리에서 경찰서까지의 길을 넓히는 계획이 수립돼 있다는데, 우리 생각으로는 이곳의 길목은 장흥의 산 역사를 증언하는 길이므로, 그대로 보존하면서 남산공원 개발과 함께 장흥의 전통거리로 남겨놓은 것이 '문화관광 장흥'의 입지를 위해서 보다 나으리라는 생각이다.

이 같은 견해에 대해 군 당국은 선뜻 좋아하지는 않을 것이다. 우선 그러잖아도 재원이 없어 허덕이는 마당에 그렇게 재원이 많이 투자되는 개발은 비현실적이라는 주장일 것이다. 그리고 재원 마련의 길도 없다는 데서 고려해 보지도 않을 것이다. 또한 당장 가시화되지 않는다는 점에서 이같은 발상 자체를 용인하지 않을 것이다. 기실은 우리나라의 지자체 개발 행정의 특성인 '임기 내 가시화'에 걸맞지 않는다는 속셈 때문일지도 모른다,

석산에 동학기념관 건립 추진은 특히 장흥에서는 '영회당 측'을 고려하면 생각도 않은 게 좋다는 투의 이야기도 듣는다.

영회당 측 후손들과 동학 후손들 간의 화해·화합은 이제 장흥의 화합을 위해서 필히 풀고 나가야 할 과제가 아닐 수 없다. 이 기회에 우리는 이 과제 해결을 위해서도 이제까지의 수수방관에서 적극적인 모색으로의 발상 전환이 요구된다는 점을 지적하고 싶다.

우리 역시 당장 1, 2년 내에 결실을 봐야 한다는 식으로 이 같은 주문을 하지는 않는다. 20년, 아니 백년 후 장흥의 미래를 내다보고 이런 생각을 해보면서 우리의 희망을 기술해 본 것이다.

더구나 이 같은 일련의 남산 주변의 개발 사업들이 역사 교육 및 관광 산업에서의 고부가 관광산업을 창출할 수 있다는 점에서 특히 동학기념탑과 가깝고 석대들이 눈앞에 있는 석산 부지에 주차난도 해결할 수 있는 일석이조의 동학기념관 건립 추진을 우리는 큰 기대를 가지고 희망해 본다.

이와 함께 더불어 남산 주변 일대를 유적지화하여 남산 일대를 새로운 문화공간 또는 역사 관광 교육의 장으로서 활용하는 방안을 생각해 보고 이에 대한 군 당국의 정책적인 고려와 검토를 촉구하고자 한다,

6장

문학

장흥이 '송기숙 문학' 품어 안아야 한다

— 포곡마을에 문학자리 확보, 송기숙문학비 건립 추진해야

— 장흥투데이/2021.11.24

송기숙(宋基淑, 1935~2021), 이청준(1939~2008), 한승원(1939~) - 이들 3인 모두 한국 현대 소설문학의 거봉이요, 장흥의 대표 소설가요, 장흥을 '문학고을', '문학특구'로 만든 주역들이다.

이들 3인 중 이청준은 이미 고인으로, 출신 마을인 선학동에 생가(확보 보존)며 천년학 세트장, 문학자리(묘지) 등 현지에 문학자원이 넘쳐나고 이청준 문학관 조성도 추진 중이다. 한승원 역시 안양 율산 마을에 해산 토굴이며, 문학교실 그리고 여다지 해변의 한승원 문학산책로가 조성돼 있는 등 한승원의 문학 현장도 현지에 생생히 살아있다.

그런데 송기숙만 다르다. 출신 마을인 용산 포곡마을 입구에 낡은 문학 현판만 달랑 걸려있을 뿐, 생가는 이 모 씨에 팔려 새집이 들어서 있고 그 외 다른 어떤 문학 자원도 확보·조성돼 있지 않아 지금 같으면 송기숙의 문학자원이 장흥에는 거의 없다고 해야 할 듯싶다. 게다가 선생은 15년 전부터 병마로 인해 문학 활동을 완전히 접어버렸고, 그때부터 자연스레 장흥과도 절연되면서 장흥과 인연 쌓기도 전무, 이제는 '장흥 문학인 송기숙'이 아니라 '장흥 외인(外人)의 송기숙'이 돼 버린 것이나 진배없는 실정이라고 할 수 있을 것이다.

그나마 장흥과 지척인 선생의 '화순 살이'도 2021년 4월 서울로 이거하면서, 송 선생은 화순은 물론 광주와도 인연을 아주 끊겨가고 있는 상태이다.

송기숙 선생은 부인 김영애 씨(84세)와 사이에 1남 4녀를 두었다. 첫째

송석희(여, 56세), 둘째 송강희(여, 54세), 셋째 송원(여, 52세), 넷째 송승렬(男, 50세, 2019년 작고), 막내 송송희(여, 48세)고, 손주는 모두 6명을 두었다. 선생의 자녀들이 모두 서울에서 살고 있어, 15년째 병중의 아버지를 돌보는 어머니를 홀로 화순에 둘 수 없어 서울로 아주 이주시킨 것이라고 한다.

선생에게 알츠하이머라는 병마가 찾아든 것은 지난 2006년, 선생의 나이 71세 때였다. 그로부터 지금까지 알츠하이머로 투병 중이므로 선생의 투병생활은 무려 15년째이다. 지금은 가족들도 선생의 사후를 고민 중이라고 하는데, 선생이 5.18 유공자이므로 사후엔 당연히 광주 5.18묘역으로 안장 될 것이라고 예견되지만, 언제인가부터 광주 5.18 측과 선생의 자녀들 간에 심한 갈등이 불거지면서 딸들은 선생 사후 5.18 묘역 안장도 반대하고 있다고 한다.

송 선생의 가족들은, 특히 장흥에 대해 어찌 생각하고 있을까.

천관문학관에 비치된 송기숙의 문학공간이 이청준 한승원에 비해 턱없이 작다는 사실이며, 그동안 장흥군이 이청준·한승원과는 달리 송기숙 선생에겐 전혀 소규모 재정적 지원도 해주지 않았다는 사실, 송 선생 생가 경우만 해도 당초 그 생가를 매입한 용산면장 출신의 이 모 씨가 장흥군에 송기숙 생가를 매입하겠다면 팔겠다고 몇 번 연락했는데도 아무런 답이 없어, 하는 수 없이 생가를 헐어버리고 그 자리에 새집을 지어, 송 선생 생가를 아주 사라지게 했다는 사실도 알고 있어, 장흥군의 송 선생에 대한 그런저런 처사에 매우 마뜩잖아 하며 몹시 섭섭해 하고 있는 것으로 알려졌다.

그런데 오랜 병마와의 사투로 송 선생의 사후 문제가 점차 불거지고 있는 지금 시점에서, 광주의 모대학교나 모처에서 '송기숙 기념관(문학관)' 조성을 추진하려 한다고 한다.

송 선생은 전남대에서 30여 년 동안 교수로 재직하였다. 송 선생은 1978년 전남대 교수 10명과 함께 '국민교육헌장'을 비판한 '우리의 교육지표'를 발표해 긴급조치 위반으로 구속돼 1년 동안 복역하면서 교수직까지 파면당하는 수난을 겪기도 했다. 또 1980년 광주민주화운동 당시에는 학생수습위원회에서 활동하다 내란죄를 적용받아 10개월을 복역하기도 했다. 대학 복직 후 송 선생은 1987년 '5.18광주민중항쟁 사료전집'을 발간했고, 같은 해 민주화를 위한 전국교수협의회 초대 의장, 1994년 민족문학작가회의 이사장, 1996년 전남대학교 5.18연구소 초대 소장, 2004년 문화중심도시조성위원회 위원장(국무총리급) 등을 역임했다.

이처럼 송 선생은 국내 대표적인 민중 소설가로서 뿐만 아니라 민주화의 선도적 교수로서 역할, 5.18 광주민주화 운동 정신 발현을 주도한 대표자로 자리매김 되어 있다.

광주의 모대학교나 모처에선 이러한 송 선생의 민중작가로서 사명수행과 투철한 민중·민주화 운동 실천가로서 위업을 귀감삼아 기념관을 추진하려 한다는 것이다. 즉 송 선생을 '민주화 성지인 광주 정신의 표상'으로 삼아 그의 기념관 유치를 추진하려 한다는 것이다. 사실이 아닐 것으로 믿지만, 사실이 아니길 바라지만, 그런 움직임이 사실이라면, 그리고 그 동안 해 왔던 것처럼 장흥이, 장흥군이 여전히 송기숙 선생을, '송기숙 문학'을 외면하려 한다면, 결국 송기숙의 문학은 장흥에서 떠나갈 수도 있을 것이다. 송 선생은 사후엔 5.18묘역으로 안장될 것이고 그 모대학교나 또는 모처에로 송기숙 문학자원을 장흥은 눈뜬 채 빼앗긴 꼴이 될 것이다.

송기숙에 대해 장흥이 언제까지 침묵하기만 할 것인가. 장흥이 언제까지 송기숙을 내쳐 놓고만 있을 것인가. 지금이라도 늦지 않았다. 장흥 문학인들이 '송기숙 기념사업회'라도 결성하든지 해야 한다. 그리하여 장흥군이, 장흥 군수가 '송기숙 문학 껴안기 사업'에 대한 단호한 의지를 천명하도록 촉구할 수 있어야 한다. 그리하여 늦었지만. 이제부터라도 송기숙을 장흥이 품어 안을 수 있도록, 송기숙 문학을 장흥에 안착시킬 수 있도록 해야 한다. 문학 고을 장흥이 장흥 출신의 송기숙 문학을 외지에 빼앗겨버린다면 과연 누가 장흥을 문학고을로 인정해 줄 것인가.

우선적으로, 송기숙 문학자리(묘지)를 확보해 놓아 사후라도 송기숙을 장흥으로 모셔올 수 있도록 해야 한다. 포곡마을에서 억불산 허리께인 자포치재 고개를 넘나들며 장흥중고를 통학하였던 그 산길을 '송기숙 문학길'로 또는 장흥동학혁명 때 장흥동학군의 피난길이었던 그 자포치재를 '송기숙 동학문학길'로 조성한다든지, 포곡마을 입구 주차장 자리 한켠에 송기숙 문학비를 조성한다든지, 장기계획으로 송기숙 생가를 매입, 재건·중건을 추진한다든지, 하다못해 포곡마을에 단출한 송기숙 기념 공간이라도 마련한다든지 하는 다양한 방안으로, 송기숙 문학이 그의 출생마을인 포곡에 안착될 수 있도록 해야 한다.

나아가 '송기숙 문학관' 조성도 장기적으로 추진한다면 더할 나위 없이 '송기숙 품어 껴안기'가 될 것이다.

기봉 홍보 산파역의 백수인, 장흥문학 부흥 선도해 주길

— 장흥에서 엮어낸 시집《더글러스 퍼 널빤지에게》출간도 축하하며

— 장흥투데이/2021.10.06.

이청준 한승원 송기숙 김녹촌 등을 장흥 현대문학의 제1세대라고 하면, 소설가 이승우 한강, 시인 백수인 이대흠 김영남 위선환 전기철 등을 제2세대라 할 수 있다. 1세대 문인 중 이청준 김녹촌은 이미 고인이 되었고 송기숙은 와병으로 투병 중이며, 한승원 작가만이 유일하게 장흥 현지에서 25년째 전업 작가로 활동 중이다. 이처럼 1세대가 저물어가면서 2세대 문인들이 단연 두각을 나타내고 있다. 이승우와 한강은 이미 세계적 소설가로서 입지를 굳히며 중앙 무대에서 한국의 대표적인 문인으로 활동 중이다. 2세대 문인으로 이들 외에도 200여 명이 대부분 외지에서 활동 중이다.

장흥 현지에 활동 중인 문인으로는 시인 이대흠 양기수 유용수 김동옥 등 몇몇에 불과할 뿐이다. 그런데 2세대 문인의 선두 그룹에 서 있던 백수인 시인이 지난해 장흥으로 귀향, 장흥에 정착하며 아연 장흥문학에 활기를 더해 주고 있어, 향후 그의 행보가 관심을 끌고 있다.

특히 백수인은 조선대학교 교수(문학박사, 학자) 출신 시인으로, 귀향 후 더욱 왕성해진 창작 활동은 물론 '장흥살이(장흥문학)'에 진한 애정을 드러내고 있어 향후 장흥문학의 학문적·이론적 토대 구축을 선도하고 그 활성화에 기여할 것으로 기대되고 있다. 그는 장흥에 정착한 이후 이미 여러 장흥의 문인·문화 예술인들과 교우하며, 장흥문화원 등의 학생백일장 심사위원장, 현재 발기 추진 중인 '장흥고문학회' 이사장 추대, 여러 장흥 시인들의 시집 시평(해설) 집필 등 장흥문학 선도자의 한 사람으로서 역할을 톡톡히 해내고 있는 것이다.

대학 교수 시절엔 진보적 사회활동과 문단 활동, 대학 내의 주요 보직 활동, 문학평론 활동 등에 주력하느라 1권의 시집만 출간했지만, 퇴직 이후 장흥에서 두 번째 시집인 《더글러스 퍼 널빤지에게》(푸른사상)를 펴내는 등 더욱 역동적인 문학 활동을 보여주고 있다. 따라서 향후 그의 문학 활동에 대해서도 큰 기대를 모으게 한다.

시인 백수인의 문학적인 DNA는 멀리 가면 기봉 백광홍(岐峯 白光弘)으로 연결되지만, 가까이는 고조부와 선친의 문학적 계대(繼代)를 이었다고 할 수 있다. 고조부인 계은(溪隱) 백운희(白雲熙, 1836~1919)는 한문시인으로 장흥 기산마을에 제자들을 모아 한시를 가르쳤으며 제자들과 잦은 시회(詩會)를 열어서 제자들과 함께 쓴 '시회고(詩會稿)' 1권을 남기기도 하였다. 선친인 백낙홍(白洛洪, 1929~2016)은 오랫동안 장흥문화원 이사 등을 역임하며 강수의 전 장흥문화원장, 윤수옥 전 장흥문화원장 등 장흥의 유수 문화인들과 교우하며 장흥문화 활동에 적극 참여하였다. 또한 그는 억불산 편백 숲(지금의 우드랜드) 조림 총감독, 기양사 관리 및 기양사 중건을 주도하였던 선대의 대표적인 문화인이었다.

그런 고조부 백운희, 선친 백낙홍의 문학적인 계대를 이은 이가 바로 시인 백수인이다. (동생 백성우는 중등학교 교장 출신으로 소설가로 활동 중이다).

선대의 장흥문학, 장흥문화에 대한 애정이 그러했듯, 백수인 시인도 장흥문학인으로서 자긍심이 대단하고 애정 또한 깊다. 단적인 예가 있다. 한승원 선생은 1998년부터 조선대학교 문예창작학과에서 학생들에게 문학론과 소설창작실기를 20여 년 동안 강의해 왔다. 한승원 선생을 조선대학교 교수로 초빙하는 데에는 백수인 교수(당시 조선대학교 국어교육과 학과장)의 적극적인 의지에 의해서였다. 그는 대학 관계자들과 3회나 '해산토굴'을 찾아가 선생을 설득하여 간신히 초빙교수로 모실 수 있었다고 한다.

백수인 시인의 장흥문학에 대한 애정은, 장흥문학의 뿌리 가사문학의 조명, 즉 기봉 백광홍, 존재 위백규에 대한 학문적 조명의 시작과 떼려야 뗄 수 없는 인연으로 이어진다. 기봉의 '관서별곡'은 1960년대 이전까지만 해도 한국의 문학계에 현전하지 않는 가사였다. 어쩌다 단편적으로 그 제목이 소개되더라도 작자를 기봉의 아우인 옥봉 백광훈으로 기록한 전적이 많았고, '기성별곡'과 '향산별곡'을 합쳐 '관서별곡'이라 했을 것으로 추정하는 논문도 있었다.(이주홍, 1955).

그런데 당시 명지대 이상보 교수가 김희준 학생(기봉 종가가 외가. 학교장 출신)으로부터 제보를 받고 기봉 종가에서 《기봉집岐峯集》에 실린 '관서별곡'을 발굴, 1963년에 이를 분석·평가한 학술논문을 발표하며 비로소 세상에 빛을 드러내게 되었다. 국내에선 최초로 발표된 기봉 '관서별곡'의 논문이었다. 이어 전남대 정익섭 교수가 '관서별곡' 관련 학술논문을 발표하였고, 이를 계기로 학계에서 백광홍의 문학을 조명하는 논문들이 잇달아 발표되기에 이른 것이다.

백수인 교수는, '관서별곡'의 문학적 가치를 사회 일반에 알리는 선도자를 자임한다. 1987년, 연세대 김동욱 박사를 비롯 전국의 국문학자 100여 명이 참여한 가운데 제막된 '기봉가비' 제막(부산면 구름재)에 산파역을 했으며, 1987년 《기봉집(중간)》 출간도 주도했다. 1994년 전남문협 심포지엄 때 '관서별곡과 장흥문학' 이라는 논문을 발표하였는데, 이 논문은 '관서별곡'을 필두로 한 장흥의 가사문학과 현대 장흥문학의 맥을 정리하는 최초의 결집이었다.

기봉뿐만이 아니다. 존재 위백규 역시 백광홍처럼 학계에 전혀 알려지지 않았을 때인 1960년 대 초반, 조선대학교 이종출 교수가 당시 국문학과의 재학생이던 유치면 출신의 문경두의 집을 방문한 것이 계기가 되었다. 이종출 교수는 장흥지역 문집들을 살피는 과정에서 존재 위백규 등의 시조와 가사를 발굴, 1976년부터 순차적으로 이상계, 위세보, 위백규 등 장흥 역대 문인들에 대한 논문을 학계에 발표하였다. 이를 계기로 장흥의 가사 문학이 학계에서 더욱 주목을 받게 되었다. 특히 존재 위백규의 시조 '농가고', 가사작품 '자회가' '합강전선유가' 등이 조명 받게 되었고, 위백규, 위세보, 이상계, 노명선 등의 가사 작품과 존재 위백규의 실학사상이 학계의 관심을 끌게 되었다.

백수인은 선비적인 풍모를 지닌 시인이다.

그동안 '장흥문학'에서 결핍된 부분은 장흥문학사 및 문학성 등에 대한 학문적인 연구와 조명이었다. 학자 출신의 시인 백수인 교수의 장흥문학에서의 학문적 고찰과 연구가 요구되고 있는 이유가 여기에 있다. 비록 현직에서 은퇴했지만, 장흥문학에 대한 그의 진한 애정과 여전히 4, 50대의 의욕과 의기(意氣)를 갖고 있기에 백수인 시인에게 큰 기대를 걸고 있는 것이다.

더불어 장흥 현지에서 일구어 가는 시(詩) 창작 등의 문학적인 성과도 더욱 기대해 본다.

장흥 가사문학 자료집 재간행돼야 한다

─ 장흥문학의 뿌리 '가사문학 자료집' 재발간을 주문한다

─ 장흥투데이/2021.07.02.

모 대학교 학생이 학사논문으로 "호남의 가사문학"을 준비 중이어서 장흥의 가사문학에 대한 자료가 필요하다 고 요청해 왔고, 후에 "이중전의 '장한가'의 내용이 이상하다며, 원문을 보내줄 수 없느냐?"고 다시 요청해 온 적이 있었다.

이에 장흥의 한학자 치인 이봉준 선생에게 문의 하니, 치인 선생은 "이미 '장흥의 가사문학' 자료집(책자) 에서 '장한가'가 엉망으로 편집, 발행된 것을 잘 알고 있다"면서, "직접 대조해 보라"며 원문 복사본을 보내와, 비로소 책자에 소개된 '장한가'의 편집이 크게 잘못됐다는 사실을 확인하게 됐다.

우곡 이중전(愚谷 李中銓, 字 和執, 1825~1893)은 비록 가사 '장한가' 1편을 남겼지만, 문집 《우곡집愚谷集》을 남겼다. 이 유집에는 유시 145여 수가 있어, 당대 지역에서는 큰 시인으로 명성을 가졌던 장흥의 선비요 문인이었다. 그리고 그 유시 중 한 편이 장편 가사로 '장한가(長恨歌)'였다. 시인·평론가로 조선대 국어교육과 교수 출신인 백수인에 의하면, 호남 출신의 가사 작가는 31명이고 작품 수는 총 56편에 이른다.

그 중 장흥 출신 가사 작가는 기봉 백광홍을 비롯 7명으로 전체 가사 작가의 22.58%에 이르고, 작품 수는 총 15편(작자 미상 2편 제외)으로 전체 호남 작가 작품 수의 26.79%를 차지한다. (가사문학의 고장이라고 자칭하는 담양군-창평포함-은 가사작가 5명, 작 품 11편이다).

이러한 장흥의 가사문학으로 인해 조선조 후기 장흥은 '장흥가단(長興歌壇)'으로 불릴 만큼 가사문학이 성세하였던 문림의 고을이었고, 이러한 가사문학의 성행과 장흥만의 독특한 문맥이 오늘날까지 그대로 전승되었다고 할 수 있다. 그러므로 당대의 장흥 가사문학은 오늘날 장흥을 '문학의 고을'로, '문림의향(文林義鄕)'으로 불리 울 수 있는 동기가 되었다고 할 수 있을 것이다. 이처럼 조선 후기 장흥의 가사문학은 장흥문학에서 주요한 역사적, 문학사적으로 큰 의미를 갖는다.

1979년 장흥군은 문림 고을 장흥의 든든한 뿌리로서 장흥 가사문학을 조명하는 자료집을 발간한다. 이 책자에서 장흥의 가사문학 전부를 소개하였고, 백수인·장희구 박사의 장흥 가사문학 관련 논문과 새로 발굴된 가사 작품 5편도 소개하였다.

그로부터 5년 후인 2004년에 재발간된 동일 제목의 이 책자는, 1979년본 책자 내용 외에 고단의 '친정길' 외 2편과 작사 미상의 '임계탄(壬溪歎)'을 부가하였지만, 기존의 장흥 출신 작가들의 작품은 '1979년 본'을 그대로 전재하는 편집으로 발행했다. 만일 '1979년 본' 책자에서 이중전 작품의 오류를 발견하였다면, 2004년 재발간본에는 당연히 수정 편집으로 발간함이 마땅했지만, 1979년본 '장한가'의 오류 편집은 2004년 본에도 그대로였다.

그리하여 지금까지 장흥 가사문학 자료집으로 발행돼 있는《장흥의 가사문학》은 오류투성이다. 혹자는 "우곡 선생이 장흥의 가사문학 책자에서 당신의 작품을 직접 보았다면, 다 읽기도 전에 무덤에서 벌떡 일어났을 것이다"고 했다.

이제 와, '그 책자의 편저자가 누구였으며, 누가 감수는 했는가' 하고 '그 잘못'이며 '그 책임'을 따지자는 게 아니다. 이제라도, 장흥의 그 귀중한 가사 자료집의 오류를 확인했으므로, 당연히 이제라도 잘못된 부문을 수정하고 보완해서 보다 완벽한, 제대로 된 원고로 재편집·재발행되면 되는 일이기 때문이다. 더불어, 기왕에 '장흥의 가사문학'이 재편집·재발행된다면, 차제에 한문이 포함된 원문 그대로의 작품 소개와 함께 부문부문에 주석도 곁들이고 작품에 대한 전문가 해제며 평설도 곁들여, 한글세대의 후인(장흥인이나 외지 문학인 등)도 능히 당대에 크게 부흥된 장흥의 가사문학을 충분히 공유될 수 있도록 하면 더 나을 것이다.

이런 의미에서 장흥 가사문학의 재조명이 절실히 요구되는 것이다.

한 그루의 나무도 뿌리가 단단하면 그 줄기 또한 무성하기 마련이다. 오늘날 장흥이 문학의 고을로 문림의향이 되고, 전국에서 유일한 문학기행 관광특구가 된 것도 따지고 보면, 장흥문학의 뿌리인 가사문학과 가사문학 이전의 한시(漢詩) 등 장흥의 고문학이라는 단단한 문학적 기반이 있어 가능한 일이었다고 할 수 있다.

그리고 여기에 덧붙여, 200~300여 명의 역대 장흥 출신 문인들의 문집 등을 국역화하는, 이른바 '장흥 고문학 조명 프로젝트'도 추진해야 하는 이유이기도 하다.

그런데 아쉽게도 우리는 지금 장흥문학의 뿌리로서 그 가사문학과 장흥의 고문학 등을 등한시하고 무시하는 경향이 짙다. 이는 뿌리를 의식하지 않은 무성한 줄기의 나무만 의식하는 것이나 진배없는 일이 아닐 수 없다.

아직 늦지는 않았다. 그리고 그 적기도 아직 놓치지는 않았다. 그러나 더 늦으면 이 적기마저 절로 지나가고 말 것이다. 장흥군이, 장흥문화원이, 장흥의 문화계가 이제라도 장흥문학의 뿌리인 가사문학의 정체성 규명과 재조명, 역대 문인 고문집 국역화 사업의 프로젝트를 본격적으로 서둘러 추진해야 하는 이유인 것이다.

장흥이 명실상부 경쟁력 있는 문학고을이 되려면

—'장흥문학관광기행 특구' 재지정에 즈음하여

— '장흥투데이/2021.01.21.

21세기 들어 가장 강력한 주류요, 최대의 화두는 환경과 문화이다.

환경은 지구촌의 지속 가능성을 위한 필수 불가결한 화두요, 문화 역시 문명의 발전이 가져온 '삶의 질'의 향상과 그 향유에서 가장 중요한 화두가 되고 있어서이다.

이 두 가지 대세는 지방화 시대에의 각 지방 정부(지방자치단체)의 지속 가능성 및 경쟁력에서도 가장 주요한 무기요 가장 강력한 모멘트(moment)라는 사실은 누구도 부인할 수 없는 요소이다.

지방화가 추진되면서 각 지자체들은 지자체의 발전과 경쟁력, 향후 지향점을 위한 상징어나 대표적인 브랜드(brand), 대표적인 구호 등을 내세우고 있다. 보성의 '녹차의 수도'나 안동시의 '한국정신문화의 수도' 등이 그 대표적이다.

'장흥문학고을' '문림의향'이라는 표현은 아주 중요한 상징어이다. 세계 문명사의 흐름에서 최대 화두의 하나인 '문화'에서 보다 구체적이고 본질적이며, 다종의 '문화'에서도 최상급 장르로서 의미를 갖기 때문이다. 그러므로 이 상징어가 보다 효율성·효용성으로 극대화되어 발전돼 간다면 필연코 장흥의 대표적인 브랜드로 자리매김될 것이고, 그러한 과정에서 미래 장흥의 경쟁력과 지속 가능성의 비전도 확보할 수 있다는 데서 아주 중요한 의미가 있다.

그러한 의미에서 새해 벽두에 장흥군이 지난 2008년에 지정받은 전국 최초의 '정남진 장흥 문학관광기행특구' 재지정은, 바로 '장흥 문학브랜드'의 재창출 가능성을 담보한 것이며 나아가 명실상부 장흥문학 브랜드를 전국화·세계화 할 수 있다는 점에서 큰 의미를 갖는다.

돌이켜보면, 지난 2008년 문학기행특구 지정 이후, 우리는 '전국 최초의 유일한 문학특구'라는 구호만 뻔질나게 되뇌었을 뿐, 실제적으로 진정한 문학고을로서 노력은 미미했다고 할 수 있다. 장흥문학의 고을로서 이미지화는 군민들의 노력이나 장흥 문학인들의 노력도 중요하지만 지자체의 지원 등 적극적인 관심이 보다 중요하기 때문이다.

2008년 장흥군이 당시 전국 최초로 유일하게 문학특구로 지정된 것은, 그만큼 장흥에 이청준 한승원 송기숙 이승우 등 저명한 장흥 출신 문학인을 비롯하여 장흥군에 산재한 문학(기행)자원이 풍부하여서이다. 기실은 장흥 '문학특구' 지정 이전부터, 장흥은 '문림의향(文林義鄕)', '문학의 고을 장흥'에 대한 이미지가 굳혀져 왔었고, 2008년 '문학특구' 지정으로 인하여 '문학특구'에 대한 타당성과 정체성의 의미를 더욱 확고히 확보할 수 있었다. 물론 여기에 지자체의 노력도 가미되었음은 사실이다.
즉 '문학특구' 지정 이후로 장흥문학 자원 개발, 홍보, 활성화 사업도 활기를 띠었다. '문학특구' 지정을 전후로 조성된 천관산문학관을 비롯하여 천관산문학공원, 이청준 생가 복원, 안양 여다지 해변의 한승원문학산책로, 기양사 정비, 장흥문학 지도 등 여러 문학관광 기반 사업들이 활력있게 추진되었으며 한편으로 문학특구 지정 기념사업의 하나로 전국문학인대회(2회) 개최에 이어 '문학특구포럼'이 해마다 연례적인 문학축제로 개최되며 문학의 고을로서 이미지를 굳혀오고 있기 때문이다.

그런데 문학특구 지정으로부터 10여 년이 지난 지금, 문학고을로서 그 위상과 그 성과는 별다른 변화가 없는 상태이다. 단적으로 문학특구임에도 여태 전국 규모의 큰 문학상도 없는 상태이며 이청준 문학관마저 이제 겨우 걸음을 떼고 있는 상황이 아닌가.

문화관광에서 늘 비교가 돼 온 강진군이, 장흥군의 문학특구 재지정과 때를 맞추어, 마치 '남도 답사 1번지'로서 전국적인 명성을 얻어 온 자신감을 표출하기라도 하듯, 아니 '브랜드 육성은 강진을 따를 곳이 없다, 문학도 마찬가지다'라고 선언이라도 하듯, 국내 대표 일간신문인 동아일보와 손잡고 김영랑 문학자원의 전국화를 위한 '김영랑 문학브랜드' 육성을 적극적으로 추진하기로 했다고 천명했다.

지난 해 문체부의 '2020년 한국 작고문인 선양사업 공모'에서 장흥군이 이청준 선양사업으로 겨우 2천만 원짜리에 선정되었지만, 강진군은 김영랑 선양사업으로 1억원 짜리를 선정 받아, 장흥의 문학 행정과 강진군의 문학 행정이 '1억 원 : 2천만 원'으로 비교당하는 수모를 겪은 바도 있다.

이제 강진군이 김영랑 문학 브랜드를 걸고 나온다. 장흥 못지않은, 아니 장흥을 넘어서는 강진 문학 브랜드를 육성, 창출하겠다는 의지인 것이다.

그러나 우려는 되지 않는다. 장흥군의 문학과 문학자원은 김영랑 시인 외는 별 자랑할 것 없는 강진군의 문학과 비교해 그 '문학 자원'은 말할 것도 없고, 과거 현재를 불문하고 문학인 수에서도 장흥이 강진을 압도하고도 남기 때문이다. 문제는 앞으로 문학의 메카로서 장흥군의 문학행정이 어떻게 추진될 것이냐가 우려될 뿐이다.

이번 문학특구 재지정을 발표하면서 장흥군은 기존의 문학관련 사업들, 즉 문학자원 정비사업, 문학특구프로그램 운영, 문학특화협력 네트워

크, 한국문학특구 포럼, 이청준 문학제 등 다양한 문학자원의 형상화의 노력에 이어 제와장 공방개선사업, 방촌 실감콘텐츠사업 등 4개의 신규 사업을 추가해 장흥군의 문화관광 사업에 대한 경쟁력을 강화시키겠다고 발표했다.

그런데 구체적인 추진계획은 아주 미흡하다. 가장 중요한 몇 가지 사업 추진이 빠져 있기 때문이다. 장흥문학상 제정과 장흥 고문학 조명(고문집 국역화), 장흥문학 데이터베이스 구축 등이 빠져 있기 때문이다.

먼저 장흥문학상 제정은 문학특구로서 너무나 당연한 일이기에 더 이상 논의하지는 않겠다. 다만 장흥문학상 제정 못지않게 중요한 작업이 있으니, 200여권에 이르는 장흥고문집 국역화 사업이다. 이들 장흥고문집은 바로 장흥문학의 뿌리로써 한문학(漢文學), 한시(漢詩) 등을 제쳐두고서는 장흥문학을 이야기할 수도 없기 때문에 장흥 고문집을 국역화 하고 한문문학을 조명하는 일은 아직도 상당수의 한문 학자들이 생존해 있는 지금이야말로 적기가 아닐 수 없으므로 당장이라도 본격 추진해야 마땅할 것이다.

'문림의향 메카' 구축 추진에 이은 '장흥문학관광기행 특구' 재지정으로 '장흥문학 브랜드'를 전국화·세계화 시킬 수 있는 동력이 마련되었다고 할 수 있다.

진정으로 장흥이 명실상부, 전국에서 빛나는 문학고을로서 명성과 경쟁력을 갖출 수 있게 되길 바란다.

한참 늦었지만 '장흥 문학상' 제정을 추진해야 한다

— 장흥문학상 제정추진위원회 결성, 군 조례 제정까지 추진돼야

— 장흥투데이/2020.10.28.

전국적으로 문학상, 제정이 우후죽순이다. 그런데 장흥만 전혀 관심이 없다.

"남도 다 하니 우리도 하자"며 흉내내자는 건 아니다. 늦었지만, 이제부터라도 우리도 문학상을 제정해야 한다는 것이다. 늦어도 한참 늦었다. 그럼에도 불구하고 지금이라도 필히 제정돼야 한다.

문학에 관한 한 '전국 최고'라고 자부하는 장흥이 아닌가. 더구나 '문림의향'의 메카를 구축하겠다는 장흥군이며 더구나 전국에서 유일한 '문학관광기행특구'가 아닌가. 그럼에도 불구하고 제대로 된 문학관 하나 없고, 문학상 하나 없다는 건 참으로 부끄러운 일이 아닌가.

남들이야 억지로라도 제정할 수도 있겠지만, 장흥은 하려고 맘만 먹으면 당장이라도 제정할 수 있다.

전국에까지 볼 것 없다. 전남의 경우만 놓고 살펴보니, 지자체들이 제정하여 시상하는 문학상은 대충 3가지로 분류된다. 첫째는 근현대 문인의 이름을 내건 문학상, 둘째 고대 문인 이름을 내건 문학상, 셋째 지역 이름을 내세운 문학상이 그렇다.

첫째 근현대 문인 이름의 문학상은 강진의 '김영랑 시문학상'(3천만 원), 고흥의 '송수권 문학상'(3천5백만 원), 곡성의 '조태일시문학상'(2천만 원), 순천시의 '김승옥 문학상'(8천만 원) 등이 그 예이다. 근현대에 대단한 문학적 위업을 남긴 문인이 없어, 별 수 없이 고대 문인의 이름을 내건 문학상으론 담양의 '송순(면암) 문학상'(3천만 원), 나주시의 '백호임제 문학상'(3천만 원), 해남의 '고산(윤선도) 문학상'(2천만 원) 등이 좋은 예이다.

지역 이름을 내건 문학상도 많다. 이 경우 문학상을 제정할 만한 문인이 여럿일 때 주로 제정하거나 시 단위 이상에서 제정하는 상이 많다.

목포시의 '목포문학상', 여수시의 '여수 해양문학상' 등이 좋은 예이다.

이들 세 가지의 상을 혼합해 제정하는 예도 있다. 나주시의 경우, '백호임제문학상'에서 본상으로 전국 문인 대상의 '임제 문학상(2천만 원)', 지역 문인을 위한 '나주문학상(5백만원)'으로 분류해 시상하는 경우가 그 예이다.

늦어도 한참 늦었다. 그렇지만, 이제부터라도 본격적으로 장흥의 문학상 제정을 추진해야 한다. 장흥이 문림의향이며 문학의 고을이기 때문이다. 더는 이름만 '문림의향의 메카'요, '문학의 고을'로서 부끄러운 장흥이 될 수는 없기 때문이다.

논자의 생각으론, 장흥 문학의 원류, 장흥 문학사, 문학자원 등을 고려할 때, 운문(詩)과 산문(소설)로 분류하고, 시(詩) 분야에서, 기행가사의 효시로 장흥 가사문학을 선도했던 기봉 백광홍의 문학정신을 기리고 그 시문학 전승을 위한 '기봉 시문학상'을 제정하는 것이 좋다는 생각이다. 또 현대문학에 이르러 장흥 소설문학의 부흥을 기념하는 '장흥 소설문학상'을 제정하면 될 듯싶다. 기왕에 장흥지역 문인만을 대상으로 '장흥 문학상' 같은 상도 함께 제정하는 것도 좋을 듯싶다. '기봉시문학상' 장흥 소설문학상' 2종은 전국 문인 대상으로 최상급 문학상으로 추진하고, '장흥문학상'은 장흥 출신 문인만을 대상으로 수여하는 것이 좋을 듯싶다.

여기서 '기봉 시문학상' 제정에 크게 이의를 제기할 사람은 없겠지만,

소설 문학상에서 굳이 '장흥'이라는 지역 명칭보다, 이미 고인인 '이청준' 작가 이름을 내건 '이청준 문학상'이 낫지 않겠느냐 등 여러 이론이 제기될 수도 있을 것이다.

하지만 '이청준 문학상'을 제정하면, 향후 그분 못지않은 소설가들 즉 한승원, 송기숙, 이승우, 한강(다른 지자체라면 얼마든지 이들만의 명칭으로 문학상을 제정하고도 남을 것이다) 명칭의 문학상 제정 논의도 능히 불거질 수 있어 이점은 조심스럽게 접근해야 할 것이다.

여기서 목포시 문학상 제정이 좋은 선례가 될 수 있다. 목포시도 고대 문학적인 전통은 없지만, 근현대 문학에서 여류소설가 박화성, 극작가 김우진·차범석, 평론가 김 현, 소설가 천승세·최인훈·김은국, 시인 김지하 등 국내에서 내로라 하는 문인들을 여럿 배출하여, 문향으로도 불리지만, 문학상에서는 아예 작가들 이름을 뺀 채 '목포문학상' 명칭으로 제정한 것으로 알려졌다.

장흥의 경우도 마찬가지일 것이다, 특히 현대 문학에서 다수의 문인이 있으므로 '이청준' 등 한 분 이름을 내건 문학상은 논란의 여지가 있을 수 있으므로 아예 처음부터 장흥의 현대문학에서 가장 부흥했던 장흥 소설 문학을 기념하는 의미에서 '장흥'이라는 명칭을 내건 소설 문학상 제정이 보다 효율적이라는 판단이다.

그렇다면 문학상 제정을 어떻게 추진할 것인가?

먼저, 전문가(전국 장흥 출신 문학 전문 교수 등)와 장흥 문학단체 대표, 대표 문인들, 군의원 등이 참여하는 이른바 '장흥문학상 제정 추진위원회' 같은 모임을 구성해야 한다. 여기서 문학상 명칭을 비롯하여 기준, 종류(본상, 신인상 등), 심사방법, 시상금 등을 논의하여 결정하고, 이를 바탕으로 관련 조례를 제정하고, 이 조례에 따라 장흥군이 재정지원을 하는 장흥문학상을 제정하면 될 것이다.

이번에 전남 문인 65명이 강진, 보성, 장흥의 문학 자원 및 문학현장을 답사했다. 이들의 한결 같은 소감은 "장흥은 그 어느 곳과 비교할 수 없는 문학 자원이 넘쳐난다. 그런데도 문학관 하나 없다. 문학상 하나도 없다"는 것이었다. 그들이 둘러본 보성에는 '조정래 태백산문학관'이, 강진에는 '영랑시문학관'이 있었던 것이다.

전국에서 유일한 '문학특구'이고, 이청준 송기숙 한승원 이승우 한강 등 내로라 하는 전국적으로 유명한 작가들이 즐비하고, 문단에 데뷔한 장흥 출신 문인들만 200여 명이나 된다는 말에 한껏 놀란 그들은 "그럼에도 불구하고 가볼 만한 문학관 하나 없다는 게 이상한 일이다"는 투로 얘기하곤 하였다.

다행히 현재 이청준 문학관 조성이 추진 중이다. 문학관은 수십억 원의 재원이 투입돼야 하는 사업이고 향후, 문림의향의 메카를 지향하는 장흥군이므로 장흥 가사문학관 등 다른 문학관 조성도 추진 될 것이다. 그런데 문학상 제정은 아직도 전혀 무관심이어서 더욱 안타깝다.

이제부터라도 장흥문학상 제정 추진위원회가 결성되고, 이를 바탕으로 장흥문학상이 속히 제정되어지기를 바란다.

원감국사(圓鑑國)師) 충지의 문학은 위대했다

— 국사의 시문이 8세기를 뛰어넘어 오늘도 회자된다

— 장흥투데이/2020.09.17

13세기 초(1226~1293)에 살았던 장흥 출신 원감국사(圓鑑國師) 충지(冲止)의 시문(詩文)이 8세기를 건너 뛴 21세기 초엽에도 조명되며 널리 회자되고 있다.

인터넷이 대세인 오늘날, 인터넷상에서 원감국사의 시문이 틈틈이 소개되며 널리 유포되고 있다. 국내 한시(漢詩), 한문학의 권위자 정민 교수도 '정민의 우리 선시 산책'이라는 코너로 원감국사의 한시 수십 편을 국역하고 풀이하여 많은 사람들이 이 시들을 애호, 인용하고 있다

원감국사는 차시(茶詩)도 20여 편 남겼다. 이 여러 차시들 중에 "아침에는 죽 한 그릇, 점심에는 밥 한 그릇에도 배부르다. 목마르면 차 세 그릇 우려 마시니, 깨달음이 있고 없곤 상관 안 한다 寅漿飫一杓 午飯飽一盂 渴來茶三椀 不管會有無", "밥 한 바리와 나물 한 접시, 고프면 먹고 곤하면 자노라. 물 한 병과 차 한 냄비, 목마르면 들고 나와 손수 차를 달인다. 飯一盂蔬一盤 飢則食兮因則眠 水一缾茶一銚 渴則提來手自煎" 등이 널리 회자되고 있다.

《소설 원감국사》 (우리출판사간/윤청광지음)도 출간되었을 정도다.

또 국사의 유고 시문이 지난 1988년 《원감국사집》 (진성규 국역) 이름으로 '아세아문화사'에서 출판된 후 거의 침묵 속에 갇혀 있었는데, 지난 2010년에 '동국대학교출판부'에서 이상현 역《원감국사집》이 한글 본으로, 2012년에는 '지식을 만드는 지식'에서 진성규 역《원감국사집》이

재출간되는 등 지속적으로 '국사 시문의 회자'에 기여하고 있다.

최근 들어 학계에서도 국사 시문에 대한 연구가 활발히 발표되고 있다. 또 2002년 9월 29일에는 송광사에서는 '원감국사 충지의 생애와 사상'을 주제로 학술대회가 개최된 바도 있었다.

왜 원감국사의 시문이 8세기를 건너 뛴 지금에도 여전히 그 후인들인 위문(魏門)·불도(佛徒)들까지 뛰어넘어 널리 회자되는가? 이는 문학적, 역사적 가치 때문이고, 그 작품들이 기록(遺稿)으로 남아졌기 때문이다.

무엇보다 국사는 수많은 시문을 남겼는데 국사 사후 4년 후인 1297년에 《원감국사어록》이 간행되었고, 그 어록을 바탕으로 조선 초 1478년(성종 9년)에 편찬된 《동문선東文選》에 국사 시문 76편이 수록될 수 있었기 때문이다.

《동문선(東文選)》이 어떤 책인가? 주지하디시피 《동문선》은 성종 때 당대 거장이요 대문인이었던 서거정(徐居正, 1420~1488)과 노사신(盧思愼, 1427~1498) 등이 편찬한 방대한 분량(133권 45책)의 시문집이다. 이 책에는 550여 명의 작품 4,500여 편이 수록돼 있다. 이 중 220명은 고작 한 편의 시문이, 3백여 명은 2편 이상의 시문이 수록됐으며, 29명의 승려도 포함되었다. 그런데 550여 명의 인물 중 50여 편 이상의 시문이 수록된 사람은 고작 50여 명에 불과하고, 승려로서는 원감국사가 유일했던 것이다.

장흥이 도호부로 승격한 것은 인종(재위, 1122~1146) 때였으므로, 국사 생존 기간에 장흥이 도호부이긴 했지만, 도호부로서 역사가 일천했을 뿐만 아니라 여전히 고려조의 최남단이요 최변방이나 다름없었다. (당시 장흥위 씨도 장흥지역에서는 토반 성씨로 위세 있기로는 대표적인 가문이긴 하였지만, 전국적으로는 '희성의 한문寒門'이어서, 훗날 존재 위백규마저 위씨魏氏를 삼벽三僻 중의 하나인 성벽姓僻으로 치부할 정도였다).

비록 국사(장흥위씨 8세)의 3세 위인 장흥위 씨 5세인 위계정(魏繼廷, 1038년~1107)이 고려 조정에서 최고위직을 역임했고, 국사가 그런 위계정의 후인이었다고 할지라도, 당시 벽촌의 장흥 위씨 가문에서 중앙무대까지 진출, '대선사(大禪師)' '국사(國師)' 칭호까지 받으며 사림(詞林)에서도 공인받는 문인으로, 불교계에서는 가장 큰 직분이던 '대선사'로 현달하기란 마치 하늘의 별 따기나 다름없었을 터였다.

물론 위계정은 당대 최상위급 관료·문신이었다. (숙종의 유교에서도 "재신宰臣 위계정魏繼廷 이하 문무 백관과 승僧과 속俗의 기로耆老에게 교한다… 肅王遺敎:敎宰臣魏繼廷已下文武百寮僧俗耆老…"(《동문선》 제23권, 敎書, 遺敎)고 그 첫머리에 내세울 정도로, 위계정은 당대 조정에서 최고위직 관리였다. 더구나 송나라 학자 심괄(沈括, 1031년~1095)의 대표적 저작물 《몽계필담(夢溪筆談)》의 '속필담(續筆談)'에도 위계정의 관등시(觀燈詩)가 소개될 정도로 그는 현달한 문신이었다. 그런 위계정이었지만, 그런 위계정마저 유고(遺稿)를 남기지 못해 관료 출신 인물 중심의 편찬이었던 《동문선》에서조차 '천안절하례표(賀天安節表)'만 수록되어 있을 뿐이었다.

더구나 《동문선》이 편찬되던 조선조는 불교를 철저히 배척했으며 승려도 기피 존재였다. 그리하여 유학자들이 편찬한 방대한 《동문선》에 무려 76명의 무명 씨들의 작품이 수록될 정도였음에도 《동문선》에 등재된 승려는 고작 29명에 불과했다. 그러므로 《동문선》 편집자들에게 원감국사라고 해서 그 편견이 달라질 것이 없었을 터였다. 그런데도 국사 시문은 76편이나 등재되었다. 이것은 오로지 국사 시문의 문학성이나 그 가치가《동문선》의 편찬자들, 그 천하의 '유학자'들 편견(?)조차도 뛰어넘을 수 있었기에 가능했다고 할 수밖에 없다.

오로지 '유학자들만의 천하'였던 조선조에서도 국사의 시는 승려로서《동문선》 최다 수록은 물론,《성호사설》이며《지봉유설》,《신증동국여지승람》등에 자주 소개되며 널리 회자되고 유행할 수 있었다. 조선을 괄시하던 일본에서마저 1680년 국사의 문학성이 가치를 인정받아《원감국사어록》이 중간(重刊)되었을 정도였다. 그러한 국사의 시문이었기에 여전히 오늘날에도 국사의 시문이 담론이 되고 회자되고 있는 것이리라.

그처럼 원감국사의 문학은 위대했다.

그런데도 국사의 그러한 문학성에 대한 조명이며 국사에 대한 선양사업 등이 국사의 출신지 장흥에서는 여태 잠든 채이다. 군 당국에서야 그럴 수 있다손 치더라도 그러한 천재적인, 희대(稀代)의 문인을 배출한 위씨 가문에서도 여태껏 무관심이다. 아예 침묵이다. 매우 아쉽기 그지없다. 왜, 침묵하는지, 언제까지 침묵만 하고 있을 것인지 묻고 싶다.

명백히 국사의 시문은 세기를 뛰어 넘고 시대를 초월하여 지금도 여전히 '저 하늘에 빛나는 별'처럼 창창히 빛나고 있다. 그런데도 국사 후인들인 위씨 가문에서나 국사를 배출한 자칭 '문림고을 장흥'이라고 자부한다고 하는 장흥군에서 여전히 침묵이다. 참으로 안타깝고 안타까운 일이 아닐 수 없다.

'장흥 고문학 선구자 천방 유호인'에 대한 재론

ㅡ '장흥 고문학 시조' 의혹 제기에 대해 답한다

ㅡ 장흥투데이/2020.08.19

천방 유호인은 성리학자로 이른바 장흥 성리학의 비조였다. 당대의 석학 송시열(尤庵 宋時烈, 1607~1689)도 선생을 "천방 선생만이 오로지 정학을 이었다(維慈天放 實承正學)"고 예양서원 중수 축문에서 설했을 정도였다. (여기서 정학은 성리학을 일컫는다).

성리학자였던 선생의 위업은 장흥 한시문학의 선구자로서 뿐만 아니라 장흥에서 유일하게 학맥을 일구었다는 데서 의미있는 인물이었다.

"…후학을 가르치는 일에 부지런하여 싫증내지 않았으니, 처음 배우는 어린아이일지라도 …몇 개월 만에 반드시 몽매함을 깨우치게 하였다. 먼 고을 사람이건 가까운 고을 사람이건 학문의 법도를 지향할 줄 아는 사람들은 모두 공(천방)의 가르침을 받았으니, 공이 사문(斯文-유교문화)에 세운 공로가 매우 크다. 공은 평소에 작시(作詩)할 때 경물을 보고 일어나는 감흥을 읊은 것이 모두 성리(性理)에 관한 것이었으니…" -'천방유선생행장' 중에서(《반곡 정경달 시문집1》, 280쪽).

선생은 제자 외에도 수많은 지역의 후배·후인들에게 학문을 전수하였고, 그리하여 선생은 당대 '지역(장흥)의 진정한 사표(得性理之學, 敎授後排, 爲一師表)'('천방유 선생 행장' 중에서)로 인식되었다. (《반곡 정경달 시문집1》, 280쪽).

선생의 문인록 첫 머리에 적시된 반곡 정경달은 선생의 제자 중 가장 현달한 인물이었다. 반곡은 "어린 시절부터 공의 문하에서 수업을 받아

성취하였으니, 일찍부터 과거에 합격할 수 있었던 것은 모두 공의 덕택이다"(《정경달 시문집1》, 281쪽)고 고백하고 있다.

반곡은 300여 편의 시를 작시한 시인이기도 했다. 성인이 된 후 시인으로 활동한 반곡은, 16세 때 천방으로부터 시를 배웠다(詩就天放劉先生, 學毛詩). (반곡의 '연기年紀'- 16세 때의 기록에 의하면, 반곡이 천방으로부터 시를 배우고 작시하게 된 내용이 구체적으로 기술돼 있다). 결국 천방에게 배운 작시(作詩)의 공부가 결정적으로 훗날 그를 시인으로 입지하게 했을 것이다.

반곡의 천방으로부터 학습 과정에서 드러나듯, 천방 선생은 지역의 많은 후배들에게 당대의 학문인 성리학과 시(詩)를 교습하였고, 그러한 교육으로 인해 그의 학맥·문맥이 후대까지 이어졌을 것이다.

장흥위 씨로 천방의 제자였던 청계 위덕의(聽溪, 魏德毅)의 경우가 대표적인 예이다. 수많은 유문이 전란 때 유실되었음에도 시(詩) 2편을 남긴 위덕의를 비롯하여 덕의의 아우 덕후(德厚, 1556~1605), 조카 정훈(廷勳), 정렬(廷烈, 1580~1644), 정철(廷喆, 1583~1657), 정명(廷鳴, 1589~1640) 등 위씨 집안의 거의 모든 자제들을 교육하였고 그들 대부분이 시문집 등 유문집을 남겼다. 이처럼 천방으로 비롯된 학맥·문맥이 결국 존재 위백규(存在 魏伯珪)까지 전승될 수 있었던 것이다.

장흥에서 고문학(漢詩 등)은 고려 때 234편의 한시를 남긴 충지 원감(冲止 圓鑑, 1226~1293) 이후로부터 16세기 초 천방 유호인을 비롯 기봉 백광홍, 옥봉 백광훈 등이 출현할 때까지 거의 3세기 동안 절맥된 상태였다. 그러다가 16세기 초 천방 유호인(1502년생), 기봉 백광홍(1522년생), 옥봉 백광훈(1537년생) 등이 출현, 장흥 한시 문학의 중흥기를 이루었음은 사실(史實)로 증명되고 있다.

기봉은 한국 기행가사의 효시가 된 '관서별곡'을 비롯해 시 470수를 남긴, 장흥고문학의 대표시인이었다. 기봉의 아우 옥봉도 최경창, 이달과 함께 '삼당(三唐)'이라 불렸고, 이산해·최립(崔岦) 등과 함께 '팔문장(八文章)'의 칭호를 들었던 당대의 대문인으로 시 147수, 서(書) 6편, 잡저 5편 등 60여 편 시문의 등《옥봉집》을 남긴, 장흥 고문학의 대표 시인이었다.

이들 외에도 기봉의 태생지 안양면 기산마을에는 서당 봉명재(鳳鳴齋)가 있었고 여기에서 기봉, 옥봉 등과 동문 수학한 김윤(金胤), 임분(林賁), 임회(林薈), 백광성(白光城), 백광안(白光顏), 김회명(金公喜) 등 기산팔현이 당대에 문명을 날리기도 했다.

그랬다. 1500년 초, 장흥에는 천방이며 기산마을 중심으로 한 기봉, 옥봉, 기산팔현 등 여러 문인들이 출현하면서 비로소 장흥 고문학의 중흥기를 맞을 수 있었다. 특히 기봉은 가사작품 '관서별곡'으로 장흥 가사문학 중흥기를 열었고, 한국문학사에서도 기행가사의 효시가 된 시인이었다. (옥봉은 일찌기 어렸을 때 해남으로 이거. 해남에서 종생하였다). 그러므로 기봉 백광홍도 장흥 고문학의 선구자라고 할 수 있지만, 그 보다는 가사문학을 중흥시킨 장흥 '가사문학의 비조'로 더욱 강조될 수 있을 것이고 그래서 천방은 장흥 고문학(한문학)의 중흥기를 선도한 '장흥 고문학 선구자'의 한 분이라고 할 수 있는 것이다.

박모 씨가 모 지역신문에서, "천방 선생은, 장흥 고문학 시조인가? -장흥 일각에서 사용하는 '고문학 시조' 표현은 합당한가? 그 고문학(古文學) 개념의 시간적 내용적 범주는 어떠한가? 아마 장흥 학맥의 자생적(自生的) 태동을 강조하는 발상일 것으로 짐작되나, 그 출생은 늦으나 몰년은 앞서며 문집을 남긴, '기봉 백광홍(1522~1556)'도 있다 …"면서, 필자가 일전에 본란(장흥투데이 2020.07.02 발행, 제86호)에서 설한 '천방 유호인은 장흥 고문학의 선구자였다'는 글에 대해 의혹을 제기했다. 그런데 분명한 것은, 필자도 천방을 장흥 고문학의 '선구자'로 지칭했을 뿐 '시조'

로는 표기하지는 않았다.

당시의 논지에서도 그러하였지만, 지금도 여전히 논지는 '그렇다' 이다. 자기 학문(성리학이건 한시 문학이건)을 궁구(窮究)하는 일, 그것이 학자며 선비들의 최선이라는 것은 어제 오늘만의 일이 아니다. 굳이 당대의 문인으로 훨씬 뛰어났을 기봉이 있는데, 어이하여 그를 제쳐두고 천방을 장흥 고문학(한문학)의 선구자로 보느냐? 의혹이 있을 수 있다. 물론 기봉은 문명(文名)으로는 최고였을 것이다. 또한 당대 여러 문인들 즉 '기산팔현' 같은 여러 문인들과 공유도 하며 교우도 했을 것이다. 그러나 거기까지였다. 한시에 관해서는 천방도 기봉 못지 않았다. 게다가 천방은 거기서 한 걸음 더 나아가 후학에도 치중했다.

선구자(先驅者)는 말을 탄 행렬에서 맨 앞에 선 사람, 즉 어떤 일이나 사상에서 다른 사람보다 앞선 사람을 의미한다. 당연히 뒷사람이 있어 앞에 선 사람이니 선구자이다. 천방이 그랬다. 제자들 앞에 서며 그들에게 자기 학문과 문학[漢詩] 등을 전수하고 특히 작시법까지 전수하면서, 즉 '문학의 길'을 안내하며, 이른바 학맥을 형성하였던 이가 천방이었다.

이러한 연유로, 기봉은 기행가사의 효시로서, 장흥 가사문학의 비조로서 위명이 얻어졌으므로, 필자는 당대 가사문학과 한 축을 이루었던 한문학에 있어, 그 분야에서 궁구하고 자신의 학문(성리학)과 문학의 전승을 주도하고 자기 학맥·문맥이 이어지게 하였던 분이었다. 그래서 천방을 논자는 더 의미 깊게 주목하였던 것이며, 그리하여 천방을 장흥 고문학(한문학)의 선구자로 표기하기에 이르렀던 것이다.

천방 유호인은 장흥 고문학의 선구자였다

— 천방 시묘 유허비 제막에 즈음, 천방을 다시 생각한다

— 장흥투데이/2020.07.02

장흥의 성리학 선구자요, '조선조 3대 처사'로 불리울 정도로 당대 대단한 명성을 떨쳤던 야인이요, 학자요, 선비로서 자유롭고 고매한 삶을 영위했던 천방 유호인(天放 劉好仁, 1502~1584) 선생.

지난 6월 28일, 젊은 시절 관계 진출을 마다하고 중앙무대인 한양에서 당대의 저명한 석학들과 교유(交遊)·교우(交友)하며 학문(성리학)에 전념하다 말년에 고향으로 귀향, 시묘살이를 하며 후학 양성에 전념하고 100여 편이 넘는 시(漢詩)를 작시하였던 천방 선생의 은거처였던 장동면 하산리 제암산 자락에서 천방 유호인 선생의 시묘(侍墓) 유허비(遺墟碑)의 제막식이 있었다.

천방 유호인. 선생은 그동안 장흥에서 거의 잊혀진 인물이었다. 그럼에도 불구하고 사실(史實)에서 고스란히 드러나듯, 천방 선생은 조선조 500년 장흥의 역사에서, 귀중한 한 페이지를 장식하고도 남을 만한 위인이었다.

선비였지만 평생을 야인으로, 처사로 산 그분의 치열한 삶은, 당대의 학자며 선비들에겐 최선의 처세였을 도덕적·수범적인 삶이었다. 당대의 최고의 석학 남명 조식(南冥 曺植, 1501~1572년)이 선생을 '자기에게 넘치는 벗'이라고 지칭하였던 분이 천방이었고, 율곡 이이(栗谷 李珥, 1536~1584)는 천방 선생을 '대가(大架)'라 하였고 선생이 귀향하려고 하자 '내 도가 남쪽으로 내려간다(歎吾道之南)'고 찬탄하였던 당대의 명사였다.

천방 선생은 당대 선비들의 가장 이상적인 덕인(德仁)의 삶을 실천한 참된 선비였다. 명리(名利)를 좇거나 탐하지도 않았다.

형편이 어려워 식량을 계속 잇지 못하는 등 빈궁한 삶이었으나 마음만은 편안하였고, 서가에 서책을 가득 쌓아두고 독서를 즐기며 근심을 잊었으며, 도백(道伯)의 추천으로 참봉(參奉)에 2회나 제수되기도 했으나 출사하지 않았다. 재물을 탐하지도 않았다. 도(道)가 아니면 취하지 않았던 지조의 선비로서 삶을 영위했던 분이었다.

선생의 위대성은 그가 장흥 역사상 최초로 학맥을 일구었다는 데 있었다.

장흥의 여러 위인들 중, 장흥 역사 한 페이지를 장식할 만한 문하생들을 둔 분은 오직 선생뿐이었다. 오로지 천방 선생만이 여러 문하생을 가졌고, 그 문하생들은 장흥의 역사를 장식하기도 하였다. 그 선생의 제자였던 분들로 반곡 정경달(盤谷 丁景達, 1542~1602)을 비롯하여 백문린(白文麟, 1482~1544년), 위홍주(魏弘宙, 1558~1634년), 위덕의(魏德毅, 1540~1613), 이섬(李暹, 1553~1616 -사헌부 집의 역임), 문희개(文希凱, 1550~1610 -진사, 현감, 임진 때 의병장), 김지주(金砥柱, 진사) 등 각 집안의 파조나 파조에 버금가는 명사들이 많았다. 제자들뿐만 아니었다. 그 제자들의 자제들은 물론 만수재 이민기(晩守齋 李敏琦, 1646~1704)도 그의 학통을 이었으니, 천방은 장흥에서 3대에 걸쳐 학맥(學脈)을 이루었던 유일한 인물이었다.

이처럼 천방 선생은 이들 장흥의 각 성씨며 각 사족의 자제들에게 성리학을 전수하고 교육하여 그의 학문 및 문학이 후대에까지 널리 전승될 수 있게 하였다.

선생의 위대성은 선생이 일군 학맥뿐만 아니라 문학의 정신 곧 문맥

(文脈)이 후대에 전승될 수 있게 하였다는 사실이었다. 그 스스로 100여 편의 시를 작시, 당대 시인으로서 위명을 떨쳤던 선생의 시문학 정신은 수제자 반곡 정경달을 비롯 위덕위, 문희개, 정명렬(丁鳴說, 정경달의 아들로 시 98수를 모은《제암집霽岩集》을 남긴 시인이었다), 이민기 등에 이어졌다.

장흥의 고문학(漢詩)의 시작은 고려조 위원개(魏元凱, 1226~1293)가 시작점이었다. 원감국사는 한시 234편을 그의 유작집 '원감국사가송(圓鑑國師歌頌-원감국사의 시편 모음, 1920년 송광사간)'에 남겼다. 이로써 원감국사에 이르러 한시가 본격적으로 꽃을 피우기 시작했다고 할 수 있다. 그러나 원감국사 이후(1293년) 그리고 조선조가 개국한 1392년부터 천방 선생 이전까지 거의 300여년 간 장흥고문학은 암흑기를 맞이하게 되는 것이다.

그러다 천방 선생부터 비로소 장흥의 고문학도 활짝 개화되기에 이른다. 그리고 천방 이후에야 비로소 장흥의 고문학, 즉 한시(漢詩)는 활짝 개화되기에 이른 것이다. 물론 천방의 당대에 기봉 백광홍, 옥봉 백광훈 등이 있었지만 문맥을 바로 잇지는 못했다.

그렇다고 보면, 천방은 실로 조선조 장흥 고문학의 부흥기를 태동시킨 주역이요 장흥 고문학, 한시문학의 선구자였다고 할 수 있다.

이처럼 장흥 고문학을 중흥시킨, 장흥 고문학의 선구자인 천방 유호인 선생이 그동안 조명되지 못했다는 사실이 점은 참으로 안타깝다. 이번 천방 선생 시묘(侍墓) 유허비(遺墟碑) 제막을 계기로, 더 많은 장흥 사람들이 천방 선생을 기억하고 그분의 학문과 문학정신을 이어받을 수 있게 되길 바라는 마음이다.

가사문학관, 장흥의 위대한 문학자원이다

— 장흥투데이/ 2020.05.07

장흥군은 지난 2008년 4월 24일 '정남진 장흥 문학관광기행특구'로 지정되었다. 그런데 문학특구 지정으로부터 12년째를 맞는 지금, 문학고을로서 그 위상과 그 성과는 어떠한가.

여태 문학관다운 문학관이 없다. 물론 천관산문학관이 있긴 하지만, 그 문학관의 위치나 향토성을 탈피하지 못한 문학관의 이름도 그렇고 지역문학인 위주의 문학자료 전시 등 향토문학관으로서 성격에서 크게 벗어나지 못하고 있는 실정이다. 외지 문학 관광객들이 천관산문학관을 거의 찾지 않고 있는 것도 이 때문이다. 그러므로 장흥에는 경쟁력을 갖춘 문학관다운 문학관이 없다고 해도 과언이 아니다.

지금도 여전히 전국에서 장흥을 찾아오는 문학 관광객들이 찾는 곳도 겨우 이청준 생가나 기양사 정도일 뿐이어서, 진정으로 문학고을다운, 보다 경쟁력 있는 문학자원을 창출해내지 못하고 있는 실정이다.

구 교도소에 이청준문학관 조성이 추진되고 있긴 하다. 이 사업은 이미 용역과 설계 등을 마쳤지만 여태 예산 확보가 안 되어 지지부진한 상태이기도 하다. (이청준문학관의 위치나 문학관 이름의 적합성 여부 등은 이미 기 추진된 사업이므로 논외로 한다).

그런데 기실은 당초 장흥에서 문학관 조성 추진이 이루어졌어야 했다면 '이청준문학관'도 좋지만, 그 전에 '문림의향' '문학고을 장흥'의 시발점이요 그 태동이 되었던, 장흥문학의 뿌리가 된 '장흥 가사 문학관'이었어야 했다.

오래 전에 담양에 가사문학관이 세워져 따지고 보면, 가사문학에서 담양보다 월등한 우위의 문학자원과 경쟁력을 가진 장흥이 담양에 가사문학관을 빼앗긴 꼴이 되었다. 이제부터라도 장흥의 중의를 모아 가사문학관 조성을 서둘러 추진해야 한다.

장흥의 가사문학은 담양 가사문학은 물론 전국의 그 어느 곳과도 비교해도 우위의 경쟁력과 독특한 자원으로서 가치를 지니고 있다. 가사작가 출신이나 작품 수에서 단연 압도적이고, 특히 기행가사의 효시 '관서별곡'의 기봉 시인이 그 중심에 서 있어, 가히 당대에 '장흥가단(長興歌壇)'으로 불리기도 했던 장흥의 가사문학이었다.

특히 오늘날 '장흥문학'의 태동이 바로 가사문학에 있었음은 주지하는 바다. 그러므로 장흥문학의 역사는 가사문학이 그 시작이었고, 그러한 문맥의 전승과 전통 위에 오늘날의 장흥의 현대문학이 일대 부흥기를 일굴 수 있었다고 할 수 있는 것이다.

그러므로 '가사문학관'(부제로 '장흥문학관'이라 할 수도 있을 것이다)을 조성하고 그 가사문학관 내에 '기봉실(백광홍)' '가사문학실' 그리고 가사문학 이전의 장흥의 한시문학 등을 집대성한 '고문학실' 등으로 구분, 정리하면서 고유한 장흥문학의 역사와 그 연대기를 꿰면서 장흥문학을 집대성할 수 있다면 그 가사문학관이야말로 장흥의 가장 위대한 문화상품이요 위대한 미래의 문화유산이 될 것이다.

문화의 세기인 오늘날 거의 모든 문화 상품은 투자와 재원만으로도 능히 창출해낼 수 있다. 그러나 아무리 많은 재원을 투자해도 창출해낼 수 없는 것이 있으니 '문학'이라는 고유의 자원이다. 문학에 대한 역사와 전통이 빈약하면 더욱 그러하다.

그러나 장흥은 다르다. 장흥의 선비요 문인들이 남긴, 타지에서도 놀랄 정도로 풍부한 고문집이며 유작집 만도 해도 200여 권이나 된다. 게다가 가사문학은 단연 압도적이다. 오늘날 무려 200여 명의 문인들이 활동하는 곳도 장흥뿐이다. 게다가 장흥은 문학특구이다. 거듭해서 강조하거니와 어느 고을과도 비교 우위의 경쟁력과 풍부한 문학자원을 갖춘 고을이 장흥이다.

그런데 그 장흥문학의 뿌리로서 오늘날의 장흥문학을 태동시킨 장흥의 가사문학이, 기행가사의 효시가 된 기봉 백광홍 시인이 여태도 외면받고 있다니 참으로 안타까운 일이 아닐 수 없다. 우리가 이제부터라도 서둘러 가사문학관 조성을 추진해야 하는 당위요 그 이유인 것이다.

기봉 가비(歌碑), 이전되거나 모비(模碑)로 재건립 돼야

— "30년 전통·역사 - 장흥군·군민 무관심 속에 방치돼 왔다"

— 장흥투데이/2020.05.07

지난 1987년 11월 1일, 기봉 백광홍(岐峯 白光弘) 묘역 부근(2호선 국도 4차로 호계 터널)인 부산면 호계리 월만 마을(월만리 255-1번지)의 기봉재실(岐峯齋室) 영모재(永慕齋) 부지에, 전국의 저명한 석학 133명이 성금을 내어 후원·협찬한 가운데 '기봉가비(岐峯歌碑)'가 세워졌다.

그런데 '기봉가비'는 그 후 앞뒤로 국도 2호선 4차로에 이어 남해고속도로가 뚫리게 되면서 50m 간격을 둔 2개의 고속도로 중간 지점의 야트막한 언덕에 위치하게 되면서, 장흥군이나 장흥군민, 기봉 후인들인 수원 백씨들로부터도 줄곧 철저히 내버려져 왔다.

즉 그동안 지자체장·담당 공무원 등의 무관심으로 그 어떤 장흥문학 관련 홍보 책자나 자료, 장흥문학의 자원 내역에도 아주 제외되어 왔으며, 장흥을 찾는 문학 관광객들에게도 철저히 외면당한 채 방치돼 왔던 것이다.

지난 5월 5일 잔비 그친 후, 필자가 기봉 문학 연구 차(학위논문 자료 수집) 장흥을 방문한 모 대학원생과 '기봉가비'를 찾았을 때도, 영모재와 기봉 가비 앞뒤며 재실 관리사 주변에는 고장난 농기계며 내버려진 갖가지 살림 도구들, 온갖 생활 쓰레기들이 널려 있었고 가비 바로 앞에는 여기저기 물웅덩이가 앙상하게 드러나 있었다. 동행한 대학원생에게 필자가 되레 부끄러웠다.

이제 누구도 찾지 않고 내버려진 채 장흥군민에게 철저히 잊혀져가고 있는 '기봉가비'의 현장이 바로 오늘날의 '문림의향(文林義鄕) 장흥'의 현실을, 부끄러운 장흥문학자원의 현황을 고스란히 보여주고 있는 것이나 진배 없었다

'기봉가비'는 '장흥문학'의 현장에서, 안양 기양사와 함께 가장 오랜 역사와 전통을 가진 자랑스러운 장흥의 문학 자원이라 할 수 있다.

'문림의향', '장흥문학'의 모태는 장흥의 '가사문학'이었고, 그 가사문학의 중심에는 기봉 백광홍과 '관서별곡(關西別曲)'이 있었다. 이른바 '문림의향', '문학고을 장흥'의 태동은 바로 기봉 백광홍과 '관서별곡'이었다. 이러한 기봉 백광홍의 문학적 업적을 기리기 위한 움직임이 현대에 와 태동되었다. 그 시작은 1987년 기봉의 '관서별곡'을 국내 학계에 처음으로 소개했던 이상보(李相寶, 1927~) 박사와 김동욱(金東旭, 1922~1990) 교수, 장흥 출신의 조선대학교 백수인 교수 등이 주관한 기봉 시가비 건립 운동이었다.

이리하여 '기봉가비'는 전국시가비(詩歌碑) 건립동호회에서 앞장서서 추진되었고, 여기에 기봉 13대손 백남신(白南伸)을 비롯해 전국의 대학교수 등 문학 관련 저명한 석학 133여 명, 지역 유지 등의 성금과 협찬으로 비로소 1987년 11월에 지금의 자리에 건립되기에 이른 것이다.

당시 이 가비 건립을 협찬하고 후원했던 분들은 국내의 서명한 문학박사요, 작가·시인·교수 등 133명에 이르렀는데 이들 모두는 '기봉 가비' 전면에 기록돼 있다.

그 주요 서명자의 면면을 보면 ▲이가원(李家源, 1917~2000) : 한문학자, 연세대교수 ▲소재영(蘇在英, 1933~) : 국문학자, 숭실대 명예교수(현) ▲정한모(鄭漢模, 1923~1991) : 시인, 국문학자, 서울대교수, 문화공보부 장관 ▲박두진(朴斗鎭, 1916~1998) : 시인, 국문학자, 연세대교수 ▲황패강(黃浿江, 1929~2009) : 국문학자, 단국대교수, 부총장 ▲이상보

(李相寶, 1927~) : 수필가, 국문학자, 국민대명예교수(현) ▲남광우(南光祐, 1920~1996) : 국어학자, 인하대교수 ▲이숭녕(李崇寧, 1908~1994) : 국어학자, 서울대교수 ▲김완진(金完鎭, 1931~) : 국어학자, 서울대 명예교수(현) ▲이기문(李基文, 1930~) : 국어학자, 서울대명예교수(현) ▲최승범(崔勝範, 1931~) : 시인, 국문학자, 전북대 명예교수(현) ▲도수희(都守熙, 1934~) : 국어학자, 충남대명예교수(현) ▲김동욱(金東旭, 1922~1990) : 국문학자, 연세대교수 ▲이두현(李斗鉉, 1924~2013) : 민속학자, 서울대교수 ▲홍일식(洪一植, 1936~) : 국문학자, 고려대 총장, 명예교수(현) ▲김동리(金東里, 1913~1995) : 소설가, 중앙대 교수 등이었다.

이 가비 비문에는, 기봉 선생 소개에 이어 "…가사 관서별곡(關西別曲)은 기행가사의 효시로서 널리 애송되고 훤자(喧藉)되어 가사문학의 선도적 역할을 하였다. 송강 정철의 관동별곡(關東別曲)의 모체가 된 이 가사는 문학적 가치는 물론 그 사적 의의로도 높이 평가되었다. 이에 기봉의 고매한 인품과 빛나는 문학적 업적을 기리고자 전국시가비건립동호회에서 성금을 모아 여기 유서 깊은 기봉의 유택의 땅 운치(雲峙) 언덕에 이 돌비를 세운다. -1987년 11월 1일/전남대학교 교수 문학박사 丁益燮은 글을 짓고, 학술회원 문학박사 金東旭은 글씨를 쓰다"라고 쓰여 있다.

이처럼 '기봉 가비'는 전국의 문학인들에 의해 세워졌음에도 지금까지 거의 방치돼 온 것이다.

이제라도 군 당국은 장흥 문학계와 백씨 문중과 협의, 하루속히 기봉 가비를 적정한 부지로 이전하거나 현재의 기봉 가비를 모비(模碑)로 재건립하는 등 방안을 모색하여 이전된 가비나 재건립된 기봉 가비가 명실상부 장흥의 가장 중요한 문학 자원으로 널리 활용될 수 있도록 해야 할 것이다.

이청준의 '눈길', 재복원·정비사업이 절실하다

— 이청준 문학의 현장이 참으로 외로워 보였다

— 장흥투데이/2020.04.02

지난 3월 28일, 장흥문인협에서 이청준의 소설 속의 현장인 '눈길'을 답사하게 되었다.

선학동 마을 이청준의 생가 마을 뒷산에서 시작되는 그 '눈길'은 지난 2003년 장흥군에서 '정남진 문학 탐방길(장흥 대덕읍삼거리 - 선학동)'이라는 이름으로 정비한 이청준 문학 탐방길이었다.

'산지까끔'이라고 불리던 이 산길은, 회진면 선학동에서 대덕읍으로 오가는 길로, 어느 세월에서부터 '마장골'로 불리었다고 하는데, 당시만 해도 선학동마을(진목리)의 아이들이 초등학교를 졸업하고 대덕중학교로 진학하면, 항용되던 등하굣길이기도 하여 날씨가 짓궂든 눈비가 오든 상관없이 늘 왕래하던 길이었다. 마을 어른들도 대덕장(5일, 10일)이나 장장(장흥읍장 2일, 7일)을 보기 위해서나 대처로 나가기 위해서는 반드시 이 산길을 넘나들었다는 그 산길이었다. 이 산길이 이청준의 소설 '눈길'에서 나오는 그 산길이었다.

이청준 선생의 문학 현장은, 선학동 마을의 이청준 생가와 선학동 마을의 영화 '천년학' 세트장 그리고 이청준 선생의 묘소가 있는 갯나들 '문학자리', 소설 '눈길'의 현장인 '산지까끔(마장골)'이다.

이들 문학현장에서 걸으면서 이청준 문학을 회상하고 이청준 문학의 의미를 생각하고 이청준 선생을 추모할 수 있는 곳은 '눈길' 즉 '산지까끔(마장골)'이다.

소설 '눈길'은 오래 전 TV문학관에서도 방영되었고, 고등학교 교과서에 수록되며, 수 차례 수능시험에 나오기도 했던, 이청준의 독자들이 가장 사랑하는 작품으로 한국소설의 대표적인 소설이고, 이청준 문학의 백미 중의 백미로 손꼽히는 소설이다.

또 이청준 문학 현장을 찾는 독자들, 문학가들이 자주 찾는 공간이 이 '눈길'이기도 하다.

이런저런 이유로 장흥군에서도 지난 2003년에 이 산길을 복원, 정비하였다. 그리고 그 전후로 이 '눈길'은 많은 문학인들이 답사하는, 이청준 문학 현장으로 최적의 산길이 되었다.

문인 출신의 중앙매체 어느 기자는 "독자들의 심금을 꿰뚫는 '문학 길'로 주목받는 '눈길', 장흥 남녘의 그 산길은 평생에 세 번은 걸어 보고 싶을 만큼 그윽하고 애절하고 문학적이며 사유가 동행되는 산길이었다"고 적기도 하였다.

이번 장흥문인협의 '눈길' 답사에 동행하면서, 그 눈길의 재복원 정비가 절실하다는 점을 새삼 확인하였다. 선학동에서 시작되는 기점에, '눈길'의 시작점이라는 안내 표지판만 세워져 있었는데, 여기에 '눈길'의 소개 표지판이 세워져 있지 않았고, 잿등 너머 세 갈래 길에서도 안내 표지판이 없었던 점, 거의 마지막 지점인 '책상바위' 위쪽의 갈래길 안내 표지판이 없어 혼선을 주었던 점, 마지막 산길 부분이 거의 사라져 버렸던 점, '눈길'의 종점 대덕읍 삼거리 안내 표지판이 두 동강이 난 채 깨져있었던 점 등 참으로 아쉬운 부문이 많았다.

이 눈길을 답사하며 나눈 말들이, "이청준은 한국문학의 대표적 소설가인데, 왜 여태 문학상이 없느냐?" "이청준문학관 추진은 제대로 진척이 되고 있기는 한 거냐?" "타지 같았으면 이 눈길도 제대로 복원, 정비하여 이청준 문학관광 활성화를 진작 이룰 수 있었을 텐데, 군에서는 너무

인색한 것 아니냐?" "오는 4월 17, 18일 전남문인협에서 예정된 '눈길 답사'도 있는데, 그 안에 이 눈길이 제대로 복원, 정비되지 않는다면 참 부끄러운 일 아니겠느냐?" 등이었다.

이날, 장흥군이 할 수만 있다면, 대덕읍 삼거리 '눈길'의 종점을, 교차로 교각 앞(건너편)으로 이전하고 그 자리에 예전의 그 '차부 및 주점'을 복원하여, 눈길 관련 사진 등 '눈길'과 관련된 유물들도 전시하고 사시사철 쉼터 역할도 할 수 있도록 관광 상품으로 만들면 좋을 것 같다는 지적도 나왔던 점을 상기시켜주고 싶다.

또 한 가지 지적하고 싶은 것은, 이청준 생가 마루에 비치된 '방명록'이 마룻바닥에 널브러진 채 방치되어 있었다는 사실이었다.

별곡문학동인회의 관계자에 따르면, 2년 전에 문화관광과에 서랍이 달린 아담하고 조그만 앉은뱅이 서상(書床) 한 개를 비치해 달라고 요구했다는데, 여태 그런 서상도 비치돼 있지 않았다. 그 방치된 방명록에는 매월 150~200여 명의 방문객들이 진솔한 의견을 기재해 놓고 있었다, 방명록을 들쳐보니 그야말로 전국 각지에서 단체와 가족 방문객들이 장흥과 이청준과 그의 소설 현장을 찾고 있었다. 참으로 아름다운 사람들의 흔적이었고, 이것이 바로 이청준 문학의 또 하나의 자산이 아니겠는가.

이날 눈길 답사에서 느낀 한 마디. "이청준 문학의 현장이 참으로 외로워 보였다"는 것이다.

'눈길'은 이청준 문학이 장흥에 남긴 소중한 유산이며 문학자원이다. '눈길'의 재복원, 정비 사업이 더욱 필요한 이유이다.

'장흥문학' 콘텐츠 개발이 필수적이다
— 장흥투데이/2019.12.19.

'장흥문학'의 속살을 들여다보면 아무것도 없다. 제대로 정리되고 정비되고 평가되어진 내용이 없다는 것이다.

늦어도 한참 늦었지만, 장흥문학의 육성과 부흥을 위해 장흥문학 콘텐츠 개발이 필요한 이유이다. 장흥문학에서 뿌리인 한문학(漢文學), 한시(漢詩) 등을 제쳐두고 장흥문학을 이야기할 수는 없는 일이다. 특히 뿌리로서 장흥의 한문 문학을 조명하는 일은 아직도 상당수의 한문 학자들이 생존해 있는 지금이야 말로 적기가 아닐 수 없다. 그러므로 장흥문학 콘텐츠 개발에서 장흥의 고문학이 함께 포함되어야 하는 것은 너무나 당연한 일이 될 것이다.

장흥문학 콘텐츠 개발에서 첫째는 장흥문학을 DB화(데이터베이스화) 하는 일이다. '장흥문학'의 모든 자료를 책자 등 인쇄물로 발간 정리해야 한다면 장기간에 걸쳐 많은 재원과 노력 등이 필요할 것이다. 그러나 인터넷상에서라면 그리 어려운 일이 아닐 것이다. 즉 장흥문학의 모든 자료를 DB작업, 즉 데이터베이스화 하는 일은 책자 발간만큼 많은 재원과 노력이 들지 않는다는 것이다. 예컨대 존재 선생의 한시를 번역하였다면, 그것을 굳이 책자로 발간하지 않고 바로 DB작업을 하면 되기 때문이다. 또 DB를 통해 장흥문학의 모든 현황과 그 문학세계를 한꺼번에 고찰해 볼 수도 있다. 특히 이것은 만인이 공유할 수 있을 뿐더러 항구적으로 보존 관리된다는 장점도 있다.

여기서 다시 거론하지만, '장흥문학' 규정의 정의에서 장흥의 고전문학

즉 한시(漢詩)부터 장흥문학이 출발되어야 하는 것은 너무나 당연하다. 이는 장흥문학의 명제가 되어야 한다. 그러므로 한시부터 DB화하여 이어 가사문학까지의 전체의 장흥의 고문학이 DB에서 집대성되어야 한다는 것이다.

현대 문인들의 경우, 비교적 작가 작품이 대부분이 이미 책자로 발간되었고, 그들 문학에 대한 학술논문이며 문학세계 조명 등은 인터넷상으로 상당히 구축되어 있다. 또 상당수의 문인이 생존해 있어, 그들의 작품 등을 DB화 하는 데는 큰 어려움이 없을 것이다. 다만 한문학의 경우, 한시 등의 국역화 작업이 난제이지만, 다행이 지금은 고문학자들이 상당수여서 이 작업 역시 재원만 확보되면 그리 어려운 일이 아닐 것이다.

둘째, 상시적인 장흥문학 교실이 필수적이다.

장흥문학을 공부하고, 연구하려는 군민들을 비롯하여 시인이나 소설가를 꿈꾸는 초중고생과 대학생들, 일반 주부 등을 대상으로 연중으로 상시적으로 문학교실을 개강하는 일이 필수적이다.

이는 지역민들에게 장흥문학에 대한 이해를 넓히게 하는데 도움이 되며, 지역민들에게 '문학고을' 군민으로서 자긍심과 보람을 갖게 해주고, 나아가 지속적으로 장흥문학의 후계자들을 육성, 양성하는 첩경이 될 것이다.

장흥문학교실은 장흥문화원이나 장흥문화지소와 같은 기관이나 또는 한국문인협회 장흥지부에서 맡아 추진한다면, 가장 바람직한 사업이 될 것이다.

셋째, 장흥문학 지도 제작과 문학자원의 문화상품화가 추진되어야 한다.

장흥 전역에는 장흥문학의 자원들이 산재해 있다. 이처럼 산재해 있는 문학자원을 전수 조사하여 문학기행 관광 지도를 제작하고 권역별 또는 주제별로 관광 상품화할 필요가 있다. 예컨대 ▶장흥의 한시와 정자문화 ▶장흥의 가사문학과 그 현장 ▶이청준 문학현장 ▶한승원의 문학현장 등 주제별로 또는 권역별로 관광 상품화하는 일도 필요하다.

넷째, 장흥문학단체 연대운동 추진이 필요하다. 장흥에는 6개의 문학단체들이 있다. 별곡문학회, 시담(연문회), 장흥문학회, 문인협회장흥지부, 길토래비 등이다. 그런데 대부분 이들 단체간의 교류는 물론 연대운동이 없는 실정이다. 이제부터라도 '장흥문학'이 더 큰 힘을 발휘하고 장흥문학의 지속적인 활성화가 이루어지려면 이들 문학단체간의, 각 단체 회원간의 연대·화합하는 운동이 필수적이다. 이를 위해 전체 시낭송회·시화전이라든지 종합 시문집 발간 등의 일도 추진해 볼 수 있을 것이다.

마지막으로 덧붙이고 싶은 주장은, 적지 않은 지자체에선 문인들에게 일정 금액의 창작지원금이라는 것이 공식적으로 지원된다는 사실이다. 그동안 장흥군에서도 창작 지원금이라는 명목의 재정지원이 있었는지는 모르지만, 이것이 상시적으로 운용된 일은 없었다. 이제부터라도 군 조례로 문학 창작지원금 제도가 법제화되어 시인, 수필가, 소설가 등 모든 문인에게 1회에 한하여 최소 4,5백만 원 정도의 창작지원금이 지원될 수 있도록 장흥의 문인들이 힘을 모아야 할 것이다.

'장흥문학고을'이라는 상징어는 아주 중요한 상징어이다. 전국에서 유일한 지역의 이미지이기 때문이다. '장흥문학의 고을' 이미지화는 군민들의 노력이나 장흥 문학인들의 노력도 중요하지만 지자체의 적극적인 관심이 보다 중요하다. 사실 장흥문학 콘텐츠 개발에서 거의 모든 것이 사실상 지자체의 지원 없이는 이루어질 수 없기 때문이다.

장흥문학의 태동기, 불자들이 주도했다

— 장흥투데이/2019.12.07

장흥 고문학의 태동기를 어찌 보아야 하는가.

장흥 고문학을 태동기와 중흥기(조선조)로 나뉜다면, 그 태동기는 당연히 통일신라와 고려조로 보아야 할 것이다. 그렇다면 장흥의 고문학으로서 첫 페이지 등재는 무엇이 되어야 할까.

보림사 '보조선사창성탑비(普照禪師彰聖塔碑)'(보물 제158호)의 비문, 즉 탑비의 비명(碑銘)이 될 것이다. 이 비명은 장흥 역사에서 최초로 등장한 비명이지만, 장흥 최초의 '기록문학'이라고도 볼 수 있어 그 의미가 자못 크다 할 것이다.

이 탑은 884년에 보림사 창건과 함께 조성된 고승 보조선사(普照禪師) 지선(智詵)의 탑비로, 비명은 김영(金穎)이 지었다.

김영의 이 비명은 마지막 부문에 '보조선사를 찬하는 비찬(碑讚)의 사(詞), 곧 시(詩)가 나오는데, 이 시가 장흥의 최초의 시라고 할 수 있다. 그러므로 '보조선사 창성탑' 비명은 장흥의 최초의 시문학이 된 셈이다.

이 비명 첫 머리는 선종의 경지를 풀이하는 문장으로 시작된다.

"듣건대 무릇 선(禪)의 경지는 그윽하고 고요하며 올바른 깨달음은 심오하여 헤아리기 어렵고 알기 어려워 허공과 같고 바다와 같다 …공(空)을 깨달은 사람은 단숨에 저 사악한 산을 뛰어 넘으나 세상 일에 매어있는 자는 영겁이 지나더라도 악업에 가로 막혀 있다."

보조 체징(普照 體澄, 804~880)은 우리나라 선종의 개조인 도의선사와 염거 화상으로부터 선법을 전수받고 당나라에 유학을 갔다 와 선종을 본격적으로 전파한 장본인이다. 탑비의 내용 중 그가 선종의 실질적인 개창조가 된 정치적 배경에 얽힌 사적들도 보인다.

"개성 5년(840년) 봄 2월 (중국에서) 고국에 돌아와 고향(熊津, 지금의 공주)을 교화하였다… 대왕은 소문을 듣고 꿈에서도 애를 쓰고 선문을 열고자 하여 서울로 들어오기를 청하였다. 여름 6월 왕명으로 장사현 부수 김언경을 파견하여 차와 약을 보내고 맞이하게 하였다. 겨울 10월 영암군 승정(僧正) 연훈법사와 봉신(奉宸) 풍선 등을 보내 가지산사(보림사)로 옮기기를 청하였다. 산문에 옮겨 들어가니 곧 원표대덕이 옛날 거처하던 곳이었다… 당(唐) 선제(宣帝) 14년 2월 부수 김언경은 제자의 예를 갖추고 사재를 내어 철 2,500근(斤)을 사서 로사나불상 1구를 주조하여 장엄하였다."

그때부터 체징은 20년 동안 보림사에 주석하며 초조 도의선사(道義禪師), 2조 염거화상(廉居和尙)으로 전해져 온 선지(禪旨)를 드높여 가지산문의 기치(旗幟)를 뚜렷이 세우게 된다.

그런데 이 보조선사 창성탑비명과 관련, 당시 신라 조정의 정치적 연유와 가지산사(보림사)와의 관계, 당시 장흥지역의 지정학적 위치 등은 우리가 풀어야 할 과제이다.

장흥문학 태동기 범주에 넣을 수 있는 두 번째 작품으로는 정명국사 천인(靜明國師 天因, 1202~1248)의 '천관산기'이다. '천관산기'는 산문 형식의 답사 기록문이지만 우화적인 요소가 많고, 최초의 장흥지역과 천관산에 대한 기록문이라는 점에서 장흥고문학 범주에 넣을 만하다.

'천관산기'는 천인이 36세 되던 1240년에 지은 것으로《동문선 권68》에 수록된 작품이다. 이 작품에서 특기할 만한 것으로 "홍진(洪震)이 밤낮으로 예를 다하여 화엄신중(華嚴神衆)을 부르기 시작하였다. 그러자 여러 신중이 감동하여 절의 남쪽 봉우리에 죽 늘어섰다"는 우화적 내용이다. 금강역사나 용신처럼 강력한 힘으로 불법을 수호하고 재난을 막아주는 신(神)인 신중(神衆)이 바로 당시 청해진의 장보고 세력과 무관하지 않다는 분석도 있다.

836년 흥덕왕 사후 왕위쟁탈전에서 패배한 김우징이 청해진에 몸을 숨긴 후, 그와 친밀했던 홍진대사가 천관산에 머물며 장보고를 설득하여 민애왕을 축출하고 김우징을 신무왕으로 추대한 것으로 알려졌으며(《삼국사기》), 이 거사를 위해 청해진에서 장보고의 세력이 경주로 올라갔고, 이때 장보고 세력에 천관산 세력도 포함되었을 것으로 추측하는 것이다. 그러므로 '천관산기'의 번역과 해설, 관련 우화들에 대한 제대로 된 분석 평가가 필요하다고 여겨지는 것이다.

- 후기 : 천인은 산문 '천관산기' 외에도 시 '원상인이 철쭉 지팡이를 선사함에 사례하여 謝圓上人惠躑躅柱杖'를 지었고, 이후 진각국사 혜심(眞覺國寺 慧諶, 1178~1234)은 '천관산 의상암에 우거하다가 몽인거사가 남긴 시를 보고 차운해 짓다 寓居天冠山義相庵 見夢忍居士留題 次韻叙懷' 외 4편을, 진정국사 천책(眞靜國師 天頙, 1206~1245)은 시 '금장대선사에게 드리다 寄金藏大禪師'를, 무외 정오(無畏丁午, 생몰 미상)는 산문·시 '용두산금장사금당주미륵삼존개금기 龍頭山金藏寺金堂主彌勒三尊改金記'를 지었다. 이와 관련된 구체적인 내용은《장흥문학》(제4호, 2021, p219~245)에 실려 있다. -

'천관산기' 다음으로 장흥의 한시(漢詩) 문학은 원감국사(圓鑑國師) 충지(沖止, 1226~1293)의 340여 편에 달하는 시편이 아닐 수 없다. 즉 원감국사야말로 본격적인 장흥문학의 태동을 선도했다고 할 수 있다. 그러나 국사의 그 많은 시편이 그의 유작의 번역과 함께 번역됐지만, 아직은 그의 한시에 대한 본격적인 연구와 평가는 이루어지지 않아, 여전히 그의 한시문학은 우리들의 과제로 남았다고 할 수 있다.

통일신라 때 '보조선사창성탑' 비명, 정명국사의 '천관산기', 원감국사의 한시 등에 대한 제대로 된 재조명과 연구 평가 작업이 필요한 것은 그것들이 바로 장흥문학의 태동기를 이끌었기 때문이다.

장흥의 고문학은 그러한 태동기를 거쳐서야 비로소 조선조에 들어와, 천방 유호인, 기봉 백광홍, 옥봉 백광훈, 반곡 정경달, 존재 위백규 등으로 이어지는 조선조의 장흥 고문학의 중흥기가 이루어질 수 있었던 것이다. 뿌리 없는 줄기란 있을 수 없듯이 장흥의 고문학이 있었기에 장흥의 고문학의 중흥기가 이루어질 수 있었다. 이점 때문에 더욱 우리의 장흥 고문학에 대한 관심과 연구, 평가 작업이 절실한 것이다.

장흥의 한문문학 조명작업, 절실하고 시급하다

— 장흥 고전문학회 발족 움직임에 대하여

— 장흥투데이/2019.11.28.

장흥은 전국 최초의 '문학기행관광특구'로 지정될 만큼, 문학의 자원·자산이 넘치는 고을이다. 그래서 장흥을 한 마디로 '문학고을'로 지칭하기도 한다.

그런데 우리가 흔히 '문학고을 장흥'을 지칭할 때 그 근거를 조선조 장흥의 가사문학에서 그 의미를 찾는다. 사실(史實)이 그렇다.

이러한 가사문학의 향맥이 그대로 오늘날에도 이어져 소설가로 이청준 한승원 송기숙 이승우 등 국내 대표급 문인들이 배출되었고, 이외에도 문단에 데뷔한 운문, 산문 문인들이 거의 240여 명에 이를 정도로, 이른바 장흥은 문학의 르네상스를 구가하는 시대에 이르고 있는 것이다.

그런데 장흥문학의 진정한 뿌리는 가사문학이 아니다. 가사문학 이전에 그 가사문학의 원뿌리로 장흥의 한문 문학이 있었다. 그런데도 왜 우리는 그동안 장흥 문학의 본질이며 그 근원으로서 가사문학만 논의했을까. 가사문학의 이전, 즉 한문 시대의 장흥의 한문 문학이 분명히 존재함에도 불구하고. 그것은 아마 장흥의 일부 현대문학 인사들의 한문 문학에 대한 무관심이 이어져왔기 때문일 것이다.

이제부터라도 장흥 문학의 정체성을 제대로 규명하기 위한 장흥 한문 문학의 조명작업이 이루어져 하는 이유인 것이다.

주지하다시피, 조선조의 정식 문자는 한문이었고, 문학에서도 한시이건 한문의 산문이건 상관없이 거의 대부분은 한문으로 쓰여졌다. 즉 가사문학 이전의 고려, 조선조 문학은 한문 문학이 전적으로 통용되었다는 것이다. 이 한문 문학에서도 장흥은 거의 독보적이었다. 조선조에만 한시, 한문 산문 등을 남기 문인은 200여 명에 이르고 그 문인들이 남긴 유문집 역시 250여 권에 이를 정도인데, 이같은 유문집 기록은 전국적으로 거의 희귀한 사례라는 것이 관련 학자들의 대체적인 평가이다.

최근에, 장흥의 문인들 사이에 '장흥고전문학회'라는 모임체 발족의 움직임이 일고 있는 것으로 알려졌다. 이 모임의 성격이 아직 분명하게 밝혀지지 않았지만, 말 그대로 장흥의 한문시 등 한문 문학에서부터 조선조 가사문학에 이르기까지 장흥 현대문학 이전의 모든 고문학, 즉 모든 고전문학을 연구하고 조명하는 단체인 것으로 알려졌다.

그동안 장흥문화원에서는 역대 장흥 출신 선비들의 유문집(고문집) 발간 작업을 추진해 오고 있다. 이 작업은 재원이 뒷받침되지 않으면 추진할 수 없는 작업이고 확실한 재원도 마련돼 있지 않는 상황이어서 다소 한계가 있을 수 있다.

또 고문학을 연구하고 국역화하는 분야의 경우, 장흥문화원의 사업과 다소 중첩될 수도 있을 것이다. 그러나 이 모임이 전적으로 고문집만 국역화 하는 것이 아니라 고문학 학술세미나, 고문학에 대한 DB(데이타베이스) 작업 등 장흥고문학 일체를 조명하고 집대성하는 일이 주된 업무인 것으로 알려졌다. 다만, 고문학 국역화는 장흥문화원의 업무와 중첩되므로 이 분야는 장흥문화원과 공유, 공조하는 것으로 알려졌다.

그러므로 이 모임체에 의해 보다 효율적으로 장흥 고문학에 대한 조명 사업이 원만히 추진할 수 있을 것으로 기대하게 된다.

늦어도 한참 늦었지만, 이제라도 시작했다니, 참으로 다행한 일이 아닐 수 없다.

이런 저런 사정을 제쳐두고, 장흥문학의 뿌리로서 장흥의 한문 문학을 조명하는 일, 이 일은 대부분 원로 한학자들이 생존해 있는 지금이 아니면 안 된다는 생각이므로, 늦었긴 하지만 지금 시작한다 해도 참으로 다행스런 일이 아닌가 여겨진다.

장흥문학의 고전으로 한문문학을 규명하고 조명하는 일, 이 일은 문학의 고을 장흥으로서 반드시 필요하기 때문이다

이청준문학관, 장흥문학 테마파크 중 일부여야 한다

— 장흥투데이/2019.11.01

며칠 전 장흥 관내 문학 동호인 대표들 대여섯 명이 모여, 장흥문학의 주요 현안의 하나인 '이청준 문학관·장흥문학관'에 대한 의견들을 모은 적이 있었다.

이날 문학동호인 대표들은 장흥군의 '이청준 문학관' 조성 추진에 대한 현황을 전해 들었고, 이에 대한 의견을 나누었다. 이날, 문제로 제기된 의견으로는, '장흥이 문학고을이고, 전국 유일의 문학특구이지만, 아직까지 문학관 하나 조성되지 못했다' '이청준 작가의 경우도 사후 11년째이지만 현재 확실한 재원이 확보되어 문학관 조성이 추진되고 있는 것은 아니다' '이청준 문학관 조성 추진도 이러한데, 앞으로 한승원 송기숙 이승우 문학관 조성 문제도 불거질 것이고 그렇다면 그 이후에는 어느 세월에 이들 문학관들이 추진될 수 있겠느냐' 등의 의견들이었다.

그리고 그 후에는, 기왕에 장흥에서 문학관을 조성한다면, 이청준 문학관을 장흥문학관 또는 장흥문학 테마파크로 수정 보완토록 하고, 거기에 이청준관 송기숙관 한승원관 가사문학관 장흥시문학관 등으로 통합시켜야 한다는 의견도 제기 되었다.

그러나 다시 난상 토론 끝에 '이청준 문학관'을 '장흥문학관'으로 수정 추진하는 것은 현실적으로 어려운 일이라는데 공감했으며, '지금은 이청준 문학관을 그대로 추진하지만, 장기적으로 이청준 문학관과 바로 이웃하여 송기숙 한승원 문학관 등을 추가 조성하여 이들 모두를 연대하고, 그 전체를 장흥문학테마파크 등으로 통칭해서 부르도록 하는 것이 최선이다'는 의견에 인식을 같이 하게 되었다.

지방화 시대에서 하나의 지역(자치단체)을 상징적으로 이미지화하는 일은 아주 중요하다.

보성군이 '녹차의 수도'로 이미지화 하고, 순천시가 '생태도시'로, 강진군이 '청자고을'로 이미지화시킨 일이 좋은 예이다. 이들 여러 지역의 지역 이미지화 사업에서 최상위 개념의 이미지화라면 경북 안동시의 '정신문화의 수도'일 것이다.

안동에는 전국에서 가장 많은 40여 개의 서원을 비롯 안동에서 학문을 닦던 선비정신을 향맥으로 품고 있다. 특히 도산서원과 병산서원, 봉정사는 세계문화유산 등재를 눈앞에 두고 있을 정도이다. 이처럼 서원, 고택, 민속(하회마을), 서책 등 생활문화 자체가 문화재이고 역사가 살아 숨 쉬는 고을이 안동이었다.

그런데 정작 중요한 것은, 안동시가 이러한 역사 문화적 자산을 활용하여 안동을 '한국 정신문화의 수도'로 브랜드화 했다는 사실이다. 즉 그들은 안동시를 '공자와 맹자가 태어난 노(魯)나라와 추(鄒)나라와 같은 정신적 고장 즉 추로지향(鄒魯之鄕)의 도시'로 이미지화한 것이다. 실제로 지역학의 선구라 할 수 있는 안동학(安東學)도 존재하고 있으며 유교와 불교, 민속 문화 등 안동의 문화지층을 연구해 그 책자를 15권까지 발간할 정도였다.

만일 안동의 경우처럼 장흥도 안동의 '정신문화' 못지않은 상위급 이미지인 '문학의 도시'가 장흥의 브랜드화로 정착된다면, 이것만큼 장흥의 미래 비전에서 최선의 것은 없을 것이다.

그런데 현실은 어떠한가. 물론 전국 최초로 지정받은 문학특구의 고을이다. 그리하여 우리는 스스로 '문학고을'로 지칭하고 있기도 한다. 또 역사적으로 '장흥 가단'이라고 불리울 정도로 가사문학이 성세한 곳이 장흥이었다.

그런데도, 다른 지자체도 흔하게 조성되어 있는 문학관다운 문학관 하나 없는 곳이 장흥군이다. 그리고 민선 6기 말에서 7기에 접어들어서야 구 교도소부지가 확보되면서 가까스로 구 교도소부지 안에 '이청준 문학관' 조성이 추진되고 있는 실정이다.

지난 해 8월, '구 장흥교도소 활용한 문화예술 조성 연구 용역' 발표 자료에 의하면 기본 구상 안에, 이청준 문학관을 신축하고 그 부근에 예술가 창작공간, 문화예술 교류공간, 장흥문화예술센터 등이 조성되는 것으로 돼 있다. 이청준 문학관과 함께 장흥문화예술가들을 위한 창작실, 사무실, 교류실, 공연장 등의 공간을 조성하겠다는 구상이었다.

그런데 이 기본 구상 안에서 이 교도소 부지에 여유 공간이 있다면, 이청준 문학관 외에 한승원관 송기숙관 등을 함께 조성하거나, 그도 아니라면 장기적으로 문화예술인을 위한 다양한 공간들을 다른 적정 부지나 건물로 이전하고 여기에 한승원과 송기숙관 등이 들어설 수 있도록 설계하는 것이 바람직하다는 것이 지난 문학 동호인들의 모임에서 공유했던 통일된 의견이었다는 점을 밝혀두고 싶다.

우리의 견해도 동일하다. 기왕에 구 도교소 안에 이청준 문학관이 건립된다면, 지금 당장은 아니더라도 장기적으로 이청준 문학관과 바로 이웃해서, 한승원·송기숙 문학관 등도 들어서, 이곳이 바로 징흥문학테마파크가 되도록 하는 것이 최선이라는 생각인 것이다.

장흥군이 명실상부 문학의 도시, 문학의 고을로 브랜드화된다면, 이청준 문학관과 함께 송기숙·한승원·이승우 문학관은 물론 가사문학관 등이 한군데에 들어서 장흥문학테마파크가 조성되어야 할 것이고 이것이 문학의 도시 장흥의 비전이어야 할 것이다.

한국문학특구 포럼, 장흥 문인들이 외면했다

— 장흥투데이/2019.10.17

제9회 한국문학특구포럼이 12일, 13일 양일간에 장흥에서 개최되었다. 이번 특구포럼은 '장흥동학문학'을 주제로 이루어진 행사였다.

특히 장흥동학문학의 경우, 장흥 출신의 작가 송기숙에 의해 대하소설 《녹두장군》, 한승원에 의해 《동학제》의 대하소설과 장편 《겨울잠 봄꿈》 등이 출판되어, 기실 동학문학에서 장흥동학문학은 아주 중요한 위치를 차지한다. 이런 의미에서 올해의 문학 특구 포럼에서는 장흥동학동학을 주제로 행사를 치르게 된 것이다.

올해는, 그동안 말도 많았던 '정남진 신인문학상'을 폐지하고, 장흥 출신 문인의 작품집을 간행한다는 방침에 의해 고 이흥식 시인의 유고시집을 펴낸 것은 특기할 만한 일이었다고 평가된다. 물론 행사 예산이 충분했다면, 전국에서 유일한 문학특구 행사답게, '정남진 문학상'이든 '장흥문학상'이든 '이청준문학상'이든 제정하여 시상했다면 더할 나위 없었을 테지만, 지난해 보다 1천만 원 정도 예산이 감축되었기에 그 정도는 생각도 못한 것으로 알고 있다.

어쨌든, 이번 9회 문학특구 행사는 큰 무리 없이 치러졌다. 그런데, 이번 행사에서 대한 아쉬운 점이 한두 가지가 아니다. 이점은, 문학특구 포럼 발전을 위해 반드시 시정, 개선돼야 할 문제점일 것이다.

가장 아쉬운 점은, 이번 특구 행사에 참여한 장흥인 관객도 소수에 불과했지만, 무엇보다 외지 문인들도 고작 1백여 명도 되지 못했다는 점이다. 외지 문인들로 고흥, 강진, 강진 등 인근 시군에서 10여 명, 광주시에서 초대한 문인 60여 명, 서울 등지에서 개인 자격으로 참석한 문인 10여 명, 지역 내 거주 문인 10여 명… 그게 다였다. (학생백일장 참여학생 20여 명 제외).

문학특구 행사는 장흥문화원에서 치르는 연중 행사 중 가장 규모가 큰 행사이다. 그런데 1천여 명이나 되는 문화원 회원이며, 40여 명에 이르는 이사와 운영위원 등 문화원 전체 1천 여 명이 넘는 문화원 식구 중에서 얼굴을 내비친 이가 겨우 몇 명에 불과했다.

문학특구 주제가 '장흥동학문학'이므로 당연히 동학 유족회 등 장흥 동학 관련 사람들도 여럿이 참석할 만도 했는데, 동학유족 중 단 한 분도 보이지 않았다.

장흥에는 또 수많은 문화 단체가 있다. 문학 관련 단체만 해도 별곡문학회, 한국문협 장흥지부, 장흥문학회, 길토래비시낭송회, 시담, 푸른새암 등 6개 단체가 있고 그 단체에 속한 회원만도 60~70여 명이나 된다는데, 그 문학단체의 회원들도 거의 보이지 않았다.

장흥 출신 문인들의 경우, 외지 거주자는 170여 명에 이른다. 장흥 거주자는 50여 명. 모두 합하면 220여 명에 이른다. 이들 중 이번 행사에 과연 몇 명이나 참여했을까. 모두 합해 봐야 20여 명? 아니 30여 명? …. 사정이 이러했으니 이게 어디 장흥의 문학축제였다고 할 수 있었겠는가.

아쉬운 점은 또 있다. 주제 발제자나 패널로 참여한 전문가 중 장흥 출신 전문가(문인)는 한 사람도 없었다는 점이다. 문 모 씨라는 문화인사가 참여하긴 했지만, 그건 구색 맞추기에 불과했다. 장흥출신 문인 중 교수 시인이며 평론가, 교수 소설가 등 전문적인 문학인도 허다한데, 왜 이들 중 단 한 분도 참여하지 못했을까.

어제 오늘 치른 행사가 아니다. 올해로 9회째이다. '문학 특구'인데 갈수록 옥죄는 군 당국의 재정 지원이 문제이긴 하다. 처음에는 1억 원이었는데, 이젠 줄이고 줄여서 5천만 원이다. 물론 문학특구 행사라 해도 긴축예산을 적용하지 않을 수 없었을 것이다. 허니 달리 뭐라고 말할 수는 없지만, 문학의 경우 '한국문학특구'로서 지명도가 있으므로 장흥군도 이제라도 이점을 달리 생각해 봐야 할 것이다.

이번 대회에서 한승원 작가가 집행부의 수장과 군의회 의원들의 장흥문학에 대한 무관심을 쓴 소리로 장시간(20분) 질타했다. 그런데 그 동영상을 모 문학단체의 모 씨가 페이스북에 올렸는데, 그 동영상 조회 수가 1천여 건에 이르면서 이번 문학특구 행사가 이 동영상으로 인해 온라인상에서 아연 이슈가 되고 있는 실정이다. 그 모 씨도 그 동영상 소감에서, 잘못 치러지는 이번 특구 포럼 행사를 크게 성토하면서, '이 행사를 주관하지 말아야 할 장흥문화원이 행사를 처음부터 끝까지 쥐고 흔들어서' 이렇게 돼버렸다면서, '장흥문화원은 다음 문학특구 포럼에서 손을 떼라'고 강변하기도 했을 정도였다.

한국문학특구 포럼은 앞으로는 장흥에서만이 가능한 전국적 규모의 문학축제로 승화되어야 한다. 이를 위해서는 그동안의 시행착오를 경험삼아 보다 자성할 것은 자성하고, 더욱 심사숙고해서 문학축제다운 축제로 승화되도록 해야 한다. 특히 장흥의 모든 문학인들이 주인공으로 참여한 가운데, 장흥문학 나아가 한국 문학에 대한 정보와 실태, 그 정체성을 공유하면서 한국문학특구로서 장흥문학이 더욱 융성 발전되고 더욱 탄탄히 빛날 수 있는 동기가 되고, 이를 통해 장흥의 모든 문학인들이 함께 공유, 공감하는 문학축제로 거듭나야 한다.

부디, 부디 그렇게 되길 바란다.

'정남진 신인 문학상'은 폐지돼야 한다

— 전국 유일 문학특구다운 문학상 제정, 시상해야 마땅

— 장흥투데이/2018.08.16

오는 10월 20일, 21일에 '한국문학특구 포럼'이 개최된다. 그리고 이번 특구 포럼에서 '제3회 정남진 신인문학상'을 시상할 것이다. 이미 수상자가 확정되었다고 하니 말이다.

한국문학특구 포럼에서 문학상을 제정하고 시상하는 일은 너무나 당연한 일이다. 장흥군이 장흥을 문학고을로 줄기차게 홍보해 왔으니, 문학상 정도는 오래 전에 제정됐어야 마땅했다.

그러나 과연 현재의 문학상 제정이 한국문학특구 포럼과 걸맞는 것인가는 의문이 아닐 수 없다. 왜 문학상 이름이 '장흥'이라는 본명이 아니고 장흥의 이명이며 상징어라 할 수 '정남진'인가. 또 전국 유일의 한국문학특구 포럼에서 시상하는 문학상이라면 최소한 중급 이상의 문학상 정도는 돼야 하는데 왜 고작 최하위급의 상인가. 이청준 한승원 등 장흥의 대표 문인 명을 내건 장르에 한정된 문학상도 아니고 '정남진'이라는 지명을 내건 종합적인 문학상이므로 시, 소설 등 여러 분야의 종합 성격의 상이어야 하는데, 왜 시만 국한되었는가.

당초에 수상금이 고작 2백만 원의 최하위급 상이었다면, 차라리 지역의 신인 문인들을 격려, 장려하는 차원에서 지역 문인을 대상으로 했다면 모를까, 어찌하여 전국의 시인을 대상으로 하여 그것도 '문학 고을 장흥'에서 주는, 그것도 전국 유일의 한국문학특구 포럼에서 주는 상으로서 고작 최하위급상을 제정, 시상하고 있는가.

현재 국내에는 문학상이 무수히 널려 있다. 이중 상위급으로 수상금이 5천~1억 원, 중위급으로 2, 3천만 원, 중하위급으로 5백만 원~1천만 원, 하위급으로 3백~5백만 원, 최하위급으로 1백만~2백만 원 수준으로 분류된다. 그런데 장흥에서 시상하는 '정남진 문학상'의 상금이 고작 2백만 원이니, 그것도 시 1개 분야에서만 주는 상이니 하위급도 아닌 최하위급의 상이라 할 수 있다. 물론 당연히 장흥군의 장흥문학에 대한 무관심과 예산의 한정 때문에 그런 상이 제정될 수 있었겠지만, 생각만 해도 참으로 창피하고 낯부끄러운 일이 아닐 수 없다.

목포시의 목포문학상(올 11회)도 소설은 1천만 원, 희곡과 시 각각 5백만 원, 5개 부문(시, 소설, 희곡, 수필, 동시)도 각각 3백만 원 씩 책정하여 3천5백만 원이다. 강진군의 영랑시문학상조차도 상금이 3천만 원이다.

고흥, 목포, 강진 등과 달리 장흥군은 스스로 장흥군을 문림의향이니, 문학고을이니 하는, 소위 문학에 대한 자부가 대단한 고을이다. 해마다 개최되고 있는 '한국문학특구포럼'도 기실은 장흥군이 전국에서 최초로, 유일하게 지정된 '문학관광기행특구'라는 것을 기념하기 위해 치러지고 있는 행사이다.

그러므로 장흥이 가지고 있는 '문학'이라고 하는 자원과 자산은 전국에서도 최고의 비교 우위에 있는, 전국 제일의 고유자원이요 고유자산인 것이다. 그러므로 이러한 장흥군에서 그것도 전국에서 유일하게 치르는 '한국문학 특구포럼'이라는 행사에서 제정, 시상하는 문학상이라면, 당연히 전국에서 최고 수준의 문학상으로 상금 5천만 원~1억 원 상당의 수상금을 내건 최고의 문학상을 제정, 시상해야 마땅한 일이겠지만, 예산상 그것이 어렵다면, 최소 중급 수준(상금 2, 3천만 원 상당) 정도의 문학상을 제정, 시상한다 해도 부족하다 할 판이 아닌가.

왜 이런 문학상을 장흥군에서, 문학특구포럼에서 제정, 시상하는가. 참으로 웃기는 일이 아닌가. 생각해 보라. 거듭 말하거니와 얼마나 웃기는 일인가. 아예 '한국문학특구포럼'에서 시상하는 상이라고 말을 하지 말아야 한다. 과연 당초 누구의 발상이었는지 묻고 싶다. 이런 상이라면 아예 주지 않는 게 백 번은 좋은 일이다. 그런 상은 없어도, 그런 허접한 상은 주지 않아도 장흥군은 당당한 문학 고을이다. 그런데 왜 이런 최하위급 상을 제정하여 일부러 문학고을서 수치를 자초하느냐 말이다. 이런 문학상을 제정, 시상하는 일은 전국 유일의 '문학관광기행특구'라는 그 지대한 권위를 스스로 실추시키는 일이다. 그 당당하고 위대한 명예를 스스로 짓밟아버리는 일이다.

당장 현재의 정남진 신인문학상을 폐지해야 한다. 정녕, '문학관광기행특구'에서 문학상을 제정하여 시상하고 싶은가. 그렇다면 제대로 된 문학상을 제정해야 한다. 군 조례로 관련 법규를 제정하고, 이 조례에 근거하여, 전국 유일의 문학 특구다운 문학상을 새롭게 제정, 시상하면 될 일이다. 그렇지 못하겠다면, 지금과 같은 수준의 문학상이라면, 차라리 내년부터 당장 폐지해야 마땅하다. 왜, 어이하여, 전국 최하위급 문학상을 제정하여, 그것도 외부업체에 주관을 맡겨가면서까지 스스로 문학고을의 위상을 짓밟고 있는가.

내년 한국문학특구 포럼 때는 새로 제정된 장흥문학상, 최소 3천만원 상당의 시상금 정도를 내건 문학상이 제정 운용되어지길 기대해 본다.

장흥에서 '이청준 추모제' 치러져야

– 다시, 이청준문학관 추진사업과 관련하여

— 장흥신문/2015.11.02

고 이청준 선생의 서울 집으로 두 번인가 방문한 적도 있었고, 장흥에서도 수차례 대면하여 대화를 나누기도 했었다. 그때마다 늘, 작가이지만 고매한 한 선비를 만난 듯했다. 동향의 한참 후배이기도 한 필자에게 선생은 늘 깍듯했고, 늘 조심스러워했다.

문인들이 보통 그러하지만, 선생은 유독 자존이 강해, 남들에게 폐 끼치고 누를 끼치는 일을 극력으로 자제했다. 고향인 장흥을, 많으면 1년에 10회 가까이, 마치 나들이 하듯 찾곤 했지만 그때마다 마치 잠행하듯 내려왔다 올라가는 식이었다.

선생은 그래서인지 관(官)쪽 즉 문화원이며 군청(집행부) 쪽 사람들과도 극력으로 피하곤 했다. 당신의 '고향의 잠행'에 유일하게 연락도 하고 가끔 동행한 이들이, 별 부담이 없다고 생각했을, 민(民) 쪽의 문학 후배들이요 장흥 문인들의 집합체인 별곡문학회 관계자 몇 명 정도였다.

생전에 장흥의 관 쪽과도 철저히 거리를 뒀던 선생과 별곡문학 관련자 몇 명과의 인연은 그렇게 30여 년을 이어온 터였다.

선생의 또 하나 질긴 인연은 '문학과 지성사'(이하 '문지사')였다.

문지사는 이청준의 장편《당신들의 천국》등 수 권의 작품을 펴낸 바 있고 특히《당신들의 천국》은 100쇄 이상 찍었을 만큼 이청준에 대해 빚을 안고 있는 것이나 진배없었다. 또 선생은 타계하기 직전 문지사에서 자신의 전집을 새로 내달라고 부탁하기도 했다. 이래저래 선생과 더욱 깊은 인연으로 맺어진 문지사 사람들이 선생 별세 이후 범 문학인을 대상으로 '이청준 추모사업회'를 만들 정도였고, 문지사 대표인 김병익 씨가 그 위원장을 맡았으며, 이청준문학전집도 '이청준 추모사업회'가 주관하고 나설 정도였다.

선생 별세 이후 장흥에서 이청준 추모회도 결성되고, 이청준 문학관 건립을 위해 구체적인 세부계획을 세우고 예산을 확보하는 등 이청준 사후 사업들을 주체적으로 나섰다면, 굳이 외부에서 '이청준 추모사업회' 등이 결성되었을 리 없었을 터였다.

한때, 이청준 추모사업회가 《이청준 문학전집》의 출간 비용을 지원할 후원자를 찾고 있었을 때(전집 출간에 들어갈 2억~3억 원의 비용을 출판사 단독으론 감당하기 어려웠던 것이다), 과연 장흥군에서 단 얼마라도 보태 주었는지는 의문이다.

이런 상황에서, 장흥군이 이청준 사업과 전혀 무관한 듯 관심조차 갖지 않은 상태에서, 이청준 기념사업은 이청준 사후 1주기를 맞아 서울에서 중앙문인들을 중심으로 추진되었고, 그로부터 '이청준기념사업회'라는 명칭으로, 지난 2015년 9월 23일에 문광부로부터 사단법인으로 등록승인을 받아 문학관건립 등에 가일층 속도를 낼 수 있게 됐으며, 이청준 문학관 건립 사업도 장흥군의 의사나 장흥 문학인들의 의사와 상관없이 (사)이청준기념사업회 주도로 추진하기에 이르렀던 것이다.

그런데 다행히도, 선생의 유족(이청준 사모) 측은 이청준 문학관건립 추진은 장흥인들도 참여해야 한다는 의견을 제시, 이청준기념사업회에서도 이청준문학관추진위에 유족과 상의 끝에, 생전의 이청준 선생과 인연이 깊었던 별곡문학회 인사, 장흥 문화계 인사들을 중심으로 개별적으로 연락을 취하였고, 여기에 한승원 선생은 고문단으로, 고인과 대학(서울대)동문이며 인연도 상당한 김인규 전 군수는 공동추진위원장으로 하는 '이청준 문학관 장흥건립추진위원회'를 결성하기에 이르게 된 것이다.

별곡문학 관계자는 "'이청준 문학관 건립추진위원회'는 현재의 군청이며 문화원 등 기관과 별개로 추진되고 있으며, 여기에 장흥사람들도 상당수 참여하고 있다"면서 "한승원 작가는 고문으로, 김인규 전 군수는 공동위원장으로, 이금호 문화원장은 자문위원으로 참여하고 있고, 고인과 생전 교감이 두터웠던 김석중, 윤수옥, 한봉준 등 문화원 회원이기도 한 문화계 인사들과 김선욱, 이승우, 김선두, 김영남 등 장흥출신 문인 상당수가 추진위에 참여하고 있다"고 말했다.

또 별곡문학회 관계자는 "이청준 문학관 건립은 이제 어차피 '이청준 문학관 건립추진위원회'를 중심으로 추진될 것이고 장흥군이나 장흥군민이며 출향 향우들도 여기에 공동보조를 취하게 된다면 더없이 좋을 것이다"고 말하고 "다만 바라는 것이 있다면, 앞으로 이청준 문학관 건립과 상관없이, 장흥인들을 중심으로 이청준 추모회가 별도로 결성되어 해마다 이청준 추모제를 장흥인 중심으로 치러지고 나아가 이청준 문학을 기리고 문학관 사업에도 힘을 보탤 수 있다면 더할 나위 없을 것이다"고 주문했다.

이에 필자도 전적으로 공감한다. 서울 이청준추모사업회가 (사)이청준기념사업회로 바꿨으니, 장흥에서 별도의 '이청준추모위원회'를 결성, 해마다 추모제도 치르며, 이청준을 장흥의 위대한 문인으로 기리는 일을 추진해야 한다. 이것은 바로 우리 장흥인들의 중요한 몫이기 때문이다.

탐진강 정자문학 계승, 재조명돼야 한다

― 정사계 모임 계기, 탐진강 시회 활동 돌아본다

― 장흥신문/2015.08.21

탐진강은 이 지역 역사, 문화와 함께해 온 젖줄이었고 이 지역의 독특한 향토 인문학을 태동시키며 장흥을 '문림(文林) 고을'로 만들어내고, 삶의 애환까지도 함께 해온 유서 깊은 '장흥 역사·문화의 산실'이었다.

'장흥 문예의 발흥'으로 일컬어지는 장흥 시가문학의 산실은 바로 탐진강이었다. 탐진강변에 세워진 동백정, 사인정, 부춘정, 용호정 등 10여 개 정자들과 강성서원, 예양서원, 연곡서원 등 수 개의 서원들이 곧 장흥 문림의 무대였다. 탐진강이 바로 가사문학의 발원지요, 본류로서 '장흥 문예 발흥'의 산실이었던 것이다.

좀 더 구체적으로 살펴보면, 조선조에는 장흥의 동백정 등 정자들을 중심으로 작시(作詩) 모임들이 성행하며 문림의 맥을 이어왔다. 이 모임을 시계(詩契) 또는 시회(詩會)라고 부른다.

그 대표적인 모임들이 바로 난정회(蘭亭會), 풍영계(風詠契), 상영계(觴詠契), 정사계 등이었다. 이 모임에서는 매년 계원들이 정기적으로 모여 시를 지으며 교유하였다. 지금도 현존하는 것은 풍영계와 정사계로서, 이제는 시는 짓지 않고 음식을 나눠 먹으며 친목만을 다진다고 한다.

이러한 시회를 통해 지은 시들은 지금까지 남아 있는 몇 개의 시축에 실려 있거나 《동백정기운집(冬柏亭記韻集)》, 《만천시고(晩川詩稿)》, 《호은세고(湖隱世稿)》, 《독우재집유고(篤友齋集遺稿)》, 《소천유고(小川遺

稿)》 등의 문집 속에 들어 있다.

이들 시회들은 누정마다 각 성씨를 대표하는 정주(亭主)가 있어서 매년 돌아가며 일정한 날을 정해 유사를 맡으며 계를 치렀던 것이다.

이처럼 이 지역은 탐진강을 끼고 늘어선 정자를 중심으로 시가문학의 한 띠를 형성했다고 볼 수 있다. 당대 장흥의 문인들은 이런저런 시회를 조직하여 시흥을 노래하고 또한 시문을 배우며 시대의 아픔을 시문으로 달래기도 하였던 것이다.

그러므로 장흥의 가사문학이 장흥의 문림 전통의 주류를 이루어 왔다고 할 수 있지만, 장흥의 누정 등에서 이루어진 이러한 시회들이야말로 최근세까지 장흥 문림의 맥을 이어온 실질적인 문림의 산실이며 맥이요 전통이라고 할 수 있다는 것이다.

또 근세에 이르러서는 금계 이수하(金溪 李洙夏, 1861~1931)나 금강 백영윤(金岡 白永允, 1884~?) 같은 이 지방의 선각자들이 후학 교육에 열정을 쏟고, 효당 김문옥(曉堂 金文鈺, 1901~1960) 같은 당대의 문장을 초빙하여 후진을 양성하려고 한 것만 봐도 지역민들이 얼마나 학문추구의 열정이 강했던가를 짐작케 한다.

이러한 독특한 문맥이 이어지고 특히 정자에서 학문을 연마하고 시를 지으며 문풍을 진작시켜왔기에 탐진강 유역 문화권인 장흥고을이 문향(文鄕)으로 자리매김 될 수 있었던 것이다. 그런 와중에서도 국난을 당해서는 분연히 나라를 구하고자 일어섰던 이 지역 선비들의 기개는 문무겸비의 실천적 지식인상을 보여 준다고 할 수 있을 것이다.

올해도 계모임을 가진 정사계는 1987년까지 시축지대로 벼 5되 정도를 지출했다는 기록으로 보아 그 당시까지는 시회를 가졌던 것으로 보인다. 그러나 1989년부터는 이 계가 1박 2일에서 계일 당일에 산회한 것으로 기록되어 있어 이때부터는 시회를 가지지 않았다는 것을 보여주고 있다.

정사계는 장마가 끝난 여름날(대서일)에 동백정에서 정사계를 열어 밤이 늦도록 취흥에 겨워 시를 읊곤 했다고 한다. 특히 김종근의 경우, 당시 30대 초반의 젊은 나이로 마을의 어른들 사이에 끼어 이 시회에 참여했으며 참가자들이 지은 시를 시축에 일부 옮기는 일도 했다고 한다.

시회활동이 활발히 이루어졌던 탐진강의 정자문화… 이제는 그 시회마저 간신히 계모임으로 연명해오듯, 우리 장흥인들 사이에서도 점점 잊혀져가고 있다.

오늘 장흥 문학의 산실이요, 중요한 맥이었던 정자문화가 제대로 복원되고 계승되어야 하는 이유이다. 현존하는 정자 주변의 정비와 정자 체험의 관광코스 개발, 정자 중심의 각 시회 시축의 번역 조명사업, 시회활동 복원과 시 백일장 개최 등 다양한 방안이 검토, 모색되어 장흥의 정자권역이 일정 부분이나마, 장흥문학의 새로운 산실실로서 역할 수행을 할 수 있게 되길 기대해 본다.

'문호 이청준' 2주기- '문학자리' 개원

— 7월 31일, 회진면 진목리 갯나들 묘소 앞에서

— 장흥신문/2010.08.09. <보도뉴스>

소설가 이청준(1939~2008)을 기리는 '이청준 문학자리'가 그의 묘역 앞 전남 장흥군 회진면 진목리 갯나들에서 7월 31일 개원했다.

이날은 2주기를 맞는 날. 지난해 7월 발족한 이청준추모사업회(회장 김병익)가 기획하고 조성한 이 자리는 보령산의 검은 오석으로 만든 '글기둥'과 너럭바위를 형상화한 '미백 바위', 이청준이 생전에 그린 장흥문학지도가 새겨진 '바닥'으로 이루어졌다.

공사비 1억 원은 지난 4월부터 2개월 간 모금을 통해 조성됐다. 모금에 참여한 이들은 이청준 문학을 사랑하는 독자와 고인의 동창, 문인, 문화계 인사 등 개인 277 명과 6개 단체이다. 총 모금액은 2억 1,000만 원 가량이다.

"그는 생전에 늘 여기 와 앉아서 그의 바다의 노래를 읊고 갔다. 노래가 다했을 때 그와 그의 노래는 바다로 떠나갔다. 바다로 간 그의 노래는 반짝이는 물비늘이 되고 먼 돛배의 꿈이 되어 섬과 바닷새와 바람의 전설로 살아갔다."(이청준 '해변 아리랑'에서). 소설 속 주인공은 노래장이 이해조다. 앞 문장을 좀 더 읽어보자.

"미구에 사라져 잊혀져 갈 비문 - 그러니까 그 죽은 사내의 아내와 친지들이 그의 유골을 바다에 뿌리고 나서 바람 잦은 밭 언덕에 세워 남기고 간 비목, 사내 자신이 자신의 비목이 되어 자신의 묘지를 내려다보듯 하고 있는, 그 비의 뒷글은 이러했다.-노래장이 이해조."

그러니까 이청준은 노래장이 이해조가 되어 비문에 새겨져 있는 것이다.

이날 오후 3시부터 이청준 묘소 앞에서 진행된 개원식에는 이청준추모사업회 발기인들을 비롯해 문화계 인사와 독자들이 참석했다. 2주기 추모식을 겸한 이 자리에서는 황지우 시인이 추모시를 낭송했으며 춤과 소리가 어우러진 추모공연도 이어졌다.

이날 행사에는 개원식에 맞춰 발간하는 '이청준 전집' 1차분 도서 '병신과 머저리'와 '매잡이'의 봉정식도 진행됐다. 문학과지성사 출판《이청준 전집》은 이청준의 소설, 산문, 콩트, 동화 등을 망라한다. 약 5년에 걸쳐 총 33종 34권(중단편선 16권, 장편소설 14종 15권, 별권 3권)으로 구성된다. 전집 간행위원으로는 문학평론가 권오룡 홍정선 정과리 우찬제 이윤옥과 소설가 이인성씨, 문학과지성사 김수영 대표 등 7명이 참여했다.

김병익 회장은 이날 인사말에서 "네모 반듯한 기반으로 이루어진 '이청준 문학자리'는 '서편제' '눈길'을 비롯한 자신의 많은 작품이 태어난 태생지들을 손수 그린 지도에 표시해 줌으로써 고향의 자연 속에서 잉태한 그의 창작의 연원을 선명하게 지시해 주고 있으며, 14톤의 거대한 오석 원석에 그의 호 '미백'의 낙관을 새긴 '미백바위'는 이청준 문학의 엄청난 힘과 그것을 응집한 그의 완강한 정서적 지층을 드러내 주고 있다"고 설명했다.

장흥군, '한국문학의 메카'로 자리 굳히다

— 장흥신문/2008.05.01.˙<뉴스보도>

일찍이 문림(文林)고을로 알려져 온 장흥군이 지식경제부로부터 전국 최초의 '문학관광기행특구'로 지정받았다.

정부는 지난 25일 오전 정부과천청사 지경부(3동) 6층 다산실에서 이윤호 지식경제부장관 주재로 '제14회 지역특화발전특구위원회'를 개최하고, '정남진 장흥 문학관광특구' 등 6개 특구를 신규로 지정하고 '청양고추 - 구기자특구' 등 2개 특구의 계획변경(안)을 심의, 의결했다.

이로써 장흥군은 한국문학의 메카로서 이미지 구축을 확고히 자리매김하게 됐다.

이번 정부가 정남진 장흥 문학관광기행특구를 지정하게 된 배경 및 취지는 ①국문학사상 가사문학의 발원지이며 현대문학 작가 최다 배출지로서 유서 깊고 방대한 문학유산과 지역출신 작가 생가 등의 문학 현장화 ②수려한 자연경관 등을 활용, 문학교육·답사 및 문학기행·관광 등을 위한 기반시설 조성 ③문학테마 관광객과 교육생 등을 유치함으로써 주민소득 증대와 지역경제 활성화 등이고, 이러한 취지에 따른 사업이 장흥군에 적합한 사업으로 평가되었던 것으로 알려졌다.

장흥은 전통적인 문림고을

장흥군은 과거 조선조에서 가사문학의 시발지이자, 현대에 이르러 한승원·이청준·송기숙·이승우·위선환·백수인·김영남·이대흠 등 기라성 같은 현대문학의 거장 문인들을 대거 배출해 낸 고장으로 그 어느 지역보다 뛰어난 문학자원을 보유하고 있는 지역이다.

장흥군은 이러한 독특한 문학자원을 활용하여 지역경제를 활성화하고 문학교육 및 답사의 메카로써 자리잡기 위해 그동안 천관산문학공원 조성을 비롯하여 이청준 생가 복원, 여닫이 한승원문학 산책로 조성 등 장흥문학자원의 상품화 추진과 함께 지난해부터 문학특구 지정 신청에 본격 뛰어 들었다.

전국 최초의 문학특구 신청

장흥군은 가사문학의 시발지인 안양 기산, 해산토굴 일대, 용산 송기숙 생가, 회진 진목마을과 대덕 연지리 천관산 문학공원 등 남부지역 일원(618.2㎢)을 문학특구로 지정, 곳곳에서 빛을 발하는 문학자원들을 한데 모아 문학의 요람으로 만든다는 계획이었다.

이에 따라, 군은 2천6백만 원의 용역비를 들여 중앙대학교 산업협력단에 용역을 의뢰, 지난해 7월 문학특구 계획수립 용역을 완료하고, 설명회 및 주민공청회를 걸쳐 11월에 재경부(현 지식경제부)에 문학특구 지정 신청서를 제출했다.

이와 함께 군은, 답사교육생과 관광객을 유치하여 지역경제를 획기적으로 활성화하고 나아가 한국 문학관광 및 기행의 본고장으로써의 위상을 높이기 위해 정남진 문학기행의 장애요인으로 지적되고 있는 다양한 휴양·편의시설 부족 상황에 대한 대폭적인 개선사업 추진에 나섰다. 또, 문학특구지정에 대비해 대덕읍 연지리 800 - 5번지 일원(141,650㎡)에 총 사업비 총사업비 58억을 들여 문학비 공원, 돌탑 테마공원, 백일장 마당, 문예관(전시실, 박물관), 체험관(녹차체험관, 도자기체험관, 엿체험관), 산책로 등으로 구성된 문학테마파크 사업을 추진해 왔다.

이 문학테마파크 조성사업은 현재 97%의 공정율을 보이며 마무리 작업이 한창이어서 5월 중에 개관될 예정으로 있다.

이러한 장흥군의 '문학의 메카로서 육성'을 위한 다양한 사업들이 좋은 점수를 받아 이번에 장흥군이 문학특구로 지정된 것으로 알려졌다.

문학고을 기반사업 본격화

정남진 장흥 문학관광기행특구의 위치는 ▲전남 장흥군 대덕읍 연지리 ▲관산읍 삼산(문학패밀리파크), 방촌리(전통문화마을) ▲안양면 기산리 일원 등 275필지(578,517m2)이다. 그리고 특구 특화사업자는 장흥군수(이명흠)이며 사업기간은 2006년 ~ 2010년까지 5년간이고, 투입되는 사업비는 총 286억 원(국비 81, 도비 5, 군비 97, 민자 103)이다.

장흥군이 정남진 장흥 문학관광기행특구 지정을 계기로 연차적으로 추진하는 주요 특화사업은 ▲문학테마파크 및 문학패밀리파크 조성사업 ▲작가 생가 복원 및 문학현장 개발사업 ▲문화예술 교육지원센터 조성 및 청소년 문학캠프 운영 ▲기봉 문학상 및 문화제 운영, 전국문인 출판기념 명소 제공 등이다.

또 금년도 '문학현장 개발사업'으로는 탐진강 주변의 정자에 게첨된 시문(詩文)을 번역하여 일반인들이 쉽게 이해하고 체험할 수 있도록 하고, 이청준 선생의 '눈길'의 무대를 현장답사코스로 개발하고 있다.

앞으로 군은 송기숙 한승원 이승우 김녹촌 김제현 등 작가들이 고향을 배경으로 쓴 문학현장을 관광자원으로 개발하여 전국 최초 문학기행특구라는 위상에 걸맞는 프로그램을 갖출 계획이다. 특히, 관산읍 삼산리, 신동리 일원에는 '문학패밀리파크'건설이 추진된다. 여기에는 관광객들을 위한 숙박시설, 콘도미니엄, 담수호보트장, 해수탕 등의 편의시설은 물론 다목적운동장, 자연체험 및 관람장, 축제광장 등 온 세대가 휴식과 배움을 함께할 수 있는 레저·휴식 공간을 계획하고 있다.

전국적으로 유사한 지역 축제와 체험관광 프로그램이 넘쳐나는 요즘, '느낌과 배움 있는 문화관광'이라는 목표 아래 문학특구사업을 추진 중인 장흥군은 문학특구 지정으로 문림고을 장흥의 상징성을 국내외에 널리 알림으로써 주변 지자체와도 연계되는 경쟁력있는 관광자원으로 지역경제 활성화에 기여할 것을 기대하고 있다.

이명흠 군수는 이번 '정남진 장흥 문학관광기행특구'와 관련, "이번에 전국 최초의 문학특구 지정으로 장흥군은 명실상부 문학의 고장으로써 명성을 가일층 확고히 굳히는 계기가 되었다"고 말하고 "이로써 첫째, 하반기부터 본격적으로 추진될 장흥문학박물관 사업이 더욱 탄력을 받을 것이며 둘째, 천관산 문학테마파크, 회진 진목리 이청준 생가, 영화 '천년학' 세트장, 용산 남포 축제촬영지, 포곡리 송기숙 생가, 관산읍 방촌리 문화마을, 안양면 율산리 해산토굴과 여닫이의 한승원 문학 산책로, 안양면 기산리 가사문학 현장 등이 장흥문학 현장답사 코스로 각광받으며 '문학고을 장흥'의 이미지 제고에 크게 기여토록 하고 셋째, 장차는 현재 천관산 인근에 남해안 관광벨트 조성사업 일환으로 추진 중인 우산도 관광지구, 백의종군 호국역사공원, 회령진성 복원사업, 회진의 바다낚시터와 간척지 통수사업 등과 연계되면서 장흥의 정남진권 문화관광 진흥에도 적지 않은 시너지 효과가 나타날 것"이라고 전망했다.

'천년학', 장흥의 또 다른 이름 될 만하다

— 장흥신문/2005.04.4.

임권택 감독이 그의 100번째 작품으로 '천년학'을 만든다.

영화의 기본 틀이 되는 소설은 이청준의 단편 '선학동 나그네'이다. 장흥 회진면 해안가의 마을(선학동)을 배경으로 한 소리꾼 아버지와 눈먼 딸, 이복 오빠의 이야기가 소설의 기둥 줄거리다. 임 감독은 원작자며 영화의 시나리오를 담당하게 될 이청준 씨와 함께 현재 전라도 지역을 답사하며 시나리오 작업을 진행하고 있는 것으로 알려졌다. 이 영화는 오는 4월부터 촬영을 시작하여 내년 3월까지 마칠 예정이며, 시나리오가 마무리되는 대로 캐스팅 작업도 진행한다고 한다. 주요 촬영지는 장흥의 회진 등 정남진의 해안이고 광양의 매화마을에서 봄 정경 등이 촬영된다고 한다.

영화 '서편제' 후일담 내용을 장흥을 중심으로 한 영화를 만든다는 소식은 진작부터 있어 왔다. 그리고 수차례 임권택 감독, 이청준 씨가 군청 문화과장 등과 함께 촬영 적합지를 답사하고 의논도 했으며, 이미 장흥군에서도 지난 해 말에 주요 촬영지가 될 이회진 포구에 주막집 등 세트장 조성비로 1억5천만 원의 예산을 확보해 놓은 것으로 알려졌다.

'천년학'은 가수 출신 김수철이 작곡하고 대금독주로 연주되어 영화 서편제 삽입곡으로 사용되었던 곡명이다. 다시 말하면 이 곡명은 서편제 영화음악이자 국악앨범으로 70만장 이상 음반판매를 기록한 국내 최초의 오리지널 사운드 트랙이었고 이렇게 태어난 음악이 영화 '서편제'의 타이틀곡이었던 '천년학'이다. '서편제'는 19세기 이후 간신히 명맥만을 유지해온 판소리를 통해 우리 민족, 우리 소리의 한과 정서를 담아낸 걸작의 영화였다. 그리고 이 서편제를 김수철이 작업을 통해 음반으로 또 한편의 '서편제'를 만들어 낸 것인데 바로 이것이 '천년학'이었다.

이 앨범에는 주제 음악인 김수철의 대금곡 '천년학', 소금곡 '소리길' 등 연주곡을 비롯하여 '심청가', '춘향가' 등의 판소리외 대사, 음악들이 11개의 토막으로 나뉘어 담겼다. 이중에서 특히 '천년학'은 정악 대금으로 연주되었는데 정악대금은 산조대금보다 훨씬 투명하고 깊이 있는 소리를 지녀 아악에 연주되던 악기였으며 이 영화에서도 연주되어 우리는 '서편제'가 주는 감동의 진수를 다시 한 번 음미할 수 있다.

'천년학'이라는 어휘는 그리 흔한 어휘가 아니었다. 이 용어는 물론 '천년을 사는 학'이라는 뜻에서 비롯되었을 것이다. 학, 즉 두루미의 평균수명은 평균 30, 40년이고 최장 수명은 86년이라고 한다. 하지만 십장생의 하나로 여겨졌던 학은 주로 '신선이 타고 다니는 새'로 알려졌고 (중국에서도 학은 봉황 다음의 귀한 선계의 동물로 여겨졌다. 즉 '신선의 공중사자空中使者'로 간주되었던 것이다), 천년을 장수하는 신령스러운 동물로 귀하게 여겨져 왔다. 그런 연유로 예부터 학은 시, 소설 등 문학은 물론 정통 회화나 민화, 문양 등을 가릴 것 없이 널리 소재가 되었다. 학은 또 대개 소나무에 앉아있거나 소나무를 배경으로 묘사되면서 학과 소나무 관계가 정형화 되어있기도 했다. 사철 푸르름을 간직하고 있는 소나무, 그 중 노송은 오래 산 소나무로서 장수의 상징이 되고 역시 십장생의 하나이기도 했다. 이는 '송수천년 학수만년(松壽千年 鶴壽萬年)'이란 말에서도 잘 드러난다. 정철이 지은 '성산별곡(星山別曲)'에서도 "하늘 높이 뜬 학이 이골(고을)의 참된 신선이라" 하였고, 송순은 '면앙정가(俛仰亭歌)'에서 "구름 탄 청학(靑鶴)이 천리를 가리라"고 묘사하기도 했다. '열

녀춘향수절가'에서도 선녀가 청학을 타고 내려오는 장면이 묘사되고 있는데, 이 역시 학이 선계의 상징물로 인식되고 있다는 것을 말해 주는 것이다.

김삿갓도 금강산에서 너울너울 날아다니는 학들의 모습을 보고 넋을 놓고 있다가 절간의 종소리에 정신이 번쩍 들어 읊은 즉흥시에서 "날아가는 저 학들은 몇 천 년 되었을꼬 / 물가의 푸른 소나무 삼백길이 넘는구나 / 졸고 있던 이 내 심사 스님이 알 길 없고 / 암자에서 울려오는 종소리는 사람을 놀래키네 仙禽白幾千年鶴 / 澗樹靑三百丈松 / 僧不知吾春睡惱 / 忽無心打日邊種"라고 읊기도 했다.

주로 학이 오래 사는 것에 비유하여 장수하는 것을 '학수(鶴壽)를 누린다' 하기도 했다.

이 천년을 산다는 학, 선계의 귀한 동물로 축복받았던 '천년학'이 정남진 장흥에서 영화로 만들어진다. 능히 우리를 흥분시키는 대사건이 아닐 수 없다.

이건 장흥의 운명일 수 있다. 그리고 이는 8백여 년 전에 '길게 흥하라'며 축복받았던 장흥(長興)이 또 한 번의 큰 축복을 받는 대사건이다. 우리가 이 사건을 단순히 한 영화의 탄생으로만 보아서는 안 되는 이유가 여기에 있다.

서편제에서 테마 음악인 '천년학'은, 무겁고 장중한 분위기 속에 대금이 흐느끼면서 슬픈 비극으로 끝날 음악인의 인생을 예고해 준다. 그러나 정작, 이 음악은 한 시대에서 다음 시대로 넘어갈 때 분위기를 반전시키며 새로운 시대를 기다리게 한다.

20세기를 지나고 새로운 세기 21세기를 맞으면서 펼쳐지고 있는 장흥의 운명, 그리고 서편제가 만들어질 당시의 장흥의 운명을 이 '천년학'의 음악이 그리 표현됐는지도 모른다. 그러나 21세기를 맞으며 '정남진'이라는 새로운 컨셉으로 시대를 맞이하고 있는 지금, 장흥의 선학동에서 '천년학'이 비상하게 되는 것이다. 어두운 세기를 뒤로하고 새로운 광명의 세기를 향해 힘차게 비상하는 그 '천년학'의 탄생인 것이다.

장흥의 또 다른 이름, 장흥의 또 다른 이미지, 그것은 '천년학'이 될 만한 이유는 여기에 있다. '길게 흥한다'는 그 이름처럼 '천년을 산다'는 천년학은 장흥의 또 다른 이미지가 되어 광명의 미래를 향해 힘차게 비상하게 될 것이라 믿어 의심치 않는다.

명소의 탄생과 창출

— 천관산 문학공원의 명소화 … '장흥문학관' 조성을

— 장흥신문/2003.06.17

명소(名所)란 말 그대로 '이름난 곳'이라는 뜻이고 보다 구체적으로 표현하자면 경치나 고적 등 관광지로 이름난 곳을 말한다.

예전에는 명소는 흔히 경주 불국사 등 역사유물 유적으로 유명한 곳이거나 제주도, 속초 설악산 등 자연경관이 뛰어난 곳이 명소로 잘 알려져, 으레 중고등학교 때의 수학여행 필수코스가 되곤 했다.

그러나 관광의 패턴이 이 같은 역사유적이나 자원경관 등 천연적 자원 위주의 정적(靜的) 관광에서 문화적으로 독특하거나 학습 효과가 큰 테마 위주의 동적(動的) 관광 위주로 바뀌어지면서 소위 인위적으로 만들어진 관광지가 명소로 급부상되고 있는 실정이다.

좋은 예가 해남의 땅끝 마을이나 강진의 청자박물관과 다산초당, 보성의 녹차밭과 해수탕, 순천 낙안읍성의 민속마을 등이다.

장흥에는 과연 자랑할 만한 명소가 있는가. 물론 그것이 전국적으로 경쟁력을 갖추지는 못했더라도 우리 군으로서 자랑스럽게 내세울 수 있는 명소가 몇 개 있기는 하다.

문화유적으로는 보림사, 방촌마을 등이 대표적이고 자연경관으로서는 천관산이나 제암산, 용산 남포 등이 명소라 지칭할 만하다. 그러나 그것들이 요즘 타 지역 학생들의 수학여행 코스의 하나에 끼어들 만큼 또는 서울 등 외지 관광객들이 자처해서 열지어 찾아들 만큼 경쟁력 있는 명소인가에 대해서는 누구도 자신 있게 말하지 못할 것이다.

특히 요즘의 명소는 휴양지 또는 관광지로서의 개발이나 홍보 등에 의해 꾸며지고 포장되면서 비로소 '경쟁력 있는 명소로 만들어지는 것'이라는 점에서는 더욱 그러하다.

최근 들어 천관산 문학공원이 장흥의 명소의 하나로 부상하고 있음은 주지하는 바다. 특히 문학공원은 ▶돌탑 쌓기 운동 등 주민들의 자발적 추진에 의해서 비롯되었다는 그 동기의 순수성 ▶도립공원 천관산 등산로와 산사(탑산사) 입구라는 장소의 적지성 ▶가사문학 등 문림 고을로서의 장흥의 전통과 접목되었다는 문화적인 잠재성 ▶국내 최초의 문학공원이라는 이미지의 차별성 등에서 그렇다.

이제 군에서도 이 사업에 보다 큰 역점을 두고 '제2 문학공원'을 조성, 국내 제일의 문학성지로 만들어간다는 의지 등이 결합되고 이 사업에 대한 투자와 명소화 추진이 지속해서 이루어진다면, 이곳은 머잖아 틀림없이 장흥 제일의 명소가 될 것이 명약관화하다.

그럼에도 불구하고 우리는 이곳에서 뭔가 빠져있는 듯한, 뭔가 미흡한 듯한 점을 지적하지 않을 수 없다. 올해 초 군이 추진한 용역 발표에서 드러난 장흥군의 제2의 문학공원 조성사업이 성공적으로 추진된다고 하더라도 미흡하기는 여전히 마찬가지다.

바로 '장흥문학관(가칭)' 같은 이름의 사업 추진이 빠져있다는 것이다. 주지하다시피, 장흥은 전통적으로 '문림고을'로 자찬해서 부를 정도로 문학에 관한 한 특별한 전통을 쌓아왔다. 그것이 백광홍, 위백규 등 쟁쟁한 과거 선비 문인들이 일구어 놓은 가사문학이다. 그러한 가사문학의 전통의 맥은 오늘날에 와서도 그대로 이어져 한승원 이청준 송기숙 이승우 정재완 이성관 김영남 등 숱한 문인들을 배출하고 있는 것이다.

따라서 이러한 장흥의 문학적 전통과 그 문학세계, 현황(작품) 등을 한

눈에 살펴볼 수 있는 '장흥문학관'을 문학공원 입구 등에 조성한다면, 장흥의 문학공원은 명실상부 한국 제일의 문학성지로서 그 명소성을 확약받고도 남을 것이라는 생각이다.

우리 군에는 아직까진 특성식물인 호도 주제의 박물관을 제외하면 자녀들과 함께 가 볼만한 제대로 된 유물관이나 민속관, 기념관, 박물관 하나도 없는 지역이다.

조선조의 가사문학에 이어 현대문학사에서 장흥출신 문인들이 일구어 놓은 문학적 성과는 결코 누구도 무시하지 못할 '대단한 위업'으로 평가되고 있다.

이러한 문학적 전통을 우리는 '문림 고을'이라는 이름으로 불려오고 있다. 이제는 이를 구체적으로 이미지화 해야 할 필요가 있다.

그 이미지화 작업은 장흥의 문화적 또는 문학적 위상을 제고시키는 일이고, 장흥의 문학을 문화상품화 하는 일이다. 최근에 만들어지고 있는 천관산 문학공원나 장흥예술인대회 등은 그 이미지화 작업의 일환일 수 있다. 여기게 덧붙여, 전국 문학인대회 등 이벤트적 행사가 정례적으로 치러진다면 더 바랄 나위가 없을 것이다.

그러나 무엇보다 그 장흥문학의 이미지화 작업의 결정판은 바로 남도문학관이든 장흥문학관이든 장흥가사문학관이든 장흥의 문학적 성과와 그 위업 등을 담은 '문학관'을 조성하는 일일 것이다.

바로 그것이야말로 결정적으로 '문림 고을 장흥군'의 이미지화 작업을 성공시키는 일이며, 또한 천관산 문학공원을 명실상부, 확실하게 전국제일의 문학 명소로 탈바꿈시키고도 남는 일인 것이다.